중국의 음식 문화

학술연구총서·73

중국의 음식 문화

이해원

고려대학교출판부
KOREA UNIVERSITY PRESS

머리말

중국 영토에서 태어난 어떠한 중국인도 평생 동안 다하지 못하는 것이 세 가지가 있다고 한다.

첫째는 한자이다. 한나라 때 허신許愼이 편찬한《설문해자說文解字》에는 9,353자, 청대에 편찬된《강희자전康熙字典》에는 47,035자, 지금까지 중국에서 편찬된 사전 가운데 가장 많은 한자를 수록하였다는《한어대자전漢語大字典》에는 한자가 54,665자가 있다. 크기가 가장 작고 보급판인《신화사전新華辭典》에는 일상생활뿐만 아니라 기초교육에 필요한 한자가 약 1만여 자가 수록되어 있다. 보통 중국 사람에게 어려운 한자를 적어 이 글자의 뜻이 무엇이고 어떻게 발음하느냐고 물으면 거의 다 모른다고 대답한다.

둘째는 여행이다. 중국의 영토가 나무 넓어서 전부 다 구경할 수 없다. 만주라고 불렸던 동북 지방은 겨울에는 영하 40도 이하로도 내려가고, 최남단의 해남도는 우리나라의 제주도와 유사한 휴양지로 유명한 열대 지방으로 여름철에는 기온이 30도가 넘는다. 북쪽에는 봄철 우리나라에 닥치는 황사의 근원지인 광활한 고비사막과 대초원이 펼쳐져 있고, 서북쪽에는 거대한 타클라마칸사막이 자리 잡고 있는데 투루판은 해발보다 154미터나 낮으며 한여름 낮 기온이 4,50도를 넘는다. 서남쪽은 티베트로 해발고도가 4,500미터가 넘는 고원지대이다. 세계 최고봉 에베레스트는 네팔과 국경을 맞대고 있는데 티베트에서는 초모랑마라고 부르며 높이가 8,848미터나 된다. 주머니 사정이 넉넉해야만 여행을 시도할 수 있고 설사 중국 구석구석을 여행하겠다고 마음먹는다 해도 다 둘러보기 위해서는 몇 번의 삶을 거듭해야 할지도 모른다.

셋째가 바로 음식이다. 중국 요리의 역사는 길고 종류도 다양하며 지역마다 요리가 각기 다르고 소수민족의 음식 또한 한족의 음식과도 달라서 중국 요리를 전부 맛본다는 것은 불가능에 가깝다. 중국의 음식은 하나의 학문이며 예술이자 중국인의 삶의 중요한 한몫을 차지한다.

중국 요리의 제목을 보면 이 요리의 재료, 요리 방법, 요리와 관련된 역사 인물의 이름이나 고사와 관계가 있어 이러한 사실을 알아야 주문할 때 자신의 입맛에 맞는 요리를 맛볼 수 있다. 베이징 오리구이 요리 '북경고압北京烤鴨'을 예로 들자면, 북경은 지명이고, '고烤'는 굽는다는 뜻의 중국 요리 방법 중의 하나이다. 한국인이 좋아하는 중국 요리 '마파두부麻婆豆腐'에서 마파麻婆는 곰보라는 의미다. 청대 동치同治 연간에 사천 성도成都의 온교교溫巧巧라는 부인은 남편의 성씨가 진陳이어서 진마파陳麻婆로 불렸는데 두부 요리를 잘하여 마파두부라고 하였다고 한다. '궁보계정宮保鷄丁'이란 요리도 한국인이 좋아하는 사천요리이다. 청대 광서光緒 황제 때 사천의 총독 정보정丁寶禎이란 사람이 발명했다고 하는데 후에 정보정이 베이징 궁정의 태자소보太子少保가 되어 그를 정궁보丁宮保라고 불렀다. 정丁은 주사위 모양으로 자른 덩어리를 말하므로 계정鷄丁은 닭고기를 덩어리로 썬 것을 말하여 이 요리를 궁보계정이라고 하였다.

중국인의 '식食' 관념에는 두 가지 특색이 있다.

하나는 현실주의 정신이다. 우리나라 사람들은 습관적으로 '의식주衣食住'라고 말하지만, 중국인은 '식의주食衣住'라고 말한다. 더 정확하게 말하면 '식의주행食衣住行'이다. 행行은 여행을 말한다. 우리나라 사람은 몸에 입는 옷을 아주 중시하지만, 중국인은 먹는 것을 중요시한다. 의衣는 체면이나 예의와 관계가 깊다. 중국인도 체면을 중요시하지만 먹는 것을 체면보다 더 중시하는 이유는 실속을 차리는 현실주의 정신 때문이다. 옷을 중시하는 것은 외양을 중시한다는 뜻으로 한국인은 예의를 갖추는 형식을 중요하게 여기는 반면에 중국인은 형식보다는 내용, 즉 실속에 밝다는 말이다. 지나치게 옷에만 치중하는 등 형식을 중시하는 한국인의 사유는 유교 가운데 이理를 중시하는 성리학性理學의 영향과도 깊은 관계가 있다. 그래서 한국인이 중국에서 식당에 가면 떠들썩하게 밥을 먹는 중국인을 보고 시끄럽다고 눈살을 찌푸리지만 중국인에게 식사는 즐거운 행위라서 왁자지껄 떠들며 밥을 먹어야 소화도 잘되는 것으로 여긴다. 음주에서도 중국인과 한국인은 확연하게 차이가 난다. 보통 중국인은 한국인이 좋아하는 도수가 45도 이상이 되는 독한 술인 백주는 보통 때는 절대 마시지 않는다. 값도 비쌀 뿐더러 독한 술이 건강을 해칠 수 있다고 생각하고 백주 대신 도수가 낮은 맥주를 즐겨 마신다. 이것도 실속을 차리는 음주관이라고 말할 수 있다. 중국인은 항상 겸손하여 술을 실제로는 아주 잘 마시는데 자신의 술 실력을 숨기고 괜히 못 마신다고 말하면서 한국인을 포함하여 상대방에게 권하는 것을 미덕으로 여긴다. 여기에는 겸손과 전략이 함께 숨어 있다. 삶의 지혜이다. 한쪽으로만 편향되는 것을 피하고 중용을 지키는 교묘함의 도道가 숨겨져 있다.

다른 하나는 '민이식위천民以食爲天', 즉 "먹는 것을 하늘처럼 여긴다"라는 말이다. 식食은 색色과 통하여 인간의 본능과 관계가 깊다. 반고班固는《한서漢書》에서 "임금은 백성을 근본으로 삼고, 백성은 먹는 것을 하늘로 여긴다"(王者

以民爲本, 民以食爲天)라고 했다. 역대 중국의 통치자들은 음식을 나라를 다스리는 데 가장 중요한 문제로 여겼다. 또한 다스리는 방법 또한 음식에 비유하여 노자老子는 "나라를 다스리는 것은 생선을 요리하는 것과 같다"(治大國, 若烹小鮮)라고 하였다. 지나친 정부의 간섭은 오히려 백성들의 삶에 방해가 되어 정치를 망칠 수 있다는 말이다. 그래서 장자莊子는《포정해우庖丁解牛》에서 자연의 순리대로 살아가는 것이 양생의 올바른 길이라고 역설했다.

중국 요리는 음식재료의 선택, 칼 놀림, 불의 사용과 조미료의 배합이 중요하다. 이 가운데 '도刀'와 '화火'는 아주 중요하다.

중국 요리는 색色, 향香, 미味, 형形과 의意를 갖추어야 한다고 한다. '형形'은 특히 중국 코스요리 가운데 제일 먼저 나오는 '냉반冷盤', 즉 냉채 요리를 말하는 데 가장 화려하고 공을 들여 모양에 신경을 쓴다. 청나라 말경 서태후가 즐겨 식사를 했다는 베이징 북해공원 안의방선仿膳 궁중요리집의 냉반은 접시 한가운데 봉황을 고기와 야채로 수놓고 접시 가장자리에는 갖가지 달콤한 간식을 늘어놓는다. '의意'는 '이어도용문鯉魚跳龍門'이라는 요리에 잘 나타나 있다. "잉어가 용문에 오르다"라는 뜻으로 과거에 급제하여 출세하는 경우를 말하는 데 과거에 급제하길 원하는 사람이 주문하여 먹는 요리이다.

일반적으로 중국 요리는 지역에 따라 4대 요리 혹은 8대 요리로 나뉜다. 4대 요리라면 산동 노魯, 사천 천川, 광동 월粤과 강소와 절강 회양淮揚 요리를 말한다. 8대 요리는 4대 요리 가운데 산동, 사천, 광동 요리와, 회양 요리 대신 복건 민閩, 강소 소蘇, 절강 절浙, 호남 상湘과 안휘 휘徽를 보탠 요리를 말한다.

중국의 음식은 일반 사람들이 길거리에서나 집에서 쉽게 사먹거나 요리해서 먹을 수 있는 국수나 만두에서부터 그 특징을 엿볼 수 있다. 국수는 중국인이 발명한 것이 아니라 한나라 때 실크로드를 오가던 서역 상인들이 건조한 사막 기후에 보관이 적합하고 무게도 가벼워 간편하게 먹을 수 있게 만들었던 음식이 중국 내륙에 전해지면서 중국인이 자신들의 구미에 맞게 다시 개발하여 만든 것이다. 이후로 중국의 국수는 지역에 따라 수많은 종류가 출현하였다. 이와 같이 외국에서 전래된 음식으로 '소병燒餅'이라는 전병이 있다. 위구르 사람들의 음식이 중국에 전해진 것이다. 이렇게 값도 싸고 보편적인 서민 음식이 있는 반면에 청나라를 세운 만주족 음식과 한족의 음식이 융합된 '만한전석滿漢全席'이라는 궁중 요리도 있다.

강희황제 회갑 잔치에 등장한 이후로 유명해진 요리 만한전석은 하루에 두 번, 사흘 동안 식사를 하는데 하루에 4개의 세트요리가 나오고, 매 세트요리에는 주 요리 하나와 20가지 보조 요리가 포함된다. 그리고 여기에 냉채, 건과, 꿀 전병, 간식, 과일 등을 합치면 전체 요리가180여 가지나 된다.

음식은 본능인 동시에 삶의 중요한 부분이다. 더 나아가 사회 교제에서 음식을 매개로 이루어지는 업무 또한 상당한 부분을 차지한다. 중국 요리는 중국의 차와 술과 함께 중국 문화를 대표하며 일상생활과도 밀접한 관계가 있기 때문에 중국의 음식 문화를 이해하는 것은 중국 문화를 이해하는 첩경이다.

2010년 여름

이해원

차례

제8장 중국 역대 유명 요리사 183

제9장 중국의 역대 유명 음식 199

제1장

서론

음식은 인류 생존에 필수적인 요소이다. 《상서尙書》〈홍범洪範〉편에 나라를 다스리기 위해 설치한 여덟 가지 정사政事인 '팔정八政'과, 먹는 것을 맡아 보는 관직을 언급하였다.[1] 국가의 주요 사무를 관장하는 중앙 행정기구 가운데 식食을 중시하였음을 알 수 있다. 한대漢代 위대한 역사가 사마천司馬遷은 《사기史記》에서 "천하에 왕 노릇하는 자는 백성을 하늘로 여기고, 백성은 양식을 하늘로 여겼다"라고 하였다.[2] 이러한 '민이식위천民以食爲天' 사상은 중국 음식 문화 관념 가운데 가장 기본적인 동시에 핵심이다.

음식 문화는 특수와 보편의 두 가지로 나눌 수 있다. 특수는 음식물과 가공 방식의 차이 혹은 지역이나 민족의 차이로 인한 음식 문화의 생산을 말한다. 보편이란 음식은 인종, 지위, 국가와 민족과 관계없이 정치, 경제, 철학, 문화에

1 하늘이 우禹에게 큰 규범 아홉 가지를 내리시어 일정한 윤리의 내용을 알려주었다고 하였는데, 이를 '홍범구주洪範九疇'라고 한다. 세 번째 규범이 '팔정八政'인데 먹는 것, 재화, 제사, 땅을 다스리는 것, 백성을 가르치는 것, 범죄를 다스리는 것, 손님을 대접하는 것과 군사를 말한다. 金學主 譯著, 《書經》, 284-285쪽.

2 "王者以民爲天, 民以食爲天." 司馬遷 撰, 《史記》, 〈酈生陸賈列傳〉, 丁範鎭 外 옮김, 《史記列傳》(中), 587쪽.

술 등 여러 영역의 종합체라는 사실을 가리킨다. 또한 인류의 음식에 대한 사상, 의식, 관념, 철학, 종교, 예술 등도 음식 문화의 범주에 포함된다.

중국의 음식飮食은 음飮과 식食 두 방면을 포함한다. '음飮'이라는 차를 마시는 '음다飮茶'와 술을 마시는 '음주飮酒'를 가리킨다. '식食'이란 '흘吃'을 말한다. 농경 민족인 중국인의 음식은 물질적인 향유인 동시에 정신적인 수양을 강조하였다. 물질과 정신의 융합으로 독특한 음식 문화를 형성하였다. 생명을 유지하는 수단인 동시에 생활 가운데 중요한 부분을 차지한다. 중국의 음식 문화는 중국 역사 문화의 중요한 특징인 동시에 물질과 정신의 통일을 강조한다.

1. 중국 음식 연구 현황

우리나라에서 중국 음식에 대한 연구는 실생활의 중국 요리의 제조 방법에 관한 요리 책이 대부분이다. 한국에서 중국 음식이 어떤 문화적 맥락에 놓여 있는가를 살핀 논문으로, 박은경의 〈중국 음식의 역사적 의미〉[3]와 김광억의 〈상상이 경쟁하는 공간—한국에서의 중국 음식〉[4]이 있다. 이 두 논문은 한국에서 중국 음식이 지닌 문화적 상징을 다루고 있으며 특히 후자는 한국의 화교를 연구한 학자의 중국 음식이 우리나라에 정착되는 과정을 살피고 있다. 그러나 중국 음식 전체에 대한 체계적인 이해가 부족하다. 이재영의 《중국 사람 어떻게 살았을까?》는 중국인에 대한 연구로 중국인의 일상적인 삶에 대한 이해를 넓혀 주는 책이다. 그 가운데 '의식주행衣食住行'의 틀을 이용하고 있지만 고대와 근대가 혼합하여 전개되는 각론은 혼란을 가중시키는 단점이 있고 중국 음식 문화에 대한 깊이 있는 고찰이 결여되어 있다. 주영하의 《중국, 중국인, 중국 음식》은 중국의 음식 문화를 우리가 지닌 중국 음식에 대한 편견과 오류를 바

3 한국문화인류학회 편, 《한국문화인류학》 제24집, 1994.
4 《한국인류학의 성과와 전망》, 1998.

로잡아 주고 중국 음식 문화의 의미 그리고 현대 중국 음식의 현실적인 상황을 잘 소개하고 있다. 그러나 저자가 의도한 중국 음식 문화의 상징 의미는, 문고판이라는 지면의 제약으로, 소개에 그치고 있다. 중국 음식에 관한 전문서가 전무한 우리나라의 출판 현실을 감안하면 그 의의가 매우 크다. 시노다 오사무篠田 統의 《중국식물사中國食物史》는 군인의 신분으로 중국 북방 지역에서 근무한 경험을 기초로 명나라 이전의 음식 관련 문헌을 통한 중국 음식을 청나라 때는 계층별 음식 풍속과 세시世時 풍속과 관련된 음식을 소개하고 있어 음식의 역사를 통해 중국인의 삶의 내용을 잘 보여 주고 있다. 우리나라에서는 식품영양학자들이 공동으로 번역하여 《중국 음식 문화사》라는 제목으로 출간되었다. 미국에는 *Food in Chinese Culture*(K. C. Chang ed.)가 있다. 하버드대학교 중국 고고학의 대가인 장광직張光直 교수가 아홉 명의 학자와 함께 중국 음식 역사에 대해 인류학과 역사학의 관점에서 서술한 책이다. 중국 문화에서 음식은 다른 문화 요소와 상호 관련된 복합체이며 중국인의 관념, 종교 신앙과 관련이 있다고 하였고 중국 문화에서의 음식 문화의 중요한 위치에 대해 고찰하였다.[5] 그러나 이러한 두 해외 지역에서의 괄목할 만한 연구와는 달리 우리나라의 경우는 아직 본격적으로 중국 음식 문화에 대한 논의나 연구가 전무한 실정이다. 중국 문화사의 일부분을 할애하여 피상적인 언급이나 소개에 그친 상태이며 특히 중국 문학과 중국 음식 문화와의 상호 관련성에 대한 연구나 더 나아가서 깊이 있는 연구가 이루어지지 않고 있다.

5 캘리포니아대학 리버사이드분교 인류학 교수인 엔더슨E.N.Anderson의 1988년 영문 저서 *The Food of China*가 《中國食物》이라는 제목으로 2003년도에 번역 출간되었다. 고대 중국에서 종교 의식과 음식과의 관계에서부터 시대의 변천에 따라 중국의 음식 문화를 고찰하였고, 조리 방법과 지역 음식의 특성까지 자세한 분석을 하였으며, 장광직 교수의 중국 문화 가운데 음식이 차지하는 인류학적 역사적 고찰과 시몬F.J.Simoons의 중국 사상과 중국 음식 문화의 관계를 분석한 글도 부록으로 첨부하였다.

2. 중국 음식 문화의 특징

중국의 음식 문화는 생명의 유지를 기본으로 하고 물질적인 향유체인 동시에 특히 정신수양의 보강을 강조한다. 중국인의 물질생활 속에 정신적인 내용이 침투되어 독특한 음식 문화를 형성하였다. 중국 사회 각 방면에서 중국인의 음식 문화를 엿볼 수 있다.

중국 고전과 중국 문학작품 가운데 중국 음식을 언급한 부분은 수없이 많다. 이러한 기록들은 중국 음식사에서 역사적 가치가 높다. 중국의 음식과 중국의 고전이나 문학작품 그리고 중국 문화와의 깊은 관계를 고찰할 수 있다.《맹자孟子》·《춘추좌전春秋左傳》에는 곰 발바닥, 닭발, 삶은 자라 등의 음식이 등장한다.《초사楚辭》에는 삶은 거북, 식초나 소금에 볶은 기러기 고기 등 20여 종류의 초나라 음식이 기록되어 있다.《여씨춘추呂氏春秋》에는 음식 재료의 선택, 배합, 불의 사용, 조미료 사용에 대해 기록하고 있다.《주례周禮》·《예기禮記》·《의례儀禮》에는 제사 음식의 예의禮義에 관해 기록하고 있는데, 천자는 음식과 술을 하늘에 바치고 그 음식과 술을 백성들에게 나누어 주어 백성들이 먹게 하였다. 천자가 하늘로부터 통치권을 부여받아 정치를 하였으며 음식으로부터 정치가 비롯되었음을 알 수 있다. 특히《예기》〈예운禮運〉편에 예의 시초는 음식에서 비롯되었다고 기록되어 있다. 사회질서를 유지하는 역할을 술과 음식이 수행하고 있음을 알 수 있어 중국 음식과 예의와의 관계를 살필 수 있다. 춘추 시대 제환공은 역아易牙라는 요리사를 총애하였고,《주례》〈천관총재天官冢宰〉에 보면 주 왕실을 위한 황실 음식 관련 기관이 22곳, 직무를 맡은 자가 208명, 음식 조리 종사자만도 2,124명이라고 하였다. 제사와 정치를 주관하는 천자의 음식은 그만큼 중요하였고 음식이 곧 정치라는 등식이 성립되었음을 알 수 있다. 이것은 음식의 내재적인 의미와 특성을 나타낸 것이다.

고대 중국의 음식 문화는 문헌의 기록을 통해 알 수 있다. 한대에는《서경잡기西京雜記》에는 생선과 고기 등의 원료를 배합하여 요리를 제작하는 새로운 요리 방법에 대한 기록이 보이고, 《회남자淮南子》〈제속훈齊俗訓〉과 《염철론鹽鐵論》〈산부족散不足〉에는 요리 제작 기술에 대해 기록하였다. 《제민요술齊民要術》에는 200종류의 요리 방법이 기록되어 있는데, 고기 굽는 방법만 20여 가지나 있으며 고기가 없는 소식素食에는 17종류가 있고 소수 민족의 음식도 소개되어 있다. 한대漢代사마천司馬遷의 《사기史記》〈항우본기項羽本紀〉에는 '홍문연鴻門宴'으로 대표되는 중국 음식과 정치와의 상호관계를 살필 수 있는 기록이 있으며, 또 〈은본기殷本紀〉에는 상나라 탕왕 때 주방장 출신의 이윤伊尹이 음식 조리 방법과 통치 방법을 연관 지어 천자의 왕도王道정치를 주도하였다는 기록이 있어 음식과 정치와의 깊은 관계를 알 수 있다. 수대隋代의 사풍謝諷의 《식경食經》과 당대唐代 위거원韋巨源의 《소미연식단燒尾宴食單》에는 요리 제작 기술을 이용한 10가지 유명 요리가 기록되어 있다. 송대宋代에는 각종 음식이 발달되어 맹원로孟元老의 《동경몽화록東京夢華錄》, 오자목吳自牧의 《몽양록夢粱錄》, 주밀周密의 《무림구사武林舊事》 등의 기록에 개봉開封과 항주杭州의 다양하고 화려한 음식이 소개되어 있다. 이 밖에 원대元代 홀사혜忽思慧의 《음선정요飮膳正要》, 명대明代 한혁韓奕의 《역아유의易牙遺意》· 고겸高濂의 《음찬복식전飮饌服食箋》, 청대淸代에는 《조정집調鼎集》· 원매袁枚의 《수원식단隨園食單》·《청패유초淸稗類鈔》· 이어李漁의 《한정우기閑情偶寄》 등에 음식에 관한 기록이 보인다.

요리에 관한 문헌 이외에 각종 필기筆記, 시詩, 소설小說, 희곡戲曲, 회화繪畵, 화상석畵像石과 고고학 발굴 유적을 통해서도 알 수 있다. 중국 음식은 중국 문인들의 작품과 깊은 관계가 있는데, 술은 문학과 예술 창작의 촉매작용을 하였다. 〈난정서蘭亭序〉로 유명한 천하제일의 서예가 왕희지王羲之나 초서의 대가 장욱張旭도 음주 후에 일필휘지하였다.

중국의 음식 문화의 형태를 살펴보면 중국 음식은 제사에 바치는 의식 행위에서 예의와 깊은 관계를 맺었고 그러한 예의를 중시하는 음식 문화가 발전하여 사회질서 유지라는 정치적인 의미를 띠기 시작하면서 음식은 정치와도 깊은 관련을 가지게 되었다.

이 책의 본론의 시작에 해당되는 제2장에서는 중국 음식 재료에 대해 논했는데, 주식인 다섯 가지 곡물에서부터 동식물 재료, 주요 조리 방법과 음식의 맛을 내는 중요한 조미료에 대해 고찰한다. 제3장에서는 역대 왕조의 변천 순서에 따라 중국 음식의 시대적 특성과 유명 요리, 그리고 외국 음식 재료의 전래도 살펴보기로 한다. 제4장에서는 취사, 식사, 그릇과 저장 용기 등 중국 음식의 도구에 대해 살펴본다. 제5장에서는 중국 요리를 대표하는 여덟 지역의 음식을 논하고 그 특징을 고찰한다. 제6장에서는 중국의 주요 명절의 음식을 살펴본다. 제7장은 중국 연회의 음식과 식사 예절을 살피고 아울러 피서 음식은 어떠하였는지도 설명한다. 제8장에선 중국 역대 유명 주방장들과 그들이 창조한 음식을 시간의 흐름에 따라 살펴보기로 한다. 제9장에서는 중국 역대 유명 음식에 관해 그 특징과 조리법 그리고 관련 고사도 곁들인다. 제10장에서는 중국술 가운데 명주에 대해 살펴본다. 제11장에서는 역대 문헌, 시, 소설, 희곡, 회화에 이르기까지 예술과 문학 작품에 나타난 음식에 관한 기록을 살피고 중국 음식과 문학, 예술과의 관계를 고찰한다. 제12장에서는 중국어 가운데 음식과 관련된 말을 알아보기로 한다. 마지막 장에서는 역대 중국 음식에 대해 논한 문헌들을 고찰한다.

제2장

중국의 음식 문화

상고 시대에 처음으로 사용된 불은 중국 음식 문화의 혁명을 가져왔다. 나무의 열매나 조개 등을 채집하여 먹고 살았으나 비린내나 역겨운 냄새 때문에 배탈이 나고 병드는 사람이 아주 많았다. 누군가 부싯돌을 마찰하여 얻은 불로 음식을 익혀 냄새를 없앴다. 사람들이 그를 임금으로 추대하고 수인燧人이라고 불렀다.[6] 불이 발견된 후에는 곡물을 익혀 먹는 생활이 시작된 것이다.

후직后稷은 제곡帝嚳의 원비元妃 강원姜原이 거인의 발자국을 밟고 잉태하여 낳은 인물이다. 주周나라의 시조가 되며, 후직이라는 이름은 그가 어려서부터 농업을 좋아하여 후에 백성들에게 오곡을 심는 방법을 가르쳐 주었기 때문에 그 후손들이 붙여 준 것이다. 또한 요임금은 그를 농사農師로 초빙하여 백성들의 농업을 지도하도록 했다고 한다.[7] 《산해경山海經》〈대황서경大荒西經〉에 "제준帝俊이 후직을 낳고, 후직은 갖가지 곡식을 가지고 내려왔다"라고 하였고

6 《韓非子》,〈五蠹〉, "어떤 성인이 나타나 나뭇가지를 비벼 불을 만들어 비린내를 없앴다. 사람들은 기뻐하며 그를 천하를 다스리는 왕으로 삼고 수인씨라고 불렀다." 김원중 옮김,《한비자》, 395쪽.

7 袁珂 著, 鄭錫元 譯,《中國의 古代神話》, 168–169쪽.

또〈해내경海內經〉에도 "후직은 온갖 곡식을 파종하였고, 후직의 손자 숙균叔均은 소를 부려 종사를 지었다"[8]라고 하였다. 이것은 후직이 하늘로부터 갖가지 곡식을 인간세계로 가져왔다는 말이다.《서경書經》에도 "후직은 씨 뿌리는 법을 널리 펴서 아름다운 곡식을 농사 지어 생산하게 하였소"[9]라고 하여 후직은 곡신穀神으로 추앙을 받았는데,[10] 후직이 농업의 기원과 깊은 관계가 있을 뿐만 아니라 농업 발전에도 큰 공헌을 하였음을 알 수 있다.

1. 중국 음식의 기원과 발전

신농神農 시대에 하늘에서 곡식이 비가 오듯 쏟아져 내려 신농이 땅을 갈고 곡식의 씨앗을 뿌렸다. 괭이를 만들고 황무지를 개간하여 여러 곡식이 자라나 생활이 풍족해지고 창고가 곡식으로 가득 차게 되었다고 한다. 고대 중국의 곡물은 보통 '오곡五穀'이라 칭한다. 곡식의 총칭인 오곡의 유래에 관해서는 여러 설이 있는데, 보통 쌀, 밀, 콩, 조, 기장을 가리킨다. 중국에서 이와 같은 곡물의 재배는 오랜 역사를 지녔다.

원시 농경의 발전에 따라 가축업도 발달하였는데 일반 농가에서는 개를 길렀다. 신석기 시대 유물 가운데 개의 유골이 출토되었고, 연대는 지금으로부터 8천 년 전으로 거슬러 올라간다. 농경 부락에서 가장 중요한 가축은 돼지였다. 중국의 전통 가축은'육축六畜' 즉 말, 소, 양, 닭, 개, 돼지이다.

---

8 鄭在書 譯註,《山海經》, 306, 337쪽.
9〈周書〉〈呂刑〉. 金學主 譯著,《書經》, 493쪽.
10《淮南子》〈氾論訓〉에 "후직后稷은 농경을 하다가 죽어서 곡신穀神이 되었다"라고 하였다. 李錫浩 譯,《淮南子》, 342쪽.

(1) 음식물의 발전

중국의 음식물은 선진 시기와 한나라 때 발전하였다. 음식물은 그 종류가 다양하였다. 곡물과 같은 작물은 일상 음식물의 원천이었다. 하·은·주 시기에 이미 오곡이 생산되었다. 벼 화禾에 속하는 곡물로는 기장 서黍 혹은 직稷, 쌀 미米에 속하는 조 속粟이 광범위하게 재배되었고,[11] 이외에 밀 맥麥, 기장 양粱, 벼 도稻, 콩 숙菽, 부추 고菰가 일상 음식물 가운데 차지하는 비중이 가장 컸다.

채소와 과일의 경우 그 종류가 다양했다.《시경詩經》,《이아爾雅》와《산해경山海經》가운데 기록되어 있는 채소로는 오이 과瓜, 여주 고과苦瓜, 부추 구채韭菜, 순무 만청蔓菁, 무 나포蘿蔔, 씀바귀 고채苦菜, 냉이 제채薺菜, 완두 싹 완두묘豌豆苗, 죽순竹筍, 구기자 구기枸杞 등이 기록되어 있다. 수생 채소로는 창포 포蒲, 연뿌리 연우蓮藕, 물풀 수조水藻, 순채 수규水葵, 올방개 우제荸薺, 마름열매 능각菱角 등이 있고, 조미료용 채소로는 부추 구韭, 파 총蔥, 마늘 산두蒜頭, 자초기 자소紫蘇와 산초나무 열매 진숙秦椒, 생강 강薑 등이 있다. 버섯과 같은 야생균류, 목이木耳, 석이石耳 등이 있다.《산해경》에는 해당海棠, 능금 사과沙果, 배 리梨, 복숭아 도桃, 오얏 리李, 은행 행杏, 매실 매梅, 대추 조棗, 왕밤 판율板栗, 귤橘, 유자 유柚 등이 기록되어 있다.《시경》에는 이상의 과일 이외에 오디 쌍심雙葚, 파파야 목과木瓜, 탱자 지枳가 기록되어 있다.

외국에서 들여온 물품을 박래품舶來品(exotic)이라고 하는데, 실크로드를 통해 한나라 때부터 서역 지방의 이국적인 음식물들이 중국에 전해졌다. 서한 시기에 장건張騫이 서역에 사신으로 갔을 때, 포도蒲桃(혹은 葡萄), 호두胡桃(또는 核桃), 무화과無花果, 석류石榴, 수박 서과西瓜, 하미과哈密瓜 등을 중국으로 가져왔다. 또한 중국 강남에는 사탕수수 감저甘蔗, 여지荔枝, 용안龍眼, 빈랑檳榔, 올리브 감람橄欖, 바나나 향초香蕉, 야자椰子등이 생산됐다.

11《呂氏春秋》〈本味〉편에 "주식인 밥 가운데 가장 맛있는 것에는 현산玄山의 벼와 부주不周의 조이다"라고 하였다. 김근 역주,《呂氏春秋》〈八覽〉, 108쪽.

동물성 음식물은 음식 가운데 중요한 위치를 차지했다. 목축과 사냥으로 충당하였다. 갑골문의 기록에 보면, 마구간이 있었고, 은殷대에는 말, 소, 개 등을 사육한 기록이 상세하다. 제사나 식용의 구분이 있었다. 출토된 상商대 후기 옥으로 조각한 동물 가운데 말, 소, 양, 개, 원숭이, 토끼, 거북, 거위, 오리, 비둘기 등의 가축이 있어, 3천 년 전에 이런 가축들을 길들였음을 알 수 있다. 귀족들은 식용으로 멧돼지, 야생토끼, 사향노루, 야생 거위 등을 사육하였다. 한나라 때는 명절 때 소와 양으로 제사 지내고 연회를 벌였다.

하·은·주 시기에는 어업도 발달하였다. 고증에 의하면 은허殷墟에서는 숭어 치어鯔魚, 자가사리 황상어黃颡魚, 잉어 리어鯉魚, 청어青魚, 산천어 초어草魚, 붉은 눈 송어 적안준赤眼鱒 등이 출토되었다고 한다. 양식업도 발달하였다. 서한 시기에는 식물성 기름을 보편적으로 음식에 사용하였다. 참기름 마자유麻籽油, 유채 기름 채자유菜籽油가 있고 또한 아마기름 호마유胡麻油, 콩기름 대두유大豆油 등이다. 각종 조미료를 제조해 사용하여 요리에 커다란 공헌을 하였다.

(2) 오곡

중국에서는 신석기 시대부터 농경 사회를 형성하였다. 농업의 발전으로 음식 풍속도 점차 형성되기 시작하여 곡물을 주식으로 삼았다. 황하 유역의 앙소仰韶 문화와 장강 유역의 하모도河姆渡 문화의 특징은 서로 다른데, 앙소 문화는 조, 하모도 문화는 벼 중심이었다. 춘추전국 시대 이후로 북방의 밀이 점차 조를 대신하여 주식이 되었다. 남방에서는 쌀이 주식으로 완전히 자리매김하였다. 이후로는 이런 양대 주식 구조에 변동이 없었다. 옛날부터 중국인은 오곡五穀을 그들의 주요한 곡물로 여겼다.

기장은 선진 시기 중국인의 주식이었다. 특히 추위에 잘 견디고 성장 기간이 짧아 재배가 용이하였고 사람들이 좋아하는 곡물이었다. 춘추 시대 이후로 농업 기술이 발전함에 따라 다른 곡물 특히 쌀과 밀 재배 기술도 날로 발전하여 양식 생산에 큰 변화가 발생하였다. 양식 가운데 쌀과 밀이 차지하는 비율이 기장보다 높아졌다.

조는 중국에서 가장 오래 된 곡물로 원시농업 가운데 수위를 차지했다. 은상殷商 시기부터 진한秦漢 시기에 이르기까지 황하 유역의 조의 생산량은 오곡 가운데 으뜸이었다. 그러나 한나라에 이르자 남방의 벼 생산이 급증한 후로는 양식 중에 조가 차지하는 비율이 점차 낮아지기 시작했다. 그러나 황하 유역에서 조는 계속 재배되었다.

벼의 중국에서의 재배 역사는 오래되었다. 하모도 문화, 양저良渚 문화와 굴가령屈家嶺 문화에서 모두 대량으로 벼가 출토되었다. 중국에서 최초로 벼가 재배된 곳은 항주杭州 일대와 장강 하류 지역이다.[12] 점차 장강의 중류, 강회江淮 평원과 황하 중하류로 확대되었다. 벼는 중국 남방 지역의 주요 양식이 되었다.

밀은 상대 이전부터 생산되었다. 고대 중국에서 보리의 주요 생산지는 황하 중하류, 섬서陝西 위수渭水와 그 지류, 산서山西 분수汾水 유역, 하남河南, 산동山東과 안휘安徽 일대에서 생산되었다. 황하 유역에서는 보리가 가장 중요한 양식 작물이었다. 한나라 이후로 중국에서는 벼가 제일, 보리가 제2의 곡물로 자리를 잡았다.

콩은 지금의 '대두大豆'이다. 중국 특산이다. 선진 시기 콩은 황하 유역 일대에서 재배되었다.《전국책戰國策》〈한책韓策〉에 장의張儀가 한나라 왕을 설득하

12 1956년, 절강 호주湖州 전산양錢山漾 유적이 발굴되었고, 1958년 항주 북쪽 근교의 수전판水田畈 유적이 발굴되었다. 이 두 유적지에서 쌀, 깨, 땅콩, 누에콩, 씨, 호도 등의 농작물과 다량의 농기구들이 발견되었다. 쌀의 원산지는 인도라고 하는데, 일본과 한국도 쌀의 기원 논쟁에 끼어들었다. 중국에선 쌀의 운남雲南 기원설을 주장하였고, 호주 전산양과 항주 수전판 양저 문화 유적지에서 쌀의 종자가 발견되었다. 양저 문화 중기와 말기의 유물은 지금으로부터 약4,500년에서 4천 년 전이다. 한국의 쌀의 역사는 약5천 년에서 4천 년 전으로 거슬러 올라가는데, 중국의 전산양과 수전판과 같은 시기이거나 일부 한국의 쌀 재배의 역사가 이보다 더 오래되었다고 주장하는 학자가 있다. 1973년, 소주 근교 초와자草蛙子 유적의 4개 층 가운데 양저 문화층에서 두 개의 타 버린 쌀이 발견되었는데, 약 6천 년 전의 유물이라고 하면서 중국에서의 쌀 재배가 한국의 쌀 재배보다 이르다고 주장하였다. 陳白夜,《良渚文化史話》, 12, 32-33쪽.

면서 "한나라는 지세가 험난한 산지에 자리 잡고 있습니다. 오곡 가운데 보리가 아니면 콩이 생산되는 정도입니다. 백성들은 대부분 콩밥에 콩잎으로 끓인 국을 먹고 삽니다. 단 한 해만 흉년이 들어도 백성들은 술지게미와 쌀겨로 된 음식조차 배불리 먹지 못합니다"[13]라고 하였다. 콩밥은 '두반豆飯', 콩잎을 끓인 국은 '곽갱藿羹'이다. 한韓나라는 전국 시대 지금의 산서 동남부와 하남 중부 지역을 차지하였다.

한漢나라 때는 중원 지방에 여러 해 동안 흉년이 들어 수많은 농민들이 하북, 산서와 산동 등지의 동북부 지방으로 이주하여 땅을 개간하고 콩을 심어 식량으로 대체했고, 당·송 이후에는 콩 재배 지역이 점차 장강 유역으로 확대되었다.

서한 때는 오곡 가운데 쌀과 보리가 가장 중요하였는데, '화禾'는 '도稻'의 별명이다. '맥麥'은 '대맥大麥'과 '소맥小麥'으로 나뉘는데, 대맥은 보리이고, 소맥은 밀이다. 중국의 자연조건으로 볼 때 황하 유역은 맥, 장강 유역은 벼 재배에 적합하다.

2. 중국 요리의 기원

중국에서 요리를 '팽임烹飪'이라고 한다. 《주역周易》의 〈정鼎〉 괘卦는 불 화火와 바람 풍風이 결합된 형태로 이에 대한 〈십익十翼〉의 단사彖辭의 해석을 보면, "나무를 불어 넣어 삶고 익힌다"(以木巽火, 亨飪也)라고 하였다.[14] 솥 '정鼎'은 고대 중국의 취사도구로 형상이 사당의 향로와 같고, 처음에는 도자기로 만들었으나 후에 청동으로 제조되었으며 또한 제사에 쓰이는 제기였다. '목木'은 연료로

---

13 何建章 注釋, 《戰國策注釋》(下), 974쪽. 《史記列傳》(上), 151쪽. 여기에선 '콩잎을 끓인 국'을 '명아주국'이라고 하였다.

14 金敬琢 著, 《周易》, 279쪽.

땔나무 종류였다. '손巽'은 원래 뜻이 바람인데, 바람으로 불을 지피는 것을 말한다. '형亨'은 '팽烹'으로도 쓰여 열을 가한다는 뜻이고, '임飪'은 익힌다는 뜻으로 이 두 단어가 합쳐져서 '팽임烹飪'이 되었다. 음식물을 취사도구 위에 올려놓고 밑에서 불을 피워 익히는 요리 방법을 가리킨다.

중국인의 원시조상은 불을 발견한 후에, 전에 먹기 힘들었던 짐승의 고기, 물고기나 거북 종류, 달팽이나 조개류 등의 음식물은 날것을 뜨거운 기름에 볶은 후 다시 양념과 물을 넣고 삶는 '창熗'이라는 방법으로 익히거나 불로 굽는 '번燔'의 방법으로 먹었다. 이런 '창熗'과 '번燔'의 요리 방법은 오늘날의 '소燒'와 '고烤'의 방법과 같다. 이 방법은 최초의 육식을 위한 요리 방법으로 '소육燒肉'과 '고어烤魚'가 바로 이 경우에 해당된다.

기원전 3천 년 전에 산동 반도 해변의 숙사씨宿沙氏가 바다를 끓여 소금을 만드는 방법을 고안했다는 전설이 있다. 바닷물을 도자기 그릇에 담아 끓여서 만들었다. 소금의 발견은 인류 생활에 커다란 공헌을 하였는데, 인체의 위액 분비를 촉진시켜 소화기능을 향상시켰다. 소금은 조미료를 사용해 음식을 요리하고 조리하는 데 커다란 역할을 담당하였다. 요리의 기원은 불의 사용에서 비롯되었다. 조미료의 사용은 소금이 처음이었다.

3. 중국 요리의 발전

취사도구의 발달로 요리가 자연스럽게 발전하였다. 취사도구가 돌, 도자기, 청동, 철 등의 단계를 거치면서 요리는 발전하였다. 처음에 인류가 불을 사용하여 음식을 익혀 먹었던 역사는 적어도 50여 만 전으로 요리의 탄생은 북경 부근의 주구점周口店 원인猿人에서 발원하였다. 이 시기에는 취사도구가 없었는데, 불을 사용하여 요리한 역사는 대략 40만 년 전이다.

(1) 조리법

'소燒'는 불 속에 직접 집어넣거나 불 위에서 태우는 방식이다. 물고기나 동물을 통째로 불속에 넣거나 동물의 털을 깎아낸 후에 태워서 구웠다.

'당외煻煨'는 재 속에 굽는 요리 방법이다. 체구가 비교적 작은 포획 동물을 익히는 데 사용되었다. 오늘날의 옥수수나 고구마 감자를 굽는 방식과 같다.

'고烤'는 옛날에 '거초擧燋'라고 하였는데, 받침대를 놓고 그 위에 음식을 놓고 불을 밑에서 피워 굽는 가고架烤 방식이다. 이 방식으로 음식물을 검게 태워 먹지 않아도 되었지만 음식물을 자주 뒤집어야 골고루 익힐 수 있었다. 이 밖에 땅을 구멍을 파고 구멍 밑에서 불을 피워 굽는 방식도 있는데, 오늘날 신강新疆 지방에서의 '고전양烤全羊'이 이에 속한다. 이런 방법으로 덩치가 큰 동물인 말, 소, 낙타와 작은 동물인 닭이나 토끼 등도 굽는 게 가능하다. 이 방식이 막대나 철 꼬챙이로 찔러 돌려가며 굽는 '차고叉烤', 꼬치에 여러 덩어리를 꿰어서 굽는 '천고串烤', 그물 모양의 격자 판을 놓고 굽는 '비고箅烤', 아궁이나 화로에서 굽는 '노고爐烤' 등으로 발전했고, 고기를 잘게 잘라 굽기도 하였다.

이런 주요 요리 방법을 활용하여 다음과 같은 방식을 고안하였다.

'홍烘'은 불을 쬐어 그슬린다는 뜻으로, 꼬치를 이용한 가고와 같다. 원료가 불에서 더 높고 멀었으며 불도 약해졌고 불의 복사열로 요리하였다. 시간도 많이 걸렸고 음식이 익는 비율이 더 높았으며 음식의 안과 밖을 골고루 균일하게 익히기 위해서였다. 오늘날 고구마를 익히는 방식과 같다.

'항炕'은 원료를 불 가까이에 놓고 익히는 방법이다. 화력은 세거나 약하게 하였고 불의 복사열로 익히는 방식이다. 빵을 굽는 '항소병炕燒餠'의 제조기법이 바로 이 방법이었다.

'훈熏'은, 땔나무를 태워 열과 연기로 굽는 방식이다. 땔나무의 습도가 높으면 잘 타지 않지만, 음식이 익은 후에는 나무의 향이 배어 있고 독특한 맛이 난다. 이렇게 훈제한 음식은 저장이 가능했고 쉽게 부패하지 않아 독자적인 요리 방법이 되었다. 불 연료와 과정의 다양한 발전으로 수많은 훈제 음식이 제조되었고, 또한 식품을 저장하는 방법 중의 하나가 되었다. 호남湖南의 특산 '납육臘肉'이 바로 이런 방법으로 만들어졌다.

(2) 다섯 가지 맛

고대 중국의 요리의 맛은 신맛과 짠맛 두 종류만 있었다. 신맛은 매실에서 얻었고, 짠맛은 소금에서 얻었다. 고종高宗 무정武丁이 부열傅說을 재상으로 삼은 다음 훈계가 되는 명령을 내린 내용을 기록한《서경》〈상서商書〉"열명說命" 편에 부열이 무정의 요구에 따라 배움에 관한 이야기를 그에게 아뢰는데 무정이 말하길, "화갱和羹을 만들려 하거든 그대가 바로 소금과 매실이 되어 주오"라고 했다.[15] '화갱'은 여러 가지 양념을 넣고 맛을 낸 국을 말한다. 매실은 고기나 생선의 비린내를 없애 주고 또 고기의 섬유질을 부드럽게 해 주는 데 효과가 있으며 소화를 촉진시켜 주는 중국 최초의 조미료이다. 북방에선 쓴맛을 조절해 주는 것이 술 주酒였고, 남방에선 된장 '시豉'였다. 술은 고기의 비린내를 제거해 주는 작용을 하였다. 생강, 파, 마늘, 겨자에 함유된 매운맛 때문에 이들 채소가 조미료로 사용되었고, 남방의 매운맛의 기원은 산초에서 유래하였다. 단맛은 맥아당麥芽糖의 '이飴'와 봉밀蜂蜜의 '밀蜜'에서 유래하였다. 맵고, 시고, 짜고, 달고, 쓴맛의 다섯 가지 맛 '오미五味'는 고대 중국인이 이미 알고 있었다.

소금 염鹽은 숙사씨宿沙氏가 바다를 끓여 만들었다고 한다.[16] 숙사씨는 공공씨共工氏처럼 중국 동부 해안의 씨족 혹은 부락의 우두머리로 그의 부락은 대대손손 조석 간만의 차가 심한 해변의 소금 층이 두터운 지역에서 살아 소금 맛을 보고 요리에 사용하였다고 전한다. 예로부터 "다섯 가지 맛이 온갖 향기와 잘 배합하여 맛을 낸다"(五味調和百味香) 하였고 "소금 맛은 온갖 맛의 으뜸이다"

---

15 金學主 譯著,《書經》, 236쪽.

16 "宿沙作煮鹽."《太平御覽》卷865의《世本》〈作篇〉의 인용문.

(鹽者百味之將)라고 하였다. 소금으로 국을 만들어 '싱경鉶羹'이라는 국이 제조되었다. 이 국은 중국 최초의 소금으로 만든 요리이다.

'정염井鹽'은 지층에서 캐낸 소금을 말한다.《사기》〈화식열전貨殖列傳〉에 "의돈猗頓은 여지鹽池를 경영하여 사업을 일으켰고, 한단邯鄲의 곽종郭縱은 철을 다루어 사업에 성공하였는데, 그들의 부유함은 왕들과 대등할 정도였다"[17]라고 했고, 당대 장수절張守節의 정의正義에 "염주鹽州에는 오지烏池가 있고 세 가지 색깔의 소금이 생산되었는데, 정염井鹽, 휴염畦鹽과 화염花鹽이 있다"라고 했다.[18]《화양국지華陽國志》〈촉지蜀志〉에 진시황제 집권 시기에 사천의 임공臨邛에 염정鹽井이 있었는데, "천연가스가 뿜어 나오는 우물 옆에 두 개의 우물이 있고 천연가스로 우물의 물을 끓이면 한 곡斛의 우물물에서 다섯 말의 소금을 얻었다"라고 했다.[19] 이미 진나라 때 사천에선 천연가스를 연료로 사용하여 물을 끓여서 소금을 정재해 내는 기술을 터득하고 있었다. '해염海鹽'은 오나라의 특산이었다.《사기》〈화식열전貨殖列傳〉에 "오나라는 동쪽으로 바다에서 소금, 장산章山에서 구리, 삼강三江과 오호五湖에서 풍부한 산물이 나와 이득을 본다. 오나라는 강동江東의 대도시 중의 하나이다"라고 했다.[20] 강동은 지금의 남경南京 동쪽을 흐르는 장강을 말하는데 이 지역이 오나라의 영역이고 도성은 지금의 소주蘇州였다.

'장醬'은《주례》의 기록에 "선부膳夫는 왕의 음식을 관장했는데 장을 120개의 항아리를 준비했다"라고 나타나 있다.[21] 한대에 편찬된《풍속통의風俗通義》에 "간장은 소금으로 만드는데 소금보다 짜다. 사물의 변화는 시간이 흐르면 맛이 더 강해진다"라고 했다.[22] 한대에는 간장이 보편적인 조미료였다. 식초의

---

17 丁範鎭 外 옮김,《史記列傳》(下), 1179쪽.
18 "鹽州有烏池, 猶出三色鹽, 有井鹽畦鹽花鹽."《史記》, 3260쪽.
19 常璩 原著, 汪啓明·趙靜 譯注,《華陽國志譯注》, 107쪽.
20 丁範鎭 外 옮김,《史記列傳》(下), 1188쪽.
21 池載熙·李俊寧 解譯,《周禮》, 53쪽.
22 應邵 撰, 趙泓 譯注,《風俗通義譯注》〈佚文〉, 407쪽.《風俗通義》는 유실된 부분이 상당히 많아 현존하는 판본은 원서의 3분의 1밖에 되지 않는다고 한다.

역사는《서경》〈열명說命〉의 기록에 "술이나 단술을 만들려 하거든 그대가 바로 누룩이 되어 주오"(若作酒醴, 爾惟麴糵)[23]라고 말한 것으로 보아 이미 상나라 때 인공 식초가 있었음을 알 수 있다. 원문의 '예醴'는 단술을, '국얼麴糵'은 누룩을 말한다. 한대에 편찬된《설문해자說文解字》〈유부酉部〉에 "해醢는 육장肉醬이다"라는 구절의 정원鄭元의 주注에 그 제조법이 기록되어 있는데, "고기의 수분을 제거한 다음 그 고기를 곱게 갈고 일정한 비율에 맞춰 기장으로 만든 누룩과 소금을 섞고 적당량의 술을 넣어 절인 뒤 항아리에 담고 밀봉하고 백일 정도 숙성시킨다. 장醬은 유酉와 육肉이 결합된 글자이기 때문이다"라고 했다.[24] 여기에서의 '해醢'는 초醋를 말한다. 남북조 때 북위北魏 가사협賈思勰의《제민요술齊民要術》에 22가지 식초 제조법을 수록했다.[25] 식초 제조법 가운데 고주법苦酒法이 있는데, '고주苦酒'는 초醋의 별명이다. 외국外國의 고주법도 수록하였는데 '호릉자胡菱子'를 첨가한다. 이 호릉자는 호유胡荽의 열매이다. 호유는 '완유芫荽'라고도 하는데, 지중해 연안과 중앙아시아가 원산지이다.《박물지博物志》의 기록에 "장건이 서역에 사신으로 갔다가 돌아오면서 마늘과 호유를 가져왔다"라고 하였다.[26] 그러나《박물지》각 판본의 기록이 서로 달라 이런 기록들을 믿을 수가 없다. 대개 장건 이후에 전래되었다고 말할 수 있고, 그이후로 남북조 시대에 이르러 중국 전역에 광범위하게 재배되었던 것이다.

당분이 많이 함유된 과실이 썩어 발효된 술이 신석기 시기에 이미 출현하였다. 곡물로 주조한 술은 신석기 시기 가운데 앙소 문화와 용산 문화 시기에 등장하였다고 하나 학자들의 견해가 서로 다르다. 당시의 술은 오

23 金學主 譯著,《書經》, 236쪽.

24 許愼 撰, 段玉裁 注,《說文解字注》, 758쪽.

25 繆桂愉·繆桂龍 撰,《齊民要術譯注》, 547-560쪽. 安石峰 責任編輯,《齊民要術》, 卷第8〈作酢法〉, 319-327쪽.

26 "張騫使西域, 得大蒜胡荽." 注에서 "또한《一切經音義》卷65,〈薩婆多毗尼婆沙〉卷6에 '호릉胡菱'이라고 했다"라고 하였다. 張華 撰, 范寧 校證,《博物志校證》,〈佚文〉, 116쪽.

늘날의 미주米酒처럼 곡물로 빚은 술이 있었고 주로 음식의 조미료로 사용되었다.

제3장

중국 요리의 발전 과정

선진先秦 시기에 대체적으로 중국의 음식 문화의 특징이 형성되었다. 중국의 요리 기술은 은·주 시기에 상당한 발전을 이룩하여 청동기 취사도구를 사용하기에 이른다. 동물성 기름, 소금, 간장, 식초 등의 조미료를 사용하였고 조리 방법도 다양하였다.

《시경詩經》의 기록에 근거하여 서주西周 시기에는 이미 오곡五穀이 생산되었음을 알 수 있다. 채소로는 순무, 무, 죽순, 목이 등이 보편적이었다. 고기는 돼지, 양, 개 등의 가축과 코끼리, 사슴, 비둘기 등이 있었다. 상商나라 때 이미 담수어를 양식하였고, 수산품의 종류도 다양했다. 또한 소금 이외에 맥아당인 '이탕飴糖'과 꿀 '봉밀蜂蜜' 등의 단맛, 간장 '장유醬油'와 콩을 발효시켜 만든 말린 청국장과 비슷하고 간장을 만드는 원료로도 쓰이는 메주 '두시豆豉' 등의 짠맛, 식초간장 '산장酸醬'과 식초 '초醋' 등의 신맛, 차조기 '자소紫蘇', 고추와 비슷한 '화초花椒', '계피桂皮' 등의 매운맛의 조미료가 사용되었다.

조미료를 중시하여 식품 발전에 중요한 조리 방법을 고안했다. 첫째는 저장 방식이다. 냉장, 부패 방지용 향료, 세균 살균용 식초, 유산균 발효, 설탕 조림 등의 다양한 방법을 고안했다. 소금에 절여 말린 고기 '납육臘肉', 김치 '포채泡

菜', 과일을 설탕에 절인 '밀전蜜餞' 등의 가공식품도 출현했다. 둘째, 미식가가 이미 산지가 원료의 품질과 밀접한 관계가 있음을 알고 있어 재료 선택을 중요시하였다.《시경》〈진풍陳風〉"형문衡門"편에 "어찌 고기를 먹는데, 꼭 황하의 방어라야 할까? 어찌 고기를 먹는데 꼭 황하의 잉어라야 할까?"[27]라고 하였다. 생선을 먹는다면 반드시 황하의 방어와 잉어만을 잡아먹는다는 것이다. 이 두 생선이 미식가들에게 맛있는 생선으로 정평이 나 있었다는 말이다.

당시에 이미 유명한 요리사들이 등장하였다. 예를 들면, 하나라, 상나라가 흥할 때 요리사 이윤伊尹이 고도의 기술과 요리 이론으로 상나라 탕왕湯王에게 칭찬을 받았다. 탕왕은 그를 재상에 임명하여 자신을 보좌하여 나라를 다스리도록 하였다.[28] 춘추 시대 역아易牙는 고대 중국 제일의 요리사로 유명하다. 제 환공齊桓公에게 진귀한 요리를 맛보게 하기 위해 자신의 아들을 죽이고 그 살을 끓여서 왕에게 바쳤다.[29]

유명 요리사의 등장은 궁정의 주방 제도와 밀접한 관계가 있었다. 주례에

---

27 "豈其食魚, 必河之魴〔…〕豈其食魚, 必河之鯉." 金學主 譯著,《詩經》, 284-285쪽.

28《史記》〈殷本紀〉, "이윤은 이름이 아형阿衡이다. 아형이 탕을 만나고자 하였으나 방법이 없자 유신씨有莘氏의 잉신媵臣가 되어 정鼎와 조俎를 메고 탕에게 갔다. 그는 음식의 맛을 예로 들어 정치에 대한 이야기를 하여 탕이 왕도王道를 실행하게 하였다", "탕은 이윤을 등용하여 국정을 담당하게 하였다", "하나라의 걸왕桀王이 포악한 정치를 하여 주색에 빠져 지내자, 제후국인 곤오씨昆吾氏가 반란을 일으켰다. 이에 탕이 군대를 일으키고 제후들을 인솔하니 이윤도 함께 따라 나갔다." 丁範鎭 外 옮김,《史記本紀》, 55-56쪽.《呂氏春秋》〈本味〉에 "이윤이 자라나서 현명하게 되니, 탕이 이를 듣고 사람을 시켜서 유신씨에게 이윤을 달라고 요청하였다. 유신씨는 안 된다고 하였으나, 이윤 자신은 탕에게로 귀의하기를 원하였으므로, 탕이 부인을 맞아들이면서 유신씨와 집단 혼인을 하자고 요청하였다. 유신씨가 기뻐서 이윤을 딸의 잉신으로 함께 딸려 보냈다." 김근 역주,《呂氏春秋》卷2,〈八覽〉, 105쪽.《淮南子》〈泰族訓〉, "이윤은 천하가 다스려지지 않는 것을 근심하여 오미五味를 조리하고자 솥과 도마를 지고 다섯 번이나 걸왕에게로 나아가고 탕왕에게도 나아갔으니, 이는 장차 흐린 세상을 밝은 세상으로 만들고, 위험한 세상을 편한 세상으로 만들고자 해서 그랬던 것이다." 李錫浩 譯,《淮南子》, 518쪽.

29《史記》〈齊太公世家〉에 "관중이 병이 나자 환공이 물었다. '뭇 신하들 가운데 재상을 시킬 만한 이는 누구인가?' 관중이 말하였다. '임금보다 더 신하를 잘 아는 사람은 없지요?' 환공이 물었다. '역아는 어떤가?' '제 자식을 죽여 임금에 영합하였으니 인정에 어긋납니다. 안 됩니다'"라고 기록되어 있다. 丁範鎭 外 옮김,《史記世家》(上), 44-45쪽.

궁정의 음식을 관장하는 관리를 임명하였다는 기록이 보인다. 그 가운데 선부膳夫, 포인庖人, 주정酒正, 식의食醫, 변인籩人 등의 여러 직위는 분업이 아주 상세하고 각자 서로 다른 임무를 맡았다. 오곡, 요리, 연회 행사, 냉장 보관, 술 주조, 영양과 위생 등을 맡았던 관리가 따로 있었다.

요리 기술이 상당히 발달하였다. 이 시기의 요리사는 칼의 사용을 아주 중시했다. 《장자莊子》〈양생주養生主〉에 보면, 백정 포정庖丁의 정교한 칼놀림을 묘사한 유명한 기록이 있다.[30] 불의 사용도 요리사가 중시하는 분야였다. 끓이는 '자煮', 삶는 '돈燉', 굽는 '고烤', 튀기는 '작炸'의 방법을 위주로 하여 화력의 시간과 용기의 선택을 중시했다. 《노자老子》 60장에 "큰 나라를 다스리는 것은 작은 생선을 지지는 것과 같다"[31]라고 하였다. 비록 정치와 관련 지어 생선 요리에 비유하였지만 생선 요리를 할 때는 조심스럽게 하고 화력을 세게 해서는 아니 된다는 것을 말해 준다. 그렇게 하지 않고 센 불로 지지면 생선이 부서져서 미관이 좋지 않게 된다는 말이다. 《여씨춘추》〈본미〉편에 닭을 끓이는 기교에 대해 논하였는데, 너무 큰 솥을 사용하면 물을 너무 많이 넣게 되어 국물이 싱거워지고, 너무 물을 적게 부으면 닭고기가 눌러 붙어 잘 익지가 않게 된다면서 적절한 취사도구의 선택을 중시했다.

1. 하·은·주 시기

이 시기 요리는 그 재료가 증가하였다는 특징이 있다. 오곡五穀 외에 오채五菜는 아욱, 콩잎, 백합과 염교 해薤, 파, 부추이고, 오축五畜은 소, 양, 돼지, 개, 닭이며, 오과五果는 대추, 오얏, 밤, 은행, 복숭아이고, 오미五味는 식초, 미주米酒, 이당飴糖, 생강, 소금이다. 이들 음식 재료와 조미료는 모두 오행五行에 근거하여 선택되

30 李錫浩 譯, 《莊子》, 209-210쪽.
31 "治大國, 若烹小鮮."

었다.

취사도구의 혁신적인 발명으로 정교하게 제작된 청동기 식기가 등장했다. 출토된 상주 시기의 청동기가 약4천여 개나 되고, 그 가운데 대부분이 식기이다. 청동기 식기가 출현한 후에 열전도나 요리 효과가 높아졌고, 제사의식이나 연회에서 귀족들의 음식 문화에 독특한 분위기를 형성했다.

음식 재료의 품질이 높아지고 새로운 청동식기의 제작으로 당시의 요리 기술도 한층 발전하였다. 그슬리거나 데우는 '홍烘', 오래 삶는 '외煨', 굽는 '고烤', 태우거나 쬐어 익히는 '소燒', 삶는 '저煮', 찌는 '증蒸', 담그는 '지漬', 절이는 '조糟' 등 10여 종류의 요리 방법이 있었다.

곰발바닥 '웅장熊掌', 새끼돼지구이 '유저乳猪', 기러기 '천아天鵝' 등의 고급 요리는 '주팔진周八珍' 요리에 영향을 끼쳤다. '주팔진'은 주나라 천자가 준비한 연회의 진수성찬을 말한다. 2반飯 6채菜로 구성되어 있다. '순오淳熬', '순모淳母', '포돈炮豚', '포장炮牂', '도진擣珍', '지漬', '오熬'와 '간요肝膋'이다. '주팔진'이 출현한 후로 이를 모방한 요리가 등장했는데, 원대의 이북팔진迤北八珍과 천주팔진天廚八珍, 명·청 때의 삼시팔진參翅八珍과 소고팔진燒烤八珍 또 산팔진山八珍, 수팔진水八珍, 금팔진禽八珍과 초팔진草八珍, 상팔진上八珍, 중팔진中八珍, 하팔진下八珍, 소팔진素八珍, 청진팔진清眞八珍과 경림팔진瓊林八珍 등이 있다.

음식 제도도 건립되었다. 하나라 때부터 궁중에 식관食官을 설립하고 어주御廚를 설치하여 음식과 건강을 결합하고 황제의 음식 보건을 맡았다. 이런 제도는 청나라까지 계속되었다. 연회는 직위에 따라 존비의 순서를 정했고, 민간에서도 도살과 양조, 취사 제도를 설정하여 음식업도 성행했다. 당시에 대량大梁, 연성燕城, 한단邯鄲, 함양咸陽, 임치臨淄, 영도郢都 등지 같은 도회지에 술집이 흥성했다.

2. 춘추전국 시기

이 시기는 정벌 전쟁이 계속되었고 군웅들이 병립하던 시기였다. 전쟁으로 인구 이동이 빈번하여 농업 생산 기술의 신속한 발전을 촉진시켰다. 이 시기의 요리 또한 새로운 요소들이 출현하여 후세에 주목의 대상이 되었다.

인공 배양한 농산품이 주식의 주요 원천이 되었다. 당시에 넓은 토지를 개간하고 수리 사업을 일으켰으며 소를 이용한 경작과 철제농기구를 발명하여 농산품의 종류가 급증하였고 질도 높아졌다. 가축의 육류와 채소, 과일, 오곡 모두 식단에 올랐고, 수산자원의 개발에 주의하여 남방에서는 생선, 새우, 거북, 조개류 식품이 돼지, 개, 소, 양과 동일한 위치에 올라 중요한 음식 재료가 되었다. 이는 전에 없던 변화였다.

일부 경제가 발달된 지역에서 두 개의 손잡이가 달리고 바닥이 둥글고 철로 만든 솥이 등장했다. 아궁이 위에 솥을 놓고 그 위에 찜통을 올려놓아 음식 재료를 찌거나 데웠다. 청동 취사도구와 비교해서 더 앞선 식기로 기름을 이용한 조리 방법의 원조가 되었다. 이와 동시에 돼지, 소, 양, 개, 닭, 생선 기름과 같은 동물성 기름과 간장과 식초 중심의 조미료가 눈에 띄게 급증했다. 산초, 생강, 계피, 마늘의 시용이 보편적이었고, 간단한 냉각식품, 꿀에 담그거나 기름에 튀긴 간식도 등장했다.

주나라 천자의 식단을 이어서 초나라에도 궁중 음식이 선을 보여 중국 음식은 남북이 경쟁하는 국면을 맞이했다. 《초사楚辭》〈초혼招魂〉과 〈대초大招〉 두 편의 기록에 초나라 궁정 연회는 주식이 4–7종류, 요리는 8–18종류, 간식은 2–4종류, 음료는 3–4종류나 되었다. 이 가운데 '외우근煨牛筋', '소양고燒羊羔', '민대구燜大龜', '회천아燴天鵝', '팽야압烹野鴨', '유로계油滷鷄', '돈갑어炖甲魚'와 '증청어蒸青魚' 등은 비교적이 수준이 높은 음식이다. 원료의 배합, 음식을 내놓는 순서, 접대 예절에 있어 새로운 스타일을 창안하여 후세 연회 음식의 본보기가 되었다.

남북 음식의 구분이 나타나기 시작했고, 지방의 음식이 등장했다. 이 가운데 북방 요리는 지금의 하남河南의 예豫, 섬서陝西와 감숙甘肅의 진秦, 산서山西의 진晉, 산동山東의 노魯 지역 중심으로 모두 황하 유역이었다. 이 지역은 돼지, 개, 소와 양을 주요 재료로 사용하였고, 불에 쬐어 익히거나 태우는 '소燒', 굽는 '고烤', 삶는 '자煮', 끓이는 '회燴'의 요리 방법을 주로 사용했고, 신선하고 짠맛을 중시했으며, 탕과 소스가 진한 특징이 있다. 남방 요리는 지금의 호북湖北의 악鄂, 호남湖南의 상湘, 양자강 하류의 강소江蘇 남부와 절강浙江 북부 일대의 오吳, 절강 동부의 월越 일대를 중심으로 담수어를 주요 재료로 사용하였고, 신선한 채소와 과일을 곁들였으며, 찌는 '증蒸', 오래 재워 두는 '양釀', 재에 묻어서 굽는 '외煨', 오래 삶는 '돈炖'을 주요 요리 방법으로 택하였고, 시고 매운맛 가운데 미끄럽고 단맛이 나게 하였으며 찬 음식을 좋아했다. 이런 두 남북의 음식은 한나라와 위진남북조 시기까지 이어져서 다시 네 지역의 음식으로 갈라졌다.

요리 이론이 이 시기에 처음으로 탄생했는데, 《여씨춘추》의 〈본미本味〉편과 《황제내경黃帝內經》에 나타나 있다. 《여씨춘추》의 〈본미〉편에는 동물성 원료의 특성과 맛, 생활환경과 음식과의 상관관계를 논했고, 불과 조미료의 작용을 강조하였으며, 요리의 질을 측정하는 8가지 표준을 제출했고, 각 지방의 유명한 특산 원료를 나열하였다.[32] 《황제내경》은 음양오행, 인체 내부 기관인 폐부肺腑, 혈기운행의 통로인 경락經絡, 병의 원인, 병 발생과 변화의 이치인 병기病機, 예방, 치료 방법 등 인체생리 활동과 병리 변화의 규칙 등 중의학 이론을 논한 것 이외에 음식 보양과 음식 치료 방면의 자연환경과 건강과의 관계를 논했다. 중의학에서 말하는 바람 풍風, 추위 한寒, 더위 서暑, 습기 습濕, 건조 조燥, 불 화火 등 여섯 가지 기후의 급격한 변화로 병이 생기는 '육음六淫', 기쁨 희喜·노여움 노怒·걱정 우憂·골몰 사思·슬픔 비悲·공포 공恐·놀람 경驚의 일곱 가지 감정 변화, 음식의 부적당함, 피로와 내상內傷 등의 병의 원인이 되는 요인을 주장했다. 음식과 생리기능의 조화와 적응에 주의하여야 한다고 하였다.

32 김근 역주, 《呂氏春秋》 卷2, 〈八覽〉, 104-109쪽.

3. 진 · 한 · 당 시기

진 · 한 이래로 통일된 중국은 농업 생산력과 경제가 크게 발전하였다. 사람들의 음식 수준도 상당히 높아져서 새로운 음식들이 많이 등장했다. 철제 취사도구가 광범위하게 사용되었고, 식물성 기름도 이미 요리에 사용하였다. 서역 지방의 개척으로 외국의 음식물과 요리 방법도 전래되었다. 한나라와 당나라 음식 문화는 고대 중국의 음식 문화 역사에 중요한 발전을 이룩하였다. 조, 보리, 쌀 등의 곡물이 주식으로 자리 잡았고, 채소와 육류를 부식으로 하는 음식 구조를 형성하였으며, 찌는 '증蒸', 삶는 '자煮', 굽는 '고烤', 지지는 '전煎', 튀기는 '작炸', 삶는 '팽烹', 볶는 '초炒' 등의 기본 요리 방법과 색色 · 향香 · 맛 미味 · 형태 형形, 칼과 불의 사용, 다섯 가지 맛의 조화를 중시하는 종합적인 요리 기술을 선보여 독특한 중국 요리의 체계와 맛을 창조하였다. 또한 하루 세 번 식사하는 관습도 이때 형성되었고, 음식학과 음식치료양생 이론과 실천으로 후세에 큰 영향을 끼쳤다. 음식 문화 가운데 이 시기가 점유하는 특수성과 중요성 때문에 후대에 계승되고 발전을 거듭하였다.

(1) 진 · 한과 위진남북조 시기

이 시기에는 도시는 물론이고 농업, 수공업, 상업이 크게 발전하였다. 비한족과의 융합과 대외 교류도 빈번하였다. 특히 위진남북조 시기에는 잦은 전쟁, 제후들의 대립 그리고 왕조의 빠른 교체, 통치계층의 취생몽사, 사치와 정치부패가 만연하여 음식 문화에 새롭고 신기한 자극을 추구하였다.

요리 재료의 확충이 이루어졌다. 장건이 서역에 사신으로 갔다 온 이후로 서역으로부터 가지, 마늘, 수박, 오이, 제비콩, 작두콩 등의 신선한 채소를 들여왔다. 서한 때 겨울에는 시장에 아욱, 부추, 점채, 자조기, 목이, 신채 등이 공급되었다고 하였는데 이는 온실 재배 기술의 창안 덕분이었다.[33] 사마상여司馬相如와 더불어 저명한 한부漢賦의 작가인 양웅揚雄은 그의 〈촉도부蜀都賦〉에서 사천 지방에서 생산되는 마름뿌리(菱根), 산수유(茱萸), 죽순竹笋, 연밥(蓮藕), 오이(瓜), 박(瓠), 산초(椒), 연 줄기(茄)와 과일 가운데 비파枇杷, 앵두(櫻桃), 단감(甛柿), 개암열매(榛仁) 등을 소개하였다.[34]

두부의 제조법은 한나라 때 회남왕淮南王 유안劉安이 고안했다고 전한다.[35] 회남왕 유안의 저작은 지금까지 전해지지 않아 당시 두부의 제조법을 알 수 없다. 두부 제조법은 회남왕 유안이 아니라 농민의 오랜 경험으로 만들어졌다는 학설도 있다.[36] 당대 이전의 두부에 관한 기록은 문헌에 보이지 않고, 오대五代에서 송대에 걸쳐 살았던 도곡陶穀이 편찬한《청이록淸異錄》에 보인다.[37] 송대

33 《漢書》〈召信臣傳〉에 "태관은 정원에서 겨울에 파, 부추, 버섯과 같은 채소를 심었는데, 지붕을 덮고 밤낮으로 불을 은근히 때워 그 온기로 채소들이 잘 자랐다"(太官園種生蔥韭菜茹, 覆以屋廡, 晝夜燃蘊火, 待溫氣乃生)라고 하였다.《漢書》卷89,〈循吏傳〉, 1092쪽.

34 漢代 음식의 풍부한 재료, 요리를 알 수 있는 자료로는《齊民要術》,《鹽鐵論》,〈蜀都賦〉외에 王粲의〈七釋〉, 枚乘의〈七發〉그리고 畵像石의 그림들이 있다.

35 明代 李時珍의《本草綱目》〈穀〉에 "두부 만드는 방법은 한나라 때 회남왕 유안에서 시작되었다"(豆腐之法, 始於漢淮南王劉安)라고 나와 있다. 이 외에 송대 성리학자 朱熹의 시〈豆腐〉, 원대 孫司業의 시〈咏豆腐〉, 명대 葉子奇의《草木子》와 羅頎의《物原》에서도 동일한 기록을 발견할 수 있다. 우리나라 문헌에는 고려 말기의 성리학자 이색의《목은집》에 "채소를 넣은 국은 별맛이 없는데 두부를 썰어 넣으니 맛이 새롭다. 약한 치아에도 편하여 늙은 몸을 보양하기에 참으로 좋다"라고 하였다, 尹瑞石,《韓國食品史硏究》, 115쪽. "일설에 두부를 동이족東夷族이 발명했다고도 하는데 그 근거는 콩의 원산지가 만주이기 때문이다.《세종실록》에 실린 외교사에 보면, '조선에서 온 여인이 각종 식품 제조에 교묘하지만 그중에서도 특히 두부는 가장 정미精美하여 명나라 황제가 칭찬하였다'는 기록이 있다. 이러한 우리나라의 두부 제조 솜씨는 일본에까지 전해졌다. 두부를 우리나라에서는 포泡라고 한다. 그 유래는《아언각비雅言覺非》이다." 황안국 편저,《한방식품학》, 68쪽.

36 중국의 저명한 화학사학자 袁翰靑은《淮南子》에 豆腐라는 글자는 없고, 豆腐의 별명인 '黎祁'나 '來其'도 보이지 않는다고 하면서, 北宋 寇宗奭의《本草衍義》에 "날콩을 갈아 쑤어 먹었다"라고 하여 송대에 이미 두부가 있었음을 알 수 있고, 대략 五代 때, 9세기 혹은 10세기에 제조되기 시작했는데, 농민이 오래 전부터 콩을 삶아 간장을 만드는 과정에서 두부가 만들어졌을 것으로 추측된다고 주장하였다. 郭伯南 主編,《食爲天》, 114쪽.

37 〈官志〉편에 "시집이 청양승이 되어 청렴결백하고 백성들을 위해 힘썼는데 고기가 넉넉하지 못해 날마다 두부 몇 개를 사다 먹었으므로 사람들이 두부를 소재양이라고 했다"(時戢爲靑陽丞, 潔己勤民, 肉味不給, 日市豆腐數個, 邑人呼豆腐爲小宰羊)라는 기록이 보인다.《宋元筆記大觀》一, 15-16쪽. 이 밖에 淮南王 劉安의 豆腐 發明說에 관한 문헌사료로는《綺翁憶梅庵雜記》, 元代 孫司業의 詩〈詠豆腐〉卷3〈雜制篇〉, 明代 葉子奇의《草木子》, 李翊의《戒庵老人漫筆》卷7, 李時珍의《本草綱目》〈穀部〉, 卷25〈豆腐〉, 羅頎의《物原》〈食原〉第10, 청대 高士奇의《天祿識餘》,

이후 주희朱熹의 시 〈두부豆腐〉에 "콩을 심었더니 싹이 나오지 않고, 힘들이고 공들여도 썩어 버리네. 일찍부터 회남왕의 기술을 알았더라면, 콩을 심지 않아도 편안히 앉아서 돈을 벌었으리라"라고 읊었다.[38] 또 소식蘇軾의 시에도 자주 두부를 언급되고 있다. 1960년, 하남성 밀현密縣 타호정촌打虎亭村에서 동한 때의 묘가 발굴되었다. 이 묘의 화상석畵像石[39]에 두부를 만드는 광경이 묘사되어 있는데, 이를 근거로 학자들은 한대에 두부가 제조되었다고 추정하였다. 그러나 이 화상석의 그림은 두부제조 과정을 묘사한 것이 아니라 술 제작 과정이라는 주장도 있다.[40] 그러나 《염철론》 가운데 '두당豆餳' 은 맛이 단 콩국甛豆醬 혹은 순두부豆腐腦를 가리킨다고 하면서, 이런 기록에 근거하여 대부분의 학자들은 두부가 한대에 흔히 먹던 음식이었다고 주장한다.[41]

사마천은 《사기》 〈화식열전貨殖列傳〉에 "교통이 발달한 대도시에서는 한 해에 술 1천 동, 식초와 간장 1천 병, 누룩과 메주 각 1천 홉, 복어와 갈치 각 1천 근, 건어물 1천 섬, 자반 1천 균, 대추와 밤 각 3천 석, 과일과 야채 각각 1천 종을 팔면 그 이자는 1천 관貫을 얻게 되었다"라고 기록하였다.[42] 《제민요술》에서는 오곡 재배 방법을 설명했는데, 땅을 비옥하게 하는 방법에 대해서 "녹두를 심는 것이 가장 좋고, 그 다음으로는 팥과 호마胡麻를 심고, 그 다음은 무청蕪菁과 콩을 심는 것이다"[43]라고 했고, 오곡을 재배하는 데 인분을 비료로 사용하였다. 또 오곡 이외에 조미료 가운데 흰색의 소맥아얼小麥芽蘖로 만드는 흰 설탕 백이당白飴餳, 흑설탕 흑이당黑飴餳, 호박엿 호박당琥珀餳 등 설탕 제조법에 대해

《瑣談》, 《合江縣志》, 《新繁縣志》 등이 있다. 潘江東 著, 《中國餐飲業祖師爺》, 100쪽.

38 "種豆豆苗稀, 力竭心已腐. 早知淮南術, 安坐獲泉布." 朱熹는 이 시에 注를 달고, "세상에 전하는 두부는 본래 회남왕의 요리 기술로 만들어졌다"(世傳豆腐本爲淮南術)라고 하였다. 朱熹의 《晦庵集》 卷3과 南宋 때의 《全芳備祖》에 수록되어 있다.

39 邱龐同 著, 《中國菜肴史》, 54쪽.

40 1997년 8월 28일 《光明日報》의 기사, 〈不尋常的豆腐問題〉.

41 林乃燊, 《中國飲食文化》, 85쪽.

42 丁範鎭 外 옮김, 司馬遷, 《史記列傳》(下), 1193-1194쪽.

43 《宋元筆記大觀》 1, 58쪽.

설명하였다.[44] 특히 이 시기 가운데 한무제 때 장건이 서역에서 깨 '지마芝麻'를 가지고 온 후로 그것을 짜서 기름을 사용하였다.[45] 이때부터 식물성 기름이 중국 요리에 등장하여 기름으로 요리하는 요리가 처음으로 고안되었다. 참기름이 등장한 다음 얼마 후에 콩기름(豆油)과 식물성 기름(菜油)이 등장했다. 당시에 식물성 기름의 생산량이 아주 많았는데, 식용뿐만 아니라 군수품으로도 사용되었다.

동물 재료로는 돼지의 사육이 가장 보편적이어서 소, 양과 개를 대신하여 육류 소비의 중심을 차지했다. 기타 육류의 이용도도 높아서 우유 제품인 진한 유즙 낙酪, 연유酥, 정제한 우락牛酪인 제호醍醐를 만들었다. 한무제는 장안에 곤명지昆明池라는 호수를 파고 물고기를 길렀는데 양어장의 길이가 20킬로미터나 되었다. 영남의 곤충, 강소와 절강의 게, 서남 지방의 산닭, 동북의 곰과 사슴고기가 상에 올랐다. 《제민요술》에는 또한 간장에 조림한 고기 '육장肉醬'에 대해 기록하고 있는데, 소, 양, 노루, 토끼, 새우, 조개, 게 등 10여 종의 원료로 만들었다.[46] 쌀을 주식으로 하였고, 버섯·꽃·약재·향료·꿀에 절인 재료도 요리사가 중시하였다.

서한 시기에는 철과 소금이 전매품이었다는 사실에서 볼 수 있듯이 이 두 식품은 국민생활과 밀접하였다.[47] 철은 청동에 비해 가격이 싸고 열에 잘 견디

44 繆桂愉·繆桂龍 撰,《齊民要術譯注》, 686쪽.

45 淸代 顧觀光 撰,《神農本草經》〈上品〉에 胡麻는 장기 복용하면 몸이 가벼워지고 늙지 않는다고 했는데 일명 巨勝이라고 했고 校注에 호마는 오늘날 대개는 黑脂馬, 혹은 黑芝麻, 즉 검은깨를 가리키며, 흑지마는 虛해진 五臟을 치료하고 노쇠를 예방해 준다고 하였다. 楊鵬擧 校注,《神農本草經》, 102-103쪽. 晉代 葛洪의《抱朴子》〈仙藥〉에 "巨勝은 일명 胡麻라고 하는데, 복용하면 늙지 않으며 風疾과 濕癗, 노쇠를 예방한다"고 하였다. 北魏 때 賈思勰의《齊民要術》卷第3,〈荏蓼〉에 "들깨 씨를 압축하여 들깨기름을 얻는데 전병을 튀기는 데 사용한다"(收子壓取油, 可以煮餠)라고 했고, 注에 "들깨 기름의 색깔은 푸른색으로 보기도 좋고 향기로우며 전병을 튀기는데 참기름보다 못하지만 삼씨기름보다는 낫다"(荏油色綠可愛, 其氣香美, 煮餠亞胡麻油, 而勝麻子脂膏)라고 하였다. 荏油는 들깨기름, 胡麻油는 참기름, 麻子脂膏는 大麻油로 삼씨기름을 말한다. 繆桂愉·繆桂龍 撰,《齊民要術譯注》, 212쪽.

46 繆桂愉·繆桂龍 撰,《齊民要術譯注》, 539쪽.

47 司馬遷,《史記》〈貨殖列傳〉과 〈平準書〉참조.

고 열전도가 빨라 조리하는 데 편리했다. 그래서 철로 만든 솥이 이 시기에 광범위하게 사용되었다. 지지고 볶는 작은 솥(小釜), 다용도의 오숙부五熟釜, 제갈량과諸葛亮鍋는 솥 가운데 우수한 제품이었다.

한나라는 문제文帝와 경제景帝 때 경제가 발전하고 창고의 곡식이 가득하여 백성들의 생활이 풍족했고 음식도 발달하였다. 한나라 때의 음식을 북채北菜와 남채南菜로 나눈다면, 북방 음식은 정치, 경제, 문화뿐만 아니라 군사적으로도 변방이 안정되어 서역의 호식胡食을 포함한 감숙·섬서의 진秦과 황하 유역의 예豫가 중심이다. 남방 음식은 셋으로 나눌 수 있다. 서남西南과 중남中南은 형荊, 파巴, 촉蜀이 중심이고, 화동華東은 회양淮揚과 지금의 남경인 금릉金陵의 영향력이 가장 컸으며, 영남은 월粵, 민閩 음식이 주도했다. 황하, 장강과 주강珠江 3대 유역의 음식은 그 차이가 이때부터 분명해졌다. 이것은 산동의 노魯, 강소의 소蘇, 사천의 천川과 광동의 월粵의 4대 요리 계통이 형성되기 시작하였음을 시사한다.

한대에는 서역에서 흉노와의 전쟁이 잦았지만 이에 따라 실크로드의 개척으로 서역 지방과의 무역도 활발했고, 문화 교류도 촉진되었다. 중국에선 비단, 칠기, 동경銅鏡 등이 서역에 전파되었고, 외국의 요리 재료와 식품 등 음식문화도 중국에 유입되었다. 서역의 '포도葡萄', '목숙苜蓿', '석류石榴', '황과黃瓜', '원유芫荽', '호도胡桃', '호두胡豆' 등이 중국에 전래되었다.

'포도'는 중앙아시아 카스피해와 흑해 사이의 코카서스 남부 지역, 즉 지금의 그루지야가 원산지라고 하는데, 학설이 분분하다. 중국에서는 한대 월지月氏에 사신으로 가서 흉노에게 두 차례 포로로 잡혔다가 대원大宛과 강거康居 그리고 대하大夏에 일 년을 살고 탈출하여 귀국한 장건이 포도를 중국에 전했고, 당시 문헌에는 '蒲桃'라고 기록했다. 사마천의 《사기》 〈대원열전大宛列傳〉에 대원大宛과 안식安息에 포도주가 있다고 하면서, "대원 주위의 나라에서는 포도로 술을 빚었는데, 부잣집에서는 만여 석石에 이르는 술을 저장해 두었고, 오래된 것은 몇 십 년이 지났는데도 상하지 않았다. 그곳의 사람들은 술을 좋아하고, 말은 목숙苜蓿을 좋아하였다. 한나라의 사자가 그 씨앗을 가져오니, 천자한 무제는 목숙과 포도를 비옥한 땅에 심기 시작하였다. 천마가 많아지고, 외국의 사신들이 많이 오게 될 무렵에는 이궁離宮과 별관別館 옆에 보이는 곳마다 온통 포도와 목숙이 심어져 있었다"라고 했다.[48] 그러나《본초강목本草綱目》권 33에 기록하길, "중국에 이미 포도가 있었는데 한나라 이전에는 농서隴西에 있었다"라고 했다. 농서는 지금의 감숙을 가리킨다. 장건이 가져온 포도는 인공재배에 성공한 이란의 포도이고, 농서의 포도는 이와 품종이 다른 야생포도이다.[49] 포도가 한대에 전래된 반면에 포도주 제조법은 당대에 이르러서야 중국에 알려졌다. 7세기 중엽 출판된《당본초唐本草》, 7세기 후반 맹선孟詵이 출간한《식료본초食療本草》와 진장기陳藏器가 개원開元 연간(713~741년)에 편찬한《본초습유本草拾遺》에 포도주 제조법이 중국에 도입되었다고 기술되어 있다.[50] '목숙'은 거여목인데, 감숙 옥문관과 양관 서쪽 서역에 자라고 장건이 기원전 138년과 119년 두 차례 서역 출정 때 가지고 왔던 식물이다. 목숙은 목초의 왕으로 불리면서 건초로 만들어 가축의 사료로 사용하지만, 식용하기도 했다.[51] '석류'는 고대에 안식국安息國으로 불리던 이란, 아프가니스탄 등지의 중앙아시

48 丁範鎭 외 옮김,《史記列傳》(下), 1061, 1063, 1073쪽.《後漢書》卷118에 강거에 포도가 생산되고 포도주도 특별히 유명하다고 했고,《晉書》卷97에 강거와 대원에 포도주가 많이 생산된다고 하였다.

49 Berthold Laufer, *Sino-Iranica*, 林筠因 譯,《中國伊朗編》, 51쪽.

50 Berthold Laufer, *Sino-Iranica*, 林筠因 譯,《中國伊朗編》, 57쪽. 그러나 2008년 8월 5일자《新華News》에 의하면 산동 일조日照 양성진兩城鎭에서 출토된 도기에 남아 있는 포도주를 화학 분석한 결과 제조 시기가 신석기 시대 말기로 판명되었다. 이는 신석기 시대부터 포도주를 담가 마셨거나 야생포도를 과일로 여겨 도기에 담아 놓았을 가능성을 시사해 주는 것으로 기원전 2세기경에 포도나 포도주가 중국에 전래되었다는 일반적인 주장을 수정할 필요가 있다. 이 도기 속의 포도가 인공재배한 포도였을 가능성보다는 야생포도였을 가능성이 높다고 여겨진다.《食療本草》卷上,〈蒲桃〉에 "포도가 생산되는 지역이 어디든지 상관없이 포도넝쿨에서 포도를 따서 포도주를 만드는데 모두 맛있다"라고 하였다. 孟詵 原著, 張鼎 增補,《食療本草譯注》, 54쪽.

51《本草綱目》에 "오장五臟에 이롭고 몸을 가볍게 해 주고 건강하게 해 준다. 비위의 나쁜 열기를 제거해 주고 작은창자의 열과 독을 없애 준다"라고 하였다.

아가 원산지이다. 서한 때 장건張騫이 서역에 사신으로 출정하였을 때 기원전 2세기에 가지고 와서 중원 땅에 석류를 심고 안석류安石榴라고 불렀다.[52] 지중해 연안과 중앙아시아가 원산지로 장건이 서역에서 전한 '황과'는 원래 '호과胡瓜'라고 불렀는데, 동진東晋 때 후조後趙의 건립자이며 갈족羯族인 석륵石勒이 양국襄國, 지금의 하북 형대邢臺에서 황제로 등극한 후 '호胡'자를 사용하지 못하도록 명을 내려 호과를 황과 혹은 왕과王瓜로 부르게 했다. 당대에 이르러 황과는 남북에서 흔한 채소가 되었다. 지중해 연안과 중앙아시아가 원산지인 '원유'는 장건이 서역에서 전하여 '호유胡荽'라고 불렀다.[53] 일반적으로 원유를 중국에선 '향채香菜'라고 부른다.

'호도胡桃'는 원산지가 유럽의 발칸반도, 페르시아 북부와 중앙아시아의 키르기스스탄으로 이곳에서 히말라야와 중국의 서남부 지역에 전래되었다. 호도라는 단어는《고금주古今注》에 보이지만 정확히 검증할 수 없고 판본도 믿을 수 없다. 학계에선 호도의 중국 전래에 대한 두 가지 주장이 있었다. 하나는 장건이 서역에서 중국에 소개했다는 설이다.[54]《한서》와 동시대의 문헌에 호도에 대한 기록이 보이지 않기 때문에 이 주장은 후세 사람들의 상상에 불과하다. 다른 학설은 호도가 강호羌胡에서 전래되었다는 주장이다. 한대의 강羌은 서장西藏을 가리켰다. 비록 한대의 강족이 후세의 서장의 조상이라 할지라도

52 安石榴이라는 말은 張華의《博物志》에 보인다. 范寧 校證,《博物志校證》, 117쪽. 石榴는 현재 섬서, 안휘, 산동, 강소, 운남 등지에 재배되는데, 이 가운데 신강 엽성葉城의 석류가 유명하고, 안휘 회원懷遠의 석류가 가장 좋다고 한다. 중국인은 석류를 번영, 흥성, 화목, 단결, 경축의 징조로 길상吉祥 과일로 여겼다. 일반적으로 씨가 많아 자손이 많고 복이 많음을 의미했다. 5월에 석류꽃이 아름답게 피어 5월을 유월榴月이라고 부르기도 했다. 전설에 귀신의 왕 종규鐘馗의 그림을 보면 귓가에 붉은 석류꽃을 꽂았는데 불 같은 성격의 종규와 붉은색의 석류가 잘 어울린다고 한다.

53 張華,《博物志》〈佚文〉. 范寧 校證,《博物志校證》, 116쪽. 남북조 시기에 이르러 중국 전역에 걸쳐 향채가 재배되었고, 남북조 시기 후위後魏 때 편찬된《齊民要術》에 향채의 재배와 조리법이 상세하게 설명되어 있다.

54《박물지》에 "서한의 장건은 서역에 사신으로 갔다가 돌아오면서, 호도 종자를 얻어 왔다"라고 하였다. 장화 지음, 김영식 옮김,《박물지》, 179쪽.

오늘날의 서장 땅에 살지 않았다. 송대에 소송蘇頌의 《도경본초圖經本草》에 호도가 강호에서 생산되었다는 기록에 근거하여 호도가 서장에서 전래되었다는 주장은 성립될 수 없다.[55] 1972년에 지금으로부터 약 7천 여 년 전의 자산磁山 문화 유적지에서 호도가 출토되었으므로 한대에 장건이 서역으로부터 호도를 소개했다는 주장은 수정해야 한다.

일반적으로 콩은 '완두豌豆'라고 통칭한다. 원대의 《음선요략飮膳要略》에서 회회두回回豆[56]로 개칭한 회골두廻鶻豆는 외국에서 전래된 콩이다. 다만 중국의 사료에는 이런 콩들이 중국에 전래됐다는 기록이 보이지 않는다. 《본초강목》에 콩은 호胡, 융戎 혹은 서호西胡에서 전래되었다고 했다. 완두는 호도와 석류처럼 4세기 때 중국에 전래되었을 가능성이 있다. 수대와 당대에 완두를 재배했다는 사실을 부인할 수는 없지만, 오기준吳其浚의 《식물명실도고植物名實圖考》 권2에, 이시진의 《본초강목》과는 달리, 호두와 완두는 품종이 서로 다르다고 나와 있다. 중국의 야생식물 가운데 호두라는 것이 있다. 《식물명실도고》 권2에 두 장의 야생식물 그림이 있는데 하나는 회회두이고, 다른 하나는 호두로 진장기의 《본초습유》에 기록한 '야호두野胡豆'와 같다고 하면서 "지금의 호두는 야생종이지 결코 옛날의 호두는 아니다"라고 했다. 호두와 완두는 다르다고 했다.[57]

한나라 사람들은 일종의 불고기인 '고육烤肉'을 좋아했다. 이런 조리 방법은 서역의 영향을 받은 것이다. 이런 고기를 굽는 방법은 정방형의 '방로方爐'를 사용했다. 이러한 취사도구는 신석기 시대의 마가빈馬家濱 문화에 이미 나타난다. 전국 시대에는 청동으로 만든 노반爐盤을 사용했으며, 한대에는 이를 더욱 발전시켜 서역 지방의 양육천羊肉串을 굽는 요리에 이용했다.[58] 현재 양고기를

---

55 Berthold Laufer, *Sino-Iranica*, 林筠因 譯, 《中國伊朗編》, 83쪽.

56 忽思慧 著, 《飮膳正要》 卷3, 〈米穀品〉, 119쪽.

57 Berthold Laufer, *Sino-Iranica*, 林筠因 譯, 《中國伊朗編》, 130-132쪽.

58 1969년 섬서 서안 연흥문촌延興門村에서 서한 때 상림궁上林宮에서 사용된 방로가 발굴되었다. 이로써, 방로가 한나라 황실 용기였음을 알 수 있다. 한대 화상석畵像石 가운데 산동 제성諸

화로에 구워 먹는 방법이 중국에 보편적인데 이런 방법은 이미 그 역사가 오래된 것이다.

남북조 시기의 음식 문화에는 북방의 요리와 남방의 요리가 맛에 있어서 커다란 차이가 발생했다는 특징이 있다. 6세기 중엽 북위北魏의 수도 낙양을 중심으로 양현지楊衒之가 편찬한, 가사협의《제민요술》과 함께 위진남북조 시기의 음식에 관한 중요 저서인《낙양가람기洛陽伽藍記》에 "왕숙王肅이 처음 위나라에 귀순했을 때는 양고기와 발효시킨 양젖酪漿 등을 먹지 않고 항상 붕어국을 먹고 목이 마르면 차를 마셨다. 낙양의 사대부들은 왕숙이 한번 술을 마시면 한 말斗을 마신다 하여 '누치漏巵'(새는 잔)라고 호를 붙였다. 몇 년이 지난 후 왕숙이 고조를 모시고 궁전에서 연회할 때 양고기와 양젖을 아주 많이 먹었다. 고조가 그것을 괴이하게 생각하였다. '그대는 지금 위나라의 음식을 먹고 있는데 양고기를 붕어국과 비교하면 어떻고, 차를 양젖과 비교하면 어떤가', '양고기는 육지에서 나는 최고의 음식이고, 생선은 물에서 나는 최고의 것입니다. 사람들이 좋아하는 것이 같지 않지만 모두 진귀한 것입니다. 맛으로 말하면 우열이 있습니다. 양고기를 제와 노나라 같은 큰 나라에 비교한다면 생선은 주邾와 거莒 나라 같은 작은 나라에 비교할 수 있습니다. 다만 차는 양젖과 비교도 할 수 없는 것으로 그것의 종이 될 것입니다(與酪作奴)"라고 기록되어 있다.[59] 남과 북의 음식의 차이가 컸음을 알 수 있다. 또한 남방 지방의 요리에 대해 기록하였는데, 북위 정권에 귀화한 남방 지역 사람들만 '귀정리歸正里'에 살도록 하였고, 민간에서는 이 지역을 '오인방吳人坊'이라고 불렀다. 이 지역 가까이에 이수伊水와 낙수洛水가 있어서 여기에서 잡은 물고기와 자라를 파는 시장을 '어별시魚鼈市'라고 했다. 회계會稽 산음山陰 출신으로 거기장군車騎將軍인 장경인張景仁이 강남에 있을 때부터 알고 지내던 강남 사람 진경지陳慶之를 집에 초대하

城 전양대前凉臺에서 〈고육천도烤肉串圖〉와 신강 화림격이和林格爾 한대 묘 벽화 중에 〈주취도廚炊圖〉가 발견되었다. 周新華,《調鼎集》, 44-46쪽.

59 양현지 지음, 서윤희 옮김,《낙양가람기》, 124쪽.

였을 때 좌중의 중원 사람 양원신楊元愼이 진경지에게 모욕을 주려고 내뱉은 말 가운데 보인다. "오 지역 놈들은 줄(菰)이나 피로 밥을 삼고 찻물로 음료수를 대신하며 순채국을 후루룩 들이키고 게 속을 쩝쩝거리며 먹는다. 손으로는 두구荳蔻를 잡고 입으로는 빈랑檳榔을 씹어 먹는다. 미천한 집안의 놈들은 그 머리가 육포와 같다. 강의 모래톱에서 물고기와 자라를 잡고 마름과 연근을 씹어 먹으며 계두鷄頭를 따고 개구리국과 조갯국을 별미로 여긴다"라고 했다.[60] 여기에서 '두구'는 육두구肉荳蔻로 열대 지방에 자라는 열매의 씨앗과 껍질은 약이나 향료로 쓰이고, 빈랑은 열대 지방의 야자과에 속하는데 꽃과 열매는 식용하거나 한약재로 쓰인다. 게는 지금도 상해의 명물 요리가 될 정도로 오 지방의 게는 전국적으로도 유명하다. 또한 남방 사람들의 생선 먹는 풍습이 중원 사람들에게 영향을 끼쳤다. "별도로 낙수洛水의 남쪽에 시장을 세우고 '사통시四通市'라고 불렀는데 민간에서는 '영교시永橋市'라고 불렀다. 낙양을 흐르는 이수伊水와 낙수의 물고기들은 대개 여기에서 팔렸기 때문에 사람들은 회를 구하러 모두 이곳으로 왔다. 고기 맛이 매우 좋았기 때문에 낙양에서는 '낙수의 잉어와 이수의 방어는 소와 양보다 귀하다'고들 말했다."[61] 중원 통치자 계층 중에는 남방 음식에 흥미를 느낀 사람도 많았다. 그 가운데 남조南朝 때 송宋나라의 장수 모수지毛修之는 남방의 영양滎陽 양무陽武 사람으로, "남방의 음식을 만들 줄 알았는데 손수 직접 요리하여 간을 맞추어 먹고 마음이 흡족했다"[62]고 하며 후에 그는 포로가 된 후에는 그의 요리 솜씨를 위태무제魏太武帝가 알고 그를 궁중의 주방장에 임명했다고 한다.[63]

---

60 양현지 지음, 서윤희 옮김, 《낙양가람기》, 106쪽.

61 양현지 지음, 서윤희 옮김, 《낙양가람기》, 130쪽.

62 "脩之能爲南人飮食, 手自煎調, 多所適意." 《魏書》〈毛修之傳〉, 960쪽.

63 "王鎭惡이 죽고 毛修之가 대신 安西司馬가 되었다. 桂陽公 義眞이 패하자 赫連勃勃에게 포로가 되었다. 赫連昌이 멸망하자, 魏나라에 입조하였다. 毛修之가 洛陽에 있을 때, 嵩高의 道士 寇謙之를 존경하여 그를 모셨다. 구겸지가 魏武太帝의 신임을 받아 모수지를 보호하여 죽지 않았다. 모수지는 일찍이 양고기 국을 잘 만들었는데 위나라 尙書에게 추천하였고 尙書가 아주 맛있다고 여겨 이를 武帝에게 바쳤더니 크게 기뻐하여 모수지를 太官令에 임명하고

남방의 요리는 회양淮揚, 오吳, 형초荊楚와 영남嶺南의 요리를 포함하는데, 맛은 한대와 비슷했다. 진晉나라 때 오 지방의 유명 요리는 순채국과 농어회였다.

요리 방법도 이전보다 더 정교하고 세밀해졌다. 동위東魏 때 편찬한《제민요술》의 기록을 보면, 쌀가루나 밀가루를 써서 소금과 기타 재료를 넣고 버무리는 '자鮓', 고기나 과일을 소금이나 설탕에 절이거나 훈제한 '포납脯臘', 국을 만드는 '갱羹', 찌고 지지는 '증전蒸煎', 채소를 소금에 절여 시큼하게 만드는 '저록菹綠', 고기를 굽는 '자炙', 술에 취하게 하거나 진흙을 감싸는 '오조포奧糟苞', 설탕에 절이는 '당포餳脯' 등의 요리법이 주류를 이루었다. 철로 만든 칼, 솥과 화로 그리고 우수한 석탄 연료로 하는 불과 각종 식물성 기름을 사용하여 요리를 하였다. 지금까지도 사용하는 30여 종류의 요리 가운데 기름을 이용한 요리가 많을 정도로 기름을 사용하는 요리는 이 시기의 특징이고 후에 끼친 영향도 컸다.[64]

당시에는 치자나무 꽃의 노란색과 소목蘇木의 붉은색으로 색을 물들이고, 대추와 계피로 향을 첨가하며, 꿀로 맛을 보태었고, 우유와 참기름을 국수에 넣었으며, 계란의 노른자위에 간장을 부었으며, 계란껍데기에 그림을 새기고 밀가루에 기름과 설탕을 섞고 여러 모양으로 만들어 색·향·맛·형태의 모든 면을 갖춘 새로운 요리를 창안하였다.

음식으로 병을 치료하는 방법이 고안되었다. 이 시기에 출현한 장중경張仲景, 순우의淳于意, 화타華佗, 왕숙王叔과 같은 명의는《신농본초경神農本草經》,《상한병잡론傷寒病雜論》,《맥경脈經》등과 같은 저서로 중의학을 체계화하였다. 약물학藥物學에서는 '군신좌사君臣左使'를 강조했다. '군君'은 병을 치료하는 중요한 작용을 하는 약, '신臣'은 그 효과를 발휘하게 하는 약, '좌左'는 보조 작용하는 약, '사使'는 병이 난 곳을 직접 치료하는 약을 가리킨다. 그리고 음양오행설로

그를 총애하여 尙書, 光祿大夫가 되었고, 南郡公에 봉했다." 太官令은 궁중의 주방장을 말한다.《南史》卷16,〈毛修之傳〉, 132쪽.

64 繆桂愉·繆桂龍 撰,《齊民要術譯注》, 530-698쪽.《齊民要術》卷8과 卷9, 310-404쪽.

음식과 건강과의 관계를 지적하면서 음식과 병의 치료는 그 근원이 같다는 점을 임상적으로 증명했다. 예를 들면 순우의가 고안한 '화제죽火劑粥', 화타의 기생충병 치료를 위한 파·생강·간장·식초의 배합물은 음식으로 병을 치료한 최초의 예가 된다.

요리 방법에 관한 저서도 이 시기에 등장하였다.《회남왕식경淮南王食經》,《태관식방太官食方》,《식진록食珍錄》,《사시식리四時食利》,《안평공식학安平公食學》,《식론食論》 등은 후세에 요리책의 편찬에 귀감이 되었다. 특히 가사협賈思勰의《제민요술》은 중국 음식 이론 역사에 이정표가 되는 저서이다. 총 10권, 92편으로 전대의 농업과 음식 관한 저서를 능가한다. 이 책은 농작물의 품종, 효능, 산지와 양식 방법을 소개하여 음식의 재료를 처음으로 체계화하였다. 조미료 생산의 기술을 광범위하게 수집하여 식품 제조 기술 발전의 기틀을 마련하였다. 요리 방법에 관한 저서도 수집하고 그 기법을 분석하여 진귀한 음식 자료를 남긴 중국 최초의 음식에 관한 저서이다. 이 책은 위로는 하나라의 우임금에서부터 아래로는 육조에 이르기까지 2천 년의 중국 음식 역사를 총결산하였다. 150여 종의 전적을 인용하였다. 제齊·노魯·연燕·조趙 등의 북부 지방의 음식을 주로 다루었지만 중부 지방의 형荊·상湘·오吳·월越과 진秦·농隴의 감숙 일대의 서부 지방, 천川·월粵 등의 남부 지방도 포함하였다. 저자는 주식, 부식, 고기요리, 채식과 외국 음식에 관해 논술하였고, 또한 원료, 취사도구, 저장 지식 등에 관한 것까지도 언급하였다.

위진남북조 시기에 언급되어야 할 음식이 바로 소식素食이다. 불교가 서한 말경에서부터 동한 초에 걸쳐 중국에 들어왔으나 일반 서민들은 불교를 신선神仙, 도술道術로 여겨 중시하지 않았다. 동한 말경에 중국에 오는 외국 승려들이 많아졌고 적지 않은 불경이 번역되었으며 인도의 소승불교와 대승불교가 전래되었다. 위진 때 대승불교의 '반야般若'학설과 당시 중국에 성행한 '현학玄學'이 상통하는 점이 많아 유행하기 시작했고 통치자들의 환영을 받았다. 남북조 시기에 사회가 혼란스럽고 전쟁이 잦아지면서 민생이 도탄에 빠지자 불교의 피안 사상에 눈을 돌리기 시작했다. 불교가 사회각층에 보급되었고 곳곳에 석굴을 파고 불상을 조각했으며 불교 경전이 계속 번역되었고 불교사원이 세워져 불교가 크게 흥성하였다. 불교가 전래되어 중국의 철학, 문학, 음악, 조각, 미술 등 문화 영역에 영향을 끼치면서 음식에도 영향을 미치어 소식을 촉진시켰고 채식을 위한 채소 재배와 소비가 급증하면서 본격적인 요리로 등장하게 되었다.

중국에는 원래 소식의 전통이 있었다. 선진 시기에 제사나 국가 예식에서 재계齋戒를 실시했는데, 소식을 먹어 조상과 귀신에게 존경의 예의를 표시하였다. 《논어》〈향당鄕黨〉편에 "재계를 할 때는 반드시 평소의 음식으로 바꾸고 자리를 옮겨 앉아야 한다"[65]라고 하였다. 여기에서 평소의 음식이란 비린내가 나는 고기 요리를 먹지 않는다는 것을 말한다. 《주례》〈천관총재〉에 "왕이 재계하는 날에는 하루에 세 번 희생을 죽여 음식을 만든다. 국상을 당했을 때는 희생을 죽여 만든 음식을 들지 않으며, 크게 흉년이 들면 희생 음식을 먹지 않으며, 큰 돌림병이 있을 때는 희생 고기를 먹지 않으며, 하늘과 땅의 재앙이 있을 때는 희생 고기를 먹지 않으며 나라에 큰 사건이 있을 때는 희생 고기를 먹지 않는다"라고 하였다.[66] 이 밖에 《의례》〈상복喪服〉에 "소상小祥을 지낼 때는 밖에서 잠을 자지 않고 채소나 과일을 먹고 고기는 먹지 않는다"[67]라고 하였다. 소식은 선진 시기에 독립적인 위치를 차지하지 못했으나, 남북조 시대에 이르러 중국 고유의 채식은 불교의 재례齋禮 음식과 합쳐져서 비로소 유행하였다.

소식素食의 '소素'자는 원래 흰색 비단을 가리키는데 꾸미거나 문양이 없는 것을 말하고, 화려하지 않다는 의미로까지 확장되어 평소平素 혹은 평상平常의

---

65 "齋必變食, 居必遷坐."

66 "王齊, 日三擧. 大喪則不擧, 大荒則不擧, 大禮則不擧, 天地有災則不擧, 邦有大敵則不擧." 池載熙·李俊寧 解譯, 《周禮》, 53-54쪽. 《禮記》〈曾子問〉에 "3년 상중에는 소상小祥를 지내고나서도 여러 사람과 함께 있지 않고 여행도 하지 않는 것이다"라고 했다. 池載熙 解譯, 《禮記》, 398쪽.

67 "旣練, 舍外寢, 始食菜果, 飯素食." 《十三經注疏》 4 《儀禮》, 339쪽.

뜻을 포함하고 있으므로 선진 문헌 중의 소식은 평상시에 먹는 일반적인 음식을 가리켰다. 《한서》〈곽광전霍光傳〉에 곽광이 여러 신하들과 연명하여 한무제의 손자로 음란한 행위를 일삼는 창읍왕昌邑王 하賀를 고발하기 위해 상주했는데, 그 상주문에 "부친상을 입었으면서도 도시 슬퍼하는 마음이 없었습니다. 예의에 어긋나 상경 도중에는 날것을 먹고 부하로 하여금 여자를 약탈하게 하여 수레에 태워 자신의 숙사에 넣었습니다"[68]라고 했다. "날것을 먹다"(不素食)는 문장에 대한 안사고顔師古의 주에 "소식이란 채식을 하고 고기를 먹지 않는 것이다"[69]라고 하였다. 《한서》〈왕망전王莽傳〉에 "매년 수해와 기근이 들어 왕망은 즉시 채식을 하였는데," 후에 태후가 이 일을 알게 되어 왕망을 불러 말하길 "공이 채식을 한다는 것을 듣고 백성을 걱정하는 마음이 깊구나"고 하면서, 다행히 올 가을은 풍작이니 왕망은 공무로 바쁠지라도 가끔 고기를 먹어 나라를 위해 몸을 아끼기 바란다"[70]라고 일렀다. 이런 기록으로 볼 때 한대의 소식은 고기를 먹지 않는 채식을 말한다.

동물성 고기를 원료로 만든 요리를 '훈채葷菜'라고 한다. 위진남북조 시대 이전의 훈채는 향이 강한 채소를 가리켰다. 훈은 향이 나는 채소를 가리키는데, 향이 강한 마늘, 파와 같은 조미료로 사용되는 채소를 말한다. 불교에서의 오훈五葷은 마늘(大蒜), 재래종 마늘(小蒜), 흥거興渠, 자총紫蔥, 명총(茖蔥)을 말하는데 자극성이 강해 마음 수양과 성욕 억제를 위하여 식용을 일절 금지하였다.

불교에서 '삼정육三淨肉'이라는 계율이 있다. 세 가지의 깨끗한 고기라는 뜻인데, 즉 '불견不見', '불문不聞' 그리고 '불의不疑'를 말한다. 이 계율의 진정의 의미는 다음과 같다. 나를 위해 죽이는 현장을 목격하지 않은 고기, 나를 위해 죽인 것이라는 말을 듣지 않은 고기, 나를 위해서 죽인 것이 아닌가 하는 의심이 들지 않은 고기는 병든 비구에 한해서 먹어도 된다는 것을 말한다. 이렇게 불교

68 班固 지음, 홍대표 옮김, 《漢書列傳》, 242쪽.
69 "素食, 菜食無肉也." 《漢書》, 749쪽.
70 "每有水旱, 莽輒素食." "聞公菜食, 憂民深矣. 今秋幸孰, 以時食肉, 愛身爲國." 《漢書》, 1027쪽.

에서 깨끗한 고기를 허가하였지만 육식을 금하는 계율을 권장했다. 삼정육의 계율에 근거하여 양무제梁武帝 소연蕭衍은 〈술과 고기를 금하며〉(斷酒肉文) 4수를 지어 술을 마시고 고기를 먹는 것을 반대하고 채식과 소식蔬食, 즉 소식素食을 제창했다. 또한 양무제는 소식을 법률로 정해 국가적으로 실시하고 술과 육식을 금했다. 《제민요술》 권9 〈작저장생채법作菹藏生菜法〉편에 20–30종류의 채식을 만드는 방법에 대해 논했고, 권9 〈소식素食〉 편에는 호갱瓠羹, 유시油豉, 고전자채膏煎紫菜, 해백증薤白蒸, 소탁반膔托飯, 밀강蜜姜 등의 채식 제조 방법을 기록하였는데, 이 소식 조리 방법은 '부缹'라는 방법이었다. 적은 양의 물을 넣고 약한 불로 서서히 끓이면서 삶는 방법을 말한다.[71]

(2) 수·당 시기

당나라 건립 이후에 균전제, 조용조, 부병제와 과거제 실시로 경제가 발전하고 국고가 충실해졌으며 시가, 회화, 서예 등의 문학예술이 번창하였다. 또한 실크로드의 개척으로 현장이 인도에서 불경을 가져왔고, 한반도, 일본과 우호관계를 맺어 경제 문화의 교류가 빈번하였다. 장안에는 '서시西市'와 '동시東市'를 설치하여 중앙아시아, 아랍, 페르시아에서 온 상인들과 국내 상인들의 숙소로 제공된 '저점邸店'과 시장에 개설한 '상사商肆'라는 점포가 즐비했다. 장안 이외에도 낙양, 양주, 광주에도 외국 상인들이 무역 활동을 하였다. 이런 배경하에서 음식 문화 또한 새로운 국면을 맞이하게 되었다.

수·당 시기에는 음식 재료가 증가하였다. 채소의 종류가 특히 증가했다. 손사막孫思邈의 《비급천금요방備急千金要方》에는 식용채소의 종류가 40가지가 넘는다. 육로와 해로, 실크로드를 통해 서역과 동남아시아로부터 새로운 채소, 예를 들면 시금치 '파채菠菜', 상추 '와거萵苣', 홍당무 '호몽포胡蘿蔔', 수세미참외 '사과絲瓜', 강낭콩 '채두菜豆' 등이 수입되었다. 이 가운데 시금치 '파채菠菜'는

71 繆桂愉·繆桂龍 撰,《齊民要術譯注》, 663–684쪽. 賈思勰 撰, 安石峰 編輯,《齊民要術》, 382–396쪽.

원래는 '파릉채波稜菜'라고 했다. 《신당서新唐書》〈서역전西域傳〉에 "네팔은 정관貞觀 21년에 사신을 파견하여 시금치를 바쳤다"라고 했다.[72] 그러나 시금치가 페르시아, 즉 이란에서 중국에 전래되었다고 주장하는 사람도 있으나 확실한 증거는 없다. 또한 '와거萵苣'는 상추를 가리키는데, 《청이록淸異錄》〈천금채千金菜〉에 "화국咼國의 사신이 한나라 때 왔는데, 수나라 사람이 이 채소를 구하여 밭에 심었고, 그 대가로 돈을 많이 지불하였기 때문에 이름을 '천금채千金菜'라고 하였다. 지금의 '와거萵苣'다"[73]라고 기록되어 있다. 당대에 이르러 상추를 전국에 보급하여 식용하는 사람이 많았다.

근해 어업도 발달하여 해파리, 바닷게, 오징어, 부레, 대모玳瑁, 새우 등이 밥상에 올랐고, 해산물의 식용 빈도수가 점점 높아졌다.

《신당서新唐書》〈지리지地理志〉의 기록을 보면, 각지에서 조정에 바친 공물 중 식품은 셀 수 없이 많았다. 절강浙江의 멥쌀, 밤, 조백어糟白魚, 빈랑檳榔, 올리브, 대추, 생강, 꿀, 생춘주生春酒와 차茶는 식품 가운데 최우수 제품이었다. 수입된 음식 가운데 음식 문화사에 당대를 대표하는 유명한 음식은 설탕이다. '자당蔗糖'이란 사탕수수의 즙을 끓여 만든 사탕을 말한다. 자당은 이미 한나라 때 문헌의 기록에 보이지만, 당대에 이르러 설탕 제조 기술이 발전하였다. 647년에 당태종이 사신을 인도의 마가다국摩揭陀國(Magadha)에 파견하여 설탕 제조법을 배워 오도록 했고, 양주에서 사탕수수의 즙을 내어 설탕을 만들게 했는데 서역의 설탕보다 색과 맛이 더 나았다고 하였다.[74]

수·당의 요리 재료는 가축, 가금家禽, 곡물, 야채와 과일이 대종을 이루었고, 설탕에 잰 과일 밀전蜜餞, 화훼花卉와 코끼리 코, 개미 알, 들 다람쥐, 누리 등은 별미 재료였다. 식물성 기름으로는 참기름, 콩기름, 유채기름과 차기름 '다유

---

72 "二十一年, 遣使入獻波稜, 酢菜, 渾提葱."《新唐書》, 6214쪽.

73 "高國使者來漢, 隋人求得菜種, 酬之甚厚, 故因名千金菜. 今萵苣."《淸異錄》卷上, 〈果〉, 《宋元筆記大觀》1, 50쪽. 원문엔 高國이라고 했으나 화국咼國의 잘못이다.

74 《新唐書》卷221, 1586쪽.

茶油' 등이 사용되었다. 취사도구가 발달하였고, 연료도 석탄을 많이 사용하였으며, 부분적으로 천연가스와 석유를 사용하기도 하였다. '금강탄金剛炭'으로 불렸던 오래 타는 점결탄 '초탄焦煤', 구멍탄 '봉와매蜂窩煤'와 유사한 '흑태양黑太陽', 땔나무에 해당되는 '화촌火寸'이 연료로 쓰였다. 화로와 아궁이에도 변화가 생겨 진흙으로 만든 아궁이 '니풍조泥風灶', 작은 항아리 화로 '호항로小缸爐'와 작은 단야로 '소홍로小紅爐'가 유행했다.

수·당 시기에 음식 시장이 번영했는데, '시市'와 '방坊'의 구분이 있었다. '시'는 식품 매매와 집산지를 말한다. 대업大業 6년(610년)에 각국의 사신이 중국에 와서 조공을 바치고, 상품의 시장 교역 허가를 청하자, 수양제는 외국에 국위를 선양하기 위해 특별히 점포를 중수하고 시장을 정리하도록 명했다. 당나라 정부는 장안에 108방을 바둑판처럼 설치하였다. 각 방은 서로 다른 경영을 하였다. 예를 들면, 장흥방長興坊은 만두를, 보흥방輔興坊은 호병胡餅을, 승업방勝業坊은 찐 떡을, 장안방長安坊은 조주稠酒 즉 미주米酒를 팔았다.[75]

수·당 때의 장안의 요리에는 궁정 요리, 관방 요리, 시장 요리와 '호식胡食' 요리 등으로 구성되었다. 수대의 궁정 요리는 수양제의 궁정 주방장이었던 사풍謝諷의 《회남옥식경淮南玉食經》을 통해 알 수 있으나 지금 이 책은 전하지 않는다. 다만 《청이록》〈찬수饌饈〉 중에 사풍이 이 책에서 언급한 53가지 요리를 초록하였다고 했는데,[76] 이 요리들의 명칭으로 수대의 궁정 요리를 엿볼 수 있다. 당대 궁중 요리를 담당한 기구는 내관內官에 설치한 상식국尙食局이었다. 두보杜甫의 시 〈여인행麗人行〉에서

> 낙타 등 요리 옥 장식한 솥에서 꺼내고,
> 수정 쟁반에 담은 흰 생선을 나누네.

---

75 坊의 구체적인 내용에 대해서는 楊萬年, 《隋唐兩京考》, 84-117쪽 참조.

76 《淸異錄》 卷下, 〈單籠金乳酥〉에 "사풍의 《식경》 중에 53종을 초록하였다"(謝諷食經中略抄五十三種)라고 하면서 53가지 요리의 명칭을 나열하였다. 《宋元筆記大觀》 1, 124-126쪽.

배불러 물소 뿔 젓가락 대지도 않으니,
방울 칼 공연히 고기를 저미네.
내시는 먼지 안 나게 말 달리고,
대궐 주방에선 계속 산해진미 보내오네.[77]

라고 읊었다. 두보는 이 시를 통해 양국충과 양귀비의 사치를 비판하고 있지만, 당대 궁정 음식의 면모를 살필 수 있는 좋은 예가 된다. 또한《전당문全唐文》권 333 중에는 현종이 재상 이림보李林甫에게 하사한 음식에 관한 장狀이 여섯 편 실려 있는데, 이 문장을 통해 당대의 궁중 요리는 복어, 참복, 방어, 사슴고기, 게, 대합, 뱅어 등의 신선한 생선을 재료로 요리한 음식이었고, 산초나 계피 등의 강한 향기가 나는 조미료는 사용하지 않고 소금이나 식초를 사용하였음을 알 수 있다.《유양잡조酉陽雜俎》에는 현종이 안록산安祿山에게 하사한 물품 36가지가 기록되어 있는데, 이 가운데 '활미양굴리闊尾羊窟利', '야저자野猪鮓', '즉어병회수도자鯽魚幷膾手刀子', '요택야계遼澤野鷄' 등으로 볼 때 궁중에서는 들짐승 고기와 생선을 애호하였음을 알 수 있다.[78] 이 밖에 두보의 시〈장안에서 봉선현으로 가며 과거를 회상하며〉(自京赴奉先縣咏懷五百字)에서

들리는 소문에 궁중의 금 쟁반 모두,
위씨와 곽씨 집에 있다고 하네.
안방엔 신선 같은 궁녀들 춤을 추고,
마음 편한 손님들 담비 옷을 입었으며
슬픈 피리와 거문고 소리 울리네.
손님에게 낙타 발굽 요리 권하고

77 "紫駝之峰出翠釜, 水精之盤行素鱗. 犀箸厭飫久未下, 鸞刀縷切空紛綸. 黃門飛鞚不動塵, 御廚絡繹送八珍. 山東大學中文系 注,《杜甫詩選》, 30쪽.
78 段成式 撰,《酉陽雜俎》卷1, 3쪽.

서리 맞은 유자와 귤이 쌓여 있네.
궐엔 술과 고기 썩는 냄새 나고,
길가엔 얼어 죽은 시체가 나뒹구네.
사치와 배고픔이 눈앞에 펼쳐지니,
슬픈 마음을 이루 다 말할 수 없네.[79]

라고 읊었다. 위씨는 한무제 위황후衛皇后의 동생으로 한무제의 총애를 받은 위청衛青을 가리킨다. 위청의 누나 위자부衛子夫가 황제의 아들을 낳아 황후가 되었다. 그의 동복형제들 모두가 고귀한 지위에 올랐고, 황제가 내린 하사금이 천금에 이르렀다. 곽씨는 위청의 누이인 위소아衛小兒의 아들로 한무제의 총애를 얻어 시중侍中이 된 곽거병霍去病을 말한다.[80] 이 두 사람은 한무제의 외척과 관료귀족으로 이들을 양국충楊國忠과 양귀비에 비유하여 낙타의 발굽고기로 끓인 국 '타제갱駝蹄羹'을 통해 이 두 자매의 사치를 비판하였다.

장안의 술집 중에는 호인胡人이 개업하는 경우도 많았다. 이런 술집을 '주가호酒家胡'라고 불렀다. 술집 주인은 젊고 아름다운 호희胡姬들이었기 때문에 '호희주사胡姬酒肆'라고도 불렀다. 술집에서는 주로 술을 팔았지만 맛있는 요리도 내놓았다. 하조賀朝의 시 〈주점의 호의에게 바치며〉(贈胡姬酒肆)에서 "호희의 술집에서는, 악기소리가 밤새 울리네. 붉은 양탄자에 밝은 달빛이 비추고, 담비옷 입은 호희 살결은 눈처럼 희구나. 옥쟁반에 잉어회가 놓였고, 금장식한 솥엔 양고기를 삶네. 손님들 집에 갈 생각조차 없고, 노래 들으며 호희와 함께 즐기는구나"[81]라고 읊었다. 시에서 언급된 회와 양고기는 당시에 유행한 음식

79 "況聞內金盤, 盡在衛霍室. 中堂舞神仙, 煙霧蒙玉質, 煖客貂鼠裘. 悲管逐淸瑟, 勸客駝啼羹. 霜橙壓香橘, 朱門酒肉臭, 路有凍死骨. 榮枯咫尺異, 惆愴難再述. 山東大學中文系 注, 《杜甫詩選》, 52쪽.

80 司馬遷, 《史記》, 〈衛將軍驃騎列傳〉. 丁範鎭 外 옮김, 《史記列傳》(中), 843-844쪽.

81 "胡姬春酒店, 弦管夜鏘鏘. 紅毾鋪新月, 貂裘坐薄霜. 玉盤初鱠鯉, 金鼎正烹羊. 上客無勞散, 聽歌樂世娘." 《全唐詩》 卷117.

이었고, 장안 음식에도 큰 영향을 끼쳤다.

장안 이외에 양주揚州의 요리도 발달되었다. 수·당 때 대운하가 개통된 이후로 양주는 남북 교통의 요충지로 중국 국내의 소금, 철, 차 등의 집산지이고 운송기지였으며 외국과의 무역에 중요한 항구였다. 일본의 승려 엔닌(圓仁)의 《입당구법순례행기入唐求法巡禮行記》의 기록에 의하면, 당대 8세기 초의 양주의 절도사는 일곱 주州를 다스리고, 일곱 현縣이 있었으며, 양주의 성은 남북이 11리, 동서가 7리, 그리고 둘레가 40리라고 하였다.[82] 또한 중종中宗 때(684년) 왕거王据는 왕동교王同皎와 함께 무삼사武三思를 모살하려다 미수에 그쳐 강도江都로 도망가서 성과 이름을 바꾸고 부유한 상인의 집에 고용되었다.[83] 태종과 현종 사이에 집권했던 무측천 시절 장안長安 연간(701-704년)에 소괴蘇瑰는 양주대독부揚州大督府 장사長史를 역임하고 있었는데 당시에 "양주는 교통의 요충지로 수많은 부유한 상인들이 집결하였고 진주·비취와 진기한 물품들이 생산되었다".[84] 당대에는 '양일익이揚一益二'[85]라는 말이 있었는데, 도성 장안 이외에 양주가 제일 번화한 도시이고, 지금의 성도成都인 익주益州는 두 번째로 번화한 도시라는 말이다. 당대 양주의 음식점과 술집은 아주 많았고 요리도 다양했다. 《입당구법순례행기》 권1의 문종文宗 개성開成 3년(838년) 12월 29일, 양주에 대해서 "해가 지니 중과 속인들은 함께 지전紙錢을 태웠다. 여염에서는 자정이 지나자 폭죽爆竹을 터뜨리면서 만세를 불렀고, 거리의 가게에는 온갖 음식이 이상하리만큼 푸짐했다"[86]라고 기록되어 있다. 다음은 이백의 시 〈당도로 가

82 圓仁 지음, 申福龍 번역·주해, 《入唐求法巡禮行記》, 39쪽.

83 《舊唐書》 卷86, 〈王璩傳〉, 3249쪽. 江都는 揚州를 말한다.

84 "揚州地當衝要, 多富商大賈. 珠翠珍怪之產." 《舊唐書》 卷88, 〈蘇瑰傳〉, 2878쪽.

85 洪邁, 《容齋隨筆》 卷9 〈唐揚州之盛〉에 "당대 염철전운사鹽鐵轉運使가 양주에 있었는데 모든 이권을 장악했다. 판관은 수십 명에 달했고 상인들의 왕래가 마치 비단 직조와도 같았다. 그래서 민간에서는 '양일익이揚一益二'이라고 하였다. 천하에서 가장 번성한 곳은 양주가 으뜸이었고, 그 다음이 촉 땅이었다"라고 하였다. 許逸民 主編, 沈玉成 審訂, 《容齋隨筆全書類編譯注》, 480쪽.

86 圓仁 지음, 申福龍 번역·주해, 《入唐求法巡禮行記》, 58쪽.

는 조염을 장노에서 전송하며〉(送當塗趙少府赴長蘆)이다.

내가 양주에 온 것은,
강을 되돌아가는 친구를 전송하기 위해서였네.
광릉의 조수가 장관이라는 소문을 들은 초공자처럼,
오로지 양주의 파도소리 들으려고 왔네.
그는 선위 매복처럼 신선의 풍모가 있고,
영웅 기질이 네 명의 유명한 호걸을 능가하네.
장노에다 배를 정박해 놓고 함께,
장노사 탑에 올라 멀리 안개 낀 하늘 바라보았네.
부채 흔들며 누각에서 술을 마셨고,
소매 잡고 게 발을 손에 쥐었도다.
길 떠나면 서로 그리워하면서,
산에 오르거든 길게 노래 읊조려 보세.[87]

양주 술집의 게 요리가 유명했음을 알 수 있다. 오 땅의 요리도 유명했다. 수양제가 동남의 일품이라고 극찬한 '금재옥회金齏玉膾'의 옥같이 흰 생선회와 등황색橙黃色의 귤은 맛이 좋기로 유명했다. 육구몽陸龜蒙은 〈봉수습미선배오중고우일백운奉酬襲美先輩吳中苦雨一百韻〉에서 "삿갓 쓰고 못가에 누우니 외로운 구름 떠 있고, 동강에 밝은 달 뜨니 낚시를 드리우네. 광주리엔 가시연밥 마름 가득 담겨 있고, 솥엔 끓는 농어 쏘가리 가득하네"[88]라고 했는데, 여기에서의 '자노궐煮鱸鱖'은 육구몽의 또 다른 시 〈식어食魚〉에 등장하는 '순채국〔純羹〕'과

87 "我來揚都市, 送客回輕舠. 因夸楚太子, 便睹廣陵濤. 仙尉趙家玉, 英風凌四豪. 維舟至長蘆, 目送煙雲高. 搖扇對酒樓, 持袂把蟹螯. 前途倘相思, 登岳一長謠." 瞿蛻園·朱金城 校注,《李白集校注》三, 959쪽.
88 "笠澤臥孤雲, 桐江釣明月. 盈筐盛芡芰, 滿釜煮鱸鱖."《全唐詩》, 第18册, 7111-7112쪽.

더불어 오 땅의 대표적인 요리였다. 촉 땅의 생선회 요리는 유명한 두보의 시 〈물고기 낚는 어부를 바라보며〉(觀打魚歌)에 보인다.

> 주방의 요리사 예리한 칼을 휘둘러서,
> 저민 생선회 금 쟁반에 눈처럼 쌓이네.
> 서주의 붕어가 생각나질 않을 만큼 맛있고,
> 한수의 편어도 부끄러워 도주해 버릴 정도네.
> 방어 맛이 과연 천하에 으뜸이고,
> 배불리 먹은 후에 즐거움이 사라졌네.[89]

금주錦州 부강涪江의 방어魴魚 회 요리 조리 솜씨와 맛에 대해 두보가 극찬을 한 것이다. 두보는 다른 시에서도 파동巴東의 황어黃魚, 은어 백소白小, 병혈어丙穴魚 등을 노래했다. 광동 지역의 요리에 대해서는 유순劉恂의《영표록이嶺表錄異》에 각종 동식물 음식 재료가 기록되어 있고, 뱀·지네·개미 알·공작·코끼리 고기와 같은 특수 재료는 유속劉餗의《조야첨재朝野僉載》에 수록되어 있다.[90] 당대의 시인 한유韓愈가 광동의 조주潮州의 자사刺史로 폄적되었을 때 지은 시〈처음으로 남방 음식을 원협률에게 바치며〉(初南食貽原十八協律)에는 광동의 다양한 해산물, 육식이 서술되어 있다. 예를 들면, 참게 후鱟, 굴 조개 호蠔, 포어蒲魚, 대합조개 합蛤, 문어 장거章擧을 거론하였다.[91] 산동의 생선회 요리에 대해서는 이백의 시〈노 땅의 관리가 술과 생선 보내 와서 답례를 하며〉(酬中都小吏携斗酒雙魚

---

89 "饔子左右揮霜刀, 鱠飛金盤白雪高. 徐州禿尾不足憶, 漢陰槎頭遠遁逃. 魴魚肥美知第一, 旣飽歡娛亦蕭瑟." 仇兆鰲 注,《杜詩詳注》二, 919쪽.

90 "천주泉州에서 노원흠盧元欽이라는 외지 사람이 문둥병에 감염되었는데 오직 코만 뭉개지지 않았다. 5월 5일, 관가에 뱀의 쓸개를 공물로 바쳤는데 어떤 사람이 뱀 고기를 먹으면 낫는다고 하자 뱀 고기를 먹었고 3-5일 후에 점차 낫더니 마침내 평소처럼 회복되었다." 袁憲 校注,《朝野僉載》, 卷1, 6쪽.

91 錢仲聯 集釋,《韓昌黎詩繫年集釋》(下), 1132-1133쪽.

于逆旅見贈)에 잘 나타나 있다.

> 아가미와 입 벌리고 지느러미 떨며,
> 생선 튀어 금 쟁반에서 날아가듯 하네.
> 동자 불러 예리한 칼 깨끗이 씻게 하고,
> 붉은 살은 꽃 떨어지듯 흰 살은 백설 같네.[92]

생선회 저미는 광경을 묘사했는데, 산동 문상현汶上縣에 생선회 요리의 고수가 있었음을 알 수 있다.

당나라 장안에는 또한 전문적으로 연회를 맡은 '예석禮席'을 설치하였다. 동시에 연회의 수준도 높아서 요리와 간식이 정교하였고, 규모도 컸으며 진열도 아름다워 위진남북조 시기를 능가하였다. 1987년 6월에 섬서陝西 장안현長安縣 남리왕촌南里王村에서 당대의 위씨韋氏 가족묘를 발굴했는데, 묘실 벽화에 〈음연도飮宴圖〉가 있다. 식탁 위에는 만두, 전병, 간식 등을 묘사하여 당대의 연회 음식을 엿볼 수 있다. 또한 오대五代 때 남당南唐의 고굉중顧閎中의 유명한 그림 〈한희재야연도韓熙載夜宴圖〉는 오대 때 관료들의 음식 생활을 엿볼 수 있는 대표적인 연회를 묘사한 것이다.

당대 연회 가운데 가장 유명한 연회는 '곡강연曲江宴'과 '소미연燒尾宴'이다. 곡강연은 《당척언唐摭言》의 기록에 의하면, 이부吏部에서 진사를 뽑는 시험인 관시關試가 끝난 후에 곡강정曲江亭에서 성대하게 베푸는 연회를 곡강회曲江會라고 했고 또 관연關宴이라고도 불렀다.[93]

《봉씨문견록封氏聞見錄》에 의하면, 과거 응시자가 과거에 급제하거나 관리가 승진했을 때 동료 관리들이 축하하기 위해 베푼, 음악이 연주되고 술과 음식

---

92 "雙鰓呀呷鰭鬣張, 跋剌銀盤欲飛去. 呼兒拂機霜刃揮, 紅肥花落白雪霏." 瞿蛻園·朱金城 校注, 《李白集校注》3, 1111쪽.

93 王定保 撰, 姜漢春 校注, 《唐摭言校注》, 8쪽.

이 차려진 성대한 연회를 소미연이라고 했다.[94] 당대의 소미연은 여러 차례 거행됐는데, 일부 차림표는 위거원韋巨源이 경용景龍2년(708년), 상서좌복야尙書左僕射를 제수받았을 때 중종中宗에게 바쳤다.《청이록》〈찬수饌饈〉에 소미연에는 주요 요리가 35가지, 간식, 밥과 죽을 포함하여 모두 58가지나 되었다고 한다.[95]

4. 송·원 시기

960년 조광윤이 북송을 건립하였고, 이후 중원 지역에 요나라와 서부에 서하가 출현하였으며, 1127년에 남송은 지금의 항주인 임안으로 천도하였고, 금나라와 몽골과 대치하였다. 1279년에 몽골족의 침입을 받아 남송은 멸망하고 원나라가 건립되었다. 송·원 시기는 중국 역사에서 이민족의 중원 점령으로 이민족의 음식 문화가 중원에 유입된 공통점이 있다.

(1) 송대

북송 때는 석탄 채굴, 철의 주조와 도자기 제조가 흥성하여 상업 무역의 발전을 이룩하였다. 도시가 번영하였고 음식 시장은 크게 활기를 띠었다. 후에 만주의 여진족女眞族이 흥기하여 중원을 침략하고 남송과 대치하는 국면을 맞이하였으나 경제는 계속 발전하였다. 남송 때 생산 도구가 비약적으로 발전하였고 대외무역도 활발하였는데, 예를 들면 월남의 벼 품종인 점성도占城稻가 중국에 전래되어 일 년에 벼를 두 번 수확할 수 있게 되었다. 남송의 수도 임안臨安은 크게 번영하였다. 음식 시장도 발달하여 지방 음식을 파는 식당이 생겨날 정도로 지방의 독특한 음식이 크게 흥성하였다. 서북 지방과 아랍 음식, 지금의 청

94 封演 撰, 張耕 注解,《封氏聞見記》, 103쪽.
95 "韋巨源拜尙書令, 上燒尾食."《宋元筆記大觀》1, 124-125쪽.

진清眞 음식의 호식胡食, 예豫와 노魯의 북방 음식의 북식北食, 장강 중하류에 위치한 강소와 항주의 남방 음식의 남식南食, 사천과 운남雲南·귀주貴州 지방의 음식의 천미川味, 불교와 도교의 채식으로 화소花素에서 청소淸素의 과도기 음식인 소식素食의 간판을 내걸고 유명 요리를 팔았다.

북송의 도성 변경汴京과 남송의 도성 임안을 중심으로 송대에는 요리 재료가 상당히 풍부했다. 송사宋詞의 대작가 주방언周邦彦은 그의 작품 〈변도부汴都賦〉에 변경의 시장에 출시되는 음식 재료를 나열하였다. 송대 도성의 유명 음식 재료는 《동경몽화록東京夢華錄》 권2 중에 〈음식과자飮食果子〉, 권3 중에 〈제색잡매諸色雜賣〉 등에 수록하였고, 각 지방의 요리 재료들도 언급하였으며 남방의 적지 않은 해산물도 변경으로 운송되었다고 하였다. 예를 들면, '차오車鰲'라는 대합은 변경에서 환영을 받았다. 《능개재만록能改齋漫錄》 권15 〈방물方物〉에서 "소성紹聖 3년에 복당福唐과 명주明州에 조서를 내려 공물로 대합 50근을 바치도록 했는데 민간에서는 그것을 홍밀정紅蜜丁이라고 불렀는데 소동파가 강요주江瑤柱라고 말한 것이 바로 이것이다"[96]라고 했다. 또한 《몽양록夢粱錄》 권18 〈산물産物〉 중에 콩, 채소, 과일, 죽순, 금수禽獸, 충어蟲魚 등이 수록되어 있다.[97] 변경과 임안 이외의 기타 지역의 음식 재료는 소동파蘇東坡, 양만리楊萬里, 육유陸游 등 시인들의 시와 일부 필기筆記에 등장한다. 주거비周去非의 《영외대답嶺外代答》 중에도 적지 않은 광서廣西의 요리 재료가 수록되어 있는데, 권8에 석발石發과 변채匾菜, 권9에 화양花羊, 권10 중의 가어嘉魚·죽어竹魚·하어蝦魚·천하天蝦 등이다. 진인옥陳仁玉의 《균보菌譜》는 태주台州에서 생산되는 11종류의 버섯의 성장 시간, 형태, 색과 맛 등이 기록된 버섯에 관한 중국 최초의 문헌이다.[98] 이외에 오吳 땅의 승려 찬녕贊寧의 《순보筍譜》, 부굉傅肱의 《해보蟹譜》, 고사손高似孫의 《해략蟹略》에서 각각 송대 죽순, 게 요리의 면모를 엿볼 수 있다.

---

96 吳曾, 《能改齋漫錄》, 439쪽.
97 吳自牧 著, 符均·張社國 校注, 《夢粱錄》, 267-281쪽.
98 《中華飮食物語-食之語》, 295-299쪽.

전국 각처의 요리 재료가 도시에 공급되었고, 각 도시에는 이런 재료를 공급받는 전문 점포가 생겨났다. 예를 들면, 변경 시장에는 과자행果子行, 육행肉行, 어행魚行이 설치되었고, 임안에도 육시肉市, 채시菜市, 선어행鮮魚行, 어행魚行, 남저행南猪行, 북저행北猪行, 해행蟹行이 설치되었다.[99]《동경몽화록》 권3의 〈날이 밝으면 사람들이 시장으로 간다〉(天曉諸人入市)에 변경성의 아침시장에 대해 기술되었는데, "돼지와 양을 잡는 도살장에서 돼지와 양고기를 실은 수레를 끌고 시장으로 들어가 팔았는데 100여 대나 되었다"라고 했고,[100] 권4에선 육행肉行, 어행魚行에 대해 서술하였다.《몽양록》 권16에선 육포肉鋪에 대해 기록하였다.

조미료인 간장 '장유醬油'라는 글자는 처음으로 남송 때 임홍林洪의《산가청공山家淸供》에 보인다. 〈산해갱山海羹〉을 조리하는 과정에서 봄에 죽순과 고사리의 새순을 따서 새우와 함께 끓인 후에 간장, 참기름, 후추와 녹두가루를 넣고 섞었다.[101]《몽양록》 권16에도 임안에는 조미료를 제공하는 점포들이 모두 "매일 빠지지 않고 준비하는 것은 땔나무, 쌀, 기름, 소금, 간장, 식초와 차였다"라고 했다.[102] 장작莊綽의《계륵편鷄肋編》에서는 송대 민간에서 식용하는 기름으로는 참기름 호마유胡麻油가 으뜸이었고. 하동河東엔 대마유大麻油, 섬서陝西에서는 살구기름 행인유杏仁油·홍람화자유紅藍花子油·만청자유蔓菁子油, 산동에서는 창이자유蒼耳子油, 영주潁州에는 생선기름 어유魚油를 먹었다고 했다.[103]

변경의 음식 시장에 양과 오리 고기를 화로에 넣어 굽는 요리가 출현하여 고기 굽는 화로가 유행하였다. 또한 복건과 절강 일대에는 겨울에 화로를 이용한 요리가 나타나 '화과火鍋'[104]가 남방 지역에 유행했다.《산가청공》〈발하공撥

99 卷6, 周密 撰, 裴效維 選注,《武林舊事》, 325쪽.
100 孟元老 撰, 伊永文 箋注,《東京夢華錄》, 357쪽.
101《中華飮食物語-食之語》, 180쪽.
102〈羞鋪〉, 吳自牧 著, 符均·張社國 校注,《夢粱錄》, 247쪽.
103 莊綽 撰, 蕭魯陽 點校,《鷄肋編》, 32쪽.
104 오늘날 중국 도처에서 유행하는 겨울 음식으로 훠궈(火鍋)라는 요리가 있는데, 이는 수안양러우(涮羊肉)와 유사하다. '쇄涮'는 샤브샤브로 얇게 썬 양고기 또는 소고기 등 다양한 고기를

霞供〉에 저자 임홍이 복건의 "무이산武夷산 육곡六曲을 유람하고 지지사止止師를 방문할 때 눈을 만나 토끼를 한 마리 잡았으나 주방이 없어 지지사가 말하길 풍로風爐를 방 안에 놓고 솥에 물을 끓이고 물이 끓은 후에 토끼고기를 젓가락으로 집어 끓는 물 속에 넣어 익으면 먹는데 먹는 사람마다 구미에 맞게 조미료를 찍어 먹는다고 했다", "5, 6년 후에 경성에 있을 때 양영재楊泳齋 백병伯昺이 초대한 자리에서 이와 똑같은 시식 방법을 보게 되어 마치 딴 세상에 온 것 같았다"라고 했다.[105]

송대 이전에는 일반 가정에서는 조리용 연료로 대개는 목재, 대나무, 억새풀 등을 썼다. 그러나 북송 숭녕崇寧 연간 때부터 석탄을 사용했다.《계륵편》에 "옛날 변경에서 수백만 명이 석탄을 애용했고 땔나무를 때는 집은 없었다"라고 했다.[106] 이런 연료의 사용은 송대 요리 기술 발전에 커다란 추진 역할을 했다. 그러나 남송 정부가 임안으로 천도한 후에 금나라와 대치하는 상황 때문에 주로 북방에서 생산되는 석탄은 이용이 적어지고 벌목하여 나무를 연료로 사용하게 되었다.《계륵편》에 "현재 오월吳越에 이르렀는데 이곳은 산림이 광활하지만 땔나무로 공급하기에 부족했다. 아름다운 꽃과 대나무가 있지만 묘 주위의 소나무는 세월이 지남에 따라 벌거숭이가 되었다. 베어 낸 나무의 뿌리에서 싹이 나지 않고 벌목이 보편적이어서 나무가 더 이상 자라지 않게 되었다. 석탄의 이로움을 생각했지만 석탄을 얻을 수가 없었다"라고 했다.[107] 또《노학암필기》권1에 "북방에는 석탄이 많이 생산되고 남방에는 목탄이 많이 생산된다. 촉 땅 또한 큰 대나무를 태워 땔나무를 만들었다. 쉽게 타고 연기가 나지 않고 내구성이 강해 기이한 나무이다"라고 했다.[108] 이런 기록으로

끓는 물에 데친 후, 땅콩과 생강에 고추와 계란 노른자를 넣어 풀처럼 이긴 '사차장沙茶醬'이라는 조미료를 찍어서 먹는 요리법을 말한다.

105《中華飮食物語-食之語》, 180쪽.

106 莊綽 撰, 蕭魯陽 點校,《鷄肋編》, 77쪽.

107 莊綽 撰, 蕭魯陽 點校,《鷄肋編》, 77쪽.

108 陸游 著, 柴舟 注,《老學庵筆記》, 144쪽.

볼 때 남송 때는 석탄보다는 목탄이나 죽탄을 더 많이 사용했음을 알 수 있다.

송대 조리 방법은 이전의 방법과 달랐다. 당대 이전에는 문헌의 기록에 음식 재료를 볶는 방법이 당대 이전에는 문헌의 기록에 거의 보이지 않지만 송대에 이르러서는 화력火力의 발전으로 강한 불과 빠른 속도로 볶는 '폭爆'의 방법이 발달하였다. 《중궤록中饋錄》 중에 〈육생법肉生法〉 요리의 조리 방법에 대해서 "고기를 얇게 저민 다음 간장으로 깨끗이 씻고 뜨겁게 달군 솥에 아주 빨리 볶아 핏물이 제거되면서 하얗게 되면 꺼내어 실처럼 가늘게 썬다. 다시 장아찌, 술에 절인 무, 마늘, 사인砂仁, 초과草果, 산초, 도라지, 참기름을 넣고 가늘게 썬 고기와 함께 볶는다. 먹기 전에 식초를 넣고 버무리면 더욱 맛이 좋다"라고 했다.[109] 여기에서 '폭초爆炒'는 빠르게 볶는 것을 말한다. 《동경몽화록》, 《몽양록》, 《무림구사》 등의 문헌에 변경과 임안의 음식 시장에는 볶은 요리가 아주 많이 수록되어 있는데 유명한 요리로는 생초폐生炒肺, 초합리炒蛤蜊, 초해炒蟹, 초계炒鷄, 초토炒兎, 초양炒羊, 남초선南炒鱔 등이 있었다. 각각 소나 돼지의 허파, 대합조개, 게, 닭, 토끼 고기와 두렁허리 생선을 볶은 요리이다. 송대에는 '배焙'라는 조리 방법이 발달했다. 약한 불에 굽거나 덥히는 것을 말한다. 《옥편玉篇》에는 '화간火干'이라고 했는데, 불에 말린다는 뜻이다. 음식 재료를 약한 불에 서서히 익히는 것을 말하는데, 《중궤록》에 노배계爐焙鷄라는 요리가 소개되어 있다. 조리 방법은 닭 한 마리를 뜨거운 물에 10분의 8 정도만 삶아 꺼내어 토막을 내고 약간의 기름을 바른 솥에 넣고 볶은 다음 뚜껑을 덮어 익히고 여기에 식초와 약간의 소금을 넣고 삶는데 이런 식으로 여러 차례 반복하면 고기가 연해진다고 했다.[110] 이런 조리 방법은 남송 때 유행했는데, 《몽양록》 권16에 이런 방법으로 조리한 요리로는 배요자焙腰子, 여지배요자荔枝焙腰子, 오미배계五味焙鷄, 순배암자笋焙鵪子, 팔배계八焙鷄 등이 있다고 했다.[111]

---

109 《中華飮食物語-食之語》, 310쪽.
110 《中華飮食物語-食之語》, 308쪽.
111 莊綽 撰, 蕭魯陽 點校, 《鷄肋編》, 236-238쪽.

송대에 '육송肉鬆'이 출현했다. 소나 돼지의 살코기 또는 생선을 말려 간장, 향료 따위를 넣고 보송보송하게 잘게 찢어 만든 식품을 말한다. 진원정陳元靚의 《사림광기事林廣記》〈육룡송肉龍鬆〉에 "돼지, 양, 소의 고기를 잘게 썰고 술, 식초, 물, 소금, 산초, 마근馬芹을 넣고 함께 끓은 후 즙을 짜내 버리고 문드러지게 갈아서 약한 불에 데워 말리면 솜털이나 실 같고 부서지지 않게 한다. 닭의 흰 살코기와 말린 새우가 좋다"라고 했다.

송대에는 꽃으로 만든 요리와 간식이 많아졌다. 《산가청공》 중에 매화, 연꽃, 국화로 만든 10여 종류의 요리가 소개되어 있는데, 그 가운데 가장 유명한 요리는 '설하갱雪霞羹'이다. "목부용木芙蓉 꽃을 따서 꽃술을 때어 낸 다음 꽃자루를 탕에 데치고 두부를 넣어 삶는다. 꽃의 붉은 색과 두부의 흰색이 교차되면서 마치 눈이 멈춘 뒤의 노을과도 같아서 설하갱이라고 명명했다. 후추와 생강을 가미해도 된다"라고 했다.[112] 또한 설하갱은 두부에 관한 중국 고대 문헌 가운데 가장 이른 기록이라고 할 수 있다.[113]

송대에 유행한 음식 가운데 '파豝'라는 요리가 있는데, 파巴라고도 했다. 고기를 잘라 소금을 발라 그늘에서 말린 것을 말한다. 도성의 음식 시장에 모두 이 건육乾肉을 팔았다. 예를 들면, 장파獐巴, 취근파자脆筋巴子,[114] 산조파자算條巴子[115]이다.

국 갱羹도 송대에 크게 유행했고 그 종류도 아주 많았다. 《동경몽화록》 권2 〈음식과자飮食果子〉에 백미갱百味羹, 두갱頭羹, 금사두갱金絲肚羹, 혈갱血羹, 분갱粉羹 등 10종류의 국 요리가 기록되어 있고,[116] 호갱점瓠羹店을 따로 개설했다.[117] 《몽양록》 권16 〈분다주점分茶酒店〉에 30여 종류,[118] 〈면식점麵食店〉에는 19종류가 수

112 《中華飮食物語-食之語》, 195쪽.
113 邱龐同, 《中國菜肴史》, 152쪽.
114 孟元老 撰, 李永文 箋注, 《東京夢華錄箋注》, 189쪽.
115 〈中饋錄〉, 《中華飮食物語-食之語》, 308쪽.
116 孟元老 撰, 李永文 箋注, 《東京夢華錄箋注》, 188-190쪽.
117 卷3, 〈天曉諸人入市〉, 孟元老 撰, 李永文 箋注, 《東京夢華錄箋注》, 188-190쪽.
118 吳自牧 著, 符均·張社國 校注, 《夢粱錄》, 236-239쪽.

록되어 있다.[119] 또 항주의 유명한 요리인 '송수어갱宋嫂魚羹'의 원조가 된 '송오수어갱宋五嫂魚羹'이 있다. 송오수宋五嫂는 북송 때 변경 사람이다. 후에 남송의 임안에 와서 어갱魚羹을 팔아 생계를 유지했는데, 황제 고종高宗의 칭찬을 받아 큰 명성을 얻었다.《몽양록》 권13 〈포석鋪席〉에 "이전에 항주성의 유명 상점 가운데 유명한 요리를 팔았는데, 전당문錢塘門 밖 음식점에서 송오수어갱을 팔았다"라고 했다.[120] 《무림구사》 권3 〈서호유행西湖游幸〉에 "순희淳熙 연간에 효종孝宗 황제가 효孝로써 천하를 다스리기 위해 태상황 고종과 오태후吳太后를 모시고 세 사람이 강산을 유람하기 위해 용주龍舟에 승선했다. 작은 배에서는 황제가 송오수어갱을 하사했다"[121]라고 한 기록으로 보아 이 국은 황제가 직접 맛보고 사람들에게 상으로 하사할 정도로 유명하였음을 알 수 있다.

회膾도 여전히 유행하여 변경 시장에서는 유명한 '수정회水晶膾'를 팔았다. 3월 1일에는 금명지金明池와 경림원瓊林苑을 일반 시민들에게 개방하였다. "금명지 서쪽에는 누각이 없지만 수양버들이 수면 위까지 늘어졌고 풀들이 호숫가에 자랐으며, 유람객도 적어 낚시꾼들에게는 최적의 장소였다. 낚시꾼들은 반드시 관리사무소인 지원소池苑所에서 표를 사야 고기를 잡을 수 있었다. 유람객은 금명지에서 활어를 잡아 시가의 두 배 가격으로 팔았고, 호숫가에서 잡은 물고기를 회를 쳐서 술과 함께 팔았는데 그 맛이 좋았다"라고 했다.[122] 《몽양록》에는 세말양생회細抹羊生膾, 향라회香螺膾, 이어회鯉魚膾, 제회蹄膾, 생회십색사건生膾十色事件등 회 요리가 10종류 기록되어 있다.[123] 《무림구사》에도 권6 〈시식市食〉에 수정회, 권9 〈고종행장부절차략高宗幸張府節次略〉에 두현회肚胘膾, 사어회沙魚膾, 선하제자회鮮蝦蹄子膾, 오진회五珍膾 등을 수록하였다.[124]

---

119 吳自牧 著, 符均·張社國 校注, 《夢粱錄》, 241-242쪽.
120 吳自牧 著, 符均·張社國 校注, 《夢粱錄》, 193쪽.
121 周密 撰, 裴效維 選注, 《武林舊事》, 271쪽.
122 孟元老 撰, 李永文 箋注, 《東京夢華錄箋注》, 644쪽.
123 吳自牧 著, 符均·張社國 校注, 《夢粱錄》, 237-238쪽.
124 周密 著, 李小龍·趙銳 評注, 《武林舊事》, 167쪽과 233쪽.

송대에는 '조糟', '엄腌', '취醉', '지漬'의 조리 방법이 특별히 많았다. '조'는 술에 절이는 조리법을 말한다.《중궤록》에 조가자법糟茄子法이 소개되어 있는데, "가지 5근, 술지게미 6냥兩, 소금 17냥을 강물에 섞으면 꿀처럼 달다"라고 했다.[125] 그런데 여기에서 눈여겨볼 것은 재료의 양을 정량화했다는 점이다. 이런 재료의 비례를 표준화한 예는 이전에는 없던 특기할 만한 기록이다.《중궤록》에 기록된 주엄하법酒腌蝦法은 대하의 수염과 꼬리를 잘라낸 뒤 소금을 넣고 반나절 놓아두었다가 깨끗이 씻은 후에 병 바닥에 새우를 넣고 그 위에 후추를 30알 넣은 다음 술을 병에 주입하고 병뚜껑을 진흙으로 봉합한 뒤 봄과 가을에는 일주일, 겨울에는 열흘 정도 지난 다음 시식하면 된다고 했다. 생으로 먹는 음식에 술, 소금, 후추를 사용하는 방법인데, 후추의 오묘한 맛이 새우에 스며드는 특징이 있어 '취하醉蝦'와는 다르다.[126] 또한 '조저두제조糟猪頭蹄爪'의 조리법이《중궤록》에 기록되어 있다. 돼지의 머리, 무릎과 족발을 삶아 뼈를 제거한 후에 무거운 돌로 누르고 술에 절여서 만든다고 했다.[127]

시어鰣魚는 준치를 말한다. 준치는 아주 귀한 생선이었다. 중국에서는 강소 진강鎭江과 항주 부춘강富春江에서 잡히는 준치가 최고였다.《중궤록》에 '증시어蒸鰣魚'라는 요리의 조리법이 있다. 준치의 내장을 발라내고 비늘은 제거하지 않는다. 무명천으로 피를 닦아낸 다음 맛을 내기 위해 산초, 사인砂仁, 간장, 술, 파를 섞어 준치 위에 뿌린 뒤 삶아서 비늘을 제거한 후 먹는다.[128] 준치 비늘의 풍부한 지방이 고온에서 용해되기 때문에 비늘을 찌기 전에는 제거하지 않고 먹을 때 제거했다. 이 요리는 유명한 요리가 되어 후세 사람들에게 영향을 미쳤다.

송대의 궁정 요리의 특징을 살펴보면, 북송 궁중의 요리에는 양고기와 해산

125《中華飮食物語-食之語》, 316쪽.
126《中華飮食物語-食之語》, 310쪽.
127《中華飮食物語-食之語》, 310쪽.
128《中華飮食物語-食之語》, 309쪽.

물이 많아졌고, 남송의 궁중에는 양고기 이외에 수산물의 비중이 커서 해산물과 강, 호수와 하천의 민물생선이 많았다. 북송 궁중 요리는《동경몽화록》권9 중에 조정이 휘종徽宗 황제의 생일을 축하하기 위해 베푼 연회에 관한〈재집친왕종실백관입내상수宰執親王宗室百官入內上壽〉에 잘 나타나 있다. 요나라, 고려, 하夏나라 사신까지 배석한 이 연회에는 술이 모두 아홉 차례, 안주가 23종류, 요리가 14종류나 되었다.[129] 첫 번째 어주御酒 때는 안주 없이 술만 마셨다. 두 번째 어주 때는 노래를 듣고 술을 마시고 춤을 감상하지만 안주는 먹지 않았다. 세 번째 어주 때부터 안주를 먹기 시작하는데 육함시肉鹹豉, 폭육爆肉, 쌍하타봉각자雙下駝峰角子였다. 남송의 궁정 요리는《몽양록》권3 중의〈재집친왕남반백관입내상수사연宰執親王南班百官入內上壽賜宴〉에서 엿볼 수 있다. 기본적으로는 북송의 궁중 요리와 같으나 세 번째 어주의 안주는 육함시에서 함시鹹豉로 바뀌었다. 다섯 번째 어주의 안주 중에 천화병天花餅은 천선병天仙餅으로 바뀌었다.[130]

연회 음식은 당대만큼이나 많았다. 궁정, 관청, 민간 모두 상당한 규모의 사로 다른 격식을 차렸다. 문인들은 서로 연회를 베풀어 초대하였다.《무림구사》권10〈장약재상심악사張約齋賞心樂事〉를 기록하였는데, 이 기록은 연유燕游에 관한 약재거사約齋居士 장자張鎡의 문장으로 임안 사람들이 매달 잔치를 베풀고 노는 가연家宴에 관한 내용이다. 정월은 세절가연細節家宴과 인일전병회人日煎餅會, 2월은 사일사반社日社飯, 3월엔 생조가연生朝家宴, 5월에는 중오절重午節 범포가연泛浦家宴, 7월에는 걸교가연乞巧家宴, 8월에는 상월가연賞月家宴, 9월에 중구가연重九家宴, 10월에는 개로가연開爐家宴과 입동일가연立冬日家宴, 11월에는 동지절가연冬至節家宴, 12월에는 제야수세가연除夜守歲家宴 등이 베풀어졌다.[131]《동경몽화록》권9 중에 조정이 휘종徽宗 황제의 생일을 축하하기 위해 베푼 연회에 관한〈재집친왕종실백관입내상수宰執親王宗室百官入內上壽〉를 보면, 술이 모두 아홉

129 孟元老 撰, 李永文 箋注,《東京夢華錄箋注》, 831-835쪽.
130 吳自牧 著, 符均·張社國 校注,《夢粱錄》, 31-35쪽.
131 周密 著, 李小龍·趙銳 評注,《武林舊事》, 250-255쪽.

잔, 안주가 23종류, 요리가 14종류나 되었다.[132] 육유의《노학암필기》권1 중에는 송나라 조정이 금나라 사신을 초대하여 베푼 궁중식단 중심의 연회 요리를 알 수 있다.[133]《무림구사》권9〈고종행장부절차략高宗幸張府節次略〉은 소흥紹興21년(1151년 10월), 고종이 청하군왕淸河郡王 장준張俊의 저택에 행차하자, 장준이 고종을 위해 바친 대형 어연御筵에 관한 것이다. 식단의 요리는 모두 195종류나 되었다.[134]

송대의 경제 발전은 음식 문화 발전에 풍요로운 물질적인 기반이 되었다. 도시에 음식 시장이 형성되어 요리 기술도 높아졌고 다양한 음식이 세상에 출현하였다. 남북 음식의 교류로 음식 종류가 많아졌고 조리 기술도 날로 정교해졌다. 당나라 이전에는 국가가 정한 점포들이 시市에서만 경영을 할 수 있었으나 송나라 때는 도시의 도처에서 점포를 개설할 수 있었다. 그래서 대도시에는 수많은 점포가 들어섰고 이 가운데 음식점이 많았을 뿐만 아니라 당대보다 그 규모가 컸고 야시장夜市場도 흥성하였다.

송대 도시의 술집은 그 수도 많았고 규모도 컸다.《수호전水滸傳》중 제39회에 술집을 묘사한 부분이 있다. 송강이 운성鄆城에서 강주江州에 유명한 심양루潯陽樓가 있다는 말을 듣고 강주의 2층으로 된 이 술집을 찾았다. 이 술집 대문에 "세상의 어떤 술도 비교할 수 없고"(世間無比酒), "천하에 유명한 술집"(天下有名樓)이라는 대련對聯이 붙어 있었다. 송강은 2층으로 올라가 난간에 기대어 시를 한 수 읊었다. "아름답게 장식한 처마엔 햇빛이 비추고, 그림으로 아로새긴 기둥엔 구름이 이네. 푸른 난간은 나직이 창문 아래와 붙어 있고, 비취색 휘장

132 孟元老 撰, 李永文 箋注,《東京夢華錄箋注》, 831-835쪽.

133 陸游 著, 柴舟 注,《老學庵筆記》, 123쪽.

134 周密 著, 李小龍·趙銳 評注,《武林舊事》, 231-234쪽. 이러한 사치스러운 궁중 연회가 베풀어지는 남송의 도성 임안에 대해 시인 임승방林升方는 그의 시〈제임안저題臨安邸〉에서 "산 밖의 푸른 산엔 누각 밖의 누각이 솟아 있고, 서호엔 노래와 춤이 그칠 줄 모르네. 따뜻한 바람 불고 나그네는 술에 취하여, 항주를 변경으로 착각하네"(山外青山樓外樓, 西湖歌舞幾時休. 暖風薰得游人醉, 直把杭州作汴州)라고 읊었다.

높이 창문에 걸려 있네."[135] 범성대范成大의 《오선록吳船錄》에 악주鄂州 남쪽 시장을 기록할 때 "강을 따라 수만 채의 집이 있었고, 점포가 아주 많아 머리빗처럼 촘촘하게 줄지어 서 있었고, 술집의 누각 난간이 아주 화려했다"라고 했다.[136] 지방 도시의 술집이 이런 정도라면 도성의 술집은 그 규모가 크고 화려하며 흥성했다.

송나라의 수도 변경의 술집은 술을 팔고 요리도 파는 음식점을 겸했는데, 이를 주루酒樓 또는 주점酒店이라고 했다. 《동경몽화록》 권2 〈주루酒樓〉에 "변경의 주점은 문 입구에 채색 비단으로 묶은 차양이 있고 문에는 오색으로 장식했다. 임점任店, 즉 흔악루欣樂樓[137] 문으로 들어가면 약 백 보 정도의 긴 회랑이 있고 남북 천정 양측의 회랑 옆에 작은 방들이 있었다. 밤이 되면 등을 달고 촛불을 켜 놓아 아주 밝아 위아래를 서로 비추었다. 또 요염한 기녀들 수백 명이 회랑의 처마 밑에 모여서 술 마실 손님을 불렀는데 멀리서 보면 마치 선녀와도 같았다"라고 했다.[138] 규모가 큰 술집을 '정점正店'이라고 했는데, 변경에 72호戶나 있었고, 나머지는 '각점脚店'이라고 불렀고 그 수를 셀 수 없을 정도로 많았다.[139] 정점 가운데 저명한 술집은 백반루白礬樓였다. 또는 번루樊樓라고도 하는데 후에 풍악루豐樂樓로 바뀌었다.[140] 이 술집에 대해서는 주밀周密의 《제동야어齊東野語》에도 보이는데, 오흥吳興의 부자 심군여沈君與가 "하루는 나를 데리고 번루에

---

135 "雕檐映日, 畵棟飛雲. 碧欄干低接軒窗, 翠簾幕高懸戶牖." 심양루는 강서江西 구강九江시에 있다.

136 陸游 著, 柴舟 校注, 《入蜀記》 卷5, 71쪽, "其上皆列肆"에 대한 注釋.

137 《동경몽화록》 권2 중에 〈반루동가항潘樓東街巷〉에 "북쪽 가까운 곳을 임점이라고 부르는데, 지금은 흔악루라는 이름으로 바뀌었다"(近北曰任店, 今改作欣樂樓)라고 했다. 孟元老 撰, 李永文 箋注, 《東京夢華錄箋注》, 164쪽.

138 孟元老 撰, 李永文 箋注, 《東京夢華錄箋注》, 174쪽.

139 孟元老 撰, 李永文 箋注, 《東京夢華錄箋注》, 176쪽.

140 卷9 〈백반루〉에 "변경 동화문東華門 밖 경명방景明坊에 술집이 있는데 사람들이 반루礬樓라고 불렀다. 혹자는 이것이 주인의 성씨라고 하나 그렇지 않다. 본래 상인이 이곳에서 백반白礬를 팔았으나 후에 술집이 되었다. 본래 이름은 백반루이다"라고 하였다. 吳曾 著, 《能改齋漫錄》, 272쪽.

갔다. 이 술집은 경성의 술집 가운데 으뜸으로 술 마시는 사람이 천여 명은 되었다"라고 했다.[141] 그 규모가 얼마나 컸는지 알 수 있다. 장택단張擇端의 유명한 그림《청명상하도淸明上河圖》에 변경의 술집을 묘사한 부분이 있다. 그림 가운데 '정점'이라는 문패를 단 3층으로 된 큰 술집이 있고, '각점'과 길 양편에 우산 모양의 창이 달린 음식점이 있는데 희희낙락하는 사람들이 음식점 앞에 서 있다. 손님들이 술집을 출입하고 음식점 종업원이 바쁘게 그들을 접대하고 있으며 식탁에는 술잔과 음식 접시가 흩어져 있는 모습이 그려져 있다.[142] 그림의 술집 모습과 실제 문헌의 기록이 같다.[143]

주점 백반루는 화려한 술집의 건축, 장식, 환경, 서비스, 술 제조, 요리, 식기 등 각 방면에 표본이 되었고, 송대뿐만 아니라 원元과 금金나라 등 후세에 큰 영향을 끼쳤다.[144]

이 밖에 정점 가운데 인화점仁和店이 유명했다.《동경몽화록》권4〈운선주루雲仙酒樓〉에서 "경성 동쪽의 인화점과 옛 경성 남쪽 성벽의 주작문朱雀門 우측의 운선루雲仙樓 주점은 항상 100여 명이 사용할 수 있는 식기가 충분히 준비되어 있어 식기 하나라도 모자라지 않았다"라고 했다.[145] 인화점 주점의 규모가 상당히 컸음을 알 수 있다.

송대의 음식점을 '식점食店'이라고 했는데, 밥·국수·국·요리를 제공했다. 이 가운데 큰 음식점을 '분다分茶'[146] 혹은 '분다점分茶店'[147]이라고 불렀는데, 실제로는 차를 마시는 방식과는 아무 관계가 없다. 술, 요리와 국수를 먹을 수 있는 음식점을 가리켰다.《동경몽화록》중에 이사분다李四分茶, 설가분다薛家分

141 周密 撰, 張茂鵬 點校,《齊東野語》卷11, 206쪽.
142 田曉娜 主編,《食典》, 76쪽.
143《淸明上河圖》의 술집 묘사와 실제 송대 술집의 문헌 기록에 대한 상세한 분석은 周寶珠 著,《淸明上河圖與淸明上河學》, 95-104쪽을 참조.
144 伊永文,《宋代市民生活》, 166-178쪽.
145 孟元老 撰, 李永文 箋注,《東京夢華錄箋注》, 420쪽.
146 孟元老 撰, 李永文 箋注,《東京夢華錄箋注》卷4,〈食店〉, 430쪽.
147 吳自牧 著, 符均·張社國 校注,《夢粱錄》卷16,〈麵食店〉, 240쪽.

茶를 기록했고,[148] 이 밖에 식점 가운데 유명한 가게로는 북식점北食店, 남식점南食店, 천반점川飯店[149] 등이 있었다.

송나라 조정에서는 삼경三更까지 야시장夜市場을 열고 오경五更 때 다시 개장하도록 하여 변경汴京의 시장은 밤새 사람들로 북적거렸다고 한다. 예를 들면, 태묘가太廟街의 고양주점高陽酒店의 야시장이 흥성했다.[150] 또한 '사사육국四司六局'을 설치하여 연회를 담당하도록 하였다.[151] '사사四司'는 연회를 계획하는 장설사帳設司, 손님을 맞이하고 전송하며 차와 술을 공급하는 다주사茶酒司, 식단을 짜고 요리를 담당한 주사廚司, 술과 차를 올리고 그릇을 청소하는 대반사臺盤司를 가리킨다. '육국六局'은 과일을 준비하는 과자국果子局, 설탕에 절인 음식을 맡은 밀전국蜜餞局, 채소를 구매하는 소채국蔬菜局, 조명을 맡은 유촉국油燭局, 술깨는 음식을 담당하는 향약국香藥局, 연회에 필요한 가구를 책임진 배판국排辦局을 말한다.

변경과 임안 시장에 북식점北食店, 남식점南食店, 사천四川 요리를 전문적으로 파는 천반점川飯店, 채식만을 파는 소식점素食店이 출현하여 지방의 독특한 요리가 선을 보이기 시작했다.《평주가담萍洲可談》에 송나라 사람은 남방 사람은 짠 음식을 많이 먹고, 북방 사람은 신 음식을 많이 먹는다고 했다.[152] 식초가 많이 함유된 엄腌과 지漬 식품 때문일 것으로 추정된다. 남방의 음식은 생선회 등의 해산물 관련 요리가 성행했다.[153] 그러나 금나라의 침입으로 북송이 망하고

---

148 孟元老 撰, 李永文 箋注,《東京夢華錄箋注》, 82쪽.

149 北食店에 대한 기록은《東京夢華錄》卷3,〈馬行街鋪席〉,《東京夢華錄箋注》, 312쪽, 川飯店과 南食店에 대한 기록은《東京夢華錄》卷4,〈食店〉,《東京夢華錄箋注》, 430쪽. 吳自牧,《夢粱錄》卷16,〈麵食店〉에도 변경에 남식南食 국수를 파는 음식점과 사천 요리를 파는 음식점이 있었으나 남송 때는 남북 음식의 구분이 없게 되었다고 하였다. 吳自牧 著, 符均·張社國 校注,《夢粱錄》, 240쪽.

150 孟元老 撰, 李永文 箋注,《東京夢華錄箋注》, 卷2, 164쪽.

151 吳自牧 著, 符均·張社國 校注,《夢粱錄》卷19,〈四司六局筵會假賃〉, 301-303쪽. 孟元老 撰, 李永文 箋注,《東京夢華錄箋注》卷4,〈筵會假賃〉, 417-418쪽.

152 朱彧 撰, 李偉國 點校,《萍洲可談》, 138쪽.

153《東京夢華錄》卷3〈寺東門街巷〉과〈馬行街鋪席〉에서는 남방 요리가 성행하였다는 기록이

임안에 남송 정부가 정해지면서 임안의 요리는 남북 요리가 하나로 융합된 새로운 형태의 남방 요리가 탄생했다.[154]

음식으로 보양하거나 병을 치료하는 데에도 큰 발전을 하였다.《태평성혜방太平聖惠方》가운데에는 28종류의 질병을 치료하는 음식 처방이 기록되어 있다. 이고李杲의《식물본초食物本草》, 관서闞瑞의《일용본초日用本草》는 지금까지도 참고할 만한 가치가 있다. 송대에는 수많은 요리 저서가 출현하였는데, 예를 들면, 찬녕贊寧의《순보筍譜》, 임홍林洪의《산가청공山家淸供》, 진인옥陳仁玉의《균보菌譜》, 부굉傅肱의《해보蟹譜》, 왕작王灼의《당상보糖霜譜》등이다.

(2) 원대

거란족이 세운 요遼, 여진족이 세운 금金나라와 몽골족이 중원을 침입하여 이민족 정부를 세웠다. 몽골족이 지금의 북경인 대도大都에 원나라 정부를 세운 후에 둔전屯田과 수리 사업으로 곡물 생산이 크게 증가하였고 수공업도 발달하였으며 교통의 발달로 외국 무역도 이전보다 훨씬 증가하였다. 당시의 대도, 항주와 천주泉州는 유명한 상업도시였다. 대도시에는 미시米市, 철시鐵市, 피모시皮毛市, 마우시馬牛市, 낙타시駱駝市, 주자시珠子市, 산호珊瑚만을 전문적으로 파는 사자시沙剌市 등이 개설되었고, 주점과 음식점도 많았다. 몽골족, 회족回族과 여진족 등 소수 민족의 민족 특색이 강한 요리도 발전하였다. 이에 따라 이민족과의 문화 교류로 중국 요리에도 이런 이민족 요리의 재료, 조리 방법 등의 영향을 받아 새로운 요리가 유행하였다.

노명선魯明善의《농상의식촬요農桑衣食撮要》를 살펴보면 요리 재료 상황을 알 수 있다. 북경 역사에 대한 최초의 전문서인 웅몽상熊夢祥의《석진지집일析津志

보이고, 卷4〈食店〉에는 구체적인 해산물 요리가 기록되어 있다.

154《夢粱錄》卷16〈麵食店〉에 "남방으로 천도한 이후로 200년 동안 환경에 적응하였고 음식도 남북이 뒤섞여서 구분할 수 없게 되었다"라고 하였다. 吳自牧 著, 符均·張社國 校注,《夢粱錄》, 240쪽.

輯佚》중에도 당시의 대도에서 흔히 볼 수 있는 음식 재료가 적지 않게 기록되어 있다.[155] 원대의 요리 재료는 홀사혜忽思慧의《음선정요飮膳正要》에 잘 나타나 있다. 권3에 곡물, 육류, 생선, 과일, 채소, 조미료 등 200여 품종을 기록하였다. 야채가 비교적 많고, 조미료도 특별히 많은데, 소수 민족 색채가 강하다. 예를 들면, 생선 가운데 아팔아홀어阿八兒忽魚와 걸리마어乞里麻魚를 중시했는데, 송화강松花江과 흑룡강黑龍江에서 많이 잡혔다. 이 두 생선은 철갑상어 심어鱘魚 품종에 속했고, 일반적으로 잡기 어려워 공물로 조정에 바쳐졌다.[156] 또한 가명賈銘의《음식수지飮食須知》중에도 다량의 음식 재료가 기록되어 있는데, 300여 종이나 된다. 특히 주목할 점은 해삼海蔘과 유명한 제비집 요리인 '연와燕窩'에 대한 기록이 처음으로 보인다.[157]

원대에 유명한 궁중 요리로는 '소수찰燒水札'이 있다. 수찰水札은 '벽체鷿鷉'라고도 하는데, 농병아리이다. 남방 지역에 사는 들오리처럼 몸체가 작은 물새인데 지방이 많아 맛이 좋아 겨울철에 굽거나 삶아서 먹었다. 이 요리의 조리법은 세 종류가 있다. 굽거나 찌는 방법 외에 '유소油酥'라는 밀가루를 기름에 반죽하여 구운 후 발효시킨 패스트리 비슷한 빵 속에 넣어 익혔으므로 타지 않고 신선한 맛이 유실되지 않아 좋은 음식이었다. 또 '소안燒雁'이라는 궁중 요리도 유명했다. 역대 조정의 궁중에서 먹던 요리였지만 원대의 이 기러기 요리는 양의 위로 기러기 고기를 감싼 뒤 파와 고수를 넣고 구운 다음 양의 위는 먹지 않고 버리는 점이 다르다. '유증양柳蒸羊'은 원대 궁중 요리인데, 원래는 몽골 유목 민족이 식용하던 구운 양고기 요리였다. 땅에 구덩이를 판 다음 돌을 주위에 놓아 두고 쇠로 만든 써레 위에 양고기를 담고 그 위에 버들로 덮은 뒤 흙으로 덮고 구웠다.[158] '소아燒鵝'는 거위 고기를 대나무 봉에 끼워 솥 가운데 걸어 놓고

155 〈產物〉중에는 채소, 버섯, 과일, 통, 야채, 육류를, 〈風俗〉과 〈歲紀〉중에는 원대 요리를 수록하였다. 熊夢祥 著, 北京圖書館善本組 輯,《析津志輯佚》, 〈產物〉, 202-240쪽.
156 國學基本叢書本《飮膳正要》, 148쪽.
157 《中華飮食物語-食之語》, 64쪽.
158 이 세 가지 원대 궁중 요리는 모두 國學基本叢書本《飮膳正要》, 〈聚珍異饌〉, 41쪽에 기록되

솥 안에는 술과 물을 넣고 뚜껑을 닫은 후 젖은 종이로 솥과 뚜껑의 틈새를 밀봉하여 불을 때워 술과 물의 증기로 가공하는 요리이다. 예찬倪瓚의《운림당 음식 제도집雲林堂飮食制度集》에 이 요리가 기록되어 있고,[159] 중국 음식 역사에 그 명성이 높아 청대 원매袁枚의《수원식단隨園食單》에 이 요리를 '운림아雲林鵝' 라고 부르면서 소개했다.[160]

요나라 때의 궁정 요리로는 노루 고기를 소금에 절여서 햇빛에 말린 '녹포鹿脯'는 거란족의 전통 음식으로 금대와 원대에도 궁중에 유행했다. 금나라 여진족은 소, 양, 말, 쥐 고기를 주로 먹었다. '자전양煮全羊'은 전통 여진족 음식인 동시에 궁중 요리로 새끼 암컷 양을 맹물에 삶은 것으로 외국 사신들을 초청한 궁중 연회에 이 요리를 내놓았다. 원대에는 이민족과의 음식 문화 교류로 독특한 조리법으로 요리한 이민족 요리가 성행하였다. 서역 지방에서 전래된 요리는 페르시아 사람과 아랍 사람들의 회회回回 음식인데,《거가필용사류전집居家必用事類全集》과《음선정요飮膳正要》에 기록되어 있다. 전자에는 아랍 음식 7종류와 여진족 음식 6종류를 수록되어 있다. 여진족 음식 가운데 '고려율고高麗栗糕'는 밤을 찧어서 만든 가루를 찹쌀가루와 함께 섞어 꿀을 넣어가면서 반죽한 뒤 쪄서 먹는 음식이다.[161] 이름에 고려가 붙은 것으로 보아 아마도 고려에서 여진족에게 전래된 것으로 추정된다. 후자에 수록된 '마사답길탕馬思答吉湯'은 원대 궁중 요리인데, 원래는 하서河西 영하寧夏의 회족이 먹던 탕으로 조리법은 양고기와 회회두回回豆, 초과草果, 계수나무를 넣고 끓인 후 국물에 익은 회회두와 멥쌀, 마사답길,[162] 소금을 넣어 섞은 뒤에 익은 양고기와 고수를 다시 넣어

어 있다.

159 袁枚 著, 初志英 編譯,《隨園食單》, 244쪽.

160 袁枚 著, 初志英 編譯,《隨園食單》, 77-78쪽.

161 趙炳彩 편역,《食經》, 184-191쪽.

162 1331년에 출간된《飮膳正要》에 수록된 '마사답길'은 아랍어 mastaki의 역음譯音이다. 이시진은 이것의 약성藥性은 알고 있었지만 식물인지는 몰랐다. 1610년의《五雜俎》에서 mastaki는 돌궐에서 생산되고 후추와 비슷한 조미료로 향이 강렬하며 돌궐에서는 후추처럼 조미료로 사용되었고 소화를 도와준다고 했다. Berthold Laufer, *Sino-Iranica*, 林筠因 譯,《中國伊朗編》,

먹었다.[163] 《음선정요》의 저자 홀사혜는 원대 인종仁宗 때 궁정의 주방장 겸 태의로 몽골족의 의사였다. 이 요리책에는 회회두 이외에 회회총回回葱, 회회청回回靑, 회회소유回回小油를 인용했고, 호총胡葱, 호마胡麻, 호초胡椒, 호유胡荽 등 '회회回回'[164]처럼 '호胡'자를 붙인 식품이 상당히 많이 나타난다. 이는 이민족의 요리 재료와 음식이 당시에 유행했음을 말해 준다. 또한 이 책에 수록한 '서천다반西天茶飯'은 인도 요리이다. 모두 두 종류의 음식을 수록했는데, 하나는 양고기, 회회두와 무를 넣고 끓여 국을 만들어 익은 양고기를 다시 넣고 고수, 소금과 후추를 뿌린 후에 먹는 '팔아불탕八兒不湯'이고, 다른 하나는 양고기에 초과, 관계官桂, 생강을 넣고 끓여 국을 만들고 석류, 후추와 소금을 넣은 '철속탕撤速湯'이다.[165] 양고기 대신 소고기로 대체하면 조리법은 우리나라의 설렁탕이나 소고기무국과 유사한 점이 많다.

인삼탕人蔘湯도 원대에 복용했는데, 신라삼新羅參, 귤껍질, 자소엽紫蘇葉과 사탕을 넣고 끓인 물을 마셨다.[166] 한반도의 신라의 인삼이 원대에 수입되었음을 알 수 있다. 원대 사람들은 신라의 인삼에 생지황生地黃, 복령茯苓과 꿀을 섞어서 만든 '철옹선생경옥고鐵甕先生瓊玉膏'를 먹으면 장수한다고 믿었다.[167] 《음선정요》 중에 또 '삭라탈인搠羅脫因'을 수록하고, '외올아다반畏兀兒茶飯'에 속한다고 설명했다. 밀가루를 돈 모양으로 만들고 양고기로 국을 끓여 양의 혀와 산약,

---

78쪽.

163 國學基本叢書本《飮膳正要》卷第1, 〈聚珍異饌〉, 19쪽.

164 '회회回回'라는 단어는 沈括의《夢溪筆談》에 처음으로 등장하였다. 이슬람교를 신봉하는 아랍족을 중국에선 회족回族이라고 부르는데, 그들의 음식을 청진채淸眞菜라고 한다. 이슬람교가 정식으로 중국 정부에 의해 인정을 받은 것은 당나라 덕종德宗 2년(651년)에 처음으로 아랍의 사신이 당나라 도성 장안에서 고종高宗를 알현하였을 때였다. 이슬람교가 중국에 전래되면서 아랍 상인들이 중국에서 무역과 보석, 약재 장사에 종사했고, 또 조미료용 향료도 가지고 들어왔다. 예를 들면 육두구, 후추, 회향茴香, 육계肉桂 등으로 중식 음식의 맛을 풍부하게 해 주었다.

165 國學基本叢書本《飮膳正要》卷第1, 〈聚珍異饌〉, 19, 34쪽.

166 國學基本叢書本《飮膳正要》卷第2, 〈諸般湯煎〉, 49쪽.

167 國學基本叢書本《飮膳正要》卷第2, 〈神仙服食〉, 61쪽.

버섯, 홍당무, 생강, 식초, 파 등을 넣어 만든 국수다. 외올아畏兀兒는 송대에는 고창회골高昌回鶻로 불렸으나 원대에 이르러 외올아로 불렸고, 당시에 원대 조정에서 설치한 합자화주哈剌火州, 지금의 투루판 일대에 거주했던 위구르족 조상의 음식이 원대 조정의 궁중에 전래된 것이다. 그리고 이 지역에서 만든 포도주는 유명했다.[168]

고대 중국에 날것을 먹는 요리가 많았는데, 예를 들면 당대의 새우와 생선회가 좋은 예가 된다. 원대에 이르러 적지 않은 생식 요리가 있었다. 생폐生肺는 노루의 폐 장폐獐肺가 최상이었고 토끼의 폐 토폐兎肺와 산양山羊의 폐가 그 다음이었다. 이 밖에 양의 간도 먹었다. 양의 폐, 간, 고기를 부추·고수·무채·생강을 섞은 회초膾醋를 찍어 먹었다.[169] 오늘날 생선회를 먹을 때 겨자 소스를 찍어 먹는 것과 유사하다고 말할 수 있다.

이민족 요리의 영향이 컸다. 몽골족 요리는 우유 제품과 육식이 많았다. 일반적으로는 양고기, 소고기, 들짐승 고기와 양고기 국 등이 가장 유명했다. 조리법은 굽는 '소자燒炙', 국 '갱탕羹湯', 생식 '생生', 지지는 '전煎'과 튀기는 '작炸'이 중심이었다. 양고기와 소고기는 비린내가 강한 편이었다. 《음선정요》에 기록된 어회魚膾, 반토盤兎, 소압자燒鴨子, 단어탕團魚湯, 이어탕鯉魚湯은 본래 한족의 전통 요리였는데 조미료에 차이가 있다.

원나라 조정은 아랍이나 위구르족들에게 종교의 자유를 허용하는 관용 정책을 베풀었고, 외국과의 경제 문화 교류에 적극적이어서 음식 문화도 다양화되었다. 원나라와 국제무역을 한 나라와 지역은 140여 개 국가에 이르렀고, 수입 물품은 220여 종류에 달했다. 그 가운데 가장 많은 것은 후추(胡椒), 회향茴

168 熊夢祥 著, 《析津志輯佚》, 〈產物〉, 239쪽.

169 《居家必用事類全集》에도 이 회초에 대한 설명이 수록되어 있는데, "외총煨葱 네 뿌리, 생강 2냥, 유인장楡仁醬 반 잔, 산초 가루 2전을 한데 모아서 곱게 간다. 이것을 익혀서 식초 속에 넣고, 소금 및 설탕을 넣어 회에 섞어 먹는다. 혹은 생강 반 냥을 덜어내고 그 대신 후추 한 잔을 넣어도 좋다"라고 했다. 외총은 뜨거운 재 속에 묻어서 구운 파이고, 유인장은 느릅나무 열매를 으깨어 발효시켜 걸쭉하게 만든 식품이다. 趙炳彩 편역, 《食經》, 163쪽.

香, 육두구(荳蔲), 정향丁香 등이었다. 원대의 술은 아자길주阿刺吉酒, 금난주金瀾酒, 양고주羊羔酒, 미주米酒, 포도주葡萄酒, 향약주香藥酒, 마내주馬奶酒, 봉밀주蜂蜜酒 등 10여 종류가 있다.

원대 이후 중국 요리 이론은 더욱 많아졌다. 예찬의《운림당 음식 제도집》은 강소 무석無錫 일대의 요리를 수록하여 해산물 요리가 대부분이다. 오늘날 소주蘇州의 유명 요리인 '부용해두芙蓉蟹頭'의 전신인 '밀양유모蜜釀蝤蛑'와 양주揚州의 유명한 요리인 '부용해저송芙蓉海底松'과 관련이 깊은, 해파리로 만든 국인 '해철갱海蜇羹'과 같은 유명한 요리를 소개했다.《거가필용사류전집》〈음식류飮食類〉에는 150여 종류의 요리가 수록되어 있다. 이 책의 특징은 첫째, 송대 요리에 대한 고증이다. '수정회'·'조해糟蟹'·'주해酒蟹' 등 적지 않은 수의 송대 요리의 조리법에 대해 설명하고 있어 송대 요리를 연구하는 데 도움이 된다. 둘째는 원대의 소수 민족 음식에 대한 연구이다. 회회 음식 12종류, 여진족 식품 6종류와 다른 이민족 요리도 수록했다. 셋째는 특수한 요리에 대한 고찰이다. 부추로 조리한 '채상菜羹'에 대한 부정확한 해석을 교정하였고, '생어회生魚膾'에 대한 조리법과 맛에 대해 설명했으며, 자라 대신 닭고기를 사용하고 여기에 흑양의 머리고기와 오리알로 조리하는 '가별갱假鱉羹'과 같은 특수 요리도 기록하였다. 이 책이 국외에 미친 영향도 컸는데, 일본에서는 이 책과《음선정요》를 묶어서《식경食經》을 편찬하였고, 조선 시대에 편찬된《산림경제山林經濟》중에도 이 책의 육류 조리법을 많이 인용하였다.[170] 홀사혜의《음선정요》는 원대 요리 전문서 중에서 대표적이다. 이 저서는 각종 요리의 특성과 건강에 이로운 작용을 중시하고, 음식과 영양 위생과의 관계를 논한 궁정 음식 이론의 경전으로 독자적인 이론을 형성하여 후세 중국 요리 이론에 큰 영향을 끼쳤다.

---

170 한양대 교수 李盛雨는 그의 논문〈中韓飮食文化的交流〉에서《山林經濟》(1715년)의 육류 조리법의 60퍼센트 이상을《居家必用事類全集》에서 인용하였다고 하였다. 그리고 고려 시대 두 권의 중국어 교과서인《老乞大》와《朴通事》에도 적지 않은 종류의 중국의 음식이 수록되어 있다. 邱龐同 著,《中國菜餚史》, 246쪽.

5. 명 · 청 시기

이 시기에는 정치 안정, 경제 발전, 물자의 충족으로 음식 문화가 발달하였다.

주원장朱元璋이 1368년에 명나라를 건립하고 칭제한 후에 중앙집권을 강화하였으며, 영락永樂 황제 때 국력이 크게 신장되었다. 정화鄭和가 7차례 동남아시아, 인도양과 아프리카까지 항해하고 30여 국가와 우호관계를 맺는 등 외국과의 교류로 음식과 관련된 물품들이 중국으로 유입되었다. 명나라 중엽 이후 만력萬曆 연간에는 상품경제가 발전하고 강남의 수공업이 발달하였다.

《본초강목本草綱目》, 《천공개물天工開物》과 《농정전서農政全書》가 연속적으로 간행되어 중국 요리의 연구가 심화되었다. 송나라 때 도자기가 발전하였는데 명대에 이르러 도자기는 아주 보편적으로 사용되었고 요리 기술도 날로 규범화되었으며 조리 방법도 다양화되었다. 음식으로 병을 치료하는 풍습도 유행했다. 외국과의 경제 문화의 빈번한 교류로 음식 재료의 종류도 더 많아지고 저명한 요리가 속속 등장했으며 조리 기술도 정교해져서 중국 요리가 다방면에서 크나큰 발전을 이룩하였다.

청나라 초기의 순치順治, 강희康熙, 옹정雍正과 건륭建隆의 네 황제 통치 시기에 정치도 안정되었고 경제도 큰 발전을 이룩하였는데, 농업·수공업·상업 모두 가장 큰 발전을 이룩하여 음식 문화도 발달되었다. 그러나 청나라 말기에는 정치가 부패하여 사회가 혼란에 빠지고 제국주의 열강의 침입으로 중국은 반식민지 상태가 되었다. 조정은 사치와 음란에 빠져 음식 문화만이 발전하는 기 현상이 일어났다. 궁정 음식은 대성황을 이루었고 '만한전석滿漢全席'이 관청을 중심으로 전국에 크게 유행하여 음식 왕국이라는 명예를 얻게 되었다.

(1) 명대

명대는 음식 재료가 크게 확장되었다. 명대 송후宋詡의 기록에 의하면, 홍치弘治 연간(1488-1505년)에 요리 재료가 천여 종에 달했다고 한다. 이시진은 《본초강목》 권26, 27, 28에 다량의 채소를 수록하였다. 명말 때 굴대균屈大均의 《광동신어廣東新語》 권27에 줄기가 비어 있어 '공심채空心菜'라고도 부르는 '옹蕹', 혜주惠州 풍호豐湖가 가장 좋은 '등채藤菜', 가지 '가茄', 여주 또는 쓴 오이 '고과苦瓜', '해채海菜' 등 적지 않은 종류의 광동 지역의 채소가 수록되어 있다. 이 밖에 야채에 관해서는 주숙朱橚의 《구황본초救荒本草》, 주이정周履靖의 《여초편茹草編》과 포산鮑山의 《야채박록野菜博錄》 등에 기록되어 있다.[171] 예를 들면, 《구황본초》에서 〈행엽사삼杏葉沙參〉에 대한 설명을 보면, 채집한 줄기와 잎을 끓는 물속에 넣어 익힌 다음 체에 걸러 찬물에 씻은 후 기름과 소금을 섞어 먹고, 뿌리도 삶아서 먹으면 좋은 식품이 된다고 했다.[172]

또한 외국과의 교류에 힘입어 외국의 많은 음식 재료가 중국에 수입되었다. 명태조 주원장은 명에 반대하는 세력을 제거하고 왜구의 노략질을 방비하기 위해 해금 정책을 실시했다. 그러나 명성조明成祖 영락황제 주체朱棣는 대외 개방 정책을 실행하여 해상 실크로드가 번영했는데, 이는 15세기 정화鄭和의 활약 덕분이었다. 정화의 7차례에 걸친 아시아와 아프리카 30여 국가나 지역과의 통상무역을 통해 중국의 비단과 도자기를 선사하고 이들 국가와 지역에서 특산물을 수입하였다. 마환馬歡의 《영애승람瀛涯勝覽》, 비신費信의 《성사승람星槎勝覽》, 장섭張燮의 《동서양고東西洋考》와 공진鞏珍의 《서양번국지西洋番國志》 등의 문헌 기록을 통해 쌍방의 무역 상황을 알 수 있다. 중국에 수입된 동남아시아의 향료는 주로 용연향龍涎香, 심향沈香, 유향乳香, 목향木香, 소합향蘇合香, 정향丁香, 항진향降眞香, 두구豆蔻, 호초胡椒 등이었고, 약재로는 대풍자大楓子, 아위阿魏, 몰약沒

171 邱龐同 著, 《中國菜餚史》, 253쪽. 이 책에는 《救荒本草》의 저자를 주체朱棣라고 하였지만, 실은 명태조 주원장의 다섯 번째 아들 주숙이다. 그의 봉지는 송대의 도성인 개봉이었고 이곳에 식물원을 건립하고 기근과 흉작일 때 식용할 식물의 임상실험과 연구에 몰두한 결과물이 바로 《구황본초》로 1406년에 출간하였다. 영국 출신의 세계적인 화학자인 동시에 중국학의 대가인 조지프 니덤Joseph Needham은 주숙을 위대한 인도주의자라고 하였다. 李約瑟, 《中國科學技術史》, 第六卷 〈生物學及相關技術〉, 第一分册 〈植物學〉, 286쪽.

172 李約瑟, 《中國科學技術史》, 第六卷 〈生物學及相關技術〉, 第一分册 〈植物學〉, 286쪽에서 인용하였다.

藥, 필징가華澄茄 등이 있었다. 이런 향료는 약재는 중국에 없는 것으로 용도가 다양했는데 음식 문화에 큰 영향을 끼쳤다. 향약은 음식의 조미료로 사용되었고, 식욕을 자극하였으며, 방부제 역할도 하였다. 명대 이전에 향약은 부자들의 사치품이었으나 정화의 대서양 항해 이후 향약 무역이 빈번해져 향료는 일반 백성들의 일상용품이 되어 중국의 음식 문화를 다양하게 만들었다. 예를 들면, 후추는 15세기 이전에는 진귀한 향료였다. 그러나 명대에는 정화의 원양 무역이 활발해지면서 다량의 후추가 중국 시장에 출시되었고 심지어는 비단과 더불어 화폐를 대신하기도 했으며 가격도 점차 저렴해졌다. 만력萬歷 연간(1573-1619년)에 후추는 일상식품이 되었다. 그래서 이시진은 옛날에 진기한 향료였던 후추가 "지금은 보편적인 중국의 식품이 되어 일상용품이 되어버렸다"라고 했다.[173]

정화 이후에 다시 명조정은 해금 정책을 실시했지만, 명조 중기 목종穆宗 융경隆慶 원년(1567년)에 대외 개방 정책을 다시 실시했다. 이후에 특히 필리핀 상인들이 중국에 많이 왕래했다. 이것은 스페인의 필리핀 점령과 깊은 관계가 있다. 1565년에 레가즈피Miguel Lopez de Legazpi의 스페인 동방원정군이 필리핀에 도착하였고, 1571년에는 루손 섬을 점령하고 마닐라를 중심으로 필리핀을 식민지화하였다. 스페인은 곧바로 중국과 무역관계를 맺었는데, 1579년 이후에 중국과 필리핀의 범선무역은 전성기를 맞는다. 또한 스페인은 마닐라에서 태평양을 건너 멕시코의 아카풀코를 왕래하는 신항로를 개척하고 '대범선무역Galleon Trade'을 실행했다. 새로 개척한 중국-필리핀-남미 해상 실크로드와 대범선 무역(1571-1815년)은 삼각 교류를 촉진시켰는데, 이 경제 및 문화 교류 가운데 감자, 고구마, 옥수수, 담배, 해바라기, 땅콩 등 남미의 농작물이 중국에 수입되었다. 특히 고구마와 옥수수는 식량이 부족했던 중국 동남연해 지역의 기근 문제를 해결해 주었고, 식량의 증산과 농산물의 상품화 그리고 목축업,

173 《本草綱目》, 〈果部〉, 卷32.

수공업과 상업의 발전을 꾀하여 이 두 농작물의 중국 전래는 제2의 식량생산 혁명이라고까지 칭해졌다.[174]

옥수수를 중국에선 '옥미玉米'라고 하는데, 남미가 원산지이고 16세기 중기에 중국에 전래되었다. 옥수수가 중국에 전래된 경로는 세 가지였다. 첫째는 서북 육로이다. 페르시아, 중앙아시아에서 감숙 지역으로 들어왔다. 둘째는 서남 육로이다. 미얀마에서 운남으로 전래되었다. 셋째는 해로이다. 남양군도에서 복건 등 연해 지역에 전해진 뒤 중국 내륙으로 퍼졌다. 감숙의 《평량부지平凉府志》, 항주의 농학가인 전예형田藝衡의 《유청일찰留青日札》, 《본초강목》과 《농정전서》에서 옥수수에 대해 설명하였다.[175]

고구마를 중국에선 '감서甘薯'라고 한다.[176] 남미가 원산지로, 페루의 6천 년 전 고대 무덤에서 출토되었다. 아메리카 인디언들이 배양하여 양식작물로 여겼다. 16세기 동남아시아에 전래되었다가 만력 연간에 중국에 전래되었다. 1582년, 안남安南에서 광동 동완東莞 사람 진익陳益이 광동에 고구마를 심었다.[177] 1593년에는 필리핀 루손섬에서 복건에 전해졌는데, 필리핀을 왕래하며 장사하던 상인으로 복건 장락長樂 사람 진진용陳振龍이 이 고구마를 심었다.[178]

땅콩을 중국에선 '화생花生'이라고 한다. 남미 브라질과 페루가 원산지이다. 15세기 말경에서 16세기 초에 남양군도에서 중국에 전래되었다.[179] 1503년, 《상숙현지常熟縣志》에 땅콩을 '낙화생落花生'이라고 하였는데, 청나라 초에 왕봉

174 陳炎, 《海上絲綢之路與中外文化交流》, 217쪽. 《金瓶梅詞話》, 제31회, 35회에 옥수수가 등장하는데, 소설에 등장하는 인물들이 옥수수를 비교적 귀한 식품으로 여겼다.

175 王介南, 《中外文化交流史》, 294쪽.

176 번서番薯, 홍서紅薯, 백서白薯, 금서金薯, 홍조紅苕, 지과地瓜, 산우山芋 등이라고 부른다.

177 閔宗殿 編, 《中國農史繫年要錄》, 178쪽.

178 陳振龍의 아들 陳經綸이 당시에 福建巡撫 金學曾의 막료였는데, 만력 연간에 복건에 기근이 닥쳐 김학증이 대책을 마련하고 있을 때, 진경륜이 김학증에게 고구마를 추천하였다. 당시 필리핀을 통치하던 스페인이 고구마의 외국 유출을 금지하였기 때문에 진진용이 거금을 주고 몰래 고구마 줄기를 구매하여 귀국하여 복주福州에 심어 그해 고구마를 수확하였다고 한다. 王介南, 《中外文化交流史》, 297쪽.

179 閻萬英 · 尹英華, 《中國農業發展史》, 269쪽.

구王鳳九의 《회서匯書》에 "화생은 기이한 식물이다. 가지 위에 열매가 여무는 것이 아니라 꽃이 땅에 떨어지면 흙속에서 열매를 맺는다"라고 하였기 때문에 땅콩을 낙화생이라고 부르게 되었다고 하였다.[180]

호박은 중국에서 '남과南瓜'라고 하는데, '번과番瓜', '반과飯瓜'라고도 부른다. 원산지는 아메리카로 명대에 동남아에서 해로로 중국에 전해졌다.[181] 복건과 절강에 제일 먼저 호박이 심어졌고 그 후에 중국 전역으로 퍼져갔다.[182]

토마토는 중국어로 '번가番茄' 또는 '서홍시西紅柿', '번시番柿'라고 부른다. 남미 페루, 에콰도르와 볼리비아가 원산지이고 멕시코에서 배양되었다. 16세기 이탈리아에 전해진 후에 독일, 프랑스, 영국 등지에 전파되었다. 17세기 서양 전도사가 동남아시아에서 해로를 통해 중국에 반입하였다.[183]

고추는 명말 때 중국에 전래되었다. 1765년에 편찬된 《본초강목습유》에 "고추가 요즘 재배되어 시장에 많이 출시되었는데, 이 고추는 고추장을 비롯한 다양한 용도로 쓰였지만, 《본초강목》에는 이에 관한 설명이 없다"라고 했다. 《본초강목》의 편찬 시기가 1573년인 것을 감안하면 고추가 당시에는 중국에 없었음을 알 수 있다.[184] 그런데 명대 희곡戲曲의 대가 탕현조湯顯祖의 《목단정

180 王介南, 《中外文化交流史》, 299쪽.

181 《本草綱目》〈菜部〉 第28卷, 福建《同安縣志》와 《泉州府志》 모두에 남번南番에서 생산된다고 하였는데 남번은 동남아시아를 가리킨다.

182 何炳棣는 "중국 식량생산사에 두 차례 혁명이 있었는데. 하나는 북송 진종眞宗 1012년 후에 베트남 점성占城의 벼가 강남에 전파된 것이고, 다른 하나는 옥수수·고구마·땅콩·호박 등 아메리카 농작물이 중국에 전래된 것이다"라고 하였다. 〈美洲作物的引進傳播及其對中國糧食生産的影響〉, 《大公報在港復刊三十周年紀念文集》(下).

183 曲豐金·王禮 編著, 《番茄生産150問》, 2쪽. 《農政全書》 卷27, 〈樹藝〉, 〈蓏部〉, '茄'에 "흰색의 가지를 발해가渤海茄라고 하고, 희고 푸른색의 납작한 가지와 흰색의 납작한 가지는 모두 번가番茄라고 하는데 맛이 달고 고소하며 떫지 않아 날로 먹거나 익혀 먹는다"라고 했다. 徐光啓 著, 陳煥良·羅文華 校注, 《農政全書》(下), 411쪽.

184 고추는 임진왜란 때 일본에서 전래되었다. 광해군 6년(1614년) 李晬光이 그의 저서 《芝峰類說》에 고추는 남만초南蠻椒라고 불렀고 왜국倭國에서 들어왔기 때문에 속칭 왜개자倭芥子라고 불렀다고 한 것으로 보아 그 이전에 도입된 것으로 추정된다. 1715년에 편찬된 《山林經濟》에는 남초南椒라고 했고, 그 재배법도 설명하였다. 1723년에 편찬된 李瀷의 《星湖僿說》에서 왜인이 번초番椒라고 칭했고, 우리나라는 왜초倭椒라고 불렀다고 하였다. 1776년에 편찬된 《增

牧丹亭》[185]에 고추가 등장한다. 제23출出〈명판冥判〉은 두여랑杜麗娘이 유몽매柳夢梅와 생전에 연분이 있었기 때문에 죄에 따라 벌을 내리는 지옥의 호판관胡判官이 죽은 후 지옥을 방황하던 두여랑의 혼을 놓아 주어 바람을 따라가며 그를 찾아가도록 해 준다는 내용이다. 두여랑이 꿈속에서 유몽매를 만난 남안부南安府 뒤뜰의 꽃들을 묘사한 부분에 '랄초화辣椒花'를 언급했다.[186] 이 희곡의 출간 시기가 1598년이므로 그 이전에 고추가 중국에 전래되었음을 알 수 있다.《본초강목》과는 시기적으로 반세기 정도 차이가 나므로 고추가 16세기에 전래되었고, 17세기에 이르러서야 중국에서 보편적으로 사용되었음을 알 수 있다.

육류로는 닭, 거위, 오리, 양, 소, 개고기가 주류를 이루었다. 특이한 육류로는 사향고양이 '향리香狸'가 있다. 뇌주雷州의 사향고양이는 몸체가 풀이나 나무에 접촉되면 향내가 나고 배꼽에 사향이 있으며 맛있는 과일만을 먹기 때문에 그 고기가 고소하고 달며 가을과 겨울에 익은 과일을 먹기 때문에 그 고기가 기름지다고 한다.[187]

명대에는 뜨거운 탕 속에 끓인 후에 짧은 시간 내에 센 불로 볶는 '폭爆'의 조리법으로 만든 요리가 많아졌다. 유약유劉若愚의《명궁사明宮史》중의 '폭초양두爆炒羊肚'와 송후宋詡의《송씨양생부宋氏養生部》중의 '유폭저油爆猪', '유폭아油爆

補山林經濟》에 고추 가운데 짧고 껍질이 두꺼운 품종이 있다고 하면서 이를 당초唐椒라고 칭했다고 하였다. 1850년에 편찬된 이규경의《오주연문장전산고五洲衍文長錢散稿》에 번초는 지방에선 고초苦椒라고 불렀는데 호박과 함께 남만南蠻에서 생산되므로 고추를 남만초, 호박을 남과南瓜라고 불렀다고 하였다. 고추장 담그는 방법은《增補山林經濟》에 최초로 기록되어 있다. 1700년대 후반부터 고추장을 먹기 시작했는데, 순조 9년(1809년) 憑虛閣 李氏가 편찬한《閨閣叢書》에 순창 고추장과 천안 고추장이 팔도명물 중의 하나라고 하였다.

185 엄한 집안에서 태어나서 자란 南安 태수의 딸 杜麗娘은 꽃이 만발한 화원에서 문득 잠이 들었는데, 꿈에서 버드나무 가지를 든 서생을 만나 사랑이 맺어지려는 순간 잠에서 깨어나고 만다. 다음날 목단정 옆에 선 매화나무에서 꿈에서 본 서생의 모습을 떠올린 두여랑은 몽유병자가 되어 죽게 된다. 한편 광동의 서생 柳夢梅는 과거를 보기 위해 상경하던 도중 남안에서 병으로 쓰러졌는데, 꿈에 나타난 여랑의 영혼이 하는 말에 따라 숙소 주위에 있는 무덤을 파 보니, 그 안에서 두여랑이 되살아나 두 사람이 맺어지게 된다는 이야기이다.

186 湯顯祖 撰, 李娜·童曉峰·陸曉春 注,《牡丹亭》, 137쪽.

187《廣東新語》卷21〈獸語〉, 542쪽.

鵝', '유폭계油爆鷄' 등이 있었다. 또한 명대 이전의 '훈熏'의 조리법은 음식에 향을 첨가하거나 부패를 방지하기 위해서였으나 명대에는 하나의 요리 조리법이 되었다.《송씨양생부》에는 4종류가 소개되어 있다.[188]《금병매》제20회에 '화훈육火熏肉'이, 제67회에는 '훈압熏鴨'이 등장한다. 제20회를 보면, 이병아李瓶兒와 서문경西門慶의 아침 식사를 영춘迎春이 가져왔는데 차려 온 요리는 '화훈육火熏肉', '첨장과가甛醬瓜茄', '돈란합자추아頓爛鴿子雛兒', '황구유병黃韭乳餅', '초소백채醋燒白菜', '홍조시어紅糟鰣魚'였다.[189] '화훈육'은 '화퇴火腿'를 말하고 또 '화육火肉'이라고도 하는데,《준생팔전遵生八箋》에 조리법이 소개되어 있다.[190] '첨장과가'는 장과가醬瓜茄, 즉 장과장채醬瓜醬菜 요리 종류 중의 하나로,《거가필용사류전집》〈음식〉에 "장과가의 조리법은 장황醬黃과 과가瓜茄를 크기에 관계없이 먼저 장황을 자기 밑에 깔아 둔다. 신선한 오이와 가지를 한 층 넣고, 그 위에 소금을 뿌린다. 다시 장황을 붓고, 오이와 가지를 한 층 깐다. 그 위에 다시 소금을 한 켜 뿌린다. 이렇게 층층이 넣어, 7일 동안 절인다. 뜨거운 햇빛으로 이것을 말린다. 장이 좋으면, 오이와 가지도 맛이 좋다. 만약 말린 오이로 만들고 싶으면, 다시 한 번 햇볕에 쬐고, 장을 따로 사용하면 된다. 물을 사용하면 안 된다. 오이 속에서 자연히 소금물이 나온다. 소금을 넣을 때, 장과 오이 및 가지의 양을 참작한다"라고 했다.[191] '장황'은 간장이고, '첨장과가'는 이 가운데 단맛이 나는 요리이다. '돈란합자추아頓爛鴿子雛兒'의 합자추아鴿子雛兒는 몸체가 작고 여린 비둘기를 말한다. 비둘기 요리는 일반적으로 약한 불로 오랫동안 삶는 외돈煨炖의 조리법을 비교적 많이 사용한다.《수원식단》〈합자鴿子〉에 "비둘기 고기는 돼지 훈제고기와 함께 약한 불에 오랫동안 삶아야 좋다"라고 했다.[192] '황구유병'은 구황韭黃이다. 겨울철에 움이나 온실에서 키운 누런색의 연한

188 邵萬寬·章國超 著,《金瓶梅飮食譜》, 28-29쪽.
189 笑笑生 原作, 劉本棟 校訂, 繆天華 校閱,《金瓶梅》, 160쪽.
190 上海市紅樓夢學會,《金瓶梅鑑賞辭典》, 862쪽.
191 趙炳彩 편역,《食經》, 127쪽.
192 袁枚,《隨園食單》, 72쪽.

부추를 말한다. '유병'은 우유로 만든 전병이다.《본초강목》에 우유를 끓이고 두부를 만드는 것처럼 식초를 뿌려서 응고시킨 다음 면포로 여과시킨 다음 소금을 넣고 항아리 밑에 저장한다고 했다. 황구유병은 부추를 소로 넣은 우유 전병을 가리킨다. '백채白菜' 는 배추를 말하고, 식용 채소 가운데 가장 많이 사용하는 채소이다. 배추를 썰고 소금을 약간 넣어 삶은 다음 솥에 기름을 두르고 식초와 조미료를 가미한 요리가 '초소백채醋燒白菜'이다. '시어鰣魚'는 몸체가 납작하고 은백색이며 하천에 사는데 지방질이 많아 맛이 좋은 귀한 생선 준치이다.'홍조紅糟'는 멥쌀을 쪄서 누룩을 섞어 발효시킨 붉은색의 술지게미인데, 현재 복건의 유명한 요리 '홍조계紅糟鷄'가 바로 이것을 사용한 것이다.《본초강목》에 준치는 비늘이 잇는 생선으로 증기로 쪄서 먹는 것이 좋은데, 술지게미로 저장하기도 한다고 했다.《청패유초清稗類鈔》에는 "시어는 강소와 절강에서 4, 5월이면 먹는 생선으로 중국식 햄, 돼지기름, 죽순, 무, 생강으로 찌면 되는데 지지거나 볶으면 맛이 없게 된다. 술지게미에 절여도 좋다. 복건에선 정월달에 먹는데, 8, 9월에도 끊이지 않고 먹는다"라고 했다.[193]

제67회에 오월랑吳月娘이 사돈 교씨喬氏 댁 큰딸의 생일 선물을 보내자고 제의하자 서문경이 내흥內興을 불러 보낸 선물 가운데 음식이 들어 있었는데, 구운 거위 소아燒鵝, 돼지 족발 시제豕蹄, 닭, 오리, 수면壽麵, '훈압熏鴨'이었다.[194] 이 '훈압'은 그 조리법이 '훈계熏鷄'와 같다.《송씨양생부》〈훈계〉에 "닭을 약한 불에 삶고 약간의 소금으로 버무린 다음 철판에 담아 뚜껑을 덮고 왕겨를 태워 그 연기로 훈제한다"라고 했다.[195] 또한 67회에는 간식과 술안주도 등장한다. 눈발이 날리는 겨울에 서문경이 눈 구경을 하면서 술을 마시는데, 정춘鄭春이 오월랑이 손수 만든 '과류정피소果餾頂皮酥'와 '소유포라아酥油泡螺兒'를 가져왔다. 이 가운데 전자 정피소頂皮酥는 정피병頂皮餅인데, 정소병頂酥餅이라고도 한

193 徐珂 編撰,《清稗類鈔》,〈江浙閩人食鰣魚〉, 6471쪽.
194 笑笑生 原作, 劉本棟 校訂, 繆天華 校閱,《金瓶梅》, 635쪽.
195 上海市紅樓夢學會,《金瓶梅鑑賞辭典》, 888쪽.

다.《양소록養小錄》에 "밀가루 반죽에 물과 기름을 7대 3으로 섞어 주물러서 딱딱하게 외피를 만들고, 밀가루 반죽에 설탕과 기름을 섞는데 이때 물을 섞지 않고 내피를 만든 다음 여러 층으로 접는데 안에 과일을 소로 넣는다"라고 했다.[196] 얼마 후 함박눈이 펑펑 쏟아질 때, 서문경이 새로 마고주麻姑酒[197]를 마실 때 곁에서 정춘이 거문고를 타면서 노래를 부르는데, 내안아內安兒가 술안주를 여덟 그릇에 담아 왔다. '황오산약계黃熬山藥雞', '조자구臊子韭', '산약육원자山藥肉圓子', '돈란양두頓爛羊頭', '수저육燒猪肉', '두폐갱肚肺羹', '혈장탕血臟湯', '우두아牛肚兒', '폭초저요자爆炒猪腰子', '매괴아유탕면증병아玫瑰鵝油盪麵蒸餅兒'였다.[198] '황오산약계'의 '오熬'는 '민燜'과 같은 뚜껑을 닫고 약한 불로 삶아 익혀 연하게 만드는 조리법을 말하고, 여기에서 '산약'은 마를 가리킨다. 마를 넣고 약한 불로 삶은 닭을 다시 구운 요리를 가리킨다. '조자구'의 조자臊子는 잘게 다진 고기를 말한다. 부추와 다진 돼지고기에 술을 섞고 간장을 넣어 간을 맞춘 다음 부추에 양파, 죽순 등을 넣어 만든 요리이다. '산약육원자'는 제45회에 나오는 '산약회적홍육원자山藥膾的紅肉圓子'로 산약은 마이고, 육단자는 돼지고기를 잘게 다져 완자로 만든 것으로 육환자肉丸子라고도 한다. 마와 고기완자를 함께 약한 불에 삶고 간장으로 간을 하였기 때문에 붉은색을 띠어 홍육단자라고 했다. '두폐갱'은 돼지나 양의 내장으로 만든 탕이다. 폐를 잘게 썰고 파와 된장을 넣고 삶은 요리이다.《청패유초》〈양두갱羊肚羹〉에는 후추와 식초로 간을

196 《養小錄》卷上,〈頂酥餅〉, 33쪽. 소소생 지음, 조성출 옮김,《금병매》IV, 309쪽에 이를 '과일 엿 소를 넣은 떡'으로 번역했고, 응백작이 하나를 집어서 입에 넣고 또 하나를 집어 온수재에게 주면서 이걸 먹으면 이가 새로 나고 살과 뼈까지 달라진다고 말하자 온수재가 먹어 보고는 오장육부를 녹이는 기막힌 맛이라고 하였다.

197 강서江西의 건창建昌에 마고산麻姑山가 있는데 마고주는 이 산의 샘물로 제조된 술이다.《本草綱目》에 왕영汪穎의 말을 인용하면서 강서의 마고주는 샘물로 이름을 얻었는데, 술지게미로 여러 약재를 사용했다고 서술했고,《旁秋亭雜記》卷下에 천하의 술이 세상에 알려지길, 산동의 추로백주秋露白酒, 무주婺州의 금화주金華酒, 건창의 마고주 등이 모두 유명하다고 했으며,《五雜俎》권11에는 강우江右의 마고주와 건주建州의 백주白酒는 마치 탕약을 마시는 것과 같아 배가 부르다고 하였다. 上海市紅樓夢學會,《金瓶梅鑑賞辭典》, 885쪽.

198 笑笑生 原作, 劉本棟 校訂, 繆天華 校閱,《金瓶梅》, 632쪽.

맞춘다고 했다.[199] '혈장탕'은 닭이나 오리 또는 돼지나 양의 피와 내장으로 끓인 국이다.《몽양록》에도 술집에서 피와 내장에 두부를 넣고 끓인 국을 팔았다는 기록이 있고,[200]《청패유초》〈계혈탕鷄血湯〉에 응고시킨 닭의 피를 잘게 실처럼 썰어 닭국을 만들고 간장으로 간을 하여 당면을 넣어 끓인 국으로 부드럽고 매끄러워 노인들에게 잘 맞는다고 했다.[201] '폭초저요자'는 '폭초적요자爆炒的腰子'를 말한다. 파, 고수, 마늘, 산초, 생강, 간장, 술, 식초를 조미료로 사용하여 돼지 허리고기를 강한 불로 재빨리 볶는 요리이다. '매괴아유탕면증병아'라는 요리 명칭을 볼 때, 매괴玫瑰는 '매괴함玫瑰餡'을 말한다. 아유鵝油는 거위고기에서 우려낸 기름으로 전병에 바르는 기름으로 사용되고 누런색을 띠며 기름에서 향기로운 냄새가 난다. 탕면湯麵은 뜨거운 물로 밀가루 반죽을 하는데, 발효시키지 않고 전병으로 만들어 증기로 찌면 먹을 때 약간 딱딱해진다.

《금병매》는 소소생笑笑生이 지은 소설이라고 하는데, 소소생이 정확히 누구인지 학설이 분분하다. 이 책의 창작 배경은 16세기에서 17세기에 걸친 명대 가정嘉靖 연간에서 만력 萬歷연간에 이르는 경항京杭운하의 남북단이 교차하는 지역의 이야기를 담았다. 주인공 서문경의 성생활 이외에 복식, 기물, 전고, 예의, 인물, 식기, 음식 등에 대해 상세하게 기록하고 있어 명대 문화사의 축소판이라고 말할 수 있다.[202]《금병매》에 수록된 음식은 지금의 소주 북부 지방, 산동과 하북河北 연해 지방의 요리이지만 중국 전역의 맛을 겸하여 신선함을 중심으로 다섯 가지 맛을 겸한 특징이 있다. 음식 재료도 다양하고 조리법도

---

199 徐珂 編撰,《清稗類鈔》, 6369쪽.

200 卷16,〈酒肆〉, "동물의 피와 내장으로 요리한 혈장血臟, 두부국 두부갱豆腐羹, 오라사熬螺螄, 두부전 전두부煎豆腐, 삶은 대합조개 합리육蛤蜊肉를 겸해서 파는 술집이 있었다"라고 하였다. 吳自牧 著, 符均·張社國 校注,《夢粱錄》, 235쪽.

201 徐珂 編撰,《清稗類鈔》, 6366쪽.

202 1994년, 강소江蘇 서주徐州의 금병매반점金瓶梅飯店에서 처음으로《金瓶梅》에 수록된 음식을 재현하였다. 이에 관한 책으로는 胡德榮·張仁慶·錢鋒·戚雲龍 編,《金瓶梅飮食譜》이 있고,《金瓶梅》에 수록된 음식을 논한 책으로는 侯會 著,《食貨金瓶梅》와 邵方寬·章國超 著,《金瓶梅飮食譜》가 있다.

공을 들여 독특한 맛을 창출해 냈다. 예를 들면, 제34회에서 서문경이 대안玳安을 불러 어제 유공공劉公公이 전해 온 목소화주木犀花酒와 절인 준치 조시어糟鰣魚를 가져오게 했는데, 응백작應伯爵이 갑자기 무언가 생각난 듯이 입을 떼기를, "조시어를 잘게 토막 내고 쌀누룩으로 만든 조미료 홍조紅糟에 절이고 참기름을 고루 섞어 자기 속에 안치해 놓고 아침과 저녁식사 때 먹거나 손님이 오면 쪄서 내놓는다"라고 했다.[203] 먼저 절이고 나중에 찐다는 조리법이 상세히 나와 있다. 또 61회에는 상시절常時節이 서문경에게 가져온 게 40마리의 요리가 담겨 있는 것을 보니, "게살을 깨끗하게 발라내고 게 껍데기를 남겨 놓고 게살은 산초, 생강, 마늘과 녹말가루와 함께 섞어서 다시 게 껍데기 속에 넣은 다음 참기름, 간장, 식초로 간을 하니 향기가 뿜어져 나와 고소하고 맛이 좋다"라고 했다.[204] 《금병매》 중의 연회는 호화로워 사치스럽기까지 하다. 제10회, 22회, 43회, 65회, 57회에 화려한 연회 광경을 엿볼 수 있다. 특히 43회에는 40종류의 요리에다 4접시의 고급 요리, 즉 '자성순煮猩脣', '소표태燒豹胎', '팽용간烹龍肝', '포봉수炮鳳髓'도 곁들였다.

명대에 광동 요리의 명성이 커지기 시작했다. 광동 요리의 재료는 하늘을 날고 땅을 기며 물속을 돌아다니는 것이면 무엇이든지 먹지 않는 것이 없을 정도로 다양했다. 조리법도 다양하여 날것으로 먹거나 볶고 삶고 굽고 절이고 젓갈로 만들어 먹었다. 맛은 담백하고 신선하다는 특징이 있다. 해산물 위주이고 생강을 조미료로 많이 사용했다. 생선회의 경우 《광동신어》에 광동의 동부 지역 사람들은 생선회를 좋아하여 연회에는 반드시 생선회를 으뜸으로 여겼다고 했다.[205] 강남의 수산물에 대해서는 둔원거사遯園居士의 《어품魚品》 중에 강남의 생선 29여 종류를, 도본준屠本畯의 《민중해착소閩中海錯疏》에는 복건의 해산물 90여 종류를 수록하였고, 《광동신어》 권22, 〈인어鱗語〉와 권23, 〈개어

203 笑笑生 原作, 劉本棟 校訂, 繆天華 校閱, 《金瓶梅》, 284쪽.
204 笑笑生 原作, 劉本棟 校訂, 繆天華 校閱, 《金瓶梅》, 563쪽.
205 《廣東新語》(下), 卷14, 〈鮏膾〉, 394쪽.

介語〉에도 갖가지 생선을 기록했다.《서하객유기徐霞客游記》에 지방의 생선을 수록되어 있다. 북방의 수산물에 대해서는 사조제謝肇淛의《오잡조五雜組》 중에 요동遼東의 해삼海參, 산동반도 연해의 전복 포어鮑魚와 가길어加吉魚 등의 전통 생선이 기록되어 있다.

조리 기술도 점차 규범화되었다. 이조원李調元은《성원록醒園錄》에서 사천 요리의 요리 방법을 규격화하였고, 포송령蒲松齡은《음식장飮食章》에서 산동의 노魯 요리의 조리 기술에 대해 논했다.

명대에는 연회가 크게 발전하였다. 연회장은 우아하고 화려했다. 홍목紅木 가구가 등장한 후에 팔선탁八仙桌, 대원대大圓臺, 태사의太師椅, 고형등鼓形凳 등의 식탁이 출현하였다. 요리의 배치, 손님과의 대화와 축수를 위해 6~10명이 앉을 수 있도록 식탁과 의자를 안배했다. 배석을 정할 때, 명대에는 번호표를 나누어 주고 그 번호에 맞는 자리에 앉도록 하는 '석도席圖'라는 것이 있었다. 연회장 설치도 대부분 봄에는 정원의 정자에, 여름에는 키 큰 나무가 우거진 산림에, 가을에는 높은 누각 위에서, 겨울에는 온실에 마련하였다.

연회장 설계는 체계적이었다. 명대 향시鄕試의 대전大典에서는 상마연上馬宴과 하마연下馬宴으로 나누고, 각각 상·중·하의 구별이 있었다.

명대 요리 연구의 성과는 이전 왕조에 비해 비약적인 발전을 이룩하였다. 명대의 요리에 관한 저서가 많았는데, 명태조 주원장의 다섯 번째 아들 주숙朱橚의《구황본초救荒本草》, 명태조의 열일곱 번째 아들이며 희곡 이론가인 주권朱權의《구선신은서臞仙神隱書》, 절강 청전靑田 사람으로 명왕조 개국공신인 유기劉基의《다능비사多能鄙事》, 하북 사람 광번鄺璠의《편민도찬便民圖纂》 외에도 명말 원초 소주 사람 한혁韓奕의《역아유의易牙遺意》, 명대 강남 화정華亭 사람으로 북경에서 관직 생활을 했으며 조선과 일본의 음식 원료도 언급한 송후宋詡의《송씨양생부宋氏養生部》, 강소 고우高郵 사람 왕반王磐의《야채보野菜譜》가 있다. 음식 이론에서는《송씨양생부》와 절강 항주 사람이고 명대 희곡작가인 고렴高濂의《음찬복식전飮饌服食箋》이 대표적이다. 이 두 저작은 민간 음식을 위주로 관민의 음식을 포함한 명대의 요리법을 집대성하였다. 이시진의《본초강목》은 16세기 이전의 중국 약물학을 집대성한 저서이다. 또한 음식으로 병을 치료하는 방법에 관한 전문서이고 동시에 요리에 대해서도 상세하게 설명했다. 지금도 이 책에서 음식 재료와 요리법, 음식의 병 치료 방법을 참고할 수 있다. 명말의 농학서인 서광계徐光啓의《농정전서農政全書》에도 권25와 26에 곡물, 권27과 28에 채소, 권29와 30에 과일, 권41에 육축六畜, 권42에는 식물食物을 논했고, 권43부터 60까지는 황정荒政에 관한 내용인데 기근과 흉작에 대비한 식용할 음식을 소개했다.

(2) 청대

청대 강희康熙, 옹정雍正과 건륭乾隆 연간에 농업이 전보다 현저하게 발전하였고, 농업의 발달로 상업도 발달하였으며 도시 상업도 번영하였다. 이로써 음식도 발달하였고 조리법도 다양해지고 요리 이론도 장족의 발전을 꾀하였다.

청대 음식의 특징은 첫째, 청이 만주족의 지배를 받았기 때문에 만족滿族 음식과 중국 음식이 융합되었다. 둘째, 8대 요리가 규범화되었다. 셋째, 공부채孔府菜나 만한전석滿漢全席과 같은 화려한 궁정 음식이 발달하였다. 넷째, 소수민족의 음식이 발달하였다.

8대 요리란 북경채北京菜, 산동채山東菜, 양주채揚州菜, 소주채蘇州菜, 안휘채安徽菜, 광동채廣東菜와 사천채四川菜를 말한다.[206] 북경 요리는 산동, 산서, 하남, 하북과 강남의 요리 그리고 몽골족, 회족, 만족의 요리가 뒤섞이면서 이런 요리가 북경 요리의 발전을 촉진시켰다. 동북 지방의 산과 들의 짐승고기, 내몽골의 소와 양, 발해의 해산물, 강남의 생선 등을 모두 맛볼 수 있다. 조리법도 삶는 자煮, 샤브샤브 쇄涮, 강한 불로 빨리 볶는 폭爆과 구이 고烤가 가장 큰 특징이

206 《淸稗類鈔》〈各省特色之肴饌〉에서는 특색을 갖춘 음식은 북경, 산동, 사천, 광동, 복건, 강녕江寧, 소주, 진강鎭江, 양주, 회안淮安의 요리라고 하였다. 徐珂 編撰,《淸稗類鈔》, 第十三册, 6416쪽.

있다. 또한 북경 음식의 맛은 짜다는 특징이 있다.

산동 요리의 기원은 선진 시대부터인데, 위진남북조 시기에 이미 큰 영향력이 있었다. 당송과 원명 시기를 거쳐 청대에 이르러 중국 요리 가운데 중요한 위치를 차지한다. 산동은 황하 하류 지역이고 동쪽으로 황해에 맞닿았으며 산과 호수, 하천이 서로 교차하여 해산물, 채소, 목축의 고기가 풍부하다. 건륭 시기 산동 일조日照 사람 정의증丁宜曾이 편찬한《농포편람農圃便覽》에 많은 채소의 재배법을 기록하였고 가축 사육법과 200종류의 식품, 요리의 조리법을 수록하였다. 학의행郝懿行의《기해보記海譜》에는 수많은 해산물의 조리법을 수록하였다. 또한 청주靑州에는 동치同治와 함풍咸豊 연간에 편찬된《전양여의본全羊如意本》과《여의전저건如意全猪件》에는 양고기와 돼지고기의 다양한 조리법을 소개하고 있다. 청나라 초기 산동 출신으로《요재지이聊齋志異》를 편찬한 저명한 소설가 포송령蒲松齡의《일용속자日用俗字》〈음식장飮食章〉 중에 산동의 요리를 수록되어 있다. 또한《청패유초》에도 산동을 포함한 북방 지역의 음식에 대해 논했다.《수원식단》중에도 산동 요리를 기술하였다. 청대 산동의 '공부채'도 산동 요리를 구성하는 한 부분이다. 오늘날의 북경 요리에 산동 요리가 차지하는 부분이 상당히 크다고 말할 수 있다.

양주 요리는 남북조와 수·당 시기에 그 명성이 컸다. 청대에 이르러서도 양주 요리는 신속하게 발전하여 그 영향력이 상당히 컸다. 양주는 옛날부터 소금으로 유명했다. 명·청대에 이르러 전국 최대였다. 양주 요리가 발달하게 된 이유는 첫째, 부유한 염상鹽商의 사치스러운 생활 덕분이다. 양주에는 소금 판매로 거액의 부를 축적한 부자들이 아주 많았다. 명대 중·후기에서 청초까지 휘상徽商, 진상晉商과 섬서의 염상 등 전국의 염상들이 양주에 모여들었다. 이런 부유한 염상들의 식사에 대해《양주화방록揚州畵舫錄》에는 휘주 사람 포지도鮑知道가 양주로 이주한 후의 생활모습을 묘사하는데,

양주의 염상들은 화려함을 숭상했다. 혼인이나 장사를 지낼 때, 음식과

> 의복, 수레를 마련하는 데 수십 만 금을 소비했다. 어떤 염상이 식사를 하는 데 주방장이 식탁 수십 개를 마련하고 식사를 할 때는 부인이 당상에 앉아 있고 시종이 식탁을 앞에 놓고 차, 국수, 고기와 채소를 식탁 위에 배열하는데 음식이 마음에 들지 않아 턱을 흔들면 시종은 안색을 살피고 다른 음식으로 갈아 버렸다.[207]

라고 했다. 염상의 사치를 엿볼 수 있다. 둘째, 황제의 양주 행차 때문이다. 강희와 건륭은 각각 6차례 남순南巡을 했는데 여러 차례 양주에 머물렀다. 순행의 목적은 주로 여흥을 즐기기 위해서였다. 강희와 건륭 황제가 양주에 머물 때는 천녕사天寧寺에 행궁을 지었다. 강 북단에 북경성의 구조를 모방한 궁을 세웠는데 이를 '매매가買賣街'라고 불렀다. 황제가 남방을 순시하면 육사六司의 백관들이 수행했는데 양주의 주방장들도 만한전석滿漢全席의 요리 조리법을 배울 수 있었고, 또한 양주를 대표하는 유명 요리가 꽤 포함되었다. 예를 들면 해삼회저근海參匯猪筋, 어두외화퇴魚肚煨火腿, 시어설회웅장鰣魚舌匯熊掌, 조증리어糟蒸鯉魚, 저두가강요猪肚假江瑤, 저뇌갱猪腦羹, 문사두부갱文思豆腐羹 등이다.[208] 셋째, 문인들의 연회 활동 덕분이다. 문인들은 역대로 연회를 열고 시로 서로 화창和唱하는 활동을 하였는데, 양주도 예외는 아니었고 청대에는 더욱 성행하였다. 명성이 높았던 문인들의 모임은 '홍교수계紅橋修禊', '명원시문주회名園詩文酒會', '평산당연집平山堂宴集' 등이다. '홍교수계'는 양주의 수서호瘦西湖의 홍교 일대에서 거행되는, 불길한 것을 없애는 수상 활동이 변화된 연회 활동을 말한다. '명원시문주회'에서는 문인들의 시와 문장 짓기 이외에 노래를 듣고 극을 감상하며 화려하고 진기한 음식과 술을 마시는 활동이 곁들어졌다.[209] 이런 모임은 양주의 요리 문화를 발전시켰다. 청대의 양주 요리는 강과 호수의 민물생선, 목축,

---

207 李斗 撰, 王軍 評注, 《揚州畵舫錄》〈鹽商富態〉, 108쪽.
208 李斗 撰, 王軍 評注, 《揚州畵舫錄》〈鹽商富態〉, 77쪽.
209 李斗 撰, 王軍 評注, 《揚州畵舫錄》〈詩文之會〉, 136-137쪽.

채소, 두부를 재료로 사용했고 해산물 요리도 발달했다. 청대 양주 요리는 그 명성이 높았다.

양주 부근의 회안淮安 요리 또한 청대에 유명했다. 회안에 요리가 발달한 이유는 염상의 영향 때문이다. 회안 요리 가운데 특산 회백어淮白魚를 재료로 조리한 요리가 유명했고, 부들의 어린 싹으로 요리한 포채蒲菜와 두렁허리 선어鱔魚 요리도 유명했다.《청패유초》에 회안의 주방장이 선어를 요리하는 세 가지 조리법이 나온다. 첫째는 호미虎尾로, 꼬리만 간장으로 간을 하여 먹었다. 둘째는 연두軟兜로, 등뼈를 기름이 끓는 솥에 넣고 지지거나 볶는다. 세 번째는 소어小魚로, 내장과 피를 삶아서 먹을 때 간장으로 간을 한다고 했다.[210]

소주 요리의 기원은 춘추 시대로 거슬러 올라가지만 소주 요리의 유명세는 위진 시기의 '순노蒓鱸의 고향' 고사에서 비롯되었고, 오 땅의 순채국과 농어회로 유명했다. 소주 요리는 그 종류가 상당히 많은데, 절강 항주 사람인 원매의 《수원식단》 중에 소주와 관련된 요리로는 철갑상어 심어鱘魚,[211] 반어班魚, 밀화퇴蜜火腿, 외황어煨黃魚, 초어편炒魚片, 어포魚脯, 청염갑어青鹽甲魚, 훈어자熏魚子, 하자어蝦子魚, 유부乳腐 등이다. 고록顧祿의《동교의도록桐橋倚棹錄》권10,〈시전市廛〉에는 소주의 호구虎丘 일대의 삼산관三山館, 산경각山景閣과 취경원聚景園 등의 음식점에서 파는 수많은 요리를 열거했다.《조정집》중에도 송서어松鼠魚, 반어갱班魚羹, 증노어蒸鱸魚 등 약간의 음식을 수록했고, 원경윤袁景瀾의《오군세화기려吳郡歲華紀麗》에 제채薺菜, 백현白蜆, 채화어菜花魚 등의 소주의 적지 않은 계절 요리를 수록했다. 소주의 특산 요리로는 밀회퇴, 외암순煨鵪鶉, 외황작煨黃雀, 청염갑어, 반어, 청어포 등이 있다.

항주 요리는《수원식단》중에 가향육家鄉肉, 밀회퇴, 초루어醋摟魚, 계사鷄絲, 간증압干蒸鴨 등은 항주 요리이다. 가경嘉慶과 동치 연간에 살았던 항주 사람

---

210 徐珂 編撰,《清稗類鈔》, 第十三册, 6481-6482쪽.

211 원매는 소주의 당씨唐氏의 '炒鱝魚片'이 아주 맛있다고 하였다. 初志英 編譯,《隨園食單》〈江鮮單〉, 35쪽.

시홍보施鴻保의 《향미잡영鄕味雜詠》, 《조정집》과 《청패유초》에도 많은 항주 요리가 수록되어 있다. 항주 요리는 남송 때 북방의 송나라 정부가 항주로 천도함에 따라 북방의 요리가 항주 요리에 융합된 특징이 있다. 토보어土步魚, 양육羊肉, 포단跑蛋, 취하醉蝦, 제채, 일과성一顆星, 향영嚮鈴, 구훈九熏이 유명하고, 이 외에 항주의 유명한 요리로는 밀회퇴, 초루어, 항주초어杭州醋魚, 초어대병醋魚帶柄, 연어두부連魚豆腐, 장초갑어醬炒甲魚, 간증압 등이 있다. 이 가운데 항주 서호西湖의 유명 음식점 루외루樓外樓의 서호초어西湖醋魚와 규화계叫化鷄는 유명 요리인데, '향영' 또한 아주 유명하다.[212] 청대의 항주 요리는 복건 요리와 청나라 궁중 요리에도 큰 영향을 끼쳤다. '파채菠菜'는 시금치를 말하는데, 건륭황제가 항주의 '파채소두부菠菜燒豆腐'에 대해 극찬한 바 있다고 전하는데, 이 요리를 항주 사람은 '금양백옥판金鑲白玉板'이라고 불렀다.[213]

복건은 아열대에 속하고 바다가 접해 있어 해산물이 풍부하고 내륙으로는 산림이 우거졌다. 복건 요리는 명대 이후로 유명해졌고 청대에 발전하였다. 《민소기閩小記》, 《수원식단》과 《청패유초》에 복건 요리가 수록되어 있다. 유명한 복건 요리는 강요주江瑤柱, 밀지란蜜漬蘭, 토순土筍, 창정熗蟶, 조향라糟香螺, 취합醉蛤, 청돈하포어시清炖荷包魚翅, 청탕화생저두清湯花生猪肚, 계탕완두묘鷄湯豌豆苗, 매어梅魚, 강련江鰱 등이다. 청대 복건 요리는 민물과 바다 생선을 재료로 조리한 것이 비교적 많고 복건 서부의 객가客家사람들은 산과 들짐승 요리가 많았는데 기름을 많이 사용하는 특징이 있다. 복건의 유명한 요리 '불도장佛跳墻'은 청대에 이미 유명 요리의 모형이 되었고, 토란을 주원료로 조리한 '태극우니太極芋泥'도 출현했다. 청대 후기에 소주, 항주와 광동 요리는 복건 요리에 영향을 끼쳤다.

---

212 청대의 유명한 학자 兪平伯이 '향영'의 조리법에 대해 "두부껍질 속에 고기를 다진 소를 넣고 튀기면 익을 때 소리가 나므로 '향영아嚮鈴兒'라고 했다"라고 하였다. 〈略談杭州北京的飮食〉, 《中國烹飪》, 1982年, 第4期.

213 初志英 編譯, 《隨園食單》〈雜素菜單〉, 106쪽.

광동 지방은 중국의 남방으로 남해를 접하고 있고 강우량이 많아 산물이 풍부하다. 음식 문화의 역사도 유구하여 한대에 뱀 요리가 이미 출현했고, 당대에는 해산물 요리가 뛰어나서 다른 지방의 요리에 큰 영향을 끼쳤다. 특히 청대 중후기에 광동 요리가 특출하여 중국 요리의 중요한 부분을 차지하였다. 광동은 옛날부터 날것을 먹는 전통이 있어 생선회가 유명했다.《광동신어》에 '어생魚生'[214]이 소개된 것으로 보아 당시에 생선회가 유행하였음을 알 수 있다.《청패유초》에도 "'어생'은 생선회를 말하는데, 광동 사람은 생선회를 좋아했다"라고 하면서 "지금은 생선회를 먹는 사람은 연어과에 속하는 완어鯇魚를 먹는데, 먼저 솥에 물을 끓인 뒤 완어 대신 청어와 잉어를 삶고 중간에 시금치를 넣는다. 생선회를 쳐서 그릇에 담고 먹을 때 탕 속에 담갔다가 꺼내 먹는다. 생선회 대신 돼지, 닭, 산닭, 들오리 고기를 엷게 썰어 먹기도 한다"라고 했다.[215] 어생을 먹는 방법은 지금의 '화과火鍋'와 같다. 시대의 흐름에 따라 어생을 먹는 방법도 변하였음을 알 수 있다. 새끼돼지구이 '고유저烤乳猪'도 청대에 유명한 요리였다. 이 요리는《수원식단》중의 '소소저燒小猪'와 일맥상통한 점이 있다. '백절계白切鷄'도 유명했다.《수원식단》중의〈백편계白片鷄〉와 그 조리법이 유사하다.[216] 또 광동 사람은 날짐승과 곤충도 먹었는데, 그 종류도 다양하다. 개, 들쥐, 뱀, 지네, 두꺼비, 조개, 매미, 메뚜기, 물방개 등을 먹었다. 특히 광동 사람은 뱀을 좋아하여 뱀을 말려서 포로 만들어 먹고, 술안주로도 여겼으며, 고양이 고기와 함께 조리한 요리를 '용호채龍虎菜', 닭고기와 함께 조리한 요리를 '용봉채龍鳳菜'라고 했다.[217] 광동 요리 중에 '밀즉소고蜜喞燒烤'라는 것이 있는데, 쥐 고기로 조리한 요리이다. "사육한 쥐가 새끼를 낳으면 흰 털이 조금 나는데 꿀 속에 넣는다. 주인이 술을 마실 때 시종이 가지고 와서 먹으면 '즉喞'

214《廣東新語》(下), 卷22,〈鱗魚〉, 558-560쪽.
215《清稗類鈔》〈粵人食魚生〉, 6469쪽.
216 初志英 編譯,《隨園食單》〈羽族單〉, 60쪽.
217《清稗類鈔》〈粵人食鳥獸蟲〉, 6495쪽.

소리가 난다. 귀빈이 아니면 이 요리를 내놓지 않는다. 큰 것은 고양이만 한데 말려서 포로 만든다."[218] 광동 요리는 역사적으로 광주廣州, 조주潮州와 객가 사람이 사는 동강東江 요리 세 파로 나뉜다. 조주와 선두仙頭는 남월南越 사람이 거주하는 지역으로 이들의 요리는 해산물 위주이고 담백하고 신선하며 순수한 재료의 맛을 살린 특징이 있다. 동강의 객가 사람들은 진晉나라 이후로 강회江淮를 거쳐 광동에 이주하였는데 이들의 음식은 대체로 중원의 요리를 계승하여 가축 고기 위주이고 해산물은 적으며 주로 삶고 볶는 조리법이 대부분이어서 맛이 강하고 불의 사용에 중점을 두는 특징이 있다. 청대 후기에 광동 요리는 비약적인 발전을 거듭하여 오늘날의 중국 요리 가운데 아주 중요한 위치를 차지한다.

사천 요리의 역사는 유구한데, 한대에 맵고 신맛의 특징을 형성했다. 송대에 사천 요리는 중국 요리 중의 중요한 부분을 차지하여 수도 변경에 '천반점川飯店'이 있었다. 명대의 사천 요리 또한 발전을 거듭하였고, 청대 이후로 중국 요리 가운데 독특한 맛으로 정평이 났다. 그러나 청대 초기와 중기에는 문헌의 기록이 많지 않다. 건륭황제 때 사천 사람 이화남李化南의 저서《성원록醒園錄》을 그의 아들 이조원李調元이 정리, 출판하였다. 5, 60가지의 사천 요리 제조법을 수록하였는데, 주돈육酒炖肉, 장육醬肉, 화퇴장火腿醬 등의 요리를 기록했다. 청대 말기에는 선통宣統 연간에 부숭구傅崇榘가 편찬한《성도통람成都通覽》〈음식부飮食部〉에 사천 요리가 수록되어 있다. 특히〈석상채목席上菜目〉가운데 수많은 사천 요리가 기록되어 있다. 사천 요리를 대표하는 유명한 요리로는 '궁보계정宮保鷄丁'이 있다. 사천의 총독 정보정丁寶禎은 귀주貴州 사람인데 사천에 있을 때 고향의 기름에 고추를 넣고 닭고기를 볶은 요리가 생각나서 이를 선보였는데 사천 사람들의 환영을 받았다. 장보정의 관직이 태자소보太子少保였으므로 일반적으로 궁보宮保라고 불렀기 때문에 이 요리를 '궁보계정'이라고 칭했다.

218《淸稗類鈔》〈粤人食鳥獸蟲〉, 6447쪽.

또한 '마파두부麻婆豆腐'라는 유명한 요리도 사천 요리이다. 이 밖에 천진, 하남, 남경, 안휘, 상해, 호남, 운남, 섬서 요리가 있다. 그리고 청대에는 소수 민족의 요리도 발달했는데 청진清眞, 위구르, 만족滿族, 몽골, 장족藏族, 백족白族, 장족壯族, 조선朝鮮 요리가 대표적이다.

항주杭州의 식물원과 실험실에서 연구한 조학민趙學敏은 18세기 중 가장 위대한 박물학자인데, 1871년에 이르러서야 출간된 그의 저서《본초강목습유本草綱目拾遺》[219]에 '연와燕窩'에 대해 기록하였다. 갈우연褐雨燕 혹은 금사연金絲燕이라는 동아우연東亞雨燕의 타액과 위액의 소화 작용에 대해서는 알 수 없지만 모이주머니에 함유된 응고물인 제비집은 보르네오섬 니아Niah의 산 동굴 혹은 절벽 위에서 따내어 중국으로 수출되었다. 이 시기가 적어도 15세기이지만 문헌의 기록으로 볼 때 17세기부터 중국에 유행하였다.[220]

청나라 궁정에 광록시光祿寺가 맡은 연회는 사석祀席, 존석尊席, 연석燕席, 위석圍席의 네 가지가 있었다. 각기 약간의 등급으로 나뉘기도 하였다. 연회의 음식 배치 순서는 술, 물과 냉채를 먼저 내오고 그 다음에 볶은 뜨거운 주요 요리가 나오며 마지막으로 간식과 과일 그리고 차가 나오는 세 차례의 단계가 있었다.

닭을 재료로 요리한 음식은 황금계黃金鷄, 귀비계貴妃鷄, 태야계太爺鷄, 영화계榮華鷄 등이 있는데, 이런 최고급 닭 요리와 같은 부류에 속하지 않지만 무시할 수 없는 유명 닭 요리가 된 '규화계叫化鷄'는 강소 상숙常熟의 특산이다. 청대 중엽에 편찬된《조정집調鼎集》에 진흙으로 감싼 닭을 구운 요리 '하엽포계荷葉包鷄'가 수록되어 있다. 닭이나 오리, 거위고기를 연꽃잎으로 감싸고 겉에 진흙을 발라 불에 구워낸 요리이다. 이 요리를 기초로 하여 조리한 음식이 규화계이다. 닭의 날개와 다리의 뼈를 발라낸 후 소금, 간장, 술에 절인 뒤 닭의 몸통에 정향

219 담배가 약 1570년부터 복건에서 재배되었고, 키니네Quinine와 땅콩이 1538년 수십 년 전에 이미 수입되었다고 기록되어 있다. 아편과 면화, 동충하초에 대해서도 상세하게 기술되어 있다.

220 李約瑟,《中國科學技術史》, 第六卷〈生物學及相關技術〉, 第一分册〈植物學〉, 279쪽.

丁香과 팔각八角 등의 조미료를 바른 다음 연꽃잎으로 감싸고 진흙을 발라 구운 요리이다.[221]

《홍루몽》에 수록된 음식의 특징은 첫째, 음식 종류가 많다. 전체 120회에 등장하는 식품은 186종류에 달한다.[222] 이 가운데 제 41회에 등장하는 '가상茄鯗'의 조리법에 대해 희봉熙鳳이 설명하길, "4월이나 5월에 가지를 따 가지고 껍질을 벗기고 속을 말끔히 빼낸 다음 살만을 실오리같이 가늘게 썰어서 햇볕에 바짝 말리는 거예요. 그런 뒤에 살진 암탉 한 마리를 고아서 그 국물에다 말린 가지를 넣고 시루에 찐 다음 그것을 다시 볕에 말리는데 이렇게 찌고 말리기를 꼭 아홉 번은 해야 해요. 그래서 그것을 흰 항아리 같은 데 넣고 단단히 봉해 두었다가 먹을 때는 그것을 한 접시쯤 꺼내어 기름에 볶은 닭고기와 한데 섞으면 되는 거예요"라고 했다.[223] 요리 하나를 조리하는 데 9일이나 걸렸다는 말인데 정성과 세밀한 면을 엿볼 수 있다. 둘째, 식기가 화려하다. 차와 술잔, 식탁 등 음식 도구가 진귀하고 화려하다. 금과 은으로 만든 음식 접시와 그릇은 제5회에 금반金盤, 제105회에 금완金碗·금시金匙·은대완銀大碗·은반銀盤, 마노瑪瑙 보석으로 만든 음식 담는 그릇과 접시는 제31회의 마노완瑪瑙碗과 제37회의 마노반자瑪瑙盤子, 비취로 만든 접시는 제40회의 비취반자翡翠盤子, 상아로 상감한 금 젓가락은 제40회의 사릉상아금쾌四楞象牙金筷 등에 수록되어 있다. 셋째, 다양한 음식 활동이다. 제45회 사태군史太君이 대관원大觀園에서 두 차례 연회를 베풀고, 김원앙金鴛鴦이 연회에서 세 차례 주령酒令을 내린 경우이다. 그런데 연회 장소에 대한 묘사에 북송 때 유명한 화가 양양襄陽의 〈연우도煙雨圖〉와 당

221 상숙의 우산虞山 옆에 위치한 왕사주가王四酒家라는 음식점은 지역 특산 술인 계화주桂花酒와 함께 먹는 규화계로 유명하다. 절강 항주에도 규화계와 비슷한 '규화동계叫化童鷄'라는 닭 요리가 있는데, 서호西湖에 루외루樓外樓라는 음식점에서 파는 이 닭 요리와 동파육東坡肉이 유명하다.

222 주식 원료 11종류와 식품 10종류, 간식 17종류, 요리 원료 31종류와 식품 38종류, 조미료 8종류, 음료 23종류, 과일 30종류, 부식 11종류, 외국식품 7종류, 식품과 관련된 목욕용품 4종류. 蔣榮榮·朱邦華·朱家鎭 編著, 《紅樓夢美食大觀》, 218-219쪽.

223 조설근·고악 지음, 안의운·김광렬 옮김, 《홍루몽》(3), 153쪽.

대의 유명한 명필 안진경顔眞卿의 필적으로 된 대련이 붙어 있었고, 붉은 단향목 시렁, 은을 상감한 오목나무 젓가락, 해당화·매화꽃·연꽃·해바라기 모양의 둥글고 네모진 각양각색의 옻칠한 반상, 검은 빛깔의 서양식 은 술 주전자와 법랑이 등장한다. 음식은 각자 평소에 즐기는 것을 준비했다고는 하지만 식기와 연회 장소의 호화로움을 알 수 있다. 또한 이런 연회에서 운韻에 맞추어 시를 짓는데 시를 짓지 못하면 벌주를 마시는 주령 유희를 하며 즐기는 장면이 나온다. 제63회에 보옥 도련님의 생일을 축하하기 위해 갖가지 꽃들이 만개한 이홍원怡紅園에 차린 밤 잔치에 준비한 식기를 보면, "마흔 개나 되는 접시는 모두 정주定州에서 만든 흰 자기였는데 크기는 하나같이 작은 차반만 하였다. 그 접시들에는 중국 남북 각지와 외국에서 나는 건물乾物과 과일, 수산물과 육산물 등 세상의 진미가효珍味佳肴와 과일들이 다 갖추어져 있었다"라고 했다.[224] 여기에 주령 놀이를 하면서 연회를 즐겼던 것이다. 넷째, 음식의 맛뿐만 아니라 건강을 위한 식료도 중시했다. 제116회에 가보옥이 옥을 잃어버리고 정신을 잃은 후에 자신의 영혼이 선계仙界를 돌아다니는 등 죽었다가 다시 살아난 후에 왕부인이 시녀를 시켜 계원탕桂圓湯을 가져다 먹이게 했더니 보옥은 차츰 생기가 돌았다고 했다.[225] 이 '계원桂圓'은 또 제6회와 98회에도 나오는데, 계원을 용안龍眼, 원안圓眼이라고도 불렀다. 심장을 보호해 주고 정신을 안정시키는 데 효과가 있다고 한다. 이시진도《본초강목》에서 식품 가운데 여지荔枝가 귀해서 용안으로 대체할 수 있다고 했다. 용안은 복건, 대만, 광동, 광서와 운남, 사천 지방에 많이 생산된다. 복건에서는 '흥화계원興化桂圓'을 최상품으로 여긴다. 흥화는 지금의 복건 보전莆田, 선유仙游와 복청福清 일대를 말한다. 남방 사람은 계원을 좋은 보양제로 귀하게 여긴 동시에 약재로도 사용하였다. 계원의 껍질을 까서 버리고 속 알맹이를 대추와 함께 끓여서 탕으로 마시는데 정신을 안정시켜 주고, 신경쇠약이나 불면증 해소에 효과가 있다고 한다. 그러나 열

224 조설근·고악 지음, 안의운·김광렬 옮김,《홍루몽》(4), 281-282쪽.
225 조설근·고악 지음, 안의운·김광렬 옮김,《홍루몽》(7), 293쪽.

이 있는 체질은 너무 많이 먹으면 안 된다. 그래서 98회에서처럼 배즙을 섞어 마시는데 이것은 바로 계원의 높은 열을 낮추는데 효과가 있기 때문이다.[226] 또 제11회에 왕희봉이 영국부寧國府에 가서 병석에 누운 조카며느리 진가경秦可卿을 병문안을 갔는데, 진씨가 수척해지고 살이 빠져 차마 볼 수 없었지만 얘기를 나누던 중에 더 이상 병이 악화되지는 않는 걸 보고 위안의 말을 해 주자, 진씨가 웃음을 지어 보이며, "어제 노 할머님께서 보내 주신 대추 속을 넣은 떡을 두 개나 먹었는데 얼마간 소화할 것 같았어요"라고 말했다. 그러자 왕희봉이 내일 다시 진씨에게 더 보내 주겠다고 말했다.[227] '대추 속을 넣은 떡'이 '산약고山藥羔'이다. 붉은 대추는 기혈을 보충해 주고 비위脾胃를 건강하게 해 준다. 또한 맛까지 달아 식욕을 북돋아 준다. 산약 또한 기를 보충해 주고 비장을 건강하게 해 준다. 산약의 효과는 비장, 폐와 위를 보충해 주고, 비장은 식욕과 관계가 있다. 조리법은 대추를 온수에 1시간 담갔다가 꺼내어 쪄서 껍질을 벗겨 내고, 솥에 돼지기름이나 땅콩기름을 넣고 가열한 다음 설탕을 섞고 찐 대추를 넣은 뒤 잘 섞는다. 식힌 뒤에 먹으면 된다. 산약은 마인데, 마를 찜통에 넣고 찐 다음 껍질을 벗겨낸 뒤 짓눌러 진흙처럼 만든 다음 찹쌀이나 멥쌀가루를 섞은 뒤 여기에 돼지기름, 설탕을 넣고 잘 반죽한 뒤 찜통에 찌고 식힌 다음에 먹는다.[228] 다섯째, 만주족과 한족 음식의 융합이다. 소고녹육燒烤鹿肉, 우유증양고牛乳蒸羊羔, 소락酥酪과 우유, 야계자자탕野鷄仔子湯, 내조발발內造餑餑 등과 제53회의, 곰발바닥 웅장熊掌, 노루 장자獐子, 고라니 포자狍子, 산토끼 산토山兎, 꿩 치계雉鷄와 인삼, 개암 진자榛子, 잣 송양松穰 등의 과일이나 과실을 먹는 것은 만주족의 음식풍속이다.[229] 《홍루몽》은 음식에 관한 전문서는 아니지만 18세기 중엽 이전의 전통 음식 문화와 가족 문화를 연구하는 데 중요한

---

226 秦一民,《紅樓夢飮食譜》, 12-13쪽.

227 조설근·고악 지음, 안의운·김광렬 옮김,《홍루몽》(1), 240쪽. 원문의 '克化'는 '소화하다', '克化不動'은 '소화하지 못하다'는 뜻이다.

228 秦一民,《紅樓夢飮食譜》, 64-65쪽.

229 楊英杰 著,《清代滿族風俗史》, 89-99쪽.

자료가 된다.[230]

청대의 풀코스 요리는 그 조리의 기술과 미적 감각이 뛰어났다. 이런 풀코스 요리 가운데 '전양석全羊席'과 '만한전석滿漢全席'이 가장 유명했다. '전양석'은 20마리의 양을 사용하여 108가지의 요리로 구성된다. '만한전석'은 만주족이 청나라를 건립한 후에 광록시경光祿寺卿을 설립하고 국가 연회를 관장하도록 하는 동시에 어선방御膳房에 명대의 궁중 주방장과 만족 요리의 고수들을 총집결시킨 덕분에 남방과 북방 요리의 특색을 고루 갖춘 궁중 요리가 되었다. 만한전석이 가장 먼저 등장한 것은 양주 관가에서의 연회에서였다. 당시 양주는 수륙 교통의 요충지로 물산이 풍부하고 상업이 발달하였고 요리의 명수들이 이곳에 집결하였다. 풍경도 아름다워 조정의 관원들은 항상 이곳에 임시 거주지를 정하곤 했다. 심지어 황제의 순례 때도 양주에 항상 머물렀다. 건륭황제는 건륭 16년(1751년)에서부터 건륭 49년(1784년)까지 모두 여섯 차례 강남을 순행하였는데, 수행한 왕공 대신들이 모두 2,500여 명에 달했다고 한다. 양주의 지방 관리들이 이러한 황제의 순행을 위해 성대한 궁중 음식을 마련하게 되면서 화려하고 복잡한 만한전석이 탄생하였던 것이다. 청대 문학가 이두李斗는 《양주화방록揚州畫舫錄》에 최초로 만한전석을 기록하였다.[231] 연와燕窩, 어시魚翅, 소저燒豬, 고압烤鴨의 4대 유명 요리로 이루어졌다. 만한전석은 각 지방의 유명 요리와 각 소수 민족의 음식을 총망라하여 요리가 100여 가지나 되었고 삼 일 동안 먹어야 하는 요리이다. 그 조리법은 소燒와 고烤를 중심으로 만주족의 차와 간식 그리고 한족의 요리로 구성되었다. 그래서 '대소고석大燒烤席' 또는 '만한연시소고전석滿漢燕翅燒烤全席'이라고도 하였다.

건륭 황제는 평생 여덟 차례 산동을 순행했다고 하는데, 다섯 번째 순행 때는 황후와 함께 산동의 곡부曲阜에서 공자에게 제사를 지냈고, 또 자신의 딸을 공자의 72대손 공헌배孔憲培에게 시집을 보내고 공부孔府에 만한전석을 하사했

230 胡文彬,《紅樓夢與中國文化論稿》, 476-478쪽.

231 李斗 撰, 王軍 評注,《揚州畫舫錄》, 77-78쪽.

다. 은으로 만든 식기가 408개였고 음식은 196가지였다. 하·은·주 시대의 청동 식기를 모방하였고 모양은 사슴, 양, 복숭아 물고기 등이었으며 식기의 손잡이는 비취, 마노, 벽옥, 산호로 사자, 물고기, 매미, 오리 모양으로 장식하였고 식기 위에는 각종 도안과 길상의 말을 새겨 넣었다. 후에 만한전석은 호화로운 대형 연회의 총칭이 되었다. 점차 음식도 증가되고 새로워졌으며 동시에 중국 각지에서 유행하기 시작했다. 요리의 가지 수가 많게는 182개에서 적게는 64개나 되었다. 북경의 고관들과 부자들은 자신의 신분과 부를 과시하기 위해 연회 때는 반드시 만한전석을 열었다.

'통오리구이'를 중국어로 '카오야(烤鴨)'라고 한다. 특히 북경의 통오리구이 '북경고압北京烤鴨'은 유명하다. 중국뿐만 아니라 전 세계적으로도 유명한 북경의 '전취덕고압점全聚德烤鴨店'은 동치同治 3년(1864년)에 계현薊縣 사람 양전인楊全仁이 설립했다. 처음에 양전인은 함풍 연간(1851-1861년)에 전문前門의 고기 파는 시장에 오리고기를 내다팔았다. 남방에서 운반해 온 양질의 오리고기만을 팔아 북경 시민들에게 호평을 받았고 후에 남방의 오리를 갖가지 방법으로 사육하여 북경오리로 만들었다. 동치 3년에 전문외육시前門外肉市 24호의 점포 몇 칸을 세 놓았는데 어떤 사람이 잔치를 벌여 친구들을 모두(全) 불러 함께 모여(聚) 술을 마셔 미덕美德이 되어 점포의 이름을 '전취덕全聚德'이라고 불렀다. 전취덕의 오리구이 조리법은 그 특색이 화로 안에 오리고기를 걸어 놓고 굽는 방식인데, '편의방便宜坊'의 뚜껑을 꼭 닫고 오랫동안 삶는 '민고燜烤' 방식과는 달랐다. 이 방법은 건륭 황제 때 궁중 주방에서 새끼돼지구이 '고유저烤乳猪'의 조리법을 모방한 것이다. 이런 방식으로 조리하면 고기가 타지 않고 골고루 익으며 기름도 상당 부분 빠진다. 연료는 대추나무, 복숭아나무, 배나무 등의 과실나무를 사용하여 나무의 향이 고기에 배어 특별한 맛이 났다. 손님이 직접 고른 오리 한 마리를 요리한 주방장이 밀대에 올려 손님에게 가져와 물건을 확인시키고 칼로 껍질과 살을 바른다. 먹는 방법은 먼저 오리 껍질 고기를 전병에 올려놓고 대파 조각, 춘장을 찍어 바른 후에 먹기 좋게 말아서 먹고, 다음에 살을 먹는데, 주방장이 반으로 갈라놓은 오리 머리를 가져온다. 골과 혀를 먹는다. 식사 중간에 맥주나 도수가 4, 50도 정도 높은 마오타이(毛台), 우량예(五粮液), 펀지우(汾酒), 수이징팡(水井坊)과 같은 독한 중국술을 마신다. 술 대신 우롱(烏龍), 톄관인(鐵觀音), 재스민jasmin인 모리화(茉莉花), 뤼차(綠茶), 쥐화차(菊花茶), 훙차(紅茶) 등을 마셔도 된다. 오리고기를 밀가루 전병에 싸서 먹기 때문에 목이 말라 차를 계속 마시게 되는데 다기의 차를 다 마시면 물을 부어 달라고 소리치지 말고 다기의 뚜껑을 다기 손잡이와 다기 몸체 사이에 살그머니 얹어놓으면 된다. 종업원이 와서 주둥이가 아주 긴 물주전자로 먼 곳에서 쏟아 붓는데 이때 놀라지 말고 기다리면 아주 기술적으로 뜨거운 물을 한 방울도 흘리지 않고 다기에 채운다. 북경에선 이 순서가 없는데 대만에선 오리알을 곱게 간 음식이 나온다. 그리고 마지막에 오리의 뼈로 우려낸 국이 나온다. 중국 전통 악기의 연주를 들으면서 술과 차는 계속 마시며 손님들과 큰소리로 대화를 나눈다. 중국에선 식사 중에 시끄럽게 떠들어야 한다. 식사 중에 너무 시끄럽다고 중국 사람이 예절이 없다고 생각하는 한국인이 있는데 이건 중국인의 풍속을 모르고 하는 말이다. 중국인은 시간이 꽤 소요되는 중요한 식사 중에는 시끌벅적해야 즐겁고 화기애애한 분위기라고 생각한다.

맥주는 아편전쟁 이후 서방의 열강이 중국을 침입하면서 중국에 전래되었다. 영어의 'beer'를 역음譯音하여 피지우(啤酒)라고 한다. 1863년 영국인이 상해에 '애범양행埃凡洋行'을 설립하고 최초로 맥주를 생산했다. 처음에는 상해 주재 외국인들의 수요를 위해 생산되었으나 점차 중국인도 맥주를 즐기게 되었다.

통조림을 중국어로 관터우(罐頭)라고 한다. 최초의 중국인이 설립한 통조림 공장은 광서光緖 32년(1906년)에 상해에 설립한 태풍泰豐 통조림식품회사였다. 사이다를 중국어로 치수이(汽水), 아이스크림을 빙치린(冰淇淋)이라고 한다. 함풍咸豐 3년(1853년), 상해의 영국 상인이 설립한 '노덕기老德記' 약방에서 사이다와 아이스크림을 생산했다. 처음엔 외국인을 위해 만들었지만 당시 중국인 상류층의 유행 음료가 되었다. 외국인이 중국에 '정광화正廣和'와 '굴신씨屈臣氏' 등의 사이다 공장을 설립하고 중국 국내에 판매하였다. 중국인이 설립한 사이다 공장은 광서 32년에 소주에 세운 '서기공사瑞記公司'와 선통宣統 원년(1898년)에 상해에 설립한 '혜화공사惠華公司'였다. 그러나 이 두 공장은 외국회사와의 무리한 경쟁으로 곧 공장 문을 닫아야 했다. 커피를 중국어로 카페이(咖啡)라고 한다. 1884년 중국에 들어왔다. 현재 중국에는 해남도海南島에서 흥륭興隆 커피가 생산되고 있다.

중국인은 만두를 '포자包子'라고 한다. 천진天津의 유명한 만두집에서 파는 만두를 '구불리포자狗不理包子'라고 한다. 만두피가 얇고 소가 많이 들어 있다. 돼지고기로 만든 소에 물이 많고 기름지지만 느끼하지 않아 중국 전국에서 유명하다. 명칭의 유래로는 두 가지 주장이 있는데, 하나는 이 만두를 파는 주인의 성격이 괴팍하여 손님을 거들떠보지도 않고 전혀 친절하게 대하지 않아 그를 개라고 욕한 데에서 연유하여 "개도 거들떠보지 않는다"는 뜻의 거우부리(狗不理)라고 했다고 한다. 다른 주장은 이 만두를 만든 사람이 곰보여서 못생겼기 때문에 어릴 적 이름이 구불리狗不理였다는 것이다. 동치 연간에 고귀우高貴友라는 이름의 농촌 아이가 있었는데 부모가 그를 아주 귀여워하여 이름을 구불리라고 지었다. 그가 40세가 되었을 때 천진의 한 음식점의 점원으로 일하게 되었다. 그는 요리 솜씨가 뛰어나 아주 맛있는 만두소를 만들었고 다른 지방의 만두와는 다른 조리법으로 맛있는 만두를 만들었다. 후에 고귀우는 음식점 점원을 그만두고 그의 두 명의 친구와 함께 천진에 만두를 전문적으로 파는 덕취호德聚號라는 음식점을 열었다. 만두는 맛있었는데 주인이 순박한 보통 사람인 것을 알고 그 만두집을 구불리라고 불렀다. 원세개袁世凱가 직예총독直隸總督 시절, 이 구불리포자의 명성을 듣고 보정保定 관가에서 말을 타고 천진의 이 만두집에 가서 만두를 사다가 서태후에게 바쳤는데 서태후가 이 만두를 맛보고 궁중의 만두보다 맛있어 하여사람을 시켜 천진에 가서 이 만두집의 만두를 더 사오라고 했다. 이때부터 구불리포자는 더욱 유명해졌다. 1949년 중화인민공화국이 성립된 후에 고귀우의 손자들이 분쟁을 일으켜 이 만두집은 문을 닫을 수밖에 없었다. 1956년, 천진시정부는 이 이 만두 조리 기술을 발전시켜 구불리포자를 다시 생산하기로 결정했다. 시정부는 고귀우의 손자 고환장高煥章를 찾아 유명한 음식점이었던 풍택원豐澤園 옛터 위에 구불리포자 음식점을 열고 국유기업으로 바꾼 뒤에 '천진포자포天津包子鋪'라고 명명했다.

원매袁枚는《수원식단隨園食單》의〈수지단須知單〉과〈계단戒單〉에서 조리법의 기본수칙에 대해 논했다.〈선천수지先天須知〉편에서는 "자연의 사물은 선천적인 것이고 사람 또한 자질을 타고나는 것이므로 사물의 성질이 좋지 않으면 아무리 역아易牙와 같은 일류 요리사라 할지라도 좋은 맛을 낼 수 없다"고 했는데 이런 주장은 제철에 맞는 음식 재료의 선택을 강조한 것이다.[232] 또 음식 재료의 성질이 같은 것끼리의 배합을 주창했는데,〈상채수지上菜須知〉편에서는 "싱거운 맛이 있는 것은 싱거운 것과, 진한 것은 진한 것과, 부드러운 것은 부드러운 것과, 강한 것은 강한 것과 배합하여야 좋은 맛을 낼 수 있다"[233]라고 주장하여 맛이 너무 진한 것은 그것만으로 요리를 해야지 다른 것과 배합하는 조리법에 대해 반대한 것이다. 그는 또〈화후수지火候須知〉편에서 불의 사용은 요리에 따라 달리 사용하여야 한다고 주장했는데, "센 불은 볶거나 지질 때 사용하여야 하고 약한 불로 요리하면 재료가 물러진다. 약한 불은 오래 삶을 때 사용하고 불이 너무 세면 재료가 말라 버린다. 먼저 센 불로 요리하고 나중에 약한 불로 요리하는 것은 국을 끓일 때이다. 너무 센 불로만 요리하면 재료의 외피가 타 버리고 속이 익지 않기 때문이다"라고 하였다.[234] 음식 재료를 선택할 때는 상품上品만을 골라야 하고, "맛이 너무 진하면 느끼하다고 느껴 쉽게 물리고 또 너무 싱거우면 맛이 없게 된다"고 하면서, 짜고 싱거운 것이 적절하게 어우러지고 질긴 것과 연한 것이 적당하면 요리의 고수가 될 수 있다고 하였다.[235] 이런 이론은 요리 기술을 새로운 수준으로 한 단계 높인 것이다.

---

232 袁枚 著, 初志英 編譯,《隨園食單》, 5쪽.
233 袁枚 著, 初志英 編譯,《隨園食單》, 13쪽.
234 袁枚 著, 初志英 編譯,《隨園食單》, 10쪽.

이어李漁는《한정우기閑情偶寄》〈음찬부飮饌部〉에서 순정純淨, 검박儉朴, 자연自然과 천성天成의 음식에 대한 관념을 제출하였고, 더욱이 재료의 질과 요리의 맛의 검증을 중시했다. 육류보다 채소를 더 좋은 재료로 평가했는데 그 기준은 신선함, 청결, 향기와 바삭바삭하고 부드러운 성질 때문이다.[236] 그는 게 해蟹를 최상의 음식으로 평했다. 게는 "신선하고 살이 쪘으며 달고 기름지며 속살은 옥처럼 희고 누런 알은 황금과도 같아 색깔·향기·맛 이 세 가지를 모두 갖춘 최상의 음식으로 다른 것은 이에 전혀 미치지 못한다"라고 하였다.[237] 그는 또한 "생선은 신선도가 최우선이고 그 다음으로 살이 쪘는지에 있으며 살찌고 신선하면 생선을 다루는 솜씨는 완성되는 것이다"라고 하였다.[238]

요리 연구는 청대에 이르러 크게 발전을 하였는데, 예를 들면,《조정집調鼎集》,《양소록養小錄》,《중궤록中饋錄》,《수식거 음식보隨息居飮食譜》,《한정우기》의 〈음찬부〉,《죽보粥譜》,《식품가미비람食品佳味備覽》,《식감본초食鑒本草》,《조질 음식변調疾飮食辨》,《식헌홍비食憲鴻秘》 등의 전문서가 있다. 고대 중국의 요리 이론 가운데 가장 뛰어나고 대표적인 저작은 원매의《수원식단》이다. 각종 요리의 경험을 겸비하였고 각 지방 요리의 특성을 융합시켰으며 이론과 실제 조리를 결합시켜 체계적인 이론을 형성하였다.《수원식단》은 모두 14편으로 구성되어 있고, 음식 재료의 선택·재료 배합과 조리·음식의 위생 이론을 포함하였다.

235 〈疑似須知〉. 袁枚 著, 初志英 編譯,《隨園食單》, 17쪽.
236 袁枚 著, 初志英 編譯,《隨園食單》, 188-189쪽.
237 袁枚 著, 初志英 編譯,《隨園食單》, 223-224쪽.
238 袁枚 著, 初志英 編譯,《隨園食單》, 219쪽.

6. 근대

이 시기는 청나라 말경에 서구 열강의 침입으로 공업과 농업의 발전이 더디고 일반 백성들의 생활이 빈곤하였으며 시장 또한 활기를 띠지 못하여 음식 문화도 이에 따라 발전하지 못했다. 이 시기에 궁정 요리가 민간의 음식 시장에 들어오기 시작했다. 이 밖에 외교무역 문화 교류 덕분에 출국하는 사람이 많아졌고 많은 화교들이 해외에 중국 음식점을 열었으며 중국 요리법을 전파하기도 하였다. 동시에 서양 음식도 점차 중국에 들어오기 시작하여 중국과 서양의 음식이 융합하는 단계에 까지 이르렀다.

새로운 음식 재료와 서양 음식이 중국에 전래되었다. 서구 열강들이 중국의 상품 시장에서 폭리를 취했다. 그 가운데 기계 가공생산에 의한 새로운 식료품이 수입되었다. 화학조미료(味精), 생선소스(魚露), 잼(果醬), 뱀기름(蛇油), 카레(咖喱), 겨자가루(芥末), 코코아(可可), 커피(咖啡), 맥주(啤酒), 우유(奶油), 소다가루(蘇打粉), 향료혼합물(香精), 인공색소(人工合成色素) 등이다. 이런 음식 재료가 중국에 들어와 식품공업과 음식가공업에 응용되어 중국의 음식 맛에 변화가 생겨났다. 조리법에 충격을 주어 화학조미료가 닭·오리·고기·뼈로 우려내는 전통적인 국물이나 탕을 대신하게 되었다.

동시에 북경, 광주, 상해, 청도靑島, 남경 등의 대도시는 외국 열강의 침입자와 외국 화교들의 증가로 영국, 프랑스, 러시아, 독일, 이탈리아, 일본 음식이 소개되었다. 근래에는 한중수교 이후로 한국 음식이 대도시에 소개되었고, 이외에 전 세계 국가들의 수많은 음식점이 개점되었다. 중국 요리사는 서양 음식의 기술을 받아들이고 외국 음식을 모방하여 중국식 서양 음식이나 서양식 중국 음식을 고안해 냈다.

방선仿膳 음식이 처음으로 등장했다. 방선은 청나라 궁중 음식을 모방한 음식을 말한다. 신해혁명으로 중국 봉건국가가 무너지고 중화민국이 설립되어 자금성에 있던 궁중 요리사가 출궁하게 되었는데, 생계를 위해 민간에 음식점을 개설하면서 방선 음식도 일반인들에게 소개되었다. 1925년, 북경에 남아 있던 10여 명의 궁중 요리사가 북해공원北海公園에 '방선반장仿膳飯莊'이라는 간판을 내걸고 궁중 요리의 별미가 시대를 풍미하게 된 것이다. 지금도 이곳이 남아 있다. 청대 황제가 궁중 음식을 먹던 화려하고 고급 스타일의 황금색으로 실내장식을 꾸몄고, 식기도 그대로 모방하였으며 중국 인민 화폐로 1인당 100위안에서부터 1천 원 이상 고액의 각종 궁중 음식을 선보이고 있다. 현재는 심지어 만한정식을 재현한 고급식당까지 등장하였다.

아편전쟁 이후로 서구 열강의 약탈로 수많은 중국인이 고향을 등지고 해외로 뿔뿔이 흩어졌다. 외교, 무역, 종교, 군사, 문화적인 이유 때문에 출국하는 중국인이 많아졌다. 이런 화교들 가운데 3분의 1이 중국 음식점을 경영하게 되면서 중국 요리가 전 세계로 퍼져나가는 계기가 되었다. 우리나라의 인천과 부산, 동남아시아 각국은 물론 유럽 각국의 대도시, 호주의 시드니와 멜버른, 뉴질랜드의 오클랜드, 미국의 샌프란시스코, 로스앤젤레스, 시애틀, 워싱턴, 뉴욕, 보스턴, 캐나다의 밴쿠버와 토론토, 남미의 대도시, 심지어 아프리카 시골 동네에도 중국 음식점이 있다고 할 정도로 중국 음식은 전 세계인의 음식이 되었다.

전 세계 차이나타운은 대부분 광동 음식과 민남閩南 음식 위주이고, 그 다음으로는 사천이나 북경 음식과 같은 기타 지역의 음식이다. 이런 모습에 대해 손중산孫中山은 "중국 요리는 예술의 하나이다", "근래에 와서 화교의 도항지에서는 어디서나 중국 요리가 퍼져 나가고 있다. 미국의 뉴욕에서는 중국 요리점의 수가 수백 집에 달하고 있다. 유명한 도시로서 중국 요리점이 없는 곳은 거의 없다"라고 하였다.[239]

239 洪泰植 譯,《孫文全集》(中),〈建國方略〉, 22-23쪽.

7. 현대

1949년 중화인민공화국이 성립된 이후로 각지의 독특한 음식이 다시 등장하기 시작하고 경제가 발전함에 따라 요리법도 다양해졌으며 요식업으로 큰돈을 벌기 시작하면서 중국 음식이 새로 개발되기도 하였다. 북경의 북해공원의 방선반장 이외에 천단天壇 부근과 이화원에서도 궁중 요리를 맛볼 수 있다. 또한 만한전석을 선보이는 고급 음식점까지도 생겨났다.

새로운 음식 재료를 개발하였다. 외국에서 수입하거나 중국에서 새로운 재료를 개발하였다. 예를 들면 개구리(牛蛙), 타조(駝鳥), 캥거루(袋鼠), 비버(海狸), 태국쌀(泰國米), 브로콜리(綠花菜) 등이다. 동시에 식용곤충을 양식하고 식물성 단백질 재료를 채취하거나 야생 초목을 이용하고 식품을 개발하였다. 수많은 외국 요리를 전문적으로 조리하는 음식점도 생겨났고, 생선회도 다시 먹기 시작하였으며, 중국과 외국의 음식을 융합한 퓨전 음식도 개발되었다.

조리법에 관한 저서도 규범화되고 음식 연구에 관한 저서도 출간되었다. 《중국 음식보中國飮食譜》와 《중국소흘中國小吃》은 유명 요리사와 전문가의 감수를 거친 요리 저서이다.

동시에 미국의 패스트푸드의 대명사인, 중국어로 마이당라오(麥當勞)라고 불리는 맥도날드가 북경의 왕부정王府井 거리 입구에 개점하였고, 피자헛도 북경시 전역에 분점을 열었다. 이에 따라 샌드위치 산밍즈(三明治), 초콜렛 챠오커리(巧克力), 칵테일 지웨이지우(鷄尾酒), 햄버거 한바오바오(漢堡包), 화학조미료 웨이징(味精), 콜라 커커우컬러(可口可樂) 등이 중국에 들어왔다.

제4장

중국의 음식 도구

중국 음식에서는 요리 자체 외에도 요리를 만드는 데 사용하는 취사도구, 식사할 때 사용하는 젓가락이나 국자와 같은 도구, 음식을 담는 그릇과 음식 재료를 저장하는 용기 또한 중요했다.

1. 취사도구

삶고 찌고 볶고 지지는 조리법을 통해 음식 재료를 가공하여 식품으로 만드는 기구를 취사도구라고 한다. 이런 도구로는 아궁이 '조灶', 발이 셋 달리고 귀가 둘 달린 솥 '정鼎', 발이 없는 큰 솥 '부釜', 발이 없는 시루 '증甑', 발이 있는 시루 솥 '언甗', 발이 셋으로 굽은 솥 '역鬲', 세발솥 '규鬶', 주둥이가 둥글고 다리가 셋 달린 옥玉으로 만든 잔 '가斝' 등의 구분이 있었는데, 이 가운데 아궁이가 중심이었다.

(1) 조

'조灶'의 가장 원시적인 형태는 토갱土坑이었다. 직접 구덩이 위나 흙구덩이 위에 다른 도구를 얹어 음식을 조리하였다. 이런 토갱은 신석기 시대에 유행했다. 후에 이런 아궁이는 흙을 쌓아올리거나 벽돌을 쌓아 고정식으로 만들었다. 신석기 시대 중기에 간단한 이동식 아궁이를 만들어졌다. 이후로 청동이나 철로 화로 아궁이를 만들었는데, 비교적 작은 이동식 아궁이를 갈이틀 '선鏇'이라고 하였다. 그런데 이것은 실제로는 화로 '노爐'였다. 진·한 이후로 대부분의 취사도구는 필수적으로 아궁이와 결합하여만 조리를 할 수 있었다. 아궁이는 요리 활동의 중심이었다.

중국 명절 가운데 중국인은 음력설인 '춘절春節'을 가장 중시하는데, 부엌에 제사를 지내는 것에서부터 시작되었다. 중국 민요 가운데 "이십삼二十三, 당과점糖瓜粘"이라는 것이 있다. 매년 음력 섣달 23일 혹은 24일에 부엌에 제사를 지낸다는 뜻이다. 부엌에 제사지내는 행위는 중국 민간에 큰 영향을 끼쳤다. 그래서 옛날 중국 가정엔 '조왕야灶王爺' 신위를 모셨다. 사람들은 이것을 '사명보살司命菩薩' 혹은 '조군사명灶君司命'이라고 한다. 전설에 옥황상제가 책봉한 '구천동주사명조왕부군九天東廚司命灶王府君'이 각 가정의 부엌의 불을 책임졌기 때문에 각 가정은 자신들을 보호하는 신으로 여겨 그를 숭배하였다. 부엌을 관장하는 신을 모시는 함은 부엌의 북쪽 혹은 동쪽에 안치하고 중간에는 신상을 모셨다. 역대 부엌의 신을 모시는 풍속은 시대마다 서로 달랐다. 예를 들면, 제사 때 음식은 한·위 때는 황양黃羊, 남북조 시기 때는 돈주豚酒, 송대에는 목이木餌, 돼지 머리, 생선 등이었고, 명·청 때는 '조당灶糖'을 바쳤는데 당병糖餅, 당과糖瓜, 서고黍糕, 호도胡桃 혹은 당두죽糖豆粥, 교아당膠牙餳, 미화당米花糖, 두분단豆粉團 등도 바쳤다.[240]

240 周新華,《調鼎集》, 30-32쪽. 1957년 하남 섬현陝縣 용산 문화 유적지에서 발굴된 신석기 시대 홍도조紅陶灶 이외에 하모도 유적지에서 발견된 도조陶灶에서 명실상부한 부엌의 모습을 엿볼 수 있는데, 춘추, 서한, 동한, 서진 때의 부엌 유물 사진은 같은 책 37-40쪽 참조.

(2) 정

솥 '정鼎'은 최초에는 도기로 만든 취사도구였다. 상·주 시대에 청동으로 만든 솥이 국가의 중요한 기물이 되면서 국가 권력의 상징이 되었다. 그래서 "문정問鼎"이라는 말은 천하의 권력을 빼앗으려는 의미를 내포한다. 정의 모습은 보통은 원형에 발이 셋 달렸고 귀가 둘 달렸으며 네모진 형태에 발이 넷인 것도 있었다. 발이 없는 큰 가마솥을 '확정鑊鼎', 발이 셋이고 긴 귀가 둘 달린 솥 '승정升鼎' 등 여러 종류의 전용 솥도 있었다. 주요 용도는 고기를 삶는 데 사용하였다. 일상생활에 쓰이는 솥은 도기로 만들었다. 진·한 시기에 솥은 더 이상 취사도구로 쓰이지 않게 되었고, 주로 신분을 알려 주는 장례 수장용품으로 쓰였다. 진·한 이후로는 솥은 향로로 변했고, 완전히 음식 조리 도구 영역에서 사라졌다.

(3) 역

'역鬲'은 발이 셋으로 굽었다. 최초의 역은 신석기 시대 말기 때 만들어졌다. 전국 시대에 이르러 점차 사라지기 시작하였고 진나라 이후의 문헌에 이 글자가 보이지 않는다. 청동으로 만든 솥이 출현하기 전에 도자기로 만든 솥이 주요 취사도구였다. 외형은 정鼎과 유사하나 세 다리가 속이 빈 둥근 형태를 갖춰 열을 받는 면적을 많고 넓게 하여 효과적으로 음식을 조리할 수 있게 만들어졌다. 주요 용도는 죽이나 국 또는 물을 끓일 때 사용하였다. 도자기 솥을 만들 때 점토에 모래나 조개껍질 가루 또는 곡물의 겨를 넣어 음식을 끓일 때 고온을 유지하도록 하였다. 청동 솥은 제사용 제기祭器로 사용되어 하·은·주 시기에 존재했다.

(4) 증

'증甑'은 문헌 중에 '부증釜甑'으로 병칭되는데, 부와 다른 점은 기물 바닥에 구멍이 나 있다는 것이다. 밑바닥에 구멍이 있어 그물 같고 배가 깊숙한 형태이다. 음식을 찌는 데 사용하였다. 때때로 역鬲, 정鼎, 부釜와 함께 사용하기도 하여 오늘날의 찜 솥 '증과蒸鍋'와 같다. 취사도구 위에 시루를 놓고 물을 끓이면 증기가 구멍을 통해 시루 안의 음식을 찌는 것이다. 시루 위에 덮개가 있어 증기가 밖으로 나가지 못하게 하여 효율적으로 조리할 수 있었다.

'증蒸'의 조리법은 서양의 음식 조리법과 구별되는 점으로 서양 음식 조리법 중에 찌는 방식은 흔치 않다. 증甑은 앙소 문화 시기에는 그 수량이 많지 않고, 용산 문화 시기에 보편적으로 사용되었다. 하모도 문화 유적에서 발견된 도증陶甑이 중국에서 발굴된 증 가운데 가장 오래되었다. 상나라 초기에 청동으로 만든 증이 출현하였고, 이후로 상·주 시기의 중요한 예기禮器 중의 하나가 되었다. 서주西周 시기에 시루 솥 '언甗'이 출현하였고, 서한 시기에 증甑과 역鬲이 결합된 '언'은 사라지고, 부釜와 증甑이 결합된 '증甑'만이 남게 되었다.[241]

(5) 부

'부釜'는 고대 중국에서는 가마솥의 뜻을 가진 '부鬴'라고 하였는데, 실제는 바닥이 둥근 일종의 솥 '과鍋'이다. 신석기 시대 중기에 만들어졌다. 상·주 시기에는 청동으로 만든 '부'가 있었고, 진·한 이후로는 철로 만들었다. 귀가 달린 철이나 청동으로 만든 부를 '무鍪'라고 하였다. 일반적으로 위·진 시기 이전의 취사도구 대부분은 '부'이고, 수·당 시기 이후에는 '과'라고 불렀다. '부'가 단독으로 사용될 때는 바닥을 불 위에 놓는데, 대부분 '부'는 아궁이 위에 놓고 사용하였다. 뚜껑을 사용하기도 하고 시루 위에 놓기도 하였다.

'파부침주破釜沈舟'의 고사는 《사기》〈항우본기〉에서 유래하였다. 진이세秦二世 3년(기원전 207년), 진나라 병사가 조나라의 거록巨鹿을 포위하자 거록을 구원하려고 "항우가 군사를 이끌고 장하漳河를 건너서는 배를 모두 가라앉히고, 솥과 시루 등의 취사도구를 깨뜨리고 막사를 불사른 뒤 3일분의 군량만을 휴대함으로써 사졸들에게 필사적으로 싸울 것이며 추호도 살아 돌아올 마음이

---

241 周新華, 《調鼎集》, 59-61쪽.

없다는 것을 나타내었다"라고 하였다.[242] 이것이 중국역사상 유명한 '거록지전巨鹿之戰'인데, 결국 항우가 승리를 거두고 이때부터 항우는 제후군의 상장군이 되어 제후들이 모두 그의 휘하에 소속되었다. 후세 사람은 이 성어고사로 퇴로를 남기지 않고 비장한 각오로 적과 싸우는 용맹함에 비유하였다. 그런데 이 기록에 보이는 솥과 시루는 각각 '부釜'와 '증甑'이다. '부'는 송대 고승高承의 《사물기원事物紀原》 권8에 《고사고古史考》의 기록을 인용하면서 "황제黃帝가 부증釜甑을 만들었다"라고 하였으나 전설에 불과하다.

현재 절강 악청樂清 안탕산雁蕩山의 능인사能仁寺에 북송 때 철과鐵鍋가 하나 남아 있는데, 원래 능인사는 북송 때 전국 10대 사찰 중의 하나였다고 한다. 1092년, 능인사 유화성劉化晟 주지가 철로 큰 솥을 하나 주조하여 능인사에 기증했다. 높이가 1.38미터, 직경이 2.4미터, 총 무게가 13.5톤에 달한다고 한다. 《안탕산지雁蕩山志》에 당시 능인사에 승려가 천여 명이나 있었고, 이 솥으로 지은 밥은 스님 한 끼 밥에 맞먹었다고 했는데 당시 사람들이 이 솥을 '천승과千僧鍋'라고 불렀다고 하였다. 현재 남아 있다고 한다.[243]

'확鑊'은 부의 일종이다. 《주례》 〈천관天官〉 "형인亨人"에 "형인은 큰솥을 갖추어서 물과 불을 잘 조절하여 공급하는 일을 관장한다"라고 했는데 여기에서 큰솥은 '확'을 말한다. 또 정원鄭元의 주注에 "확은 고기나 말린 생선을 넣어 끓이는 기구이다"라고 했다.[244] 서한 때 편찬된 《회남자》 〈설산훈說山訓〉의 "잘게 저민 고기를 한 점 맛보면, 솥으로 끓인 고기 맛을 알게 된다"[245]라는 구절의 주注에 "다리가 있는 솥을 정鼎, 다리가 없는 솥을 확鑊이라고 한다"라고 했다.[246] 또한 간보干寶의 《수신기搜神記》 제13권에 한무제가 여강廬江의 곽산霍山에

242 丁範鎭 外 옮김, 《史記本紀》, 221쪽.
243 周新華, 《調鼎集》, 55쪽.
244 鄭元 注, 賈公彦 疏, 《周禮》, 63쪽.
245 "嘗一臠之肉, 知一鑊之美." 李錫浩 譯, 《淮南子》, 412쪽. "고기를 한 점 맛보고, 솥 안의 고기 맛을 알며"라고 번역하였다.
246 "有足曰鼎, 無足曰鑊." 高誘 注, 《淮南子注》, 285쪽.

서 제사를 지내는데, “사당에 네 솥이 있었는데, 40섬을 담을 수 있었다”라고 하였다.[247] 여기에서의 솥은 확이다. 그런데 40섬이나 담을 정도로 큰 확 솥이다.

부과釜鍋와 기능이 비슷한 기물은 적지 않았는데, 그 가운데 ‘당鐺’이라는 다리가 셋인 솥이 있다. 당은 다리가 있는 솥으로 남조 송나라 때 유의경劉義慶의 《세설신어世說新語》〈덕행德行〉에 “어머니는 솥 바닥에 눌러 붙은 누룽지 먹기를 좋아했다”[248]라고 했다.

(6) 언

‘언甗’은 복합적인 취사도구이다. 위는 증甑이고 아래는 역鬲이나 부釜이다. 아랫부분은 물이나 국을 끓이고, 윗부분은 음식을 찐다. 도자기로 만든 언은 신석기 시대 말기에 만들어졌다. 상·주 시기에는 청동으로, 진한 시기에는 철로 만들어졌다. 동한 이후로 언은 없어졌다. 동주東周와 진·한 시기에 두 부분이 하나로 합쳐진 언이 유행했다. 역鬲, 정鼎과 증甑이 합쳐진 언은 직접 취사에 사용되었다. 부釜와 증甑이 결합하여 이루어진 언은 아궁이와 결합되어 사용되었다. 한나라 때는 언을 증甑이라고도 하였다.

(7) 규

‘규鬹’는 ‘역鬲’의 윗부분 한쪽에 부을 수 있는 긴 주둥이가 있고 다른 한쪽에는 손잡이가 달렸다. 이 고대 중국의 취사도구 가운데 가장 독특한 것으로 신석기 시대 말기 대문구大汶口 문화와 산동의 용산 문화에 유행하였다. 두 문화 특유의 기물로서 다른 지역에서는 보기 드물다. 규의 용도는 역과 같다. 음식을 삶는 도구이다. 고고학에서 ‘유流’라고 하는 뾰족한 주둥이와 ‘반금扳金’이라고 하는 손잡이가 있기 때문에 국자가 필요 없고 직접 그릇에 음식을 부을 수 있어 역보

247 “廟有四鑊, 可受四十斛.” 全秉九 번역, 《搜神記》, 294쪽.

248 “母好食鐺底焦飯.” 楊勇 校箋, 《世說新語校箋》, 38쪽. 楊勇의 주석에 의하면 鐺은 다리가 세 개인 가마솥 ‘부鬴’로 즉 솥 ‘부釜’의 일종이라고 하였다.

다 더 효율적이고 발전된 형태라고 할 수 있다.

(8) 가

'가斝'는 외형이 '역鬲'을 닮았고 배와 다리의 구분이 분명했다. 도기로 만든 가는 신석기 시대 말기에 만들어졌고, 당시에는 다리가 없었다. 하·은·주 시대에 이르러 세 개의 다리가 달리고 청동으로도 만들어졌다. 처음에는 술잔이었지 취사도구는 아니었다. 신석기 시대 말기에만 취사도구로 사용됐다. 술잔으로 쓰인 것은 상·주 시대였다. 신석기 시대의 가는 물과 죽을 끓이는 취사도구였고 술잔은 아니었다. 그러나 하나라에 이르러 가는 점차 술잔이나 술을 데우는 도구로 변했다. 상나라 때는 청동으로 만든 가가 등장하여 취사도구로 쓰이지 않게 되었다. 상나라 이후로 가는 사라지고 말았다.

2. 식사 도구

중국 전통 식사 도구는 크게 국자 '작勺'과 젓가락 '쾌자筷子'로 나뉜다. 젓가락은 3천 년 동안 그 기능과 형태에 큰 변화가 없었던 중국 음식 문화의 상징이다. 국자가 등장한 역사는 오래되었고 그 발전 과정이 복잡하다.

(1) 쾌자

'쾌자筷子'는 옛날에는 '저箸'라고 하였는데 젓가락이다. 명대에 이르러 지금의 명칭이 생겨났다. 저는 가장 기본적인 식기로 그 기원은 도기陶器보다 이르다고 한다. 역사의 기록에 저명한 상나라의 폭군 주왕紂王이 상아象牙로 만든 젓가락을 사용하였는데, 상아 젓가락은 망국亡國의 상징을 나타냈다. 상나라 때는 젓가락이 비단나무나 대나무뿐만 아니라 여러 재질로 만들어졌다. 원주 형태에 그림을 새기기도 하였다. 처음에는 나무로, 상·주 시대에는 청동으로 만들어졌으며, 한나라 때 대나무가 유행했다. 수·당 시대에는 금과 은으로 만들어졌고 이후 명·청대까지 사용되었다.[249] 송·원 시기에는 육각형과 팔각형의 젓가락이 만들어졌다. 장식도 화려했는데 명·청 시대에는 젓가락에 시나 그림을 새겨 하나의 예술품이 되었다. 상아, 옥, 금·은, 청동, 나무 등의 재질의 구분과 네모, 원형, 다각형의 모양의 구분이 있었다.

젓가락은 실용 음식 도구인데, 보통 대나무로 만든 젓가락을 사용하였다. 예를 들면, 당대 시인 백거이白居易가 강주江州의 사마司馬로 있을 때 팽려호彭蠡湖 근처에 사는 친구를 방문하고 소박한 식사를 했는데, "잠시 후 야외에 식사를 차렸는데, 쌀밥과 미나리 싹튼 채소였네. 흰색 사발과 푸른 대나무 젓가락에, 검소하고 정갈하니 비린내가 없었네"라고 읊었다.[250] 젓가락이 금, 은, 옥이나 상아로 만들어져 사치의 상징이기도 했다. 예를 들면, 두보杜甫가 진주秦州에 있을 때 가을이 되었는데 완방阮昉이 보내 준 '효藠'라고도 하는 염 부추 '해채薤菜'에 대한 감사의 시를 지었는데, "염 부추는 막 베어 낸 풀처럼 파랗고, 둥근 끝은 희기가 옥 젓가락과도 같네. 내가 늙어서 가슴과 배 사이가 차고 약해, 이 채소를 먹으면 아무 걱정 없으리라"라고 했다.[251]

《홍루몽》 제40회에 주인공 가보옥賈寶玉의 할머니이며 대부인인 사태군史太君, 가보옥의 어머니 왕부인, 가보옥의 사촌형 부인 왕희봉이 병문안 온 시골에 사는 사돈댁 할멈 유씨 노파를 연회에 초대했을 때, 왕희봉王熙鳳과 원앙鴛鴦이 유 노파를 고의로 놀리는 장면이 있다.

> 유 노파는 자세를 고쳐 앉으며 젓가락을 집어 들었다. 그런데 웬 젓가락이 이렇게 무거운 것일까? 손에 들기조차 힘들 지경이었다. 희봉과 원앙이

249 최초의 은 젓가락은 西安의 수나라 이정훈李靜訓의 묘에서 출토되었는데 길이가 29센티미터나 된다. 周新華,《調鼎集》, 77쪽.
250 朱金城 箋校,《白居易集箋校》,〈過李生〉, 378쪽.
251 〈추일완은거치해삼십속秋日阮隱居致薤三十束〉, 仇兆鰲 注,《杜詩詳注》, 632쪽.

짜고서 유 노파에게만은 금을 상감하여 모를 낸 상아 젓가락을 놓아 두었던 것이다. '원, 이 집게는 우리 집에 있는 가래만큼이나 무겁네요. 이것으로야 어디 음식을 먹을 수가 있겠나?' 희봉은 얼른 비둘기 알이 담긴 그릇을 집어 유 노파의 식탁에 놓아 주었다. 비둘기 알을 보고 유 노파는 "이 댁의 물건은 닭까지도 미인인 모양이지요? 알을 낳아도 요렇게 깜찍하고 고운 걸 보니, 이건 차라리 먹지 말고 집에 가져다 씨를 받았으면 좋겠네요"라고 말하자, 모두들 웃음보를 터뜨렸다. 유 노파는 젓가락을 뻗어 비둘기 알을 집으려 했다. 그러나 아무리 애를 써도 알은 그릇 안에서 뱅글거릴 뿐 좀처럼 집어지지 않았다. 그나마 겨우 하나를 집어서 입 안에 넣으려고 목을 늘이는 찰나에 알은 젓가락에서 빠져 탁자 아래로 떨어져 버렸다. 유 노파는 냉큼 젓가락을 놓고 손으로 그것을 집으려 했지만 어느새 누가 집어가 버렸는지 보이지 않았다. 유 노파는 제풀에 한숨을 내쉬었다. "아뿔사! 한 냥 돈이 소리 없이 자취를 감추고 말았네!" 희봉은 대부인의 명령에 곧 상아 젓가락을 거두고 다른 사람들과 똑같이 '은으로 상감한 오목나무 젓가락'을 가져다 놓았다. 유 노파가 말하길, "금붙이가 가더니 이번엔 은붙이가 왔군요. 좋기는 하지만 아무래도 우리 집에서 쓰는 나무젓가락보다는 손에 익지가 못해요" 왕희봉이 대답하길, "그렇지만 할머니, 음식에 혹시 독이 들어 있더라도 이 은젓가락을 넣으면 당장 알아내게 돼요" "이런 요리에 독이 들어 있다고 한다면 우리네 집에서 먹는 음식엔 전부 비상이 들어 있는 셈이군. 독을 만나 죽는 한이 있더라도 이런 음식은 배껏 먹어야겠군요" 유 노파가 이렇듯 익살을 부려 가며 맛나게 먹는 것을 보고 대부인은 자기상에 놓인 요리를 몽땅 유 노파의 상에 옮겨 놓아 주었다.[252]

상아 젓가락을 사용하는 데 애를 먹는 유 노파를 통해 신분의 차이와 상아

---

252 조설근 · 고악 지음, 안의운 · 김광렬 옮김, 《홍루몽》 3, 132-135쪽.

젓가락이 귀족 전용의 사치품임을 나타냈다.

(2) 표

'표瓢'는 호로葫蘆를 반으로 잘라놓은 형태이다. '의호로화표依葫蘆畫瓢'라는 중국의 속어俗語가 있는데 이것은 "그대로 모방하다"라는 뜻이다. 처음에는 나무로 만들었으나 후에 도자기나 철로 만들어졌다. 한나라 때는 사각형의 바닥이 평평하고 물을 뜰 수 있으며 직접 음식을 담을 수 있어 '괴魁'라고 하였다. 표보다 작은 것을 표주박의 뜻인 '여蠡'라고 하였다. 또 중국 속어에 '이려측해以蠡測海'라는 말은 "표주박으로 바닷물을 잰다"라는 뜻이므로 "좁은 식견으로 헤아리다"를 뜻한다. 음식물을 뜨는 용도지만 술을 담을 때도 사용하였다.

(3) 작

'작勺'은 고대 중국에 두 가지 종류가 있다. 하나는 음식을 담아내는 도구이고 동시에 조리 중에 음식물을 휘젓는 도구로 옛날에는 이것을 숟가락의 뜻을 가진 '비匕'라고 하였는데 오늘날의 국물을 뜨는 국자 '탕작湯勺'과 볶을 때 쓰는 국자 '초작炒勺'과 유사하다, 다른 하나는 국을 떠먹는 숟가락에 가까운 국자를 말하는데 크기가 작고 옛날에는 '시匙' 오늘날에는 '탕시湯匙'라고 한다. 속칭 '조갱調羹'이다. 초기의 국자는 다용도로 쓰였고, 진·한 시대에 국을 입에 넣을 수 있는 작은 숟가락이 등장했다. 최초의 국자는 지금으로부터 약 7천 년 전으로 올라가는데, 신석기 시대에 속한다. 당시의 국자는 나무와 뼈로 만들어졌고 도기로 만든 것도 있었다. 하·은·주 시대에 청동으로 만든 국자가 등장했다. 손잡이가 넓고 국자 머리는 부삽 모양이거나 칼 모양이었는데, 그래서 비수匕首는 바로 국자 가운데 칼 모양의 것을 가리킨다. 전국 시대부터 뾰족한 형태에서 둥근 모양으로 바뀌기 시작했고, 손잡이도 가늘고 길어졌다. 진·한 시대에는 옻칠을 한 나무 국자가 유행했는데, 모양도 화려하고 아름다웠으며 국자에서 분화되어 숟가락이 등장하였다. 이후에 금, 은과 옥으로 만든 국자가 증가하였다.

《예기》〈곡례曲禮〉 가운데 "함께 밥을 먹을 때는 땀난 손으로 먹지 않는다" 또 "기장밥을 젓가락으로 먹지 않는다"라고 했다.[253] 밥을 먹을 때 손을 사용했고 젓가락을 사용하지 않았음을 알 수 있다. 전국 말기 혹은 한대 초까지는 손으로 밥을 먹었다. 《사기》〈귀책열전龜策列傳〉에 상나라 주왕紂王은 "코뿔소의 뿔로 만든 그릇과 옥으로 만든 그릇, 상아로 만든 젓가락으로 국을 먹었다"라고 하여[254] 한대 사람들은 국을 먹을 때 젓가락을 사용하였음을 알 수 있다. 고대 중국에서는 국자보다는 젓가락을 더 많이 사용하였다. 지하에서 발굴된 국자 유물을 보면 바닥에 구멍이 여러 개 나 있어 국 안의 채소나 고기 덩어리를 걸러내도록 하였다. 비匕의 역사는 젓가락보다 오래되었다. 하모도 문화 유적지에서 적지 않은 수의 비가 발굴되었다. 발굴된 비에는 작은 구멍이 나 있다. 상대 유적지에서는 각종 비가 발굴되었지만 젓가락은 거의 보이지 않는다. 고대 중국에서는 비의 사용이 젓가락을 능가하여 광범위하게 사용되었음을 알 수 있다. 그런데 이 비의 모양을 보면 끝이 예리하여 마치 칼과 같은데, 《의례》 중의 두 기록이 이를 증명한다. 〈소뢰궤식례少牢饋食禮〉의 정현鄭玄의 주에 "비는 기장을 베는 데 사용한다"[255]라고 했고, 《사혼례士昏禮》의 "비조종설匕俎從設"에 대한 정현의 주에 "숟가락을 드는 사람과 도마를 드는 사람이 세발솥의 뒤를 따라 들어와 진설하고는, 숟가락으로 세발솥에 들어 있는 희생의 고기를 꺼내어 도마 위에 담아 진설해 놓는다"라고 했다.[256]

'비匕'는 음식을 찍어서 집을 때와 제사용 희생을 자를 때 사용되었음을 알 수 있다. 다시 말해서 칼 도刀, 포크 차叉와 국자 작勺의 특징을 모두 하나로 종합한 음식 도구였다. 또한 젓가락이 국 속의 채소나 고기를 집는 기능을 비가

---

253 池載熙 解譯, 《禮記》(上), 47쪽.
254 丁範鎭 外 옮김, 《史記列傳》(下), 1149쪽.
255 鄭玄 注, 賈公彦 疏, 《儀禮注疏》, 560쪽.
256 吳江原 譯註, 《儀禮》 1, 243쪽.

대신할 수 있었다. 젓가락으로 밥을 먹을 때는 국그릇을 직접 입에 가져다 국을 마셨고 젓가락을 사용하지 않았다. 《사기》〈유후세가留侯世家〉의 기록에 젓가락을 단독으로 사용하는 장면이 있다. 항우가 형양滎陽에서 한왕 유방을 포위하자, 한왕이 두려워하고 걱정하였다. 한왕이 막 식사를 하던 중에 장량에게 초나라를 약화시킬 계책이 무엇인지 물었다. 장량이 대답하길, "청하건대 앞에 있는 젓가락을 빌려 주시면 대왕을 위하여 당면한 형세를 하나하나 따져보겠습니다"라고 하고는 이어서 자신의 계책을 말했다.[257] 당시의 젓가락은 채소를 집는 식기였는데, 식탁 위에 놓인 젓가락을 장량이 손으로 집어 자신의 계책을 설명해도 항우의 식사에 방해가 되지 않았음을 알 수 있다. 《고공기考工記》〈재인梓人〉편에 "두豆에 담긴 고기를 먹고, 술을 마셨는데 이것이 중인中人의 식사였다"[258]라고 기록하였는데, '두'라는 식기는 높은 다리가 달린 식기로 손으로 받칠 수가 없고, 상나라 이전의 식기는 무겁고 컸다. 그러나 서한 초기에 이르러서는 다리가 없고 낮은, 둥글고 작은 그릇이 출현했다. 예를 들면, 호남 장사 마왕퇴馬王堆 서한 초기의 묘에서 출토된 칠기 그릇에 젓가락과 대접이 함께 있어 젓가락으로 밥을 먹었음을 알 수 있다.[259] 결론적으로 젓가락으로 밥을 먹는 습관은 서한 초기에 생겨났을 가능성이 높다. 한대 화상석畵像石에 식탁에 젓가락이 놓인 장면은 여러 곳에 보인다.[260] 현재 보통 중국인은 식사를 할 때 왼손에 밥그릇을 들고 오른손으로 젓가락을 쥐고 밥그릇 주변을 입에 대고 동시에 젓가락으로 밥을 입에 밀어 넣어 먹으며 반찬은 밥 위에 올려놓고 먹는다. 숟가락으로 밥을 퍼먹지는 않고 국을 마실 때만 숟가락을 사용한다. 우리가 밥그릇을 거의 손에 쥐지 않고 식탁에 놓고 먹으며 젓가락은 반찬을 집는 데 사용하고 숟가락은 밥을 먹을 때 사용하는 것과 다르다. 일본인은 숟가

257 丁範鎭 外 옮김, 《史記世家》(下), 558쪽.
258 戴吾三 編著, 《考工記圖說》, 74쪽.
259 張征雁·王仁湘, 《昨日盛宴—中國古代飮食文化》, 68쪽의 〈馬王堆出土食具漆盤〉과 77쪽의 〈漆盤〉인용.
260 張征雁·王仁湘, 《昨日盛宴—中國古代飮食文化》, 43쪽에서 인용.

락을 사용하지 않고 국은 그냥 국그릇을 입에 가져다 마시고 젓가락으로 밥을 퍼먹는다. 한중일 삼국의 식사법이 비슷하면서도 상당히 다른 것을 알 수 있다.

3. 그릇

음식을 담는 식기는 오늘날의 찬 그릇과 같다. 소반 '반盤', 동이 '분盆', 주발 '완碗', 사발 '우盂', 바리때 '발鉢', '두豆', 제기 '대敦', 도마 '조俎', 탁자 '안案' 등이 있었다. '반'이 음식을 담는 용기의 가장 기본적인 형태이다.

(1) 반

'반盤'은 신석기 시대에 이미 도기로 만든 소반이 보편적으로 사용되었다. 이때 이후로 반은 식탁 위 가장 필수적이고 보편적인 용기가 되었다. 도기, 청동, 옻칠한 나무, 금과 은 등 다양한 재질로 만들어졌다. 가장 흔한 반은 원형으로 바닥이 평평한 것인데, 어떤 것은 사각형인 것도 있었다.

(2) 분

'분盆'은 윗부분이 벌어지고 아랫부분이 좁고 깊지 않은 원형 용기이다. 신석기 시대에 식기로 사용되었고, 모양도 다양했다. 진·한 시기 이후로 분의 재료는 많아졌지만 형태는 고정되어 오늘날 쓰이는 형태와 별 차이가 없었다. 분은 중요한 식기인데 주로 물이나 음식을 담는 데 사용되었다. 분의 배가 깊고 굽어서 시각적으로 아름답고 음식을 흘리거나 물이 흘러넘치는 것을 막을 수 있는 기능도 갖췄다. 분은 나중에 음식을 저장하는 용기로 바뀌었다.

(3) 완

'완碗'은 반과 유사하나 형체가 작고, 식기 가운데 가장 흔하고 생명력이 가장 강한 주발이다. 최초의 완은 신석기 시대 초기 때부터 만들어졌고 오랫동안 사용되었으며 종류도 다양하다. 상주 시기 때 비교적 큰 완은 문헌 중에 '우盂'라고 칭했고, 밥을 담거나 물을 담을 때도 사용하였다.

(4) 우

'우盂'의 외형은 '반盤'과 유사하다. 상나라 말기 때 출현하여 서주西周와 춘추 시대에 유행했다. 당시에는 주로 음료를 담는 용기로 사용되었다. 진秦나라 이후에 우는 기능 면에 변화가 생겨 죽이나 국을 담는 그릇으로 바뀌었고 그릇도 갈수록 작아졌으며 오늘날의 완碗과 비슷해졌다. 한나라 때의 《방언方言》에 "완盌을 우盂라고 한다"라고 하였다. 완盌은 완碗을 가리킨다. 우는 실제로는 밥을 담는 완인 것을 알 수 있다.

(5) 발

완碗 가운데 그릇이 비교적 작거나 다리가 없는 것을 '발缽' 혹은 '발鉢'이라고 한다. 밥을 담는 그릇이다. 후세에 발鉢은 스님이 휴대하고 다니는 작은 그릇을 가리키는 말이 되었다.

(6) 두

'두豆'는 굽이 높고 뚜껑이 있는 그릇으로 도기·나무·대나무 재질로 만들어졌고 상주 시기 이후에는 청동 두도 유행했었다. 나무로 만든 두를 '두梪', 대나무 두는 '변籩', 도기 두는 '등登'이라고 칭했다. 두의 자루를 '교校', 손잡이 밑의 둥근 받침 다리는 '등鐙'이라고 불렀다. 신석기 시대 말기에 도기 두가 만들어졌고, 상주 시대에도 사용되었으며 한나라에 이르러 없어졌다. 청동 두는 서주 시기에 만들어졌고, 상나라 때 사라졌다. 상나라 때 두는 고기를 담는 그릇으로만 사용되었고, 제사용으로 광범위하게 쓰였다. 후세에 '변두지사籩豆之事'라는 말은 음식을 신에게 제사를 지내는 것을 가리켰으므로 두는 제기祭器가 되었다. 두의 용량은 고정적이어서 용량의 단위가 되었는데, 1두는 4승升이었다. 1승은 1리터이다. 후에 두는 중요한 중량의 단위가 되었는데, 진나라 때는 반량전半兩錢, 반량半兩은 12주銖이다. 한나라 때 오수전五銖錢이 유행했으므로 수銖는 계량 단위였다. 1수의 중량은 대로 계산하면 6두가 1수가 된다.

(7) 조

'조俎'는 평평한 판자 밑에 다리가 달린 도마를 가리킨다. 조는 보통 식품을 놓는 데 사용하거나 고기를 자르는 도마로 사용되었다. 진나라 말경의 그 유명한 홍문연鴻門宴에서 항우와 유방이 만나 베풀어진 연회에서 번쾌가 유방에게 "항우는 칼과 도마이고, 저희들은 물고기 신세입니다"[261]라고 한 말에서의 도마가 바로 이것이다. 하·은·주 시대에 사용된 도마가 출토되었고 돌 도마나 청동 도마도 있었다. 당시에 도마는 제사용으로도 사용되었다. 신에게 제사 지낼 때 항상 '조두俎豆'로 연용해서 사용했다. 공자가 말하길 "도마와 두의 일은 일찍이 내가 들어본 적이 있다"라고 하였다.[262] 도마는 제사에 쓰였음을 알 수 있다. 주례周禮에 의하면, '조'가 제기祭器의 일종이었고, 빈객이 예禮를 행하는 것을 돕는 사람을 '개介'라고 하였는데, 개가 고기를 고아 놓은 조를 드는데, "왕이 하루에 희생을 죽여 음식을 만들어 먹으며 정솥에는 12가지 동물이 있으며 다 도마를 사용한다"라고 하였다.[263]

(8) 안

'안案'은 그 형태와 기능이 조와 비슷했다. 그러나 진한 시대와 그 이후에는 도마 조를 가리켰다. 식탁은 대개 두 종류로 나뉜다. 표면이 길고 다리가 높은 것으로 '기안幾案'이라고 하여 일종의 가구였고 식사 용도로도 쓰였다. 다른 하나는

---

261 《史記》〈項羽本紀〉. 丁範鎭 外 옮김, 《史記本紀》, 230쪽.
262 《論語》〈衛靈公〉, "俎豆之事, 則嘗聞之矣."
263 《周禮》〈膳夫〉, "王日一擧, 鼎十有二, 物皆有俎." 池載熙·李俊寧 解譯, 《周禮》, 53쪽.

표면이 넓고 네 다리가 낮거나 없는 것으로 표면 위에 소반, 주발, 술잔, 젓가락 등을 놓을 수 있는 것으로 '어안棜案'이라고 불렀으며 오늘날의 쟁반托盤과 유사하다.

(9) 궤

'궤簋'는 청동으로 만든 원형의 귀가 달린 큰 주발碗로 '연璉'이라고도 한다. 사각형의 궤를 '보簠'라고 하고 '호瑚'라고도 하므로 '호련瑚璉'이 궤이다. '보궤簠簋'라는 말로 함께 사용하고, 상주 시대 청동으로 만든 음식을 담던 식기이다. 청동 용기가 만들어지기 전에는 도기나 나무로 만들어졌는데, 이것을 '토유土留' 또는 '토궤土簋'라고도 하여 기능은 완碗과 같았다. 보궤의 명칭은 하·은·주 시대에 존재했고, 일상용기뿐만 아니라 제사에도 쓰였다. 솥(鼎)과 함께 사용되었는데, 보통 정 하나에 궤가 두 개 쓰였다. 그러나 신분에 따라 달랐는데, 천자는 9정8궤, 제후는 7정6궤, 경대부는 5정4궤를 사용했다. 일반 백성들은 사용할 수 없었으며 신분이 비교적 높은 관리만이 궤를 소유할 수 있었다. 보궤라는 말은 고관대작의 상징이었다. 두豆와 다른 점은 궤에는 고기를 담지 않았고, 진한 이후로는 실용적인 보궤는 더 이상 존재하지 않았다.

(10) 합

'합盒'은 두 개의 주발을 합친 것을 가리킨다. 전국 시대 말기에 생산되었고 서한 시대 중기에 유행했다. 어떤 것은 합 안에 또 다른 합들이 여러 개 들어 있었는데, 서한 때부터 위진 시대까지 남방에서 유행한 것을 '팔자목루八子木累'라고 하였다. 후에는 사각형도 생겨나 통칭하여 '다자합多子盒'이라 했다. 뚜껑이 없는 다자합은 '격반格盤'이라고 한다. 이런 용기는 간식을 담던 그릇이었지만 덮개 형식의 밥그릇은 계속해서 사용하였다. 도기 재질에서 점차 옻칠한 나무나 금,은으로 변했다.

(11) 대

'대敦'는 청동으로 만든 식기로 춘추 시대 중기에 생산되어 춘추 말기와 전국 후기에 유행했고 진나라 때는 없어졌다. 몸체는 원구 형태로 상하가 완전히 하나로 일치하며 다리가 세 개 달렸고 귀가 두 개이거나 귀가 없는 경우도 있다. 윗부분은 뚜껑으로 덮어서 식기로 사용하였다. 사각형의 대를 '이彝'라고 하였지만 술병에 속하였고 식기는 아니었다. 주나라 예의의 규정에 의하면, 대는 서黍, 직稷, 도稻, 양粱 등의 양식작물만을 담던 식기였다. 대의 형태는 정鼎과 궤簋를 결합한 것에서 발전된 것이다. 주례에서는 궤와 대를 구분하지 않았고 송나라 때는 정이라고 하였고 청대에 이르러 학자들이 대를 단독으로 사용하였다.

4. 저장 용기

음식 재료나 식품 그리고 소금에 절인 음식을 저장하는 용기이다. 병 '병瓶', 항아리 '옹瓮', 단지 '호壺' 등이다. 양식을 저장하고, 물을 퍼올리고 나르며, 음식을 저장하거나 소금에 절인 것을 저장할 때 사용된다. 일부 음식을 담는 동이나 소반과 같은 용기도 저장 기능이 있었다.

(1) 병

'병瓶'은 물을 퍼 올리는, 입이 작고 배가 깊으며 몸체가 긴 용기로 신석기 시대에 도기로 만들어졌고 형식도 다양하고 크기도 다양했다. 앙소 문화에서 입이 작고 끝이 뾰족한 특이한 병도 출토되었다. 청동 시대 이후로는 금속으로 만든 병이 출현하였지만 많지 않았고 물을 퍼 올리는 도기로 만들어진 병이 여전히 대종을 이루었다. 술을 담는 용기로도 사용되었다.

(2) 옹

항아리 '옹瓮'은 물을 담거나 양식을 저장하고 술을 담그는 데 사용되었다. 형체가 아주 작은 옹을 '부瓿'라고 한다. 입 부근에 구멍을 뚫고 줄을 매달아 물을 퍼올리는 데 사용한다. 옹과 유사한 물을 퍼 올리는 용기로 장군 '부缶'라는 것이 있는데 뚜껑이 있고 아가리가 좁고 배가 불룩한 질그릇이다. 진나라 때 연회에서 이것을 두들기며 장단을 맞추는 악기로 사용했다.[264]

(3) 호

단지 '호壺'는 형태가 병과 항아리 중간 정도로 목이 있는 용기이다. 호로葫蘆와 형태가 비슷하다 하여 호라고 명명하였다. 호는 물을 담거나 양식을 저장할 때 사용되었다. 일부는 술을 담그기도 하였다. 용량을 재는 데 사용되는 호를 '종鍾'이라고 하였다. 도기 호는 신석기 시대부터 생산되어 이후 계속 사용되었는데 후에 금속으로 만들어진 제품과 자옹瓷瓮도 있었다.

---

264 사마천의《사기》〈염파인상여열전〉에 보면, 진나라 왕과 조나라 왕이 민지澠池에서 회합을 가졌는데, 진왕이 조왕에게 모욕을 주기 위해 조왕이 거문고를 타도록 하자, 인상여藺相如는 진왕에게 부를 바치며 이를 두들기며 노래하길 원했고 만약 연주하지 않으면 자신의 목의 피로 진왕을 물들이겠다고 협박하여 진나라가 감히 조나라를 공격하지 못하도록 하였다. 丁範鎭 外 옮김,《史記列傳》(上), 315쪽.

제5장

중국의 각지 요리

중국 요리는 지방 특색이 분명하다. 고대 중국의 요리는 일찍부터 '방구幇口'의 설이 있었다. '방幇'은 지방 특색이 강한 행방行幇이고, '구口'는 입맛을 가리켜 중국 요리는 지방 특성이 강한 맛의 특색을 지녔다. 예를 들면, '천방채川幇菜'는 사천 요리사가 요리한 사천 지방 맛의 요리를 말한다. 원료의 특성, 조리 기술, 맛의 특징에 따라 많은 지방 요리가 형성되었다. 이런 지방색이 강한 요리의 형성은 경제, 지리, 사회와 문화 등의 요소에 의해 결정되었다. 기후, 지리, 생산물, 풍속 습관, 생활 방식 등의 차이로 서로 다른 지방 음식이 생겨나게 된 것이다.

진晉나라 때의《박물지博物志》〈오방인민五方人民〉편에 "동남 사람은 수산물을 먹고, 서북 사람은 가축을 먹는다. 수산물을 먹는 사람은 거북, 두꺼비, 고둥, 조개를 진귀한 맛으로 여겼고 비리고 구린 냄새를 느끼지 못했다. 가축을 잡아먹는 사람은 너구리, 토끼, 쥐, 참새를 진귀한 맛으로 여겼고 노린내가 나는 것을 느끼지 못했다"라고 하였다.[265]

---

265 "東南之人食水産, 西北之人食陸畜. 食水産者, 龜蛤螺蚌以爲珍味不覺其腥臊也. 食陸畜者, 狸兎鼠雀以爲珍味, 不覺其膻也." "靠山吃山, 靠海吃海" 張華 撰, 范寧 校證,《博物志校證》, 12쪽.

조리 방법의 차이는 요리의 특성을 결정하는 중요한 요소이다. 청대 원매의 《수원식단》에 남북의 요리는 그 조리 방법이 크게 다르다고 하였다. 돼지의 창자 요리에 대해 "기름을 두르고 센 불에 볶아 바삭바삭해진 것을 맛이 좋은 요리로 여기는 것은 북방의 조리법이고, 남방 사람은 술을 넣고 오래 삶아 살이 물러지는 것을 법칙으로 삼았다"라고 하였다.[266] 원매 이전의 조리법은 지역에 따라 음식이 달랐음을 알 수 있다.

청나라 말경에 4대 요리가 분명해졌다.《청패유초淸稗類鈔》에 "각지 음식의 특성이 달랐던 것은 풍습이 달랐기 때문이다. 북방 사람은 파와 마늘을 좋아했고, 사천·운남·귀주 사람은 매운 것을 좋아했으며, 광동 사람은 담백한 음식을 좋아했고, 소주 사람은 단 것을 좋아했다."[267] 또한 각지 음식의 특색을 자세히 분석하면서 "소주 사람은 지방이 많은 것을 좋아했고 조리법도 다섯 가지 맛의 조화를 중시하였으며 설탕을 많이 사용하였고 다섯 가지 향을 가미했다"[268] "광동과 복건 사람은 해산물을 많이 사용하였고 반드시 탕을 마셨으며 광동 사람은 생식을 좋아하여 불의 사용을 중시하지 않았다",[269] "호남 사람은 매운 음식을 좋아하여 비록 스님이 식전이거나 진수성찬일지라도 고추가 없으면 식사를 하지 않았고 탕도 많이 마셨다"[270]라고 하였다.

중국 요리의 형성과 발전은 대략 세 단계를 거쳤다. 맹아기에 남방과 북방 음식의 차이가 나타나기 시작했다.《주례》에 '팔진八珍'은 궁중 음식인데 북방 요리를 대표한다고 하였다.[271] 대부분 육지에서 나는 산물을 재료로 사용하였고 조리법도 은나라의 방법을 따랐으며 지역은 황하 유역이었다.《여씨춘추》

266 袁枚 著, 王英志 校點, 袁美勤 譯注,《隨園食單》,〈猪肚二法〉, 50쪽.

267 徐珂 編撰,《淸稗類鈔》, 第十三冊, 6237-6238쪽.

268 徐珂 編撰,《淸稗類鈔》, 第十三冊, 6240쪽.

269 徐珂 編撰,《淸稗類鈔》, 第十三冊, 6242쪽.

270 徐珂 編撰,《淸稗類鈔》, 第十三冊, 6244쪽.

271 《周禮》〈食醫〉에 "식의는 왕에게 온갖 음식과 팔진미八珍味를 가지런히 조절하는 일을 관장한다"라고 하였다. 池載熙·李俊寧 解譯,《周禮》, 67쪽.《禮記》〈內則〉에 팔진의 내용을 수록하였다. 池載熙 解譯,《禮記》, 153-155쪽.

〈본미〉편에 나열한 음식은 대부분 남방 음식인데, 해산물을 주로 사용하였고 장강 유역이다.

형성기는 당나라 때까지인데, 남방 음식은 셋으로 나뉘었다. 장강 중상류 음식이 가장 우세하였고 장강 하류와 회하淮河 지역도 우세하였으며, 영남과 주강珠江과 복건의 민강閩江 지역은 광동 요리가 주도적인 위치를 차지했다. 송나라 때는 사천 음식, 동북 지방의 노식虜食과 남방 음식이 정식으로 문헌에 나타나기 시작했다. 중국의 4대 요리 즉 산동 '노魯', 사천 '천川', 강소 '소蘇', 관동 '월粤' 요리가 형성되었다.

발전 시기는 원·명·청 시기로 특히 청대에는 4대 요리가 급속도로 발전하였다. 산동 요리인 노魯 요리는 북경과 청진으로까지 확대되었고, 이후로 동북 지역까지 전파되었다. 회양淮揚 요리는 강소, 절강, 안휘, 강서 등지의 시장을 개척하였고 각지 요리와 뒤섞였다. 사천 요리는 호남, 호북, 운남, 귀주 일대에 영향을 끼쳤다. 광동 요리는 복건, 대만, 해남, 광서 지역으로 확대되었고 타 지역의 요리를 흡수하여 독특한 맛을 형성했다. 4대 요리는 상호 영향을 주고 받았지만 각자의 특색을 유지하고 발전시켜 후에 8대 혹은 10대 요리를 형성하였다. 그러나 중국 요리는 4대 요리가 기본이 되었다.

중국 요리는 지방 요리가 각각의 특색을 지니고 있는데 이것은 지리와 기후 조건의 자연적인 요소와 경제·정치·문화 조건의 사회적인 요소가 결합되어 형성된 것이다.

1. 8대 요리

남북 양대 요리는 춘추전국 시대에서 시작하여 당송 때 형성되었다. 청대 초기에 산동·북경·천진 등 북방의 '노魯', 강소·절강·안휘 지역의 '소蘇', 복건·대만·조주潮州·해남을 포함한 광동 지역의 '월粤', 호남·호북·귀주·운남 지역의

'천川'의 지방 요리가 가장 영향력이 컸던 요리였다. 이를 '4대 요리'라고 불렀다. 청대 말경에 절강·복건·호남·안휘의 지방 요리가 독립하여 8대 요리를 형성했고, 후에 북경 상해가 독립하여 10대 요리를 형성했다.

(1) 산동 요리

산동 요리는 북경, 천진 등 북방 지역의 요리를 포함하는데 노魯 요리라고도 부른다. 제남濟南과 교동膠東 지방의 요리로 구성된다.

산동 요리는 역사가 깊고 영향도 커서 중국 음식 문화에서 중요한 위치를 차지한다. 그 맛의 특징은 짜고 바삭바삭하다. 제노齊魯 지방은 산과 바다를 끼고 있어 산물이 풍부하고 경제도 일찍부터 발전하여 산동 요리를 형성하는데 좋은 조건을 갖췄다. 일찍이 춘추전국 시대 제환공의 총신 역아는 다섯 가지 맛을 잘 조화시킨 요리사로 유명하다. 남북조 시기 북위北魏 가사협賈思勰의 《제민요술齊民要術》에서 황하 중하류 지역의 요리 기술에 대해 체계적으로 논술한 바 있는데 여러 유명 요리의 조리법을 기록하였으며 당시 산동 요리에 대해 기록하였다. 당대 단문창段文昌은 산동 임치臨淄 사람으로 목종穆宗 때 제상을 지냈고 음식에 정통하여 《식경食經》 50권을 편찬하였다. 송대에 이르러 수도 변량汴梁을 중심으로 하는 '북식北食'은 노 요리의 별칭으로 이미 독특한 산동 요리를 형성했다. 명·청 시대 산동 요리는 궁중 요리의 주요 구성 부분이 되어 북경과 천진을 포함한 북방 지역 요리에 커다란 영향을 미쳤다. 역사의 변화와 발전, 경제, 문화, 교통의 발달로 제남과 교동 두 지역의 요리가 산동을 대표하는 요리가 되었다.

산동 요리의 특징은 한마디로 음식이 짜다는 것과 연해 지방의 신선한 해산물을 이용하였다는 특징이 있다. 재료는 가축, 해산물, 채소 등이 주를 이룬다. 요리는 기름에 살짝 데치는 '폭爆', 볶는 '초炒', 기름으로 튀기거나 볶은 다음에, 국물을 붓고 다시 볶거나 고는 '소燒', 약한 불로 오래도록 삶는 '배扒', 기름으로 튀기는 '작炸', '발사撥絲', '밀즙蜜汁' 등의 요리법을 잘 이용한다. 조미료는 간장,

파, 마늘을 주로 많이 사용하는데, 예를 들면 '총소葱燒', '총폭葱爆', '산니반蒜泥拌' 등의 요리가 있다. 국은 맑게 끓여 내지만 음식이 짠 것이 특징이다.

대표적인 요리로는 해황해삼蟹黃海蔘, 백즙군변白汁裙邊, 산동증환山東蒸丸, 홍소해라紅燒海螺, 구전대장九轉大腸, 당초황하리어糖醋黃河鯉魚, 덕주배계德州扒鷄, 유폭쌍취油爆雙脆, 유폭해라油爆海螺, 시예은행詩禮銀杏, 간증가길어干蒸加吉魚, 공부일품과孔府一品鍋 등이 있다.

(2) 사천 요리

사천 요리는 사천, 운남, 귀주, 호남과 호북 등지를 포함하는데, 천川 요리라고도 칭한다. 요리의 재료는 강과 산의 귀하고 신선한 동식물, 야생 채소와 가축을 이용한다. 채소나 고기를 끓는 기름에 볶아서 반쯤 익히는 '간편干煸', 술로 맛을 내고 그 국물이 없어질 때까지 약한 불로 조리하는 '간소干燒'와 물에 오래 담그는 포泡, 볶은 후에 소량의 물과 전분을 넣어 만드는 '회燴' 등의 조리법을 주로 사용한다. 맛을 중요시하여 전국적으로도 유명하고, 맛의 형태도 다양하고 풍부한데 예를 들면, 생선 맛, 홍유紅油, 괴미怪味, 매운맛의 특징이 있다. 요리의 특징은 소박하고 청신하여 짙은 향토 냄새가 난다.

사천 요리의 기원은 고재 파국巴國과 촉국蜀國에서 유래하여 파촉巴蜀 문화로부터 형성되었다. 한나라와 진晉나라 때 요리가 형성되기 시작했고 수당과 오대를 거치면서 크게 발전하여 북송 때는 파촉의 범위를 뛰어넘어 개봉과 임안 지금의 항주로 전파되어 세상 사람들에게 알려졌다. 명·청 시대 고추가 사천 요리에 응용되어 사천 요리의 매운 특징을 형성했고, 지방색이 농후한 요리 체계를 갖추었다.

사천 요리는 성도成都와 중경重慶 두 지역의 요리가 대표적이다. 불의 사용을 특별히 중요시하는 조리법을 개발하였다. 사천 요리에서 빼놓을 수 없는 네 가지 조미료는 마늘, 후추, 산초山椒와 생강인데, 맵고, 시고, 향기로운 맛으로 유명하다. 고추의 활용이 사천 요리에 눈에 띄는 특징이다. 매운맛의 종류도 다양하여 간향랄干香辣, 소향랄酥香辣, 유향랄油香辣, 방향랄芳香辣, 첨향랄甛香辣, 장향랄醬香辣 등이 있다.

대표적인 사천 요리로는 어향육사魚香肉絲, 마파두부麻婆豆腐, 궁보계정宮保鷄丁, 간편우육사干煸牛肉絲, 황민만黄燜鰻, 괴미계괴怪味鷄塊, 수자우육水煮牛肉, 준채어酸菜魚, 간소암이干燒岩鯉, 회과육回鍋肉, 봉봉계棒棒鷄, 청증강단淸蒸江團 등이 있다.

(3) 회양 요리

회양淮揚 요리는 강소, 상해, 절강, 강서와 안휘 일부 지역을 포함한다. 또 소蘇 요리라고 부른다. 맛에 따라 또 회양, 금릉金陵, 소석蘇錫, 서해徐海 요리로 나뉘기도 한다. 재료는 해산물을 위주로 신신한 활어를 사용하고 칼을 사용이 정교하여 과일이나 박의 조각은 유명하다. 푹 삶는 '돈炖', 뜸 들이는 '민燜', '소燒', 굽는 '고烤', 약한 불에 오래 삶는 '외煨' 등의 조리법을 주로 사용한다. 담백하고 단맛의 특징이 두드러진다.

강소江蘇 요리의 역사는 오래되었다. 양주揚州는 장강과 운하가 만나는 교통의 요충지이자 조운의 중심지로 회양이라고도 하였다. 명·청 시대 양주에는 염운사鹽運使를, 회음淮陰에는 조운사漕運使를 설치하여 배들은 반드시 이 지역에 정박했고 상인들이 각지에서 모여들어 경제가 번영했다. 요리도 발달되었다. 출토된 유물로 판단해 볼 때 6천 년 전에 이미 도기를 사용하여 요리를 하였다. 《초사楚辭》〈천문天問〉에 팽갱彭鏗이 꿩 국을 만들어 요임금을 섬긴 고사가 기록되어 있다.[272] 춘추전국 시대에 통째로 생선을 구운 요리, 들에 서식하는 닭,[273] 오나라 국과 칼로 정교하게 저민 생선회 등의 요리가 있었다.《청이록淸異錄》의 기록에 양주에는 '누자회縷子膾', 건강建康에는 칠묘七妙, 소주蘇州에는 '영

272 "彭鏗斟雉, 帝何饗." 宋貞姬 譯,《楚辭》(I), 176-177쪽.

273《楚辭》〈招魂〉에 "들 닭과 바다거북은 곰국으로 끓이니, 칼칼하지만 감칠맛이 입에 슬슬 녹네"(露鷄臛蠵, 厲而不爽些)라고 하였다. 宋貞姬 譯,《楚辭》(II), 367쪽. 왕일王逸의 주에 "노계는 들에 서식하는 닭이다"(露鷄, 露棲之鷄也)라고 하였다. 何錡章 編, 王逸 注,《楚詞》, 133쪽.

롱목단곤玲瓏牧丹鮃' 등이 있었다.[274] '동남의 진미'(東南佳味)라는 명예를 얻어 강소 요리는 송나라 때 이미 최고 수준의 요리였음을 알 수 있다. 청대에 강소 요리는 더욱 발전하여 《청패유초淸稗類鈔》〈각성특색지효찬各省特色之肴饌〉에 "풍성한 음식은 각기 특색이 있다. 북경, 산동, 사천, 광동, 복건, 강녕江寧, 소주, 진강鎭江, 양주, 회안淮安"[275] 열 곳 가운데 강소 지방이 다섯을 차지하여 그 영향력이 광범위하였음을 알 수 있다.

강소는 또 유명한 요리사를 배출하였는데, 요임금 때 팽갱, 춘추 시대에 태화공太和公 혹은 태호공太湖公, 명대 조정曹頂과 중국 제일의 요리사라는 왕소여王小余, 의정소미인儀征蕭美人과 '춘주성天廚星'이라 불리는 동도미董桃楣가 있다.

강소의 요리에 관한 문헌도 아주 많은데, 저명한 원대의 화가 예찬倪瓚의 《운림당 음식 제도집雲林堂飮食制度集》, 명대 한혁韓奕의 《역아유의易牙遺意》, 청대 원매袁枚의 《수원식단隨園食單》 등이 있다. 이 밖에 역사서, 시사詩詞 등에 묘사한 강소의 저명한 요리는 셀 수 없을 정도이다. 강소 요리는 장강 중하류 지역에 보편적이며 중국 각지에서도 유명하다.

강소 요리는 해산물을 주로 사용하고, 조리법도 다양하며 담백한 맛의 특징을 지녔다. 불의 사용을 중시하고 칼의 사용도 정교하다. 배소정저두扒燒整猪頭·청돈해분사자두淸炖蟹粉獅子頭·탁회연어두拆燴鰱魚頭의 '진양삼두鎭揚三頭', 규화계叫花鷄·서과동계西瓜童鷄·조홍길낙계早紅桔酪鷄의 '소주삼계蘇州三鷄'와 차고압叉烤鴨·차고계어叉烤桂魚·차고유저叉烤乳猪의 '금릉삼차金陵三叉'가 대표적이다.

신선함, 재료의 본래 맛과 강한 적응성은 강소 요리의 기본 특징이다. 해산물, 가축과 채소는 신선함을 강조한다. 조미료 또한 맛의 변화를 중시하여 버섯, 지게미, 순주醇酒, 멥쌀을 쪄서 누룩을 섞어 발효시킨 홍곡紅曲, 새우 알을 주로 사용하는데, 신선한 재료의 본래의 맛을 잃지 않는다.

강소 요리는 형식의 조합 또한 특색이 있는데, 일상 음식과 연회 석상의 요

---

274 《淸異錄》 卷下, 〈饌羞〉, 陶穀 撰, 孔一 校點, 《宋元筆記大觀》(一), 23, 130쪽.
275 徐珂 編撰, 《淸稗類鈔》, 第十三册, 6416쪽.

리를 잘 배합하는 것 이외에, 삼연三筵이라는 독특한 방식이 있다. 첫 번째는 선상의 연회인데, 태호太湖, 수서호瘦西湖와 진회하秦淮河에 보인다. 두 번째는 정진精進 요리의 재석齋席으로 진강鎭江의 금산金山과 초산焦山의 재당齋堂과 소주의 영암재당靈岩齋堂과 양주의 대명사재당大明寺齋堂에 보인다. 세 번째는 전석全席으로 전어석全魚席, 전압석全鴨席, 선어석鱔魚席, 전해석全蟹席 등이다.

대표적인 요리는 청탕화방淸湯火方, 압포어시鴨包魚翅, 수정효제水晶肴蹄, 송서계어松鼠桂魚, 서과계西瓜鷄, 염수압鹽水鴨, 청돈갑어淸炖甲魚, 삼투압三套鴨 등이 있다.

(4) 광동 요리

광동廣東 요리는 광동, 광서, 복건, 대만과 해남도를 포함한다. 월粤 요리라고도 부른다. 재료는 네 다리가 달린 책상을 제외하고 네 달 달린 동물은 모두 요리의 재료이고 해산물을 포함하여 다양하다. '소燒', 솥으로 삶는 '보煲', 밀가루를 겉에 발라 끓는 기름에 튀기는 '연작軟炸', 밀가루를 겉에 발라 볶는 '연초軟炒'의 조리법을 주로 사용한다. 맛의 특징은 신선하고 담백하며 싱거운 맛이 날 정도이다. 광동 요리는 광주, 조주潮州와 동강東江 세 지역의 음식으로 구성되고, 사천, 산동, 소주와 절강 요리의 조리 방법을 흡수하여 독특한 맛을 창조하여 "음식은 광주"(食在廣州)라는 명예를 얻었다.

진나라 이전에는, 영남과 경제가 비교적 발달된 중원 지방과 비교할 때, 음식은 간단하고 조잡하지만 광동 지역은 아열대기후에 속하고 넓은 바다를 끼고 있으며 내륙의 강과 연결되어 있어 음식물의 공급이 용이하여 동식물이 다양하다는 이점이 있다. 남월南越 사람들은 소라, 조개, 가막조개, 굴 등의 수산물을 주로 채집하여 먹었고 어업도 활발했다. 진시황제가 남월을 정벌하여[276]

---

276 《史記》〈秦始皇本紀〉에 "영토가 남쪽으로는 북향호까지 이르렀다"(南至北向戶)라고 하였는데, 북향호는 북호北戶라고도 하며 오령五嶺산맥 이남 지역 즉 지금의 광동 일대를 말한다. 또한 "34년, 시황제는 부정직한 관리들을 유배시켜서 장성을 수축하거나 남월 지역을 지키도록 하였다"(三十四年, 適治獄吏不直者, 築長城及南越地)라고 하였다. 丁範鎭 外 옮김, 《史記本紀》, 162, 170쪽.

중원과 영남 지방의 문화와 경제 교류가 빈번해지기 시작했다. 한대의 남월왕 조타趙佗가 한나라에 귀순한 후,[277] 한나라와 남월의 교류가 더욱 빈번해져서 영남 지역의 경제 문화에 커다란 영향을 끼쳤다. 요리 기술도 문화의 유입에 따라 발전하였다. 광주에서 발굴된 한나라 분묘에서 토란, 생강, 오이, 파파야, 참외, 복숭아, 매실, 귤, 여지 등의 채소와 과일, 가축으로는 돼지, 소, 양, 닭, 오리, 거위 등이 나왔고, 꼬막, 참새 등이 발견되었다. 참새의 잔뼈 속에는 황토와 목탄이 묻어 있어 황토를 겉에 발라 목탄불로 구워서 익혀 먹었음을 알 수 있다. 이런 조리법을 주나라 때는 통째로 굽는 뜻의 '포炮'라고 하였다. 이는 중원 지방의 한족들이 남월 사람의 이런 조리법을 받아들였다는 증거이다. 중원의 조리법이 남방 지방에 전래되어 남방의 독특한 음식 습관을 형성하였다.

금나라의 침입으로 송나라 정권이 임안, 지금의 항주로 천도하여 중원의 요리 기술이 남방으로 유입되었다. 황실의 음식도 광동 지역까지 전파되었다. 새, 짐승, 벌레, 뱀을 가리지 않고 먹는 광동 지방 사람의 음식 습관이 북방 음식의 요리 기술과 결합되어 남방 특유의 요리로 바뀌었다.

한나라 이후 광동 지방에 외국으로부터 재스민, 대추야자, 망고, 파인애플, 구아바,[278] 여지荔枝, 땅콩, 옥수수, 고구마 등이 들어왔다. 명말 청초 때 광동 사람 굴대균屈大均이 편찬한《광동신어廣洞新語》권15에 베트남, 크메르, 태국, 자바, 말라카, 브루나이 등 동남아시아의 12나라로부터 받은 공물 가운데 음

277《史記》〈孝武本紀〉에 "이 해 가을, 남월을 토벌하기 위해 제사를 지내고 태일신에게 이를 고하며 이 일이 성사되기를 기원했다"(其秋, 爲伐南越, 告禱泰一)라고 하였다. 당시 남월의 재상 여가呂嘉가 모반하여 남월의 왕 조흥趙興, 태후 및 사신 종군終軍를 살해하자, 한무제가 군대를 보내어 남월을 정벌했고, 또 "그해에 남월을 멸망시킨 후, 천자가 총애하는 신하 이연년은 아름다운 음악을 바치기 위해 천자를 배알하였다"(其年, 旣滅南越, 上有嬖臣李延年以好音見)라고 하였다. 丁範鎭 外 옮김,《史記本紀》, 378-379쪽.

278 영어로는 guava, 중국어로는 번석류番石榴인데, 광동의 주강珠江 지역에서는 번념番稔이라고 한다. 중국 남방에서 야생하며 비파枇杷와 비슷한 모양의 과실이 열린다. 과자의 원료로 쓰인다.

식과 관련된 수많은 식품이 포함되어 있다.[279] 또 "광동 지방은 산천이 수려하고 다른 지방과 다르며 물산도 진귀한 것이 많고 풍속도 다르며 기후도 따뜻하여 중원 땅과는 사뭇 다르고 왕래가 없어 광동에 와 보지 못한 사람은 보지 못한 것이 있고 설사 광동에 왔다 하더라도 다 볼 수도 없다"[280]라고 하였다. 《청패유초》에 "광동의 동부 지역의 식품은 다른 성의 음식과는 다른 것이 있었다. 예를 들면, 개, 들쥐, 뱀, 지네, 두꺼비, 조개, 매미, 메뚜기, 물방개 등이다"[281]라고 했다. 그래서 보통 광동 이외의 다른 지역의 중국인들이 광동 사람을 가리키며 "날아다니거나 숨어 있는 동식물은 모두 먹을 수 있다"는 말을 할 정도이다. 요즘은 날아다니는 비행기와 책상 다리만 빼고 모두 다 잡아먹는다는 말이 생겨났다.

청나라 말경에 이르러 광주廣州는 이미 중국 남방 경제의 중심지였고, 남북 음식의 교류 중심지가 되었다. 산동, 소주, 사천, 양주 등지의 요리는 광동 요리에 영향을 끼쳐 광동 요리를 더욱 발전시켰으며, 한편으로는 광동 요리는 복건, 대만, 해남도, 광서 지방에까지 확대되었다.

광동 요리에는 신선함, 부드러움, 매끄럽고 시원함, 날것, 바삭거림과 오랜 시간 지지고 볶고 삶고 굽는 특징이 있다. 조미료는 굴 소스, 새우 간장, 매실 페이스트, 말린 새우·생강·땅콩에 고추를 넣어 풀처럼 이긴 '사다장沙茶醬', 붉은 식초, 생선 소스를 주로 사용한다. 특히 뱀, 너구리, 사향고양이, 개, 원숭이, 쥐 등의 야생동물 요리로 유명하다.

저명한 요리로는 용호두龍虎頭, 오사갱五蛇羹, 염화국계鹽火焗鷄, 호유우육蠔油牛肉, 고유저烤乳猪, 간전대하록干煎大蝦碌, 동과충冬瓜盅, 조주동육潮州冬肉, 문창계文昌鷄, 오채초사사五彩炒蛇絲, 호국채護國菜 등이 있다.

279 《廣東新語》, 〈貨語〉〈諸番貢物〉, 428-432쪽.

280 《廣東新語》, 〈潘序〉, 1쪽. 강희 연간에 반뢰潘耒의 서문에서 인용.

281 《淸稗類鈔》〈粵人食鳥獸蟲〉, 6495쪽.

(5) 안휘 요리

안휘安徽 요리는 휘徽 요리라고도 부른다. 환남皖南, 연강沿江과 연회沿淮 세 지역의 대표적인 지방 음식으로 구성되어 있다. 지방의 토속 음식 재료를 사용하고 불의 사용을 중시하며 기름을 많이 사용하여 맛이 짙은 특징이 있다. 안휘 요리는 산해山海의 맛을 내는 요리로 유명하여, 남송 때 '사지마제별沙地馬蹄鱉'과 '설중우미호雪中牛尾狐'는 당시의 유명한 요리였다. '소燒', '민燜'과 '돈炖'의 요리법에 뛰어나다.

안휘 요리는 원래 휘주徽州 산악 지역의 지방 음식이었다. 유명한 휘주 상인들의 상업 활동이 왕성하여 이 지역 음식이 세상에 선을 보이기 시작했고 강소, 절강, 강서, 복건, 상해, 호북과 장강 중하류 지역에 광범위하게 전파되었다.

휘주 요리의 형성과 발전은 휘주 상인들의 장사와 밀접한 관계가 있다. 휘주 상인은 역사에서 '신안의 큰 부자'(新安大賈)라고 부르는데, 동진東晉 때 발흥하여 당송 시대에 점차 발달하였고, 명대 말기에서부터 청대 건륭황제 때까지는 휘주 상인의 황금 시대이다. 휘주 상인은 그 수가 많고 활동 범위도 넓으며 자본도 많아서 상인 집단을 형성하였다. 송대 성리학자 주희朱熹의 외조부 축확祝確은 휘주 상인을 대표하는 전형적인 인물이다. 그가 경영한 상점(商棧), 여관(邸舍), 술집(酒肆)은 흡주성歙州城의 반을 차지하여 '축반성祝半城'이라고 불릴 정도였다. 명대 가정嘉靖 연간에서부터 청대 건륭 연간까지 양주揚州에는 저명한 상인이 대략 80여 명이나 되었고, 그 가운데 휘주 상인이 60여 명이나 되었다. 10대 소금 상인 가운데 휘주 상인이 반 이상을 차지했다. 휘주 상인 부자는 세상의 으뜸으로 생활도 사치스러웠고 고향 음식을 편애하였다. 음식도 풍성하고 화려하여 휘주 요리의 발전을 가속화시켰다. 휘주 상인이 있는 곳이면 반드시 휘주 음식점이 개점되었다. 명·청 시대 휘주 상인은 양주·상해·무한을 주름잡았는데, 상해의 휘주 음식점은 한때 500여 개나 되었다.

휘주 요리의 특징은 청아淸雅하고 순박하며 재료의 원래 맛이 강하고, 부드럽고 향기로우며 신선하고 농담이 적당하다. 재료의 선택이 까다롭고 불의 사용이 뛰어나며 음식 보양을 중시하고 남북 음식을 고루 갖추었다.

조리 기술은 칼, 불과 제작 기술의 삼박자가 잘 맞는다. 특히 불의 사용에 뛰어난 전통을 가지고 있다. '소燒', '돈炖', '훈熏'과 '증蒸'의 조리 기술에 뛰어나다. 예를 들면, '부리집소계符離集燒鷄'는 먼지 튀긴 다음 삶는데 센 불과 약한 불을 교대로 이용하여 고기 맛이 부드러우면서도 원형이 변질되지 않는 속성이 있다. '휘식소어徽式燒魚'는 순식간에 요리를 만드는데 육질이 부드럽고 신선한 소스 맛이 나, 불의 강약을 잘 이용한 대표적인 요리이다. '황산돈계黃山炖鷄'와 '문정산순問政山笋'은 풍로로 탄불을 지펴 익히는 요리로, 고기의 순수한 맛을 내고 부드럽게 하기 위해 약한 불로 서서히 익히는 요리의 결정판이다. '모봉훈시어毛峰熏鰣魚'와 '무위훈계無爲熏鷄'는 훈제의 전통 기술 방식으로 요리한다. 전체적으로 휘주 요리는 바삭바삭하고 부드러우며 향기롭고 신선한 맛의 독특한 풍격이 기조를 이룬다. 휘주 요리가 상용하는 조리법은 대략 20-50가지로 그 가운데 휘주 요리를 가장 잘 나타내는 방법은 '활소滑燒', '청돈淸炖'과 '생훈生熏'의 조리법이다.

저명한 휘주 요리로는 부리집소계符離集燒鷄, 화퇴돈갑어火腿炖甲魚, 엄선계어腌鮮桂魚, 화퇴돈편순火腿炖鞭笋, 설동소산계雪冬燒山鷄, 홍소과자리紅燒果子狸, 내즙비와어奶汁肥王魚, 모봉훈시어毛峰熏鰣魚와 이홍장잡회李鴻章雜燴 등이 있다.

(6) 호남 요리

호남湖南 요리는 상湘 요리라고도 부른다. 8대 요리 중의 하나이다. 지방색이 짙은 음식으로 요리의 체계를 갖추어 중국 요리를 대표하는 음식이 되었다. 장강의 지류인 호남 지방의 상강湘江 유역, 동정호洞庭湖 주변 지역과 상서湘西 산악 지역의 대표적인 음식으로 구성된다. 특징으로는 광범위한 재료를 사용하고 기름을 많이 사용하고 색이 짙다. 고추와 훈제한 고기를 많이 사용하여 맛과 향이 강하고 신선하며 맵고 시며 부드럽다. 조리법은 소금에 절여서 말린 '납臘', '훈熏', '외煨', '증蒸', '돈炖', '작炸', '초炒'이다.

호남 요리는 전국 시대 송옥宋玉이 지었다는 〈초혼招魂〉에 등장한다.[282] 서한 시대에는 109종류의 음식이 있었고 조리법도 9종류가 있었다고 한다. 이것은 장사長沙 마왕퇴馬王堆 한나라 묘에서 출토된 유물로 증명되었다.[283] 남송 이후로 호남 요리는 체계를 갖추기 시작했고, 일부 요리와 조리 기술이 관아에서부터 성행하기 시작했고 점차적으로 민간으로 퍼져 나갔다. 명·청 시대에는 호남 요리가 발달하여 황금 시대를 맞았다. 이때는 해금海禁이 해제되고 문호를 대외적으로 개방하여 상인들이 운집하였고 시장도 번영하여 조리 기술은 새로 개발되었고 지역 간의 교류도 빈번해졌다. 청대 말엽에 호남의 미식 풍조가 성행하여 관료와 귀족들은 유명한 호남 요리사를 주방장으로 초빙하였고 상인 부자들도 이를 모방하였다.

호남 요리의 특징은 첫째 재료의 광범위한 선택이다. 호남은 장강 중류로 기후가 온화하고 강수량이 풍부하며 토질이 비옥하여 산물이 풍부해 '물고기와 쌀의 고장'(魚米之鄕)이라는 명예를 일찍부터 얻었다. 천혜의 자연조건과 풍요로운 산물은 호남 요리에 무한한 재료를 제공했다. 둘째, 종류가 많다. 음식의 맛과 종류는 밀접한 관계가 있는데, 호남 요리는 맛에 따라 그 종류도 다양했다. 요리 방식으로 볼 때 향토 맛이 풍기는 민간 음식, 대중 음식, 연회 음식이 있었고, 또 맛에 따른 가정 음식과 보양 음식이 있다. 호남에는 현재 맛에 따른

282 宋貞姬 譯, 《楚辭》(II), 366-367쪽.

283 1972년과 1974년에 長沙 馬王堆 西漢墓에서 西漢 初 '文景之治' 시기의 문물이 발굴되었다. 쌀, 밀, 보리, 기장, 콩, 마麻 등의 穀物이 출토되었는데, 이는 五穀을 모두 망라한 것이다. 또한 대추, 배, 길桔, 양매楊梅 등과 같은 果實도 출토되었는데, 이런 발견은 한나라 초에 '安邑千樹棗'와 '蜀漢江陵千樹桔'이 성행했음를 설명해 준다. 소·돼지·개·양·닭·오리 등의 각종 고기와 생선들도 출토되었다. 陳松長, 《長沙馬王堆西漢墓》, 28-32쪽. 마왕퇴에서는 모두 3개의 한대 묘가 발굴되었고 그 가운데 2호는 이미 唐代에 도굴된 흔적이 있고 3호는 보존 상태가 나빠 유물이 상당 부분 썩었는데, 마왕퇴 서한묘 1호에서 출토된 식품은 모두 37개 광주리나 된다. 대나무 광주리 안에는 볏짚을 깔았다. 육식으로는 소, 사슴, 돼지, 개, 토끼, 닭과 조류와 생선이 있고, 다른 식품으로는 콩류, 과일, 채소와 계란이 있다. 판별할 수 있는 과실은 대추, 배, 매실이고, 채소류는 비름 '현채莧菜'이며 계란이 약 40개 정도였다고 한다. 《長沙馬王堆一號漢墓發掘簡報》, 10쪽.

지방 음식과 요리의 종류가 800여 가지나 된다고 한다. 셋째, 조미료 사용에 뛰어나다. 음식 재료의 배합과 조미료 사용에 장점이 있다. 호남 요리의 커다란 특징은 맵고 시다는 것이다. 이런 특징은 지리적 위치와 기후와 밀접한 관계가 있다. 호남의 기후가 고온다습하여 호남 사람들은 매운 음식으로 더운 날씨에 기운을 차리고 습한 기운을 제거했다. 넷째, 조리 기술이 다양하다. 열팽熱烹, 냉제冷制, 첨조甛調의 세 가지 조리법을 중심으로 수많은 조리법을 개발하였다.

대표적인 요리로는 납미합증臘味合蒸, 동안자계東安子鷄, 마랄자계麻辣子鷄, 홍외어시紅煨魚翅, 탕포두湯泡肚, 빙당상연氷糖湘蓮, 금전어金錢魚, 상서산육湘西酸肉 등이 있다.

(7) 복건 요리

복건福建 요리는 민閩 요리라고도 한다. 조리법은 기름을 붓고 그 기름이 뜨거워졌을 때 재료를 넣고 볶은 다음 녹말가루 갠 것을 붓고 볶는 '유熘', '증蒸', '초炒', '작炸', '외煨', '돈炖'의 방법을 주로 사용한다. 맛은 달고 시며 담백한데, 술이나 지게미에 절이는 '조糟'의 조리법에 뛰어나다. 복주福州, 민남閩南, 민서閩西 세 지역의 복건 음식은 그 맛이 서로 다르다. 복주는 맑고 신선하며 담백하고 달고 신맛이 강하다. 민남은 조미료 사용이 까다롭고 달고 매운 맛이 강하며, 민서는 짜고 매운 맛이 강한 산악 지역 음식 맛의 특징이 있다. 복건 요리의 풍격은 담백하고 신선하며 부드럽고 순수하며 깊은 맛에 있다.

복건 요리는 복건의 민후閩侯에서 기원하여 복주, 천주泉州, 하문厦門 등지의 대표적인 요리가 발전된 것이다. 풍부한 산지와 야생 그리고 수산 자원은 복건 요리에 훌륭한 물질적인 조건이 된다. 당송 이래로 북방 이민과 천주, 복주, 하문의 대외 통상으로 조리 기술이 복건으로 유입되어 요리가 발달되었다. 산해진미를 조리할 수 있는 영예를 얻었는데, 특히 탕湯의 경우 "한 가지 탕으로도 열 가지 맛을 낼 수 있다"(一湯十變)라는 명예를 얻었다. 복건 요리의 특징은 색으로 아름다움을 나타내고 맛이 맑고 신선한 것으로 유명하다.

복건은 동남쪽이 바다를 끼고 있어 해산물이 풍부하다. 바다 뱀장어, 맛 조개, 오징어, 황어黃魚, 해삼海參 등이 많이 잡힌다. 이런 해산물로 각양각색의 별미를 조리하여 갖가지 요리를 만들어 낸다.

복건 요리의 특징은 첫째, 요리 재료는 바다의 해산물과 산에 나는 동식물 중심이다. 복건의 지세는 산을 의지하고 바다를 접하고 있다. 북부는 산이 많고, 남부는 바다를 마주하고 있다. 산에는 버섯, 죽순, 흰 목이버섯, 연밥과 석린어石鱗魚, 민물장어, 자라 등이 난다. 바다에서는 각종 물고기, 새우, 조개, 철갑상어 등이 잡힌다. 평야에서는 쌀, 사탕수수, 채소, 과일이 풍부하다. 둘째, 칼의 사용에 뛰어나다. 복건 요리는 칼의 사용을 중시한다. "종이처럼 얇게 썰고, 머리카락만큼이나 가늘며, 여지荔枝만 하게 꽃을 조각한다"라는 명성을 얻었다. 셋째, 탕湯 요리를 중시하여 변화가 무쌍하다. 복건 요리는 탕을 중시하는데, 이것은 해산물 요리와 전통 음식과 밀접한 관계가 있다. 넷째, 조리법이 세밀하고, 특히 조미료 사용에 주의를 기울인다. 불의 사용도 적당하게 하는데, 이것은 상당한 기술을 요한다. 조미료도 재료의 맛을 잃지 않는 범위 내에서 사용한다.

대표적인 요리로는 불도장佛跳墻, 취조계醉糟鷄, 산랄난우어酸辣爛魷魚, 소편조계燒片糟鷄, 태극명하太極明蝦, 청증가길어淸蒸加吉魚, 여지육荔枝肉, 태극우니太極芋泥, 동벽용주東壁龍珠 등이 있다.

(8) 절강 요리

절강浙江 요리는 절浙 요리라고도 한다. 절강 요리는 항주杭州, 영파寧波, 소흥紹興, 온주溫州 등지의 요리가 발전하여 형성되었다. 특징은 맑고 향기로우며 바삭바삭하고 부드럽고 시원하며 신선하다.

절강 요리의 역사는 오월춘추吳越春秋로 거슬러 올라간다. 월왕 구천勾踐은 국가를 회복하기 위해 군비를 확충하고 계산鷄山, 지금의 소흥紹興 계산稽山에서 닭을 사육하고 군량으로 대신하였다. 그래서 절강 요리 가운데 소흥의 유명한 요리로 '청탕월계清湯越鷄'를 손꼽는다. 그 다음으로 항주의 '송서어갱宋鼠魚羹'이다. 지금까지 880년의 역사를 지녔다. 항주 근교의 양저良渚와 여요余姚의 하모도河母渡 두 곳에 고대 인류가 활동했던 유적이 발견되었는데, 돼지·소·양·닭·오리 등의 뼈가 증명하듯 절강 요리의 재료는 4, 5천 년 이전에도 다채로웠음을 알 수 있다. '동파육東坡肉', '규화동계叫化童鷄' 등의 전통 요리는 이런 요리 재료와 밀접한 관계가 있다. 남송 때 수도였던 항주는 금나라의 중원 침입으로 많은 한족들이 수도에 밀집하여 항주와 절강 요리가 한 단계 발전하는 계기가 되었고, 전국적인 요리로 급성장하였다.

절강 요리는 항주 요리가 대표적이다. 항주의 역사는 남송의 수도로 임안臨安 때부터 정치의 중심지가 되었고, 동시에 상업도시로서 경제 번영을 이룩하였다. 각종 상점과 음식점들이 문을 열었다. "항주의 음식점은 대다수가 이전의 수도였던 개봉 사람들의 것을 모방하였는데, 실내는 궁정 주방의 체제를 갖추었으며, 귀족과 관리들의 가구들로 장식했다".[284] 조리한 요리는 백미갱百味羹, 오미배계五味焙鷄, 미포풍만米脯風鰻, 주증시어酒蒸鰣魚 등 100여 종류였다. 명·청 시대 항주는 유명 경승지가 되어 항주를 유람하는 수많은 제왕장상과 문인들이 날로 증가하여 음식업도 더욱 발전하여 유명 요리가 개발되었으므로 항주는 아름다운 서호西湖와 인구에 회자되는 유명 요리로 유명한 도시가 되었다.

절강 요리의 두드러진 특징은 첫째, 재료 선택을 중요시하였다. 세밀하고 특별하며 신선하고 부드러운 재료를 선택했다. 둘째, 초炒·작炸·회燴·증蒸·소燒의 조리법에 뛰어나다. 민물과 바다 수산물 요리에 일가견이 있어 북방 요리와는 현격한 차이가 난다. 생선 요리는 끓인 물로 요리하기 때문에 육질이 부드럽고 원재료의 맛을 보존할 수 있다. 셋째, 신선하고 부드러우며 바삭거림을 중

284 "杭城食店, 多是效學京師人, 開張亦御厨體式, 貴官家品件." 吳自牧 著, 符均·張社國 校注, 《夢粱錄》, 236쪽.

시한다. 주재료의 색과 맛을 유지하고 죽순·베이컨·버섯과 채소를 보조 재료로 사용하며 동시에 소홍주·파·마늘·생강·식초·설탕의 조미료를 가미하여 비린내와 느끼한 맛을 제거하고 신선함과 향기로운 맛을 내게 한다. 넷째, 요리의 형태도 정교하고 아름답다. "항주의 풍속에 수많은 음식을 파는 사람들이 있는데, 대부분 아름답게 장식한 덮개가 있는 수레에 싣거나 어깨에 짊어지고 다녔다. 갖가지 그릇에 음식들이 담겨져 있고, 깨끗하고 아름다워서 사람들의 눈을 현혹시켰다."[285]

대표적인 요리로는 서호초어西湖醋魚, 생폭선편生爆鱔片, 동파육東坡肉, 용정하인龍井蝦仁, 규화동계叫化童鷄, 청탕어원清湯魚圓, 간채민육干菜燜肉, 대탕황어大湯黃魚, 폭묵어권爆墨魚卷, 면수어사綿綉魚絲, 송서어갱宋鼠魚羹 등이 있다.

2. 음식 습관

중국인 전통 음식 습관을 살펴보면 식물성 식품 위주이고 주식은 오곡이며 부식은 채소이고 육식은 소량이다. 이런 습속은 중원 지역이 농업을 주요 경제 생산 방식으로 삼았기 때문에 형성됐다. 그러나 초기에는 체식과 육식의 음식물 비례가 계층에 따라 서로 달라 지위가 높은 사람은 육식 위주였다.

뜨겁고 익힌 음식을 먹는 것도 중국 음식 습속의 하나이다. 뜨거운 음식은 중국 요리의 관건이자 영혼이다. 원매는《수원식단隨園食單》에서 "요리의 맛은 신선한 재료를 모두 솥에서 조리하고 중요한 때에 불을 갑자기 멈추었을 때 생겨난다. 너무 오랫동안 천천히 익히면 곰팡이가 핀 옷처럼 비록 비단옷이라도 어두컴컴해 곰팡이가 잘 보이지 않지만 모양이 흉한 것과 같다"라고 하였

285 "杭城風俗, 凡百貨賣飮食之人, 多是裝飾車蓋擔兒, 盤食器皿, 清潔精巧, 以炫耀人耳目."吳自牧 著, 符均·張社國 校注,《夢粱錄》, 265쪽.

다.[286] 또 그는 "솥에서 익혀 뜨거워진 요리를 접시에 내놓았는데 손님이 다 먹지 않아 식어 버리면 그것은 그 요리가 맛이 없다는 것을 말한다"[287]라고 하였다. 이 밖에 성어 '징갱취제懲羹吹齏'라는 말은 "뜨거운 국에 덴 사람은 냉채도 불어서 먹는다"는 뜻인데, 이것도 익힌 음식을 먹는 습관의 표현이다.

음식 섭취 방식도 여러 사람이 모여서 함께 식사하는 방식이다. 이것은 혈연관계와 가족을 중시하는 관념을 반영한 것으로 중국의 원시 사회가 부계 사회로 접어들면서 가족 관념이 강해져서 '취식제聚食制'는 중국인이게 뿌리 깊게 자리 잡게 되었다. 한나라 이후 이런 '취식제'는 더욱 발전하여 각종 형식의 연회, 결혼, 제사, 수렵, 야유회와 국가의 큰 제사나 외교의식에서도 행해졌다.

식탁 하나에 여러 사람이 모여 차려진 음식을 함께 먹는 방식은 송대에 이르러서야 출현했다. 이것은 가구 때문이었다. 이전의 고대 중국에서는 오늘날의 의자나 탁자가 없었고 등을 받치는 부분이 없는 의자만 있었다. 사람이 자리에 앉으면 앞에 낮고 작은 식탁이 놓여 있었으며 가볍고 작은 식기들은 식탁 위에, 무겁고 큰 식기는 땅에 놓았다. 식탁은 한 사람당 하나씩 있어 각자 혼자서 식사를 했다. 남북조 시대에는 북방의 비한족들이 중원으로 남침하였는데, 함께 그들이 사용하던 의자, 탁자 등의 가구를 가지고 들어와 중국 전통 가구에 커다란 영향을 끼쳤고, 이에 따라 음식풍속도 영향을 받았다. 돈황 벽화《궁락도宮樂圖》가운데 10여 명의 궁녀가 큰 식탁 앞에 둘러앉아 있는데, 한 사람에 그릇이 하나씩 있고 식탁 중간에 큰 그릇이 하나 있으며 궁녀 하나가 이 큰 그릇의 음료를 긴 국자로 떠서 다른 궁녀들에게 나누어 주고 있는 장면이 있다. 남당南唐의 화가 고인중顧因中의 명화《한희재야연도韓熙載夜宴圖》는 오대五代 시대의 밤 연회 장면을 묘사한 보기 드문 회화작품이다. 사람들 앞에 놓인 음식은

286 〈戒停頓〉, "食味取鮮, 全在起鍋時極鋒而試, 略爲停頓, 便如霉過衣裳, 雖錦綉綺羅, 亦晦悶而舊氣可憎矣." 袁枚 著, 王英志 校點, 袁美勤 譯注, 《隨園食單》, 25-26쪽.

287 〈戒火鍋〉, "以起鍋滾熱之菜, 不使客登時食盡, 而尙能留之以至于冷, 則其味之惡劣可知矣." 袁枚 著, 王英志 校點, 袁美勤 譯注, 《隨園食單》, 29쪽.

모두 다 다르고 그릇 주변에는 국자와 젓가락이 놓여 있으며 함께 식사를 하는 것 같지만 실은 각자 따로 식사를 하는 장면으로 당나라 때의 실정과 같다. 이 그림으로 볼 때 각자 혼자 식사하는 풍습에서 함께 식사를 하는 풍습으로 바뀌는 전환기라는 것을 알 수 있다. 이런 '취식제'는 송대에 이르러 완성된다.

고대 중국인은 하루에 두 번만 식사를 하였고 후에 점차적으로 하루 세 번 식사를 하게 되었다. 하루에 두 번의 식사는 아침 7시에서 9시 사이에, 저녁은 오후 3시에서 5시 사이였다. 아침을 많이 먹고 요리도 풍성했지만, 저녁은 적게 먹었고 비교적 간단했다. 이런 풍습은 당시 사회 환경과 관계가 깊다. 활동하기 용이한 시간은 해가 떠 있는 시간 동안이고 밥을 먹을 때 역시 빛이 필요했고 저녁에 활동하는 시간이 적었으므로 많이 먹을 필요가 없었기 때문이다. 전국 시대 등불의 발달은 야간 활동 시간을 늘려 주었다. 그래서 하루에 두 번 식사가 하루에 세 번 식사로 점차 바뀌기 시작한 것이다. 한나라 때 수많은 등불기구가 만들어졌는데 이런 생활 습관은 음식 문화에 커다란 영향을 끼쳤다. 등불의 발달로 활동 시간이 연장되었으며 음식물이 풍부해지면서 하루 세 번 식사를 하게 되었다. 일일삼찬의 풍습은 전국 시대, 진秦나라에서 시작하여 한나라에 이르러 정착되었다.

식기 방면에서 중국인의 음식 습관의 가장 큰 특징은 젓가락의 사용이다. 중국어로 젓가락을 '쾌자筷子'라고 하는데 고대에는 '저箸'라고 하였다. 《예기》 〈곡례曲禮〉 가운데 "기장밥을 젓가락으로 먹지 않는다"[288]라고 하였고, 또 "국 속에 나물이 있는 것은 젓가락을 사용하고, 그 나물이 없는 국은 젓가락을 사용하지 않는다"[289]라고 하였다. 여기에서 젓가락이란 '협梜'인데, 이것이 젓가락의 최초의 형태이다. 고대 중국에서는 밥을 먹을 때 비匕를 주로 사용하였고, 젓가락은 보조 수단이었다. 상나라 후기의 묘에서 청동으로 만들어진 젓가락이 발견되었다. 은상殷商 시대에 이미 젓가락을 사용하였음을 알 수 있다.

---

288 "飯黍毋以箸." 池載熙 解譯, 《禮記》, 47쪽.

289 "羹之有菜者, 用梜, 其無菜者, 不用箸. 池載熙 解譯, 《禮記》, 48쪽.

고대 중국에는 칼과 도마를 이미 사용하였다. 도마는 '조俎'라고 하는데, 긴 장방형의 작은 판자로 '침판砧板'이라고 하였다. 《사기》〈항우본기項羽本紀〉에 번쾌樊噲가 홍문연鴻門宴에서 말하길 "지금 저들은 칼과 도마와 같고, 우리는 물고기 신세입니다"[290]라고 하였다. 칼과 도마와 함께 사용한 식기는 '비匕'였다. 비는 오늘날의 국자와 유사한 형태인데 끝이 뾰족하고 날이 예리하여 고기를 찍는 데 사용되었다. 그래서 비는 비수匕首와 관계가 있다. 고대 중국에서는 밥을 먹을 때 비를 주로 사용하였고, 젓가락 쾌자는 보조 수단이었다. 한나라 이후에 점차 젓가락 사용이 유행하기 시작했다. 젓가락은 금, 은, 상아로도 만들어졌지만 대나무와 나무로 제조된 것이 훨씬 많았다.

---

290 "如今人爲刀俎, 我爲魚肉." '인人'은 항우, '아我'는 유방을 가리킨다. 丁範鎭 外 옮김, 《史記本紀》, 228쪽.

제6장

명절 음식

음력설, 정월 대보름, 청명절, 단오, 중추절, 중양절, 납팔과 중원이 중국에서는 중요한 명절인데, 이때 먹는 음식은 특별했다.

1. 음력설 음식

음력설을 중국에서는 '춘절春節'이라고 하는데, 중국에서 가장 크고 중요한 명절이다. 춘절을 지낸 역사는 요순 시대로 거슬러 올라간다. 춘절은 정월달이 아니었다. 한무제漢武帝 때, 음력 정월 초하루 즉 '세수歲首'를 춘절로 정했다. 춘절을 고대에는 '원단元旦' 혹은 '원일元日'이라 했다. 신해혁명 이후에 양력을 시용하면서 춘절이라고 부르게 되었다.

춘절 기간에 음식은 중요한 내용이었다. 반드시 이때는 설 떡에 해당되는 '연고年糕'를 먹는 풍습이 있다. 이것은 춘추전국 시대로부터 기원하였고, 명대에 성행한 남북 공통의 민간 풍습이다. 연고라는 말의 뜻은 '연연고年年高'이다. 직장에서의 지위 혹은 관직이 매년 승진하라는 의미를 담고 있다. 강남 지방은 수분이 많고 점성이 강한 쌀, 북방은 속이 아무것도 없는 점성이 강한 쌀 혹은 기장쌀, 서남 지방은 찹쌀이나 보리 가루로 연고를 만든다.

만두는 춘절 필수 음식이다. 삼국 시대 위나라의 장읍張揖이 편찬한《광아廣雅》에 '훈둔(餛飩)'은 '병餅'이라고 하였고, 안지추顏之推의 말을 인용하면서 "혼돈 만두는 생김새가 상현달 같고 세상 사람들이 모두 먹었다"고 하였다.[291] 동한 이후 남북조 시기까지 혼돈의 명칭은 문헌마다 서로 달랐다. 남북조 시대에는 당시의 만두는 익힌 후에 그냥 먹는 것이 아니라 탕 속에 섞어서 먹었다. 그래서 이것을 당시 사람들은 이런 만두를 '훈둔'이라고 하였다. 당대 단성식段成式의《유양잡조酉陽雜俎》에 "소씨蕭氏의 '혼돈'은 끓인 물의 기름을 빼내고 살짝 삶았다"[292]라고 하여 당대에 이르러 오늘날의 만두와 유사한 형태로 바뀌었고 익힌 만두를 꺼내어 접시를 담아 먹었다. 대략 남북조 시기 이후 혼돈이라는 명칭으로 통일되었고 당대 이후부터 '혼돈'은 보편적 음식이 되었다. 송대에는 만두를 '각아角兒'라고 하였는데, 후세의 '교자餃子'의 기원이 된다. 원대에는 만두를 '편식扁食'이라고 하였다. '편식匾食'의 '편匾'은 지금의 '편扁'자와 같다. 청대에는 '교아餃兒', '수점심水點心', '자발발煮餑餑'등 만두와 관련된 새로운 명칭이 등장했다. 만두가 각 지역으로 확대되면서 명칭도 많아졌다. 민간 춘절 때 만두를 먹는 풍습은 명·청 때 이미 보편적이었다. 만두는 매년 12월 30일 저녁 12시 이전에 만들어 야밤에 먹는데 이때가 음력 정월 초하룻날의 시작이어서 만두 즉 '교자餃子'를 먹으면, "묵은해를 보내고 새해를 만두로 맞이하며 교대한다"는 '갱세교자更歲餃子'의 뜻을 담고 있다. '자子'는 자시子時를 가리키어 오후 11시부터 오전 1시까지이므로 자정 12시는 묵은해를 보내고 새해를 맞이하는 시각이다. '교交'는 '교餃'와 중국어 발음이 '쟈오'로 같다.

묵은해를 보내고 새해를 맞이하며 만두를 먹는 풍습은 첫째는 혼돈餛飩과

291 "餛飩, 餅也." 注에 "顏之推云, 今之餛飩, 形如偃月, 天下通食也." 清代 王念孫 撰,《廣雅疏證》卷8上, 274쪽.

292 "有蕭家餛飩, 漉去湯肥, 可以瀹茗." 杜聰 校點,《酉陽雜俎》卷7, 〈酒食〉, 49쪽.

혼돈混沌이 음이 같아 반고盤古가 천지개벽하고 혼돈한 상태를 끝낸 것을 기념하기 위해서이고, 둘째는 혼돈渾囤과 음이 같아 "식량이 곳간에 가득하다"는 '양식만돈糧食滿囤'의 뜻과 같기 때문이다. 이 밖에 민간에서 만두를 먹는 풍습은 여와女媧가 사람을 창조한 것과 관계가 깊다. 여왜가 흙을 빚어 사람을 만들 때 날씨가 춥고 땅이 얼어 황토로 만든 사람의 귀가 얼어서 쉽게 떨어지지 않게 하기 위해 작은 구멍을 내고 실로 귀를 고정시키고 입으로 물게 하였다. 백성들은 여왜의 공적을 기념하기 위해 만두를 귀 모양을 만들어 안에는 실을 넣어 입으로 물고 먹었다. 실 '선線'은 만두소 '함餡'과 음이 같아 '셴'으로 읽는다.

만두는 춘절 때 아주 중요한 명절 음식이다. 그 이유는 첫째, 만두의 형태가 '원보元寶'라는 동전과 같기 때문이다. 춘절 때 만두를 먹으며서 "재물과 보물을 불러들이다"라는 '초재진보招財進寶'의 뜻을 되새긴다. 둘째, 만두에 소를 넣기 때문이다. 사람들은 각종 길상의 음식을 속에 넣어 새해 소원을 빌었다. 돈이 들어 있는 만두를 먹으면 새해에 돈을 많이 벌고, 사탕이 들어 있는 만두를 먹으면 하루하루 달콤한 삶을 살며, 땅콩을 먹으면 장수한다고 한다.

만두를 먹으면서 다른 부식을 먹는 것은 운수가 좋아지라는 의미에서다. 예를 들면, 두부를 먹는 것은 가족의 행복을 상징하고, 곶감을 먹는 것은 만사가 뜻대로 되라는 것이다. 대만에서는 어단魚團, 육단肉團과 발채發菜를 먹는데, 이는 단원團圓과 발재發財를 상징한다. 단원이란 어단과 육단의 '단團'의 뜻과 같이 가족이 흩어졌다가 다시 모여서 단란한 것을 말하고, '발채發菜'의 중국어 음 '파차이'는 "돈을 벌다"의 '발재發財'와 음이 같기 때문이다.

춘절 기간에 각종 오락 활동이 많은데, '편포鞭炮'라는 폭죽놀이를 하고, 집집마다 '연화年畵'와 '춘련春聯'을 문에 붙인다. 연화의 기원은 고대 문신화門神畵에서 비롯되었다. 문신화는 일찍이 요순 시대에 출현하였고 한나라 때 크게 유행했다. 당태종唐太宗이 부하장수 진숙보秦叔寶와 위지공尉遲恭의 충성과 궁문 수비의 노고에 감사하며 두 장수의 모습을 그린 그림을 대문에 붙이도록 하여 귀신이 들어오지 못하게 하고 두 장수가 쉴 수 있도록 했다. 이것이 여러 과정을 거쳐 발전하면서 현재의 연화가 되었다. 춘련은 고대 '도경桃梗'에서 비롯되었다. 도경은 '도부桃符'라고도 한다. 이 도부는 복숭아나무로 만들었다. 윗면에 악을 물리치고 복을 내려 달라는 주문을 적는데 글귀를 해마다 바꾸었다. 오대五代 때는 복숭아나무 판자 위에 글씨를 적었고, 이후에는 종이 위에 썼는데 이를 '춘련春聯'이라고 한다. 오대 후촉後蜀의 황제 맹창孟昶은 춘절을 지낼 때 한림학사 신인손辛寅遜을 불러 문 위에 도부를 쓰도록 하고 후에 친히 "새해에는 기쁜 일만 즐기고, 좋은 계절은 장춘이라 하네"라는 뜻의 '신년납여경新年納餘慶, 가절호장춘佳節號長春'이라는 글귀를 썼다. 이것이 최초의 춘련이다. 폭죽놀이는 한나라 때부터 시작되었다. 남조 양나라의 종름宗懍이 편찬한《형초세시기荊楚歲時記》에 "춘절 때 닭이 울면 일어나 먼저 뜰에서 폭죽을 터뜨려서 산의 노린내 나는 악귀를 물리쳤다"[293]라고 하였다. 당시에는 불로 대나무를 태우면 대나무 쪼개지는 소리가 나는데 이 소리로 악귀를 물리쳐서 새해의 복과 운수를 빌었다. 또한 정월 7일은 '인일人日'인데, 일곱 가지 채소를 넣은 국을 먹었다.[294]

2. 정월 대보름 음식

음력 정월 15일을 '원소절元宵節'이라고 하는데, '상원절上元節' 또는 '등절燈節'이라고도 한다. 음력 새해를 경축하는 명절의 대미를 장식하는 날이다. 용 모양의 등인 등롱燈籠을 손에 들고, 초롱에 수수께끼의 문답을 적어 놓는 '등미燈謎' 놀이, 소가 들어 있는 새알심 모양의 '원소元宵' 먹기 등의 민속 활동이 있다. 이 날에는 새해 첫 번째 보름달이 뜨는 밤에 집집마다 초롱불을 켜고 '당원糖圓'이

---

293 "正月一日, 是三元之日也, 謂之端月. 鷄鳴而起, 先于庭前爆竹, 以辟山臊惡鬼."元은 시작, 三元은 年, 時, 月의 시작, 端月은 正月을 말한다. 劉坤 · 趙宗乙 主編,《夢粱錄外四種》, 199쪽.
294 劉坤 · 趙宗乙 主編,《夢粱錄外四種》, 201쪽.

라는 정심원定心圓, 탕단湯團을 먹고 가족이 다시 모인 것을 경축하였다. 원소절에 원소를 먹는 것은 보편적인 풍습이다.

이때는 정월 13일부터 18일까지 거리를 등불로 환하게 밝힌다. 강남의 풍습은 13일 저녁에 당원을 먹고 18일 저녁에는 국수를 먹는데, 이 국수를 '상등원자낙등면上燈圓子落燈麵'이라고 부른다. 등절 기간에 집집마다 하화조등荷花灶燈을 준비하여 부엌에 걸어 놓고 저녁에 촛불로 이 등에 불을 붙여 식사에 대한 경건한 마음을 표시했다. 이 날 저녁 집에 촛불을 밝히고 식사를 한다. 원소절이 지난 후에 농민은 봄 파종을 하게 된다.

정월 15일은 원소절이다. 원소절 밤에 거리에는 수많은 사람들이 등불을 들고 남의 등불을 감상하거나 수수께끼 문답놀이를 하며 원소절 음식을 먹는다. 등불은 한나라에서 기원되었는데 문제文帝 때 대장군 주발周勃이 외척 여씨呂氏의 반란을 평정한 날[295]이 바로 정월 15일이었기 때문에 황제가 명을 내려 밤에 등불을 밝히도록 하고 친히 궁을 나와 백성들과 함께 밤을 구경하며 이를 경축하였다. 태일신太一神에게 제사를 지내기 위해서 등불을 켰다는 학설도 있다. 이 밖에 도교道教에 삼원三元의 도道라는 것이 있는데, 상원천관上元天官이 이 날 태어나 그를 융숭하게 제사를 지내기 때문에 '상원절上元節'이라고도 한다. 정월 대보름 밤에 초롱불을 구경하는 연등회를 '등회燈會'라고 하였다. 수·당 시대에 이 등회가 발전하여 성대하게 대도시 거리를 온통 등불로 장식할 정도로 화려했고, 송·원 시대에는 수도 개봉의 거리 수십 리에 걸쳐 등불을 밝히는 연등회를 열었다고 한다. 송대 구양수歐陽修는 사詞〈생사자生查子〉〈원석

---

295 《史記》〈呂太后本紀〉에 한고조 유방의 부인 "여태후呂太后가 서거하자, 여씨 일족이 전횡하며 반란을 일으키려고 했지만 주발周勃와 관영灌嬰가 두려워서 감히 난을 일으키지 못하고 있었다. 주발의 부인은 여태후의 작은오빠 呂釋之의 막내아들 여록呂祿의 딸이었으므로 주발은 여씨 일족의 음모를 남몰래 알고 있었다. 주발은 반란의 주동자인 여태후의 큰오빠 周呂侯 呂澤의 아들 呂產을 죽이고 여씨 일족의 남녀를 모두 체포하여, 노소를 막론하고 모두 참수하였다. 辛酉日, 呂祿을 붙잡아서 참수하고 呂嬃를 竹鞭으로 매질하여 죽였다.《史記本紀》, 315-318쪽.

元夕〉에서 "작년 정월 대보름날 밤, 번화한 거리의 등불 끝이 없었고, 버드나무 가지 끝에 달이 걸렸는데, 사람들은 황혼이 진 후에 거리로 나왔네. 금년 정월 대보름 밤은 달과 등불 여전한데, 작년에 보았던 사람은 온데간데없어, 눈물만이 소매를 적시는구나!"[296]라고 읊었다. 등불을 밝히는 날은 한나라 때는 정월 15일 밤 하루뿐이었지만 당현종은 사흘 밤으로 연장하였고, 명대에는 정월 초8일부터 17일까지 연장하도록 규정하였다. 당나라 때 연등회에는 잡기雜技가 출현하였고, 송대에는 수수께끼 문답 놀이인 등미가 출현하였다. 명대에는 또 연극 공연이 보태졌다.

원소절 때 먹는 음식을 '원소元宵'라고 하고, 또 '탕원湯圓', '원자圓子'라고도 한다. 원소는 흩어졌던 가족이 다시 모이는 것을 상징한다. 원소를 먹는 뜻은 새해에 온 가족이 행복하고 만사가 뜻대로 이루어지길 바라는 마음을 의미한다. 원소를 먹는 풍습의 기원은 첫째, 춘추 말경에 초나라 소왕昭王이 국가를 회복하기 위해 귀국하는 도중에 장강을 지나다가 강 위에 떠 있는, 겉은 희고 약간 노란색을 띠며 속이 붉은 과일을 먹어 보고 맛이 있어 공자에게 물으니, 공자가 대답하길 "평봉과萍蓬果입니다. 이것을 얻은 자는 부흥의 징조가 있다고 합니다"라고 하였다. 이 날이 정월 15일인지라 매년 이 날이 되면 소왕은 밀가루 반죽으로 이 과일 모양을 만들고 붉은 산사山楂나무 열매를 속으로 넣어 삶아 먹었다고 한다. 원소절에는 원래 당원을 먹었다. 한무제 때, 궁중의 원소元宵라는 이름의 궁녀가 있었는데, 당원을 아주 잘 만들어 이때부터 세상 사람들이 이 궁녀의 이름을 따서 원소라고 하였다고 한다. 이 두 전설은 사서에 보이지 않아 믿을 수는 없다. 원소절에 원소를 먹는 풍습은 송나라 때부터인데, '부원자浮圓子', '원자圓子', '부당원자浮糖圓子'와 '당원糖元'이라고 불렀다. 이런 풍습은 《평원속고平園續稿》, 《세시광기歲時廣記》와 《대명일통부大明一統賦》 등에

296 "去年元夜時, 花市燈如晝, 月上柳梢頭, 人約黃昏後. 今年元夜時, 月與燈依舊, 不見去年人, 淚濕春衫袖." 唐圭璋 編, 《全宋詞》 一, 124쪽. 일설에 朱淑眞의 작품이라고도 한다. 《詞品》 卷2에도 수록되어 있다.

보이는데, 원소절에 먹는 원소는 당시에는 귀했다.

원세개袁世凱는 대총통이 된 후에 황제가 되고 싶어 했다. 하루는 그의 첩이 원소를 드시라고 말했다가 따귀를 한 대 얻어맞았다. '원소元宵'와 '원소袁消'는 음이 같았는데, 이 '원소袁消'라는 말은 원세개가 사라지다 혹은 쇠약해지다는 것을 의미하기 때문이었다. 원세개는 사람을 시켜 이후로는 '탕원湯圓'이라는 말만 쓰도록 했다고 한다.

'원소'는 찹쌀로 만든 동그란 식품인데, 속에 따라 크게 두 종류로 나눌 수 있다. 고기, 팥, 깨, 계화, 과일을 소로 넣은 '오미원소五味元宵'와 파, 겨자, 마늘, 부추, 생강으로 만들어 근면, 장수, 승진을 상징하는 '오신원소五辛元宵'가 있다. 원소 제작은 남북의 차이가 있는데, 남방에서는 찹쌀을 반죽으로 만든 후에 안에 소를 넣는 반면, 북방에서는 소를 공처럼 둥글게 만들고 찹쌀가루가 있는 광주리에 넣어 소를 흔들어서 만든다. 원소를 먹는 방법도 다양한데, 물에 삶거나 찌고 볶거나 기름에 튀긴다.

3. 청명절 음식

'청명淸明'은 24절기 중의 하나로 중요한 명절이다. 때는 양력으로 4월 5일 전후이다. 만물이 이때 성장하는데 모두 맑고 깨끗하여 청명이라고 하였다. 풍속에 청명절 하루 전날이 옛날에는 '한식寒食'이었다. 옛날 사람은 춘추 시대 진문공晉文公이 불태워 죽인 개자추介子推를 기념하기 위해 불 사용을 금지하고 찬 음식을 먹도록 하고 청명절 오후가 되어서야 불을 하사했다고 한다. 춘추 시대 진晉나라 공자公子 중이重耳가 박해를 피해 국외로 망명하다가 도중에 인적이 드문 곳에 이르러 피로와 기아에 허덕였는데, 먹을 것도 찾을 수 없게 되자 개자추가 자신의 넓적다리를 잘라 고기 국을 끓여 중이에게 바쳤다. 개자추는 기운을 차리게 되었으나 나중에 이런 사실을 알고는 눈물을 흘렸다. 19년 후에 진나라의 국왕 진문공이 된 중이가 개자추를 찾았다. 자신을 찾는다는 소문을 들은 그는 면산綿山에 들어가 은거하였다. 끝내 개자추를 찾지 못한 진문공은 신하의 건의대로 산에 불을 질러 산에서 그가 나오도록 하였다. 그러나 개자추는 산에서 나오지 않았고 나중에 오래된 버드나무 아래에서 그의 시체를 찾았다. 진문공은 통곡하였다. 부검을 실시할 때 나무 밑에서 혈서를 발견하였는데, 거기에는 "제 살을 잘라 임금께 바치고 일편단심을 보였으니, 원컨대 주공께서는 항상 나라를 청명하게 다스리길 빕니다"라고 적혀 있었다. 개자추를 기념하기 위해 진문공은 이 날을 한식절로 정하라는 명을 내렸다고 전한다. 이날은 불을 피우지 못해 찬 음식을 먹는 풍습이 있는데, 한식은 동지冬至로부터 105일이 되는 날이므로 '일백오一百五', '백오절百五節', '숙식절熟食節', '금연절禁烟節'이라고도 한다.

그 이듬해에 진문공은 산에 올라 제사를 지내다가 늙은 버드나무가 다시 살아난 것을 발견했다. 이 나무를 '청명류淸明柳'라 명명하고, 한식 다음날을 청명절로 정했다. 사람들은 청명절에 찬 음식인 '청단淸團'을 먹고 청단으로 제사를 지내고 조상에게 바친다. 옛날 사람은 찬 음식을 개발할 필요성을 느껴, 사천 지방 사람은 보리 줄기에서 즙을 내고 찹쌀로 청단을 만들고 오백烏柏즙을 넣어 떡을 만들며, 북경 사람은 참죽나무 싹을 밀가루로 반죽하고 부드러운 버드나무 싹을 두부에 반죽하여 한식 음식을 만든다. 밀가루로 '자추연子推燕'을 만들어 문지방에 끼워 넣고, 야외에서 연회를 베풀고 복숭아꽃 죽을 먹는다.

청명절에 진晉나라에서는 문지방에 버드나무를 꽂고, 개자추 묘에 가서 제사를 지내며 개자추를 추모하였다. 오늘날까지도 이런 풍속이 이어져 이 날은 민간에서 '청단靑團' 또는 '비취단翡翠團'이라고 부르는 찬 음식을 먹는다. 일반 사람들은 네 개의 접시와 여섯 개의 그릇에 찬 음식과 청주를 마련하고 조상께 제사를 지내고 제사가 끝난 뒤에는 가족들이 함께 음식을 먹고 술을 마셨는데 이것을 '흘청명吃淸明'이라고 한다.

청명절에 성묘를 하고 조상께 제사를 지내는 것 이외에 음식 풍속도 다양했다. 첫째, '청단淸團'을 먹는다. 청단이란 장맥초漿麥草라고 하는 야생 식물을 찧어서 그 즙을 낸 다음 이 즙을 찹쌀가루에 넣어 이겨 만든 반죽으로 만든다. 청단의 소는 팥이다. 둘째, '산자食散子'라고 하는 꽈배기를 먹는다. 산자는 기름에 튀겨 바삭바삭한 음식으로 옛날에는 '한구寒具'라고 하였다. 송대 장작莊綽이 편찬한《계륵편鷄肋編》에 "음식 가운데 산자가 있는데 환병環餠이라고도 하며 혹은 옛날의 한구이다"라고 했다.[297]《제민요술齊民要術》에 "둥글고 긴 모양의 꽈배기는 일명 한구라고 한다. 꿀물에 수를 적당히 섞고 밀가루 반죽을 한 것이다"[298]라고 하였는데,《본초강목》권25에 "한구는 산자食散子이다"라고 했다. 소동파는〈한구寒具〉에서 "섬섬옥수로 비벼서 옥 색깔 반죽 만들고, 파란 기름으로 지져서 노랗게 익히네"[299]라고 하였다. 한구는 산자를 말한다. 오늘날의 산자는 남북의 차이가 있는데, 북방은 크고 밀가루로 만들지만 남방은 작고 정교하며 쌀로 만든다.

이 밖에 청명절에는 식계단食鷄蛋, 청명라淸明螺, 쌍희단雙喜團, 조고棗糕, 협심병夾心餠, 청명종淸明粽, 청명과淸明稞 등 각양각색의 영양이 풍부한 식품을 먹었다.

4. 단오절 음식

음력 5월 5일 '단오절端午節'은 '단양절端陽節', '용선절龍船節', '종포절粽包節'로 불리는데, 중국 민간의 명절이다. 5월 5일을 '단오端午'라고 하는데, 단端의 뜻은 처음 초初이다. 단오절과 관련된 기원은 많다. 고대 화하족華夏族의 용에 제사를 지내

297 "食物中有食散子, 又名環餠, 或曰古之寒具也." 莊綽 撰, 蕭魯陽 點校,《鷄肋編》, 7쪽.
298 "環餠一名寒具, 以蜜水調水溲麵."《齊民要術》, 370쪽.
299 "纖手搓來玉數尋, 碧油輕蘸嫩黃深."《蘇軾全集》(上), 389쪽.

는 활동이 그 시원이라고 한다. 부친을 제사 지내기 위해 강물에 투신한 효녀 조아曹娥, 부친 대신 원수를 갚은 오자서伍子胥, 애국시인 굴원屈原을 기념하는 데서 유래했다고 한다. 한대부터 위진 시대까지는 단오절의 초기 형성 단계였고, 남북조에서부터 수당까지는 정착 시기로 종자粽子를 먹고, 웅황주雄黃酒를 마시며 창포를 머리에 꽂는 풍습이 생겨났다.

단오절 날 먹는 가장 중요한 음식은 종자다. 한대에 기원했는데, 단오절에 투신 자살한 굴원에게 종자를 강물에 던져 주고 그를 애도하며 제사를 지낸다.

단오절에는 다른 중요한 민속 활동이 있는데, 위생과 악을 쫓는 '압사壓邪'이다. 음력 5월을 옛날에는 '악월惡月'이라고 하여 "음과 양이 서로 싸워 혈기가 흩어지는" 달로 여겼다. 이때가 계절이 바뀌어 여름이 되는 시기로 모기가 출현하기 시작하고 온갖 벌레들이 활동하는 때이다. 해충의 공격을 받아 사람들의 건강을 해칠 수가 있어 옛날 사람들은 여러 가지 방법으로 병을 막고 몸을 보호했다. 웅황雄黃, 마늘과 창포뿌리를 넣은 술을 벽에 뿌리고 연기를 방 안에 쪼이면 독사나 해충들을 물리칠 수 있다고 여겼다. 마늘을 먹으면 음식 찌꺼기와 독을 없애고 병을 예방할 수 있어 위생과도 부합되었다. 웅황주雄黃酒를 마시는 행위는 사악한 것을 몰아낸다는 뜻도 있다. 용주龍舟 경주를 하는 것은 몸을 건강하게 만들고, 종자를 먹는 것은 영양을 보충하는 것이며 무더위를 식히는 효과도 있다. 그래서 단오절은 병의 예방과 위생 보건의 날이라고 할 수 있다.

5. 중추절 음식

'중추절中秋節'은 '중추절仲秋節', '단원절團圓節', '팔월절八月節', '배월절拜月節'이라고도 하는데, 중국 전통 명절이다. 음력 8월은 가을 석 달 가운데 중간이고, 8월 가운데 15일은 가을의 한가운데이기 때문에 8월 15일이 중추절이다. 1년은

4계절이 있고, 매 계절마다 맹孟·중仲·계季 세 부분으로 구성되어 있어 중추中秋는 중추仲秋라고 한다. 사람들은 둥근 달을 흩어져 있던 가족들이 다시 모여 단란하게 지내는 단원團圓의 상징으로 여겼다. 명대 전여성田汝成의《서호유람지여西湖遊覽志餘》〈희조악사熙朝樂事〉에 "8월 15일을 중추라고 하는데, 민간에서는 월병을 서로 주면서 가족이 모이는 뜻을 나타내었다"[300]라고 하였다. 음력 8월 15일을 가족들이 모이는 날짜로 정했기 때문에 중추절을 단원절이라고 부른다. 그래서 월병을 '단원병團圓餠'이라고도 부른다.

'중추中秋'라는 말은《주례周禮》에 보인다.[301] 그 유래는 선진 시대의 추사秋祀와 배월拜月의 풍습에서 비롯되었다. 주나라 때는 중추절 밤에 달에 제사를 지냈다. 진晉나라 때는 달을 감상하였고, 당송 때도 중추절을 지냈으며, 북송 때 정식으로 음력 8월 15일을 중추절로 정했다.

중추절에 '월병月餠'을 먹는 것은 중국의 오래된 풍습이다. 그 기원은 당나라 때부터였다. 그러나 당시에는 월병이라는 명칭은 없었고, '월병'이라는 명칭은 남송 때 편찬된《무림구사武林舊事》〈증작종식蒸作從食〉에 보인다.[302] '종식從食'은 간식을 말한다. 원대에 월병은 이미 중추절 때의 간식이 되었고, 청대에는 월병 제작이 정교해져서 외피가 아주 얇아지고 소가 충실하며 겉은 기름을 발라 윤기나 났고 맛도 좋았다. 형태는 둥글어서 가족들이 다 모여 즐겁게 지낸다는 뜻이 있다. 이 날은 전국 각지에서 달에 소원을 빌고, 달을 감상하며, 월병과 과일을 먹는데, 특히 '과자아瓜子兒'라는 소금이나 향료를 넣어 볶은 호박씨, 해바라기씨, 수박씨 등을 까먹는다. 남방 사람은 중추절에 달에 제사를 지낼 때 토란을 사용하는데, 원나라 말경에 몽골 사람을 죽인 중국인을 기념하는

300 "八月十五日曰中秋, 民間以月餠相遺, 取團圓之意." 田汝成 輯撰,《西湖遊覽志餘》〈熙朝樂事〉, 361쪽.

301 〈天官冢宰〉〈司裘〉에 "중추에는 좋은 가죽옷을 헌납한다"(中秋獻良裘)라고 하였다. 이 밖에 〈春官宗伯〉〈籥章〉, 〈夏官司馬〉〈大司馬〉와 〈司弓矢〉에도 보인다.

302 周密 著, 李小龍·趙銳 評注,《武林舊事》卷6,〈市食〉,〈蒸作從食〉, 李小龍·趙銳 評注,《武林舊事》, 171쪽.

역사 고사에서 근거한 것이다. 원말 때, 중국인들이 일어나 원나라 몽골 사람의 학정에 반대하였는데, 8월 15일 밤 중국인들은 몽골 사람들을 죽인 후에 달에 제사를 지냈다. 후에 매년 사람의 머리를 희생으로 바치고 달에 제사를 지낼 수 없어 대신 토란을 사용하게 되었다. 청대와 현재 일부 지역에서는 중추절에 토란을 먹을 때 토란 껍질을 벗기는 것을 귀신 가죽을 벗긴다는 뜻의 '박귀피剝鬼皮'라고 한다. 토란 껍질을 벗기는 것이 귀신을 쫓아내는 것에 비유되어 후에 하나의 풍습이 되었다. 중추절의 기원에 관해 가장 현실적인 학설은 추사秋祀이다. 가을은 수확의 계절이다. 각 가정은 토지신土地神에게 제사를 지내는데, 중추는 가을의 풍성한 수확에 대한 보답으로 하늘에 제사를 지내는 '추보秋報'의 풍습이 잔존한 것일 가능성이 높다.

중추절 활동 가운데 상월賞月이 있다. 소식蘇軾은 사詞〈수조가두水調歌頭〉에 "달이 있은 지 그 얼마인가? 술잔 쥐고 푸른 하늘에 묻노라. 하늘나라 궁궐에서는, 오늘 저녁이 어느 해인지 모르리라"라고 중추절 달을 바라보고 읊으면서, "붉은 누각을 돌아, 비단 방문을 기웃거리며, 잠 못 이루는 나를 비춘다. 미워서 그런 것은 아니겠지만, 어째서 항상 헤어졌을 때 둥근 것인가? 사람에겐 슬픔과 기쁨 이별과 만남이 있고, 달에겐 흐림과 맑은 이지러짐과 기움이 있지만, 두 가지가 어울리기는 예로부터 어려웠도다. 바라건대 다만 오래 살아, 천 리 밖에서도 아름다운 모습을 함께 누려 보세"[303]라고 노래하였다. 달빛 아래 술을 마시며 가족과 이별한 사모의 정을 기탁하였다.

이 밖에 중추절에 먹는 음식이 또 있다. 청대에는 토란과 우렁이를 먹었다고 하는데, 민간에서 중추절에 우렁이를 먹는 것은 눈을 밝게 해 준다고 믿었기 때문이다. 과학적으로 우렁이는 비타민A가 풍부한데, 이는 눈 색소의 중요물질이라고 한다. 중추절 전후로 우렁이 암놈은 새끼를 배지 않기 때문에 육질이

---

303 "明月幾時有, 把酒問青天. 不知天上宫闕, 今夕是何年." "轉朱閣, 低綺戶, 照無眠. 不應有恨, 何事長向別時圓, 人有悲歡離合, 月有陰晴圓缺, 此事古難全. 但願人長久, 千里共嬋娟."《蘇軾全集》(上), 585쪽.

특히 이때 가장 맛있다. 지금도 광주廣州에서는 중추절에 우렁이를 볶아 먹는 풍습이 있다.

중추절에 토란을 먹는 것은 악을 물리치고 재앙을 없애 준다는 뜻을 담고 있다. 또 사악함 것을 불신하는 의미도 있다. 또 중추절에는 계화주桂花酒를 마신다. 중추절 밤에 사람들은 달 속의 계수나무를 바라보고 계피 향을 맡으며 한 잔의 계화밀주桂花蜜酒를 마신다. 이것은 가족들이 모여서 달콤하고 즐거운 시간을 갖는 것을 의미한다. 계화는 관상용 꽃인 동시에 식용의 가치가 있다. 굴원屈原은 〈구가九歌〉에서 "계주와 초장 차려 바치노라"[304]라고 하였고, 또 "북두 잔을 잡고 계장을 따라 마시노라"[305]라고 읊었다. 계화주를 마신 연대가 아주 오래되었음을 알 수 있다.

6. 중양절 음식

음력 9월 9일을 중양절重陽節이라고 하는데, 중구절重九節, 등고절登高節, 구월구九月九, 수유절茱萸節, 국화절菊花節, 경로절敬老節이라고도 한다. 매년 이날이 되면 사람들은 높은 곳에 오르고, 국화를 감상하며 또 국화의 꽃잎을 넣은 떡을 먹고 국화주를 마시며 수유를 머리에 꽂아서 악과 재앙을 없앴다. 남조南朝 양梁나라 때 편찬된《형초세 시기荊楚世時記》에는 "수유를 팔에 묶고, 봉이를 먹으며, 국화주를 마셔 액운을 없애고 장수를 빈다"라고 했다.[306] 당나라 시인 왕유王維는 〈구월 구일, 산동의 형제들을 생각하며〉(九月九日憶山東兄弟)라는 시에서 "홀로 타향에서 낯선 나그네 되니, 명절 때마다 가족 생각 배로 나네. 멀리서 알리려

304 〈東皇太一〉, "奠桂酒兮椒漿." 宋貞熙 譯,《楚辭》(I), 92쪽.
305 〈東君〉, "援北斗兮酌桂漿." 宋貞熙 譯,《楚辭》(I), 115쪽.
306 "九月九日, 佩茱萸, 食蓬餌, 飲菊花酒, 令人長壽." 또 "수유를 팔에 꽂고 산에 올라 국화주를 마시고 액운을 없앴다"(盛茱萸繫臂上, 登山飲菊酒消厄)라는《爾雅翼》卷11의 기록을 인용하였다. 劉坤·趙宗乙 主編,《夢梁錄外四種》, 244-245쪽.

형제들 산에 올라, 수유를 꽂을 때 오직 한 사람만 없는걸"[307]이라고 읊었다. 중양절의 유래는 오래되었는데, 전국 시대에 시작되었다. 중양절 풍습의 기원은 환경桓景의 피난과 관계가 깊다고 한다. 동한 때 여남汝南사람 환경이 방사方士 비장방費長房을 스승으로 모셨는데, 하루는 비장방이 환경에게 말하길 중양절에 재앙이 있을 것이니 가족들은 반드시 높은 곳에 올라 국화주를 마셔야 하며 수유를 팔에 묶으면 재앙을 피할 수 있다고 하였다. 환경이 스승의 말대로 높은 곳에 올랐다가 저녁 때 귀가하였더니 집안의 닭·개·소·양이 모두 죽어 있어 다행히 사람만 산에 올라 재앙을 피했다고 한다. 평지에 사는 사람들은 높은 산이 주위에 없어 쌀떡을 만들어 그 위에 색칠한 삼각형의 기를 꽂아 높은 곳에 올라 악을 물리친다는 뜻을 표했다. 떡 '고糕'는 높을 '고高'와'가오'라는 음이 같아, 떡을 먹는 행위에 높은 곳에 오른다는 '등고登高'의 의미를 부여하였다. 중양절의 역사는 오래되었지만 당·송 때 이미 보편화 되었고 명·청 시대에는 중양절에 떡 먹는 풍습이 크게 유행했다.

중양절에 국화가 만개하고 게에 살이 오를 때이다. 그래서 중양절에는 옛날 사람들은 국화를 감상하고 게를 먹었다. 남송 때 이청조李淸照는 〈취화음醉花陰〉에서 "동쪽 울타리에서 황혼녘에 술을 마시며, 그윽한 향기 소매에 남아, 혼이 나갔다 말하지 마소, 발을 올리니 북풍이 불어, 나는 국화처럼 먼저 늙어 버렸네"[308]라고 하였다. 술을 마시고 국화를 감상하는 정감이 넘친다. 술과 국화가 없으면 중양절도 없다는 말이 무색할 정도로 사람들은 중양절도 음식을 통해 생활의 즐거움을 향유하였다.

---

307 "獨在異鄕爲異客, 每逢佳節倍思親. 遙知兄弟登高處, 徧揷茱萸少一人." 이해원 지음, 《황하에 흐르는 명시》, 159쪽.

308 "東籬把酒黃昏後, 有暗香盈袖, 莫道不銷魂, 簾卷西風, 人似黃花瘦." 王仲聞 校證, 《李淸照集校證》, 35쪽.

7. 납팔 음식

중국 민간의 전통 명절 가운데 음력 납월臘月 초8일을 줄여서 '납팔臘八'이라고 하는데 또 '불성도절佛成道節'이라고도 한다.

옛날 납臘은 일종의 제사의식이었다. 묵은해와 새해가 바뀔 때 수렵한 동물로 큰 제사를 지내 복福과 길상吉祥을 빌었다. 옛날에는 '납臘'과 '엽獵'은 서로 통행되던 글자였다. 엽獵이라는 글자는 원래의 뜻이 합合이었고 접接의 뜻이었다. 고대 중국인은 이런 제사를 납제臘祭라고 하였다. 그래서 동짓날 12월을 납월臘月이라고 한다. 12월 초8일은 옛날에 납일臘日이라고 했다. 선진 시대부터 납일에 설 명절을 지내는 것으로 여겼으나 12월 초8일로 고정되어 있지는 않았다. '납팔절臘八節'을 초8일로 고정시킨 때는 남북조 시대였다.《형초세 시기荊楚歲時記》에 12월 8일을 납일로 정했는데, "속담에 '납일 때 북을 울리면 봄의 풀들이 자라난다'라고 하여 마을 사람들이 허리에 찬 북을 치고 오랑캐 두건을 쓰면 금강역사가 돌림병을 쫓아냈다"[309]라고 하였다. 북을 치고 전염병을 쫓아내는 것이 납팔절의 특징이라는 것을 알 수 있다. 남북조 시대 불교 사원에서 납월 초8일에 '칠보오미죽七寶五味粥'을 먹는 것에 영향을 받아 '납팔죽臘八粥'을 먹는 풍습이 생겼다. 매년 음력 12월 8일에 고대 불교사원에서는 곡물과 과실 등을 섞고 삶아서 죽을 만들어 부처를 공경하였는데, 민간에서도 납월 초파일에 이런 죽을 끓여서 먹고 병이나 재앙을 없앴다.《무림구사》의 기록에 의하면, 송대 항주에서는 사원과 민간에서 호도, 잣, 버섯, 감, 밤 등과 쌀을 함께 섞어 끓여서 납팔죽을 만들었다.[310] 명·청 시대 각 지역에서는 납팔죽을 먹는 풍습이 유행했다. 납팔죽은 명목상 8가지 상서로운 재료로 만드는 것이었지만, 이에 구속받지 않고 적게는 네다섯 가지만 사용했고 많게는 10여 가지

309 "諺云'臘鼓鳴, 春草生,' 村人幷擊細腰鼓, 戴胡頭, 及作金剛力士以逐大疫." 劉坤·趙宗乙 主編,《荊楚世時記》, 248쪽.

310 周密 著, 李小龍·趙銳 評注,《武林舊事》卷3,〈歲晚節物〉, 96쪽.

를 넣고 만들었다. 일부 지역에서는 찹쌀, 흑설탕과 18가지 말린 과일과 두부를 함께 섞어 삶은 것을 먹는다.

연밥, 은행, 땅콩, 대추, 잣을 생강과 계피 등의 조미료와 함께 쌀에 섞어서 찐 납팔죽은 수족을 따뜻하게 해 주고 보신의 효과가 있다고 한다. 팥, 원추리, 목이, 두부를 넣고 찐 납팔죽은 '세납팔細臘八'이라고 한다. 보통 사람이 먹는 납팔죽은 쌀에 녹두, 노란 콩, 누에콩, 두부, 홍당무를 넣어 찐 것이다. 이것을 '조납팔粗臘八'이라고 한다. 북방 지방은 쌀이 부족하기 때문에 납팔죽 대신 '납팔면臘八麵'을 먹는다. 일부 옥수수가 나는 지방에서는 납팔절에 쌀 대신 옥수수를 넣는데 이것을 '납팔맥인臘八麥仁'이라고 한다.

납팔절이 불성도절이라고도 불리는 것은 석가모니 전설과 관련이 있다. 석가모니가 부처가 되기 전에 금욕 수행을 하였는데, 하루는 너무 배가 고파 정신을 잃고 땅에 쓰러졌다. 양치는 소녀가 그를 발견하고, 쌀·찹쌀·야생과일을 샘물에 섞어 죽을 만들어 그를 살려 주었다. 석가모니가 보리수 아래에서 독좌하고 묵상에 들어가 끝내는 납월 초8일에 도를 깨닫고 부처가 되었다. 이후로 불교도들은 이 신선한 곡식과 야생 과일을 끓여 죽을 만들어서 부처님에게 공양하고, 승려들의 집회를 열어 불경을 암송하고 불법을 강연하는 행사를 거행하는데 이날 납팔죽을 먹으며 부처님의 고행을 기린다.

8. 중원 음식

'중원中元'은 음력 7월 15일을 말하는데, 속칭 '귀절鬼節'이라고 한다. '제조절祭祖節', '우난분절盂蘭盆節'이라고도 하는데, 불교와 도교 모두 조상의 영혼과 망령을 제사지내는 전통 명절이다. 명절의 경축 활동은 음력 7월 초하루에 시작하여 7월 30일까지 장장 한 달 동안 이루어진다. 중원절은 양무제梁武帝부터 시작되어 당송 시대에 크게 유행했다. '우란분盂蘭盆'은 범어梵語로 울람바나ullambana이고, 우란분 제사는 거꾸로 매달려 있는 상태를 구한다는 뜻의 구도현救倒懸인데, '우란분회盂蘭盆會'를 말한다.[311] 《우란분경盂蘭盆經》에 옛날 전설에 석가모니의 제자 목련目連이 음력 7월 보름날에 여러 가지 음식과 다섯 가지 과일을 불佛·법法·승僧 삼보三寶의 영전에 바치어 굶주리는 지옥인 아귀도餓鬼道에 시주하고, 조상의 명복을 빌며, 아귀도에 거꾸로 매달려 고통을 당하고 있는 자기 어머니를 구출하였다고 한다. 《대장경大藏經》의 기록에 이 '목련구모木連救母'의 고사가 보이는데, 목련이 돌아가신 어머니 유씨劉氏가 아귀에게 고통당하는 것을 보고 음식과 과일을 어머니에게 주려고 하였으나 아귀가 이를 빼앗아 달아났다. 목련이 부처님께 구원을 청하자 부처는 목련의 효심에 감동을 받아 우란분경을 주었다. 목련은 부처의 지시대로 음력 7월 15일에 우란분에 갖가지 음식과 다섯 가지 과일을 바쳐 모친에게 공양하였더니 결국은 굶주린 모친이 이 음식을 먹고 살아났다고 하였다. 목련의 효심을 기념하기 위해 불교도들은 성대한 우란분회를 행하였다. 북제北齊 안지추顔之推가 《안씨가훈顔氏家訓》에 "너희들이 만약 돌아가신 부모의 가없는 덕에 보답하고, 계절이 바뀔 때마다 부모를 그리워하는 마음에 슬퍼지면, 때마다 떠도는 영혼에게 공양을 올리거나 7월 보름날에 열리는 우란분 제사를 올리기를 바란다"[312]라고 하였다.

도교에서는 음력 7월 초하루부터 지옥에서 귀신이 문을 열고 외로운 혼을 인간세계에 방출하여 제사의 공양을 받도록 하였는데, 사람들은 귀신의 간섭과 피해를 막기 위해 음력 7월 15일에 '중원보도中元普度'를 설치하고 음식을 공양하고 저승의 종이를 불살라 이 외로운 혼을 달랜다고 한다. 송대 맹원로孟元老가 편찬한 《동경몽화록東京夢華錄》〈중원절中元節〉에 "어떤 사람이 대나무를 쪼개 다리 세 개를 만들고 높이는 세 자에서 다섯 자 정도 되며 위에는 사발 모양의 등불을 만들어 놓고 우란분이라 불렀는데, 옷과 종이돈을 걸어놓고

---

311 안지추 지음, 유동춘 옮김, 《안씨가훈》, 284쪽.

312 "若報罔極之德, 霜露之悲, 有時齋供, 及七月半盂蘭盆, 望於汝也." 안지추 지음, 유동춘 옮김, 《안씨가훈》, 283쪽.

불로 태웠다"[313]라고 하였다. 제사 때 죽은 사람을 위하여 태우는 종이돈의 풍습은 지금까지도 계속되고 있다.

중원절 때 불가에서는 효도를 강조하고, 도교에서는 지옥에서 방출한 주인 없는 외로운 혼을 위해 중생들을 구제하는 보도普度의 성격이 강하다.

중원절은 비록 종교적인 명절이긴 하지만 그 자체는 사람들에게 효도를 권하여 비신도들에게도 의미가 있다고 말할 수 있다. 이로써 이 명절에 사람들은 조상에게 제사를 지내게 되었다.

중원절에 각지에는 특별한 음식을 만드는 풍습이 있다. 오대산五臺山에서는 찹쌀로 빚어 손으로 만든 물들인 인형 즉 면인面人을 만들어 사람들에게 나누어 주는데 이것을 '희모喜饃' 또는 '예모禮饃'라고 한다. 운남, 귀주, 광서 지방에 사는 장족壯族과 포의족布依族은 이날 조상에게 제사 지내는 제조석祭祖席을 마련하고, 남방 일부 지방 사람들은 귀신을 공경하는 '경고절敬孤節'을 지낸다.

313 "又以竹竿斫成三脚, 高三五尺, 上織燈窩之狀, 謂之盂蘭盆, 掛搭衣服冥錢在上焚之." 伊永文 箋注, 《東京夢華錄箋注》(下), 794-795쪽.

제7장

중국 음식 문화의 특징

중국 민족에게는 자신들만의 독특한 음식 예속禮俗이 있다. 《예기禮記》〈예운禮運〉편에 "예의 시작은 음식에서부터 시작된다"[314]라고 하였다. 문헌의 기록으로 볼 때 늦어도 주나라 때 중국 음식 예의는 상당한 정도로 제도가 완비되었다. 이런 음식 예의 제도는 후대에 더욱 완벽해졌고, 후세 사회 활동에 중요한 작용을 하였다. 각 지역의 음식 풍습은 서로 달라 저마다 특색을 갖추었으며 오랜 풍습과 예의는 서로 얽혀서 다양한 음식 문화를 형성했다.

1. 중국 전통 음식의 예의

중국은 오래전부터 예의를 숭상하였는데 이 가운데 음식 예의도 포함된다. '식예食禮'라는 말 속에는 음식 예의, 예절, 제도, 예속, 풍습 등의 명칭이 포함된다. 음식 예의는 사람들의 음식 문화 활동 가운데 사회현실과 도덕관념을 준수

314 "夫禮之初, 始諸飮食." 池載熙 解譯, 《禮記》(中), 23쪽.

하는 것을 말하며 음식 제도는 국가 예법과 경전 속에 나타난 제도를 따르는 것이다. 음식 예의는 연회에서 경의를 표시하고 행해지는 각종 의식을 말한다. 음식 예속은 예의禮儀, 예의禮義, 예제禮制와 관계가 있고, 민간에 오래전부터 음식 풍습으로 전해졌다. 음식 예의는 음식 활동 가운데 경의와 우정을 표시하는 일상적인 행위 규정이다. 음식 예절은 음식 예의의 절도와 음식 예의의 종합적인 평가이다. 결론적으로 '예禮'가 중요한 요소이고, 음식 예의는 연회의 사회규범과 제도로 음식 활동 가운데 지켜야 할 교양과 교제의 준칙이 되어, 연회를 주최하는 측과 초대받은 사람 상호간의 예절·태도·자세·행동의 표현인 것이다.

음식 예의는 시대, 계층, 지역, 용도에 따라 그 형식과 내용이 다양했다. 위로는 제왕에서부터 아래로는 관리, 군인과 일반 백성들에까지 광범위하게 연관되어 있고, 사회교제와 밀접한 관계를 맺고 있다.

예禮는 고대 중국에서는 제사 활동에서부터 시작되었다. 천지 사방과 조상에게 제사를 지내는 행위는 사람들의 일상생활과 국가 정치 활동 가운데 아주 중요한 행사였다. 제사와 예는 음식과 불가분의 관계를 맺고 있다. 예의 시작이 음식에서부터 시작되었다는 문헌의 기록에서 볼 수 있듯이 음식 예의는 제사의식과 깊은 관계가 있었다. 《예기》〈예운〉편 기록을 보면, "옛날 사람들은 기장을 돌 위에 얹어서 익히고, 돼지고기를 찢어서 구워 먹었으며, 땅에 구덩이를 파고 물을 담아 두고 손으로 움켜서 마셨다"[315]라고 하였는데, 이것은 모두 음식 예의의 원시적인 표현인 것이다. 또 같은 문헌의 기록에 "비자나무의 단단한 줄기로 북채를 만들고, 흙을 쌓아서 북처럼 악기를 두드렸다. 이것은 귀신에게 존경하는 마음을 바치는 것이다"[316]라고 하였는데, 이것은 사람들의 소망과 의지를 신령에게 비는 행위로 귀신에 대한 경외와 제사를 나타낸 것이다. 역대 음식의 신으로는 토지신土地神, 오곡신五穀神, 신농神農, 풍백風伯,

315 "其燔黍捭豚, 汙尊而抔飮." 池載熙 解譯, 《禮記》(中), 23쪽.
316 "蕢桴而土鼓, 猶若可以致其敬於鬼神." 池載熙 解譯, 《禮記》(中), 23쪽.

우사雨師, 일신日神, 월신月神, 수인遂人, 조신灶神 등이 있다.

고대 중국인이 음식을 신령에게 공양하고 행복을 비는 행위는 예의 본래의 뜻이었다. 춘추전국 시대에는 밥을 먹을 때는 말을 하지 않고 잠을 잘 때도 말을 하지 않았으며, 음식을 먹기 전에 먼저 조상에게 제사를 지내 음식을 바쳤고, 단정하게 앉지 않으면 앉지를 않았고, 동네 사람이 음식을 먹고 술을 마실 때 노인이 먼저 자리를 떠나고 나서야 비로소 자신이 자리에서 물러났다고 한다. 후에 식예는 사람과 귀신과의 관계에서 점차 사람과 사람간의 교제로 바뀌었고, 복잡한 사회관계가 생겨나면서 길례吉禮·흉례凶禮·군례軍禮·빈례賓禮·가례佳禮 등 '선진오례先秦五禮'가 형성되어 고대 음식 예의의 초석이 되었다.

식례가 탄생한 후에 국가를 다스리고 사직을 안정시키며 백성을 편안하게 하고 후손의 복리를 꾀하기 위해, 주공周公은 우선 명덕明德과 경덕敬德의 관념을 주창하고, 예악禮樂을 제정하여 황실과 제후들의 연회에 구체적인 규정을 정했다. 유가학파의 공자, 맹자와 순자는 식례에다 인의仁義와 예법禮法을 보태어 사람의 윤리관계를 정립하고 사회질서를 확립시켰다.[317] 이런 노력으로《주례》·《의례儀禮》·《예기》의 경전이 편찬되어 종법 제도의 핵심이 제정되었다. 식례와 다른 예는 사회규범과 도덕규범이 되었던 것이다.

2. 중국 연회 음식의 예의

'연宴'은 고대 문헌 가운데 '연燕', '연筵'과 같은 글자로 땅에 자리를 까는 것을 말하는데 이후에는 '연宴'의 의미로 통일되었다. '연음宴飮', '연음燕飮', '연음筵飮'

317《순자》, 제13권〈예론〉에서 "예란 욕망을 충족시켜 주는 것이다. 예에 정해진 소·돼지와 벼·수수와 여러 가지 조화된 맛은 입을 충족시켜 주는 것이다. 산초와 난초 및 향기로운 것들은 코를 충족시켜 주는 것이다"라고 하면서 예란 사람들의 요구를 충족시키기 위해 생겨난 법도이고 예로써 이에 차질이 없도록 조절해야 하는데, 예는 윤리적 질서, 경제적 질서를 유지해 사회를 안정시키는 역할을 한다고 하였다. 김학주 옮김,《순자》, 534-544쪽.

은 고대 중국인에게는 같은 것이었다. '연석宴席'은 춘추전국 시대에 이미 보편적이었고, 한·당·송에서부터 명·청 시대에 이르기까지 연석의 자리 배치, 음식 제작, 접대 예의 등의 규정이 있었으며, 중국 음식 문화의 중요한 구성요소이다. 연석은 가정에서 식사를 하는 장소인 동시에 상인과 정치가들에게는 필수불가결한 자리이다. 외부 손님을 초대하여 감정을 나누고 우의를 돈독하게 하는 데 필요한 수단이었고 또한 사람들 사이가 멀고 가깝고 지위의 높고 낮음에 따라 그 기능도 달랐다. 연석의 기원은 노인을 존경하는 잔치로 매년 여러 차례 행하는 '연예燕禮'에서 비롯되었다. 그 형식은 조상에게 제사를 지낸 후에 모두 모여서 개고기를 먹고 미주米酒를 마시는 비교적 단순한 잔치였다. 주나라 통치자들은 연석을 아주 중요시했다. 그들은 연회를 안으로는 구족九族의 화목을 표시하고 밖으로는 어질고 덕이 있는 사람들을 존중하며, 윗사람이 아랫사람에게 은혜를 베풀고 아랫사람은 윗사람을 존경하는 중요 수단으로 간주하였다. 그래서 연석은 아주 복잡했고 관연官宴과 사연私宴의 구분이 따로 있었다. 연석에서는 가무歌舞로 흥을 돋우는 풍습이 있었는데, 이런 전통은 이후에도 계속되었다. 수·당 시대에는 경제 발전과 문화의 흥성으로 사람들의 교제도 빈번하고 연석도 고도로 발달되었다. 당시의 연석은 격조가 높고 온갖 산해진미가 동원되었다. 가무와 주령酒令과 같은 오락 유희가 연회와 융합되면서 분위기를 고조시켰다. 원대의 연석은 몽골 초원의 분위기와 식풍이 강해 양고기와 양젖 중심의 음식이 주를 이루었고 조리법도 굽고 볶는 요리가 대부분이었다. 명청 시대에는 빈객을 초대하거나 가정 연회 때 모두 음식 환경과 장식 그리고 장소의 선택에 중점을 두었다. 연석 자리의 배치와 설계 등에 주의를 기울였고 종류도 다양했는데 그 가운데 가장 유명한 것이 바로 '만한전석滿漢全席'이다.

역대로 중국에는 연회의 종류가 다양했다. 예를 들면, 왕실의 유엽연游獵宴·회맹연會盟宴·소미연燒尾宴·천수연千叟宴, 관계官界의 접풍연接風宴·세진연洗塵宴·사은연謝恩宴·장정연長亭宴·경조연敬祖宴, 군대의 서사연誓師宴·축첩연祝捷宴·

개선연凱旋宴·원문연轅門宴, 민간의 혼가연婚嫁宴·경풍연慶豐宴·탕병연湯餠宴·개업연開業宴·수경연壽慶宴, 부유한 귀족의 상화연賞花宴·등고연登高宴·완월연玩月宴 등이 있었다. 연석은 일종의 사회교제 활동인데, 항우와 유방의 '홍문연鴻門宴'과 조광윤趙匡胤의 '배주석병권杯酒釋兵權' 연회와 같은 정치적인 연회를 제외하고는 화기애애한 분위기였다. 사람들은 연석을 통해 서로의 관계를 돈독하게 하고 우의를 다졌는데, 고대 중국의 시와 문장 속에 수많은 예를 찾을 수 있다.

고대 중국의 음식 예의에서 음식의 섭취 순서는 음주, 밥 먹기, 반찬 먹기, 국 마시기 순이었다. 밥을 먹을 때의 규정이 있었는데, 밥 먹기 전에 손을 씻고, 밥을 삼키지 않으며, 국을 한번에 마시지 말고, 소리를 내어서는 아니 되며, 이를 드러내거나 이 부딪는 소리를 내어서도 아니 되었다. 나이가 자신보다 많은 사람과 같이 식사를 할 때는 손윗 사람이 먼저 식사를 하고 식사를 다 끝낸 후에야 아랫사람이 식사를 멈출 수 있었다.

연석 자리의 배치도 엄격했다. 옛날에는 지면에 대나무나 풀로 짠 자리를 깔았는데 그래서 이를 '연筵'이라고 하였다. 습한 것을 방지하기 위해 연 위에 그것보다 작은 석席을 깔았는데 그래서 '연석筵席'이라고 하였다. 석은 계층에 따라 구별이 있었다. 일반적으로 천자는 석을 다섯 상 깔았다. 서쪽에 앉고 동쪽을 향하는 자리가 수석首席이다. 만약 자리가 많을 경우, 《청패유초淸稗類鈔》〈연회지연석宴會之筵席〉 중에서 "좌측 자리가 수석이고, 그 다음 자리는 돌아가면서 정해진다"[318]라고 하였다. 좌측의 자리가 최고로 높은 사람의 자리이고 맞은편 자리가 그 다음 지위의 사람이 앉는 자리이다. 수석 아랫자리가 세 번째 지위의 사람의 자리이고, 두 번째 자리 아랫자리가 네 번째 지위를 가진 사람의 자리가 된다. 두 사람만의 자리인 경우는 좌측의 동쪽을 향한 자리가 수석 자리이고, 주인은 반드시 그 아랫자리에 앉아 서쪽을 향해야 한다. 청대 강희와 건륭 연간에 원탁이 처음으로 등장했는데, 장방형과 팔선탁八仙桌과 비교해서

318 "以左席爲首席, 以次遞推." 徐珂 編撰, 《淸稗類鈔》, 第十三冊, 6263쪽.

가족이 모두 모여 단란한 분위기를 연출한다는 뜻을 지녀 사람들의 환영을 받았다. 남녀노소와 신분의 차이를 두지 않고 식탁에 둘러앉는 방식은 이전에는 볼 수 없었던 모습이었다.

자리는 서쪽과 남쪽이 상석이고, 동쪽과 북쪽이 말석이다. 존귀하거나 나이가 많은 사람이 상석에, 미천하고 나이가 어린 사람이 말석에 앉았다. 《사기》 〈항우본기〉의 '홍문연'에서의 자리 배치는 존귀의 관념을 반영한 좋은 예이다. 천하의 주인인 항우項羽와 항우의 숙부 항백項伯은 동향으로 앉았고, 아부亞父 범증范增은 항우의 책사로 그 지위가 항우 다음이어서 남쪽을 향해 북쪽 자리에 앉았으며, 패공沛公 유방劉邦은 항우에게 자신이 먼저 함양에 들어간 것에 대해 사죄를 해야 했기 때문에 세 번째 서열로 남쪽에 앉아 북쪽을 향하고 장량張良은 지위가 가장 낮아 서쪽을 향해 동쪽 자리에 앉았는데[319] 이 자리는 시중을 드는 자리여서 '좌坐'라고 부르지 않고 '시侍'라고 불렀다. 오늘날의 시종侍從과 같은 뜻이다. 자리가 배치된 후에 또 많은 규정이 있었다. 남녀가 같이 앉지 않고, 아버지와 아들이 같이 앉지 않으며, 지위가 높은 사람은 서 있지 앉지 않고, 존귀한 사람과 자리를 함께 하고 술을 마실 때는 말을 많이 하지 않는 등의 예의범절이 있다.

옛날에는 동쪽 자리가 상석이라고 하였지만 이것은 실내에 국한된 것이고, 조상에 제사를 지낼 때나 묘의 신주는 모두 동쪽을 향했다. 당상에서는 일반적으로 남향 자리가 존귀한 사람이 앉는 자리이고 중요한 빈객은 모두 남쪽을 향한 자리에 앉았다. 이것의 전형적인 예가 북경 고궁故宮의 태화전太和殿의 어좌御座인데, 북쪽 상석에 앉아 남쪽을 향하고 있고 높은 곳에 앉아 낮은 곳을 향하고 있다.

자리에 앉으면, 주인이 손님에게 술을 따르는데 이것은 예의를 표시하는 것이다. 술은 나이가 많은 사람에게 먼저 따르고 그런 다음 나이가 어린 사람에

---

319 《史記本紀》, 227쪽.

게 따른다. 술 대신 차를 준비하기도 하는데, 술은 가득 따르고 차는 그보다 적게 따른다. 가득 술을 붓는 것은 존중의 표시이다. 손님에게 술을 권한 다음 주인이 제 잔에 술을 따른다. 어떤 주인은 자신이 술을 잘 마실 줄 몰라 술을 따르기는 하되 입에는 대지 않고 대신 술을 잘 마시는 친구를 대신 불러와 술 상무를 하게 한다. 혹은 차나 다른 음료로 술을 대신하기도 한다.

연회가 정식으로 시작되면 주인은 반드시 먼저 자리에 초대된 사람들에게 공경의 표시로 술잔을 들어 손님들에게 술을 권한다. 이것을 '헌獻'이라고 한다. 손님들은 반드시 자리에서 일어나 술잔을 들고 감사의 표시를 나타낸다. 주인이 말하길 "먼저 잔을 비워 경의를 표하겠습니다"라고 말한 뒤에 잔을 말끔하게 완전히 마셔 버리고, 잔을 엎어서 손님들에게 빈 잔을 보여 주어 자신의 성의를 표시한다. 손님들은 이에 호응하여 자신들의 술을 마시고 잔을 비운다. 손님들이 술을 비운 뒤에 주인에게 답례로 주인에게 술을 따라주는데 이것을 '보報'라고 하고 또는 손님이 주인이게 술잔을 되돌려준다는 뜻의 '작酢'이라고도 한다. 그런 후에 주인이 손님들에게 여러 차례 술을 권하기 위해 주인이 또 먼저 술을 마신 뒤에 손님에게서 받은 잔을 다시 손님에게 돌리어 술을 권한다. 이것을 '수酬'라고 한다. 이런 예의는 지금까지도 계속되고 있다.

옛날 중국인은 자리에 앉아 술을 마셨다. 탁자와 의자는 송대에 이르러서야 광범위하게 사용되었다. 남송 이전에는 연회에서 술을 마실 때 주인과 손님이 일어나지 않고 각자 자신의 잔을 들고 함께 술을 마셨다. 오늘날 사람들은 잔을 부딪치며 소리를 내는데, 잔을 부딪치면 주인과 손님 모두 자리에서 일어나 똑바로 상대방의 눈을 바라보며 마신 뒤에 잔을 말끔하게 비우고 자리에 앉아야 예의바른 행동이며 그렇지 않으면 실례이다. 잔을 부딪칠 때 손님의 잔이 주인 잔보다 약간 낮게 하고, 나이 어린 사람은 나이 많은 사람의 잔보다 약간 낮게 하여야 예의 바른 것이다. 술을 다 마시지 못하거나 자리에 앉아서 마시면 실례이다. 설령 잔을 다 비우지 못한다 하더라도 잔을 들고 일어나서 답례를 하여 감사의 표시를 하여야 한다. 연회에서는 특별히 노인과 부녀자에게 양보

하는 미덕을 보여야 한다. 그들이 무엇을 좋아하는지 신경을 써서 돌봐주어야 한다.

(1) 손님 접대 예절

주인이 손님을 연회에 초대하는 것은 사회 활동 중의 하나이다. 반드시 일정한 예의규범으로 질서를 잡는 규정이 있다. 음식 예의는 삼례三禮, 즉《주례》·《의례》·《예기》중에 조문으로 이미 명백하게 규범화되어 있다.

우선, 자리를 배치할 때 음식이 놓일 위치가 정해져 있다. 뼈가 있는 고기는 좌측에, 저민 고기는 우측에 놓는다. 밥은 좌측에, 국은 우측에 놓는다. 구운 고기는 약간 먼 쪽에, 간장 등의 조미료는 앞쪽 가까이에 놓는다. 파 등의 보조재료는 옆에, 술과 같은 음료는 국과 같은 방향에 놓는다.

그 다음으로 식기의 배치, 요리 배치 방식 등에도 명백한 규정이 있다. 시종이 술과 술잔을 놓을 때는 단지의 주둥이를 손님 쪽으로 놓는다. 요리를 상에 놓을 때는 손님의 얼굴 쪽에 바짝 놓지 않는다. 손님이 말을 할 때 약간 얼굴을 옆으로 돌려서 입김이나 침이 음식에 들어가지 않도록 하기 위해서이다. 꼬리와 대가리가 달린 생선을 놓을 때는 꼬리가 손님 쪽을 향하도록 해야 한다. 생선의 꼬리 쪽이 뼈와 가시를 바르기 쉽기 때문이다. 마른 생선이 놓였을 때는 이와 정반대이다. 생선의 머리를 손님 쪽으로 향하도록 해야 한다. 마른 생선은 머리 쪽이 바르기 쉽게 때문이다. 겨울철 생선은 배 부분에 살이 쪄 있기 때문에 생선의 배를 오른쪽을 향하도록 놓아야 손님이 먹기가 쉽다. 여름철에는 등 부분이 살이 찌기 때문에 등 부분이 우측을 향하도록 해야 한다.

다음으로는 노인이나 지위가 높은 손님을 접대할 때 특별히 신경을 써야 할 것들이 있다. 나이가 많은 분을 모시고 술을 마실 때는 반드시 자리에서 일어나고 자리를 벗어나야 할 피치 못할 경우에는 반드시 허락을 받아야 한다. 연장자는 이럴 필요가 없지만 나이가 어린 사람은 반드시 다시 돌아와 자리에 앉아야 한다. 만약 연장자가 술잔을 다 비우지 않았을 때 나이가 어린 사람이 먼저 잔을 비워서는 아니 된다.

(2) 식사하는 예의

식사 예절은《예기》〈곡례曲禮〉중에 엄격하게 규정되어 있다. "빈 자리에 앉을 때는 뒤로 물러나 앉고, 식사 자리에 앉을 때는 앞으로 다가가 앉는다."[320] 일반적인 경우에는 지위가 높거나 나이가 많은 사람 뒤에 앉는 것은 겸손과 공경의 표시이다. 식탁의 자리에 앉을 때는 음식을 떨어뜨리지 않도록 식탁 가까이에 다가 앉는다.

"음식이 나오면 일어나며, 지위가 높은 손님이 오면 일어난다."[321] 연회가 시작되어 음식이 나오면 손님은 자리에서 일어나야 한다. 지위가 높은 귀한 손님이 오면 다른 손님들은 자리에서 일어나 공경을 표시하여야 한다. 만약 손님이 주인보다 지위가 낮을 때는 반드시 두 손으로 음식을 받아 주인에게 감사의 표시를 하고 주인이 인사의 말을 하고 난 뒤에 손님이 자리에 앉는다.

식사하기 전에 음식이 상에 다 차려진 후에는 주인이 손님을 인도하여 제사를 행한다. 잿밥으로 제사 드릴 때의 음식은 순서에 따라 제사를 지낸다.

"세 번 밥을 뜨거든 주인이 손님을 인도하여 산적을 먹은 후에 뼈가 붙은 고기를 골고루 먹는다."[322] 삼반三飯이란 손님이 세 그릇의 밥을 먹고 나서야 배가 배부르다는 뜻이다. 반드시 주인이 권하고서야 고기를 먹을 수 있다.

"주인이 골고루 먹지 않거든 손님은 술로써 입가심을 하지 않는다."[323] 주인이 먼저 다 먹고 나서 손님을 물리칠 수는 없다. 손님이 식사를 완전히 다 끝낼 때까지 기다려야 한다. 허구虛口란 술로 양치질하는 것을 말한다. 만약 주인이 식사를 하고 있는데 손님이 입가심을 한다면 예의에 벗어나는 행동이다.

---

320 "虛坐盡後, 食坐盡前." 池載熙 解譯,《禮記》(上), 40쪽.
321 "食至起, 上客起." 池載熙 解譯,《禮記》(上), 40쪽.
322 "三飯, 主人延客食胾, 然後辨殽." 池載熙 解譯,《禮記》(上), 46쪽.
323 "主人未辨, 客不虛口." 池載熙 解譯,《禮記》(上), 46쪽.

"큰 그릇에 함께 먹을 때는 배부르게 먹지 않는다."[324] 다른 사람과 함께 식사를 할 때는 혼자서 다 먹어치워 배가 부르도록 하지 말아야 하는데 이것은 겸양의 표시이다.

"혀를 차면서 먹지 않고, 뼈를 깨물어 먹지 않으며, 생선이나 고기를 먹다가 놓지 않는다."[325] 식사를 할 때는 소리를 크게 내지 말아야 하고, 먹던 음식을 다시 제 그릇에 되돌려 다른 사람이 먹지 않도록 해야 한다.

"식사를 마치면 손님은 스스로 앞으로 나아가 무릎을 꿇고, 밥그릇을 일제히 거두어 일하는 사람에게 건네주어야 하니, 주인이 일어나서 손님에게 인사한 후에 손님은 앉는다." 식사가 끝난 후에는 손님은 자신이 쓴 식기와 남은 음식을 정리하여 주인의 시종에게 준다. 주인이 손님을 말리면 손을 멈추고 다시 자리에 앉는다.

3. 중국의 식사 예의

고대 중국에서는 밥과 요리의 식용에 대해 엄격한 규장을 정했다. 음식과 관련된 예의禮儀는 등급에 따라 차별이 있었다. 빈민들의 음식은 콩밥과 콩잎으로 끓인 국이 전부였다. 《예기》〈예기禮器〉에 "천자는 초하룻날 받는 음식상의 반찬 그릇의 수가 26개이고, 제공은 16개이며, 제후는 12개이고, 상대부는 8개이며, 하대부는 6개이다"[326]라고 하였다.

손님을 초대하는 순서는 주인이 '청간請柬'이라는 초대장을 보내 손님 초대를 알리고, 초대하는 날 정해진 시간에 문밖에서 손님을 영접하며 손님이 도착

---

324 "共食不飽." 池載熙 解譯, 《禮記》(上), 47쪽.

325 "毋咤食, 毋嚙骨, 毋反魚肉." 池載熙 解譯, 《禮記》(上), 47쪽.

326 "天子之豆, 二十有六, 諸公十有六, 諸侯十有二, 上大夫八, 下大夫六." 池載熙 解譯, 《禮記》(中), 56쪽.

하면 안부를 먼저 묻고 응접실로 안내하고 앉도록 한 다음에 차와 간단한 간식을 내놓는다. 손님을 연회 자리에 안내한다. 좌측 자리가 수석이고 그 맞은편 자리가 차석이며 수석 아랫자리가 세 번째 자리이고 두 번째 자리 아랫자리가 네 번째 자리가 된다. 손님의 자리가 정해진 다음에는 주인이 술을 권하고 함께 마신 후에 음식이 들어온다. 손님이 예로써 감사의 표시를 한다. 연회가 끝나면 손님을 응접실로 안내하고 잠시 앉아서 차를 마시며 담소를 하다가 작별 인사를 하고 헤어진다. 심지어《예기》〈곡례曲禮〉에는 "주인이 문 안에 들어갈 때는 오른쪽으로 가고, 손님은 왼쪽으로 간다. 주인은 동쪽 계단으로 나아가고, 손님은 서쪽 계단으로 나아간다"라고 하였고, "손님이 만약 주인보다 지위가 낮으면 주인의 계단으로 나아간다. 주인이 굳이 사양하면 손님이 다시 서쪽 계단으로 나아간다"[327]라고 할 정도로 집안으로 들어가는 방향조차 엄격하게 정해 놓았다.

예는 음식에서부터 비롯되었다. 동시에 식사에도 엄격한 규정이 있었다. 음식을 상에 놓는 방식에도 규정이 있었다.《예기》〈곡례〉의 기록을 보면, 연회에서의 식사는 그 순서에 엄격한 규정이 있었다. 우선 음주의 경우, 고기와 채소를 먹고 난 후에 밥을 먹는 순서는 오늘날과 같다. 당시에는 대략 16가지 요리가 연회에 나오는데 요리는 "뼈가 붙은 고기는 왼쪽에 놓고, 크게 썬 고기는 오른쪽에 놓으며, 밥은 사람의 왼쪽에 놓고, 국은 사람의 오른쪽에 놓는다. 날고기와 구운 고기는 바깥쪽에 놓고, 식초와 간장은 안쪽으로 놓으며, 찐 파는 끝 쪽에 놓고, 술과 음료는 오른쪽에 놓는다. 말린 고기를 놓을 때는 중앙이 굽은 고기는 왼쪽에 놓고, 곧은 것은 오른쪽에 놓는다"[328]라고 규정하였다.

327 "主人入門而右, 客入門而左, 主人就東階, 客就西階. 客若降等, 則就主人之階, 主人固辭然後, 客復就西階."池載熙 解譯,《禮記》(上), 37-38쪽.

328 "左殽右胾, 食居人之左, 羹居之人右, 膾炙處外, 醯醬處內, 葱渫處末, 酒漿處右, 以脯脩置者, 左朐右末." 池載熙 解譯,《禮記》(上), 46쪽.

4. 중국의 피서 음식

고대 중국에는 삼복三伏이 있었다. “하지로부터 세 번째 절기를 초복, 네 번째를 중복, 입추 뒤의 첫 절기를 말복이라 하였다”[329] 소서小暑와 대서大暑 사이에 초복初伏, 대서와 입추立秋 사이에 중복中伏, 입추 뒤에 말복이 있다. 하지는 폭염의 시작을 알린다. 옛날에는 초복에 각종 더위를 식히는 찬 음식을 먹는 풍습이 있었다. 그 목적은 몸이 상하는 것을 방지하고 음식으로 건강을 보존하기 위해서였다.

피서 음식은 한나라 때 비롯되었다. 한대에는 “양을 삶고 새끼 양을 통째로 굽고, 말술을 마시며 스스로를 위로하였다”라고 하였는데, 이것은 일을 하고 난 다음 술을 마시는 ‘두주회斗酒會’를 말한다. 그 목적은 피로를 풀기 위해서였다. 남북조 시대 복날 음식이 발달하였는데, 《형초세 시기》에 “유월 복날에는 뜨거운 국에 넣은 국수를 먹었는데, 이를 ‘피악避惡’이라고 하였다”[330]라고 하였다. 옛날 풍습에 더운 기운은 사악한 기운으로 여겨, 여기에서의 ‘피악避惡’은 실제로는 피서를 가리킨다. “뜨거운 국에 넣은 국수”는 ‘탕병湯餠’을 말한다. 더운 여름에 뜨거운 국과 방금 익힌 국수를 먹으면 땀이 나서 체내의 열을 방출하여 이열치열과 같은 효과가 있었으므로 여름철 피서 음식이었다.

송대에 이르러 복날 음식이 더욱 많아졌다. 오이, 연잎, 녹두탕, 드렁허리국, 석잠풀, 신연新蓮, 피서탕避暑湯 등이 있었다. 《동경몽화록》의 기록을 보면, 수도 개봉 사람은 삼복의 피서를 아주 중요시하였다고 하였다. 6월 중에 “바람이 부는 정자나 물가의 누각, 높은 지역의 전각에서 피서를 하였고, 목판 위에 얼음으로 만든 음식, 찬물에 담가 놓은 오이”[331]를 먹었다고 했다. 수박을 중국

---

329 《初學記》 卷4〈伏日〉에 인용한 《陰陽書》에 “從夏至後第三庚爲初伏, 第四庚爲中伏, 立秋後初庚爲末伏.” 《初學記》, 120쪽.

330 “六月伏日, 幷作湯餠, 名爲避惡.” 劉坤·趙宗乙 主編, 《荊楚世時記》, 237쪽.

331 卷8, “風亭水榭, 峻宇高樓, 雪檻氷盤, 浮瓜沈李.” 孟元老 撰, 伊永文 箋注, 《東京夢華錄箋注》, 771쪽.

어로는 '서과西瓜'라고 하는데, 원산지는 본래 아프리카이다. 명대 이시진李時珍의 《본초강목本草綱目》에 "호교의 《함로기》에서 말하길 '호교가 서흘을 정벌하고 이것의 종자를 얻어 돌아왔는데, 서과라고 하였다'라고 했는데, 수박은 오대 때 중국에 들어왔다"[332]라고 하였다. 오대五代 이후 송대에는 수박이 보편화되었다. 송대 시인 방회方回의 〈추열秋熱〉에 보면 "수박으로 족히 갈증을 해소하였다"라고 했다. 서과는 일명 한과寒瓜라고도 하는데, 한방에서는 수박은 맛이 달고 차서 열을 내려 더위를 식혀 주며 갈증도 해소하고 이뇨 효과가 높다고 한다. 《본초강목》에서도 수박의 효능에 대해 "목이 부어 음식을 삼킬 때 통증을 느끼는 인후염을 치료하고, 가슴과 옆구리의 창만脹滿을 치료하며, 배에 찬 가스를 내보내고, 이뇨에 좋으며, 혈리를 치료하며, 술독을 없애 준다"[333]라고 하였다. 여름철 더위와 갈증 해소에는 수박이 가장 효과적임을 알 수 있다. 연잎을 '녹하綠荷'와 '신하新荷'라고 하는데, 연잎은 수련과 식물의 잎으로 더위를 식혀 주는 데 좋은 음식물이다. 그 맛이 쓰고 떫으며 더위를 식혀 주고 갈증을 해소시켜 준다.

고대 중국인들은 수박의 속을 비우고 겉을 아름다운 도안으로 조각 장식하여 등을 만들었는데 이것을 '서과등西瓜燈'이라고 하였다. 연회 때 손님들에게 이 서과등을 감상하게 하고 수박의 속을 먹을 뿐만 아니라 심리적으로 일종의 청량감을 주어 더위를 식혀 주는 효과도 있다. 청대에 편찬된 《양주화방록揚州畵舫錄》에 서과등에 관한 기록이 보이는데, "또한 민간에서는 수박 껍질에 인물·꽃·곤충·물고기를 새기는 놀이를 서과등이라고 하였다"[334]라고 하였다. 이로 볼 때 청대에는 강소와 절강 지역에 서과 등이 크게 유행하였음을 알 수 있다. 지금도 항주杭州 서호西湖에서는 매년 여름에 '하화제荷花祭'가 열리는데 이런

332 〈果〉, 〈西瓜〉, "按胡嶠陷虜記言, 嶠征西紇得此種歸, 名曰西瓜, 則西瓜自五代時始入中國."
333 "療喉痹, 寬中下氣, 利小水, 治血痢, 解酒毒."
334 卷11, 〈虹橋錄〉〈料絲燈〉, "亦間取西瓜鏤刻人物花卉蟲魚之戲, 謂之西瓜燈."李斗 撰, 王軍 評注, 《揚州畫舫錄》, 228쪽.

갖가지 장식을 한 서과등을 누각과 정자에 매달고 사람들이 감상한다.

명·청 시대 이래로 복날 가장 성행한 것은 '연자탕蓮子湯'을 먹는 풍습이었다. 《청패유초》에는 북경에서 여름철에 연회에 참석한 손님들에게 빙과氷果를 내놓았는데, 빙과란 "신선한 호도, 연뿌리와 연밥을 작은 얼음덩어리와 함께 섞은 것을 말한다"[335]라고 하였다. 한방에서는 연밥은 맛이 달고 비장을 보양해 주며 심장과 신장을 튼튼하게 해 준다고 한다. 여름철에 연자탕을 먹으면 특히 노인들에게 기를 보태 주어 건강을 유지할 수 있게 해 준다.

---

335 "鮮核桃, 鮮藕, 鮮蓮子之類, 雜置小氷塊于中." 徐珂 編撰, 《清稗類鈔》, 第十三册, 6525쪽.

제8장

중국의 역대 유명 요리사

중국 역대 전설상의 성인聖人은 모두 새로운 요리 기술을 고안했다. 음식과 관련된 성인들도 대부분 요리사였다. 수인燧人은 불 위에 고기를 구워 고기 요리를 만들어 낸 요리사였다. 포희庖犧는 복희伏義로 "희생에 쓰이는 고기를 비축하는 요리사였다". 신농神農은 태양신 염제炎帝을 말하는데, 중국 최초로 "돌 위에 곡물을 올려놓고 익혀" 음식을 만든 요리사였다. 신농이 비록 불을 사용하긴 하였지만 요리라고 말할 수 있는 수준은 아니었다. 신농의 공은 하늘에서 떨어진 조를 주워서 심고 도기로 도끼와 쟁기를 만들어 오곡이 자라는 데 도움을 준 사람이다.

신농 이후에 헌원軒轅이 출현하여 솥과 시루를 만들고 백성들에게 곡식을 쪄서 밥을 지으며 곡식을 끓여서 죽을 만드는 방법을 가르쳤다. 이때부터 불로 익히는 방법을 처음으로 사용하여 요리 시대로 접어들게 되었다. 이 헌원이 바로 황제黃帝인데,[336] 그는 염제와 치우蚩尤와 싸워 이기니 제후들이 모두 환원

336 司馬遷,《史記》〈五帝本紀〉에 "황제는 소전 부족의 자손으로, 성은 공손, 이름은 헌원이라고 불렀다"(黃帝者, 少典之子, 姓公孫, 名曰軒轅)라고 하였다.《史記本紀》, 7쪽. 王逸의《楚辭》〈遠游〉의 "軒轅不可攀兮"에 대한 注에 "헌원은 황제이다. 처음으로 수레와 옷을 만들어 천하 사람들이

을 받들어 천자가 되었다. 그는 또 다른 방면에 큰 공헌을 하여 중국문명의 기반을 세웠다.[337]

1. 요리의 시조 — 팽갱

전설상의 요임금 때 저명한 요리사 팽갱彭鏗이라는 사람이 있었다. 그는 원래 육종陸終의 셋째 아들로 요임금의 칭찬을 받아 대팽국大彭國의 팽성彭城, 지금의 강소 서주徐州에 봉해졌고, 서주 운용산雲龍山에 우물을 하나 팠는데 이를 '팽조정彭祖井'이라고 한다.[338] 굴원屈原의 《초사楚辭》〈천문天問〉에 "팽조가 꿩국을 끓여 바치니, 요임금은 어찌 그리 달게 잡수실까? 수명을 그리도 길게 받았지만, 웬일로 그렇게도 오래 살았을까?"라고 읊었는데, 왕일王逸의 주注에 "팽갱은 맛나게 간을 잘 맞출 수 있고, 꿩국을 잘 끓여서 요임금을 모셨다"라고 하였다. 한나라 이전에는 야생 닭을 꿩이라고 하였는데, 여후呂后가 집정한 후에는 여후의 이름이 여치呂雉였으므로 야계野鷄로 고쳐 부르기 시작했다. 팽갱이 끓인 꿩국이 맛이 좋았고 오래 살았기 때문에 요임금의 환심을 샀으므로 그는 일류 요리사였던 것이다.

그를 헌원씨라고 불렀다"(軒轅, 皇帝也. 始作車服, 天下號之爲軒遠氏也)라고 하였다. 何錡章 編, 王逸 注, 《楚詞》, 101쪽.

337 司馬遷, 《史記》〈五帝本紀〉에 치우蚩尤를 물리치기 위해 염제炎帝에 반발한 제후들이 헌원에게 귀순하자, "헌원은 이에 덕을 닦고, 병사를 정비했으며, 오행의 기를 연구했고, 오곡을 심어 백성들을 사랑으로 돌봤으며, 사방의 토지를 측량하고 정리했다(軒乃修德振兵, 治五氣, 藝五種, 撫萬民, 度四方)." 또 "산을 개간하여 길을 통하게 했고"(披山通路), 황제는 대신들을 등용하여 백성들을 다스리게 하고, 천지사시天地四時의 운행 법칙에 순응하여. 음양의 변화를 예측하고, 산 자를 양육하고 죽은 자를 장사 지내는 제도를 연구했으며 국가 전망의 이치를 고찰하였고, 때에 맞추어 온갖 곡식과 초목을 심어 백성들에게 이익이 미치도록 했다고 하였다. 《史記本紀》, 8-9쪽.

338 《史記》〈楚世家〉, "육종은 여섯 아들을 낳았는데, 모두 배를 절개하여 낳았다. 〔…〕 셋째 아들이 팽조이다(陸終生子六人, … 三曰彭祖). 《史記世家》上, 215쪽.

팽갱은 또한 문헌의 기록에는 팽조彭祖로도 불려 신선술神仙術과 관련된 도사道士로 묘사되었다.《열선전列仙傳》에 "팽조는 은나라 대부이다. 성은 전이고, 이름은 갱이며, 황제 전욱의 손자이자 육종씨의 셋째 아들이다. 하나라를 지나 은나라 말에 이르기까지 800세를 살았다. 항상 계피와 영지를 먹었는데, 도인 체조 기술과 기 호흡법에 능했다. 〔…〕 나중에 신선이 되어 승천하였다고 한다"[339]라고 하였다. 이것은 음식과 건강 장수와의 관계를 보여 주는 예라고 할 수 있다.

2. 술의 발명자 — 소강

하夏나라의 6대 군주가 소강少康이다. 그는 하나라 중흥기의 군주였다. 과過나라의 요澆가 하나라의 왕 상相을 멸망시켰는데, 그때 상의 왕비인 민緡이 임신을 하고 있었고, 친정의 나라인 잉仍으로 도망하여 소강을 낳았다. 소강은 후에 잉나라의 희생을 방목하는 우두머리인 목정牧正이 되어 요가 두려워하여 경계하고 있었다. 요가 초椒를 시켜 소강을 잡도록 하자, 소강은 우虞나라로 도망가서, 요리를 담당하는 사람들의 우두머리가 되어 해를 입지 않았다. 그 뒤에 우나라의 왕 사思가 소강에게 자신의 두 딸을 아내로 맞이하게 하고, 윤綸이라는 마을을 차지하게 하였다. 소강은 덕을 잘 베풀어 하나라를 부흥시키기 위해 하나라 사람들을 불러 모아 그들에게 관직을 주고 신하들을 시켜 요나라를 정탐하게 하고 요의 아우를 꼬여 내어 결국은 과나라를 멸망시켰다.[340] 소강은

339 "彭祖者, 殷大夫也. 姓籛名鏗, 帝顓頊之孫, 陸終氏之中子. 歷夏至殷末, 八百餘歲, 常食桂芝, 善導引行氣, 〔…〕 云後昇仙而去." 김장환 옮김,《열선전》, 98쪽. 이와 유사하며 좀 더 자세한 기록이 晉代 葛洪의《神仙傳》에 보인다. 여기에서는 팽조는 은나라 말년에 이미 767세였으나 노쇠하지 않았다고 하면서 복식호흡, 심호흡, 導引術, 金丹 복용, 천지의 기를 빨아들이고 靈芝를 먹으며 음양교접의 房中術을 익히면 불로장생할 수 있다고 하였다. 葛洪 著, 李民樹 譯,《神仙傳》, 28-35쪽.

요리사 경력을 가진 중국 최초의 국왕인 셈이다.

삼국 시대 조조曹操의 악부시樂府詩〈단가행短歌行〉에서 "어찌하면 근심 걱정 없앨 수 있나? 오직 두강주뿐이네"라고 읊었다. '두강杜康'은 두강이 만든 술을 가리키며, 이 두 글자는 맛좋은 술의 대명사가 되었다. 동한東漢 때 허신許愼이 편찬한《설문해자說文解字》에 "옛날 소강이 빗자루와 출주秫酒를 발명했다. 소강은 두강杜康이다"라고 했는데, 이는 중국술 제조법의 최초 발명자가 소강이고 소강이 바로 두강이라는 말이다. '출주秫酒'는 황주黃酒의 시초가 된다. 서진西晉 때 장화張華도《박물지博物志》에 "두강이 술을 만들었다"라고 하면서, 다른 부분에서는 "의적儀狄이 술을 제조했고 우임금 때 사람이다"라고 했다.[341] 중국에서 술을 처음 만든 사람이 누구인지는 논란의 대상이다.

3. 치국의 요리사 — 이윤

상나라 때 탕왕湯王 시대 군주를 보좌한 재상 이윤伊尹은 중국 요리의 성인聖人으로 추앙받는 요리사이다. 전설에 유신有莘의 여자가 뽕잎을 따는데 어린아이가 뽕나무에서 얻어 유신의 군주에게 바쳤다. 유신의 군주가 요리사에게 이 어린아이를 맡아 키우라고 하였다. 이 요리사는 어린아이의 이름을 지摯라 하고 또 아형阿衡이라고도 불렀다. 후에는 이윤이라고 불렀다. 이윤은 어려서부

340 《春秋左傳》〈哀公元年〉. 文璇奎 譯著,《春秋左氏傳》(下), 415-416쪽.

341 范寧 校證,《博物志校證》,〈佚文〉, 121, 139쪽. 宋代 高承의《事物紀原》에 "두강이 언제 사람인지 알 수 없고 옛날부터 지금까지 처음으로 술을 만들었다고 말들을 한다"라고 했고, 竇革의《酒譜》에 東周列國 때 사람이라고 하여 두강은 周나라 사람일 것으로 추정된다. 儀狄의 술 제조법 발명설은 秦代 呂不韋의《呂氏春秋》에 先秦 시기의 史官이 편찬한《世本》의 기록을 인용하여 의적이 술을 제조한 최초의 인물로 여겼고, 이후의 西漢 때 劉向이 편찬한《戰國策》〈魏策〉, 東漢 許愼의《說文解字》, 三國 시대 譙周의《考史古》기록과 같다. 그러나《世本》이라는 문헌의 창작 시기와 편찬자가 모호하고 원서는 대략 宋代에 유실되었으며 현재는 다만 清代에 편집된 판본만이 전하여 많은 학자들이 의적의 술 제조법 발명 주장을 믿지 않는다.

터 양부로부터 요리를 배웠다. 이윤이 유신에 있을 동안에 주보酒保가 되어 요리에 정통했다. 후에 상나라 탕왕이 유신의 여자와 결혼하고 유신씨는 이윤을 이 여자의 하인으로 파견하였는데, 이윤은 치국의 도를 요리로 설명하기 위해 옥으로 만든 솜과 도마를 가지고 기러기 국을 만들고 오징어 젓갈을 상나라 탕에게 바쳤다. 상나라 탕왕을 만난 기회에 요리에 비유하여 치국의 도를 설명하였더니 상나라 탕왕이 그를 재상에 임명하였다. 그런데《맹자》〈만장萬章〉에 "만장이 묻기를, '사람이 말하길 이윤이 요리로써 탕에게 벼슬을 구했다고 하는데, 이것이 사실입니까?'라고 하자, 맹자가 대답하길, '아니다. 그렇지 않다. 이윤이 유신의 들에서 밭을 갈며 요순의 도를 즐겨하여 의가 아니고 도가 아니면 천하로 녹을 주더라도 돌아보지 않으며, 수레에 말 천사千駟를 매더라도 쳐다보지 아니하고, 의가 아니고 도가 아니면 초개와 같은 작은 것이라도 남에게 주지도 않고 또 남에게서 취하지도 않았다'"라고 했다. 전국 시대 이윤이 요리로써 벼슬을 얻었다는 말을 하는 사람이 있어 후에 한대의 사마천도 그렇게 기록하였을 가능성도 있지만, 맹자는 이윤이 요순의 도를 즐겨 몸소 실천을 한 것을 강주하며 그의 도의道義를 칭찬하였다. 그래서 맹자는 이어서 "나는 이윤이 요순의 도로써 탕에게 벼슬을 구했다는 말은 들었고, 요리로써 벼슬을 구했다는 말은 듣지 못했다"라고 했다.[342] 이윤에 관한 문헌의 기록과는 다르지만 이는 맹자가 자신의 '의義' 사상을 강조하기 위해서였을 가능성이 있다. '할팽요탕割烹要湯'이라는 성어는 이윤이 요리로써 탕왕에게 도의道義 정치를 실시하도록 했다는 뜻이다. 중국 최초의 요리 이론인 저명한〈본미편本味篇〉은 바로 이윤이 상나라 탕왕과 대담한 내용을 기록한 것으로《여씨춘추》에 수록되어 있다.[343]

342 朱熹 集註, 韓相甲 譯,《孟子集註》, 234쪽과 237쪽.

343 문헌 중에 伊尹에 대한 기록은《呂氏春秋》이외에《韓非子》〈難言〉,《周禮》〈天官〉,《尸子》〈仁意〉,《墨子》〈尚賢〉,《莊子》〈庚桑楚〉와《韓氏外傳》등에 보인다.

4. 재상 요리사 — 강태공

주나라의 개국 원로인 강상姜尙은 태공망太公望으로 80에 이르러서야 문왕文王 희창姬昌의 중용을 받았다. 그는 문왕을 보좌하였고 남북으로 정벌을 나섰으며 폭군 주왕의 은나라를 멸망시켰다. 그는 주나라에 중용되기 전에 상당히 오랫동안 요리사로 일했다. 그는 또 은나라의 수도 조가朝歌에서 백정이었고, 황하의 맹진孟津에서 밥과 반찬을 팔았다. 강태공은 고대 중국의 두 번째 재상 요리사였다.

5. 아들을 삶은 요리사 — 역아

역아易牙는 옹雍에서 태어났고, 이름은 무巫 혹은 옹무雍巫, 적아狄牙로 맛을 조절하는 전문가였다. 그가 만든 요리는 시고 짜고 달고 담백한 맛 모두가 맛이 있어 당시의 군주 제환공齊桓公의 칭찬을 받았다. 그런데 유독 역아에 관한 문헌의 기록 가운데 정치와 연관 지어 나라를 망친 예가 많은 편이다. 《춘추좌전》〈희공僖公〉 17년의 기록을 보면, "당시에 궁중의 식사 일을 맡는 벼슬에 있고, 이름을 무巫라 하는 자가 공희恭姬라고 불리는 큰 위희衛姬한테 총애를 받고 있는 터에, 내시관 초貂를 중개로 하여 환공에게 좋은 요리를 올리니, 또한 그를 총애하게 되었다. 그 결과 환공은 큰 위희가 낳은 무맹武孟을 태자로 세울 것을 허락했다. 관중이 세상을 떠나자, 다섯 공자가 제각기 태자가 되기를 요구했다. 겨울에 환공이 세상을 떴다. 그러자 역아는 궁중으로 들어가 내시관 초와 같이 환공의 애첩 큰 위희의 힘을 입어 반대파의 여러 벼슬아치를 죽이고, 공자 무휴武虧를 군주로 세웠다"라고 했다.[344] 《관자管子》〈소칭小稱〉편에 "관중이 병이 났다.

344 文璇奎 譯著, 《春秋左氏傳》, 309쪽.

환공이 문병을 왔다. 관중이 환공에게 말하길, '역아는 음식을 만들기 위해서 상감을 모셔왔는데, 언젠가 상감께옵서 갓난애 찐 것은 아직 먹어 본 일이 없다고 말씀하시자 그는 그의 장남을 쪄서 올렸습니다. 인간이라면 누구든지 내 자식을 사랑할 것입니다. 내 사람을 사랑할 수 없는 사람이 어찌 주군을 경애할 수 있겠습니까'라고 하면서 역아易牙, 수조豎刀, 당무堂巫, 공자개방公子開方 등 네 사람을 멀리하기를 간하자, 환공은 '과연 옳은 말이오'라고 대답했다. 마침내 관중이 죽었다. 환공은 관중의 장례식을 치르자 그의 유언대로 네 사람을 추방했다. 그러나 역아가 나간 다음부터 요리가 맛이 없게 되었다. 그래서 환공은 역아 등 네 사람을 다시 불러들였다. 그로부터 1년 후 이 네 사람이 반란을 일으켜서 환공을 감금하였다. 그러자 환공은 눈물을 흘리면서 '아아, 성인과 같은 관중의 말은 옳았도다. 땅 속에 있는 관중이 이 사실을 알면 무엇이라고 하겠는가. 저세상에 가서 관중을 만날 얼굴이 없구나'라고 했다. 환공은 말을 마치고 죽었지만 처음에는 사람들에게 알리지 않았다. 그가 죽은 지 11일, 시체에 구더기가 생기고 그 구더기가 밖에 나간 다음에야 비로소 알게 되었다"[345]라고 하였다. 또한《회남자》〈주술훈主術訓〉에 "옛날 제환공이 맛있는 음식을 좋아했으므로, 역아가 자신의 큰아들을 삶고 먹였다"라고 했다.[346]《사기》〈제태공세가齊太公世家〉에도 같은 기록이 보인다. 관중이 병이 나자 환공이 묻기를 "뭇 신하들 가운데 재상을 시킬 만한 이는 누구인가?" 관중이 말하였다. "임금보다 더 신하를 잘 알 사람은 없지요." 환공이 물었다. "역아는 어떤가?" "제 자식을 죽여 임금에 영합하였으니 인정에 어긋납니다. 안 됩니다." 관중이 죽고 나자 환공은 관중의 말을 따르지 않고 역아를 가까이 두고 중용하였다. 이리하여 역아는 개방開方, 수도豎刀와 함께 정권을 전횡하게 되었다.[347] 그러나 역아가 자신의 음식 솜씨로 국가의 권력을 찬탈하였다는 기록에서 우리는 그가 뛰어

345 李相玉 譯解,《管子》, 290-292쪽.
346 李錫浩 譯,《淮南子》, 206쪽.
347《史記世家》(上), 43-44쪽.

난 요리 솜씨를 지녔다는 사실에 주목하게 된다.

《전국책》〈위책魏策〉에 양왕梁王 위영魏嬰이 제후를 불러 모으고 주연을 베풀었는데, 노군魯君에게 술잔을 올리라고 전하자, 노군이 할 말을 골라 말하길, "제나라의 환공이 한밤에 공복을 느꼈을 때 역아가 볶고 말린 것에 오미五味를 갖추어 권했더니, 환공은 만복이 되도록 먹고 아침까지 푹 잤습니다. 그러고는 '후세에 반드시 맛으로써 그 나라를 망치는 자가 있을 것이다'라고 말했습니다"라고 했다.[348] 노군이 양왕에게 탐식을 경고한 것이지만 나라를 망칠 정도로 역아의 다섯 가지 맛을 조절하는 뛰어난 요리 솜씨를 엿볼 수 있다.

6. 순대 부자 — 탁씨

사마천《사기》〈화식열전貨殖列傳〉에는 역대 중국의 부자들을 소개하고 있다. 공자의 제자 자공子貢 사賜, 범려范蠡, 백규白圭, 의돈猗頓, 나倮, 청淸, 촉蜀의 탁씨卓氏, 완宛의 공씨孔氏, 조曹 땅의 병씨邴氏, 제나라의 조한刁閑, 주나라의 사사師史, 선곡宣曲의 임씨任氏, 무염씨無鹽氏, 관중 전씨田氏의 일족 전색田嗇, 전란田蘭, 위가韋家, 율씨栗氏, 안릉安陵과 두杜 땅의 두씨杜氏 등은 모두 사물의 이치를 추측하여 거취를 결정한 것으로, 시운에 순응하여 이익을 얻고, 상업을 하여 재물을 얻고, 농업에 힘써 재산을 지녔다. 근검절약하며 부지런히 일한 덕분이다. 음식 장사처럼 당시에 천하게 여겨진 직업도 없었지만 이를 기반으로 부자가 된 사람도 있었다. 술장사는 하찮은 것이지만 장씨張氏는 천만금을 벌었으며, 칼 가는 것은 보잘것없는 기술이지만 질씨郅氏는 그것으로 돈을 벌어 제후들처럼 반찬 솥을 죽 늘여놓고 식사를 할 정도로 부자가 되었다. 위포胃脯만을 파는 탁씨濁氏라는 사람이 큰돈을 벌어 외출할 때마다 수레를 타고 다녔는데 왕후들과 같았

---

348 李相玉 譯,《戰國策》, 545-546쪽.

다고 했다.[349] 탁씨가 파는 위포는 양의 위로 만든 것으로 음력 10월에 만들어 먼저 끓는 물속에 양의 위를 깨끗이 씻은 후에 양의 위속에 산초가루와 생강가루 등과 같은 향료를 넣고 태양 볕에 말려서 건조시켰다. 이 위포는 오래 저장해도 썩지 않아 먼 곳으로 운반하기에 편리했다. 또한 맛도 좋아 판로가 넓어 잘 팔렸기 때문에 큰돈을 벌었다. 탁씨는 순대를 처음 만들었다.

7. 장군의 부인 요리사 — 이낙수

서진西晉 초에 여남汝南 사람 주준周浚이 양주揚州의 자사로 부임하여 안동장군安東將軍으로 있을 때, 사냥하러 나갔다가 폭우를 만나 여남의 이씨 집에 들렀다. 이씨 집은 부유했지만 남자가 없었다. 낙수絡秀라고 하는 딸이 있었는데, 밖에 귀한 손님이 와 있다는 말을 듣고는 하녀 한 명과 함께 안에서 돼지와 양을 잡아 수십 명의 음식을 만들었다. 이낙수는 수십 명이 먹을 음식을 소리 없이 주도면밀하게 준비했다. 주준이 그녀에게 호감을 느끼고 자신의 첩으로 삼았고, 그녀는 안동장군의 부인이 되었다.[350]

8. 칼의 명수 — 민회태자

진晉나라의 민회태자愍懷太子는 이름이 휼遹이고 혜제惠帝로 모친은 사재인謝才人이다. 어려서 총명하고 지혜로웠다. 무제武帝가 그를 총애했다. 칼로 고기를 써는 데 명수였다고 했다. 그는 고기를 같은 무게로 썰 수 있었는데 자른 고기의 무게는 한 치의 오차도 없이 똑같았다. 다른 사람이 믿질 않아 무게를 달았더니

349 丁範鎭 外 옮김, 《史記列傳》(下), 1198쪽.
350 劉義慶 撰, 劉孝標 注, 金長換 譯注, 《世說新語》(下), 〈賢媛〉, 125쪽.

정말로 똑같았다. 그래서 어떻게 이런 기술을 터득했는지 모두들 궁금했는데 알고 보니 이 태자의 모친이 원래 포정의 딸이었다는 사실을 알게 되었다.[351]

9. 시녀 요리사 — 선조

당나라 목종穆宗 때 승상 단문창段文昌은 미식가인데, 일찍이《식경》50장을 편찬하였다. 그가 일찍이 추평군공鄒平郡公에 봉해졌기 때문에 세상 사람들이 이 책을《추평군공식헌장鄒平郡公憲章》이라고 하였다. 그의 아들 단성식段成式은《유양잡조酉陽雜組》를 편찬하였고, 이 책에는 당시의 수많은 진귀한 유명 요리들을 기록하고 있는데, 대부분의 요리는 자신의 집안 요리들이다. 단문창 집 주방을 '연진당煉珍堂'이라 했고, 외근을 하게 되어 관역館驛에 묵게 될 때는 주방을 '행진관行珍館'이라 불렀다. 이 두 곳의 주방에는 선조膳祖라고 하는 경험 많은 여자 요리사가 있었다. 이 여자 요리가 요리를 도맡았다. 단문창 집 주방에서 40여 년을 일하면서 100여 명의 여자 노비를 데리고 있었다. 이 여자 요리사 가운데 9명을 골라 요리 기술을 전수하였다. 선조라는 이름은 단문창 집 주방 요리의 원조라는 뜻이다.

10. 명절 음식 요리사 — 장수미

오대五代 때 개봉開封의 창범문閶闔門 밖 교통요지에 특별 요리점이 있었다. 사람들은 이 음식점을 '장수미가張手美家'라고 불렀다. 명절이면 유명 음식을 팔았는데 장사진을 이룰 정도로 사람들이 모여 들었다. 수레와 말의 왕래가 빈번하여

351《晉書》卷53,〈列傳〉第23,〈愍懷太子〉, 1458쪽.

말에게 물을 먹여 주는 상점이란 뜻의 '요점澆店'이라고 불렀다. 장수미가 만든 명절 음식은 여러 가지가 있었는데, 음력 정월 초하룻날에는 '원양육元陽肉', 음력 정월 보름 상원절上元節에 '유화명주油畵明珠'와 '유반油飯', 음력 정월 초7일 인일人日에 '육일채六一菜', 2월 15일에 '열반두涅槃兜', 음력 3월 초3 혹은 초6일 상사일上巳日에 '수리행주手裏行廚', 청명절 전날인 한식에는 '동릉두冬凌兜', 4월8일에는 '지천준함指天餕餡', 단오절에는 '여의원如意圓', 복날에는 연잎으로 싸서 찐 만두 '녹하포자綠荷包子', 이사二社에는 '랄계육辣鷄肉' 즉 '계정개요반鷄丁蓋澆飯', 칠월 칠석에는 '마라후반摩羅月侯飯', 음력 7월 15일 중원절에는 '우난병담盂蘭餠啖', 중추절에는 '완월갱玩月羹', 중구절重九節에는 '미금고米錦糕', 동짓날에는 '의반宜盤', 납일臘日에는 원추리로 만든 국수 '선초면萱草麵', 납팔절臘八節에는 '법왕요두法王料斗'를 팔았다.[352] 장수미는 처음으로 명절 음식을 판 요리사였다.

11. 비구니 요리사 — 범정

오대 때 범정梵正이라는 비구니가 있었는데, 아주 요리를 잘 만들었다고 한다. 그녀는 절인 생선, 약한 불에 장시간 삶는 고기, 잘게 썬 고기, 육포, 가늘게 간 고기, 절인 오이, 채소 등으로 황색과 붉은색을 섞어 평반拼盤을 만들었다. 좌석에는 한 사람당 식판 하나씩 20명의 손님이 앉아서 식사를 했는데, 당나라 때 종남산終南山의 망천輞川에 은거했던 유명한 시인 왕유王維의 풍경과 같아 '망천도소양輞川圖小樣'이라고 불렀다.[353] 음식은 조형미를 갖추어 음식 속에 시와 그림이 있어 아름다웠다. 이 비구니는 중국 최초의 대형 꽃 모양 평반의 창조자이다.

---

352 北魏 때 賈思勰의 《淸異錄》 卷下, 〈張手美家〉, 《宋元筆記大觀》 1, 130쪽.
353 北魏 때 賈思勰의 《淸異錄》 卷下, 〈張手美家〉, 《宋元筆記大觀》 1, 124쪽.

12. 궁정 여자 요리사 — 유낭자

남송 고종高宗 때 궁중에 유낭자劉娘子라고 하는 여자 요리사가 있었다. 고종이 등극하기 전부터 유낭자는 그의 집 주방에서 요리를 했다. 고종이 먹고 싶은 것은 모두 만들어 바쳤는데 고종은 아주 만족해했다. 황궁의 규정에 의하면 황제의 어식을 주관하는 관리를 상식尙食이라 하는데, 주로 남자가 맡았고 5품의 관직이었지만 유낭자는 여자여서 이 관직을 맡을 수가 없었다. 그러나 황궁의 모든 사람들은 그녀를 '상식 유낭자'라고 불렀다. 유낭자는 중국 최초의 저명한 궁정 요리사였다.[354]

13. 통오리구이에 정통한 요리사 — 왕입

남송의 지금의 남경인 건강建康의 통판通判 사문史忞이 임기가 차서 고향인 임안臨安의 염교鹽橋로 돌아갔다. 하루는 시종과 함께 거리를 나섰는데, 거리에서 구운 오리고기를 파는 것을 보고 전에 집에 있던 구운 오리에 정통한 요리사 왕입王立이 생각났다. 이 왕입은 중국 최초의 구운 오리고기의 명수였다.

14. 황제의 초청을 받은 요리사 — 송오수

남송 때 항주杭州 전당문錢塘門 밖 작은 음식점이 있었는데, 이 집의 주인은 개봉에서 피난 온 여자 요리사였다. 남편 송씨는 집안의 항렬이 다섯 번째여서 모두들 그녀를 송오수宋五嫂라 불렀다. 당시에는 금나라의 중원 침입으로 북방에서

354 《春渚紀聞》, 《宋元筆記大觀》 3.

피난해 온 사람들이 많았는데 관민 모두 고향 생각이 나도 돌아갈 수 없었지만 송오수가 파는 생선국은 정통 변경汴京의 맛 그대로였다. 하루는 송고종 조구趙構도 환관을 파견하여 송오수가 궁중에서 생선국을 만들도록 했다. 송오수가 하루아침에 유명해져 사람들은 다투어 그를 초빙하려 했고, 생선국을 사는 사람이 더욱 많아졌다. 타향을 유랑하던 요리사는 일약 부자가 되었다. 방항태方恒泰는 〈서호西湖〉라는 시에서 읊기를 "작은 호수가 다섯 그루 버드나무 옆에 살며, 연회에 쓰려고 그물로 신선한 물고기 잡았네. 맛좋은 생선은 가장 아끼는 은 칼로 썰었는데, 황하의 잉어와 낙수의 방어는 미치지 못하네"라고 하였다. 시인이 찬미한 '오류거초루어五柳居醋樓魚'가 당시의 '송수어갱宋嫂魚羹'이라고 하는 사람이 있고, 또 어떤 사람은 오늘날의 항주의 유명한 요리인 '새해갱賽蟹羹'이 당시의 '송수어갱'이라고 하였다.

15. 남북 요리의 달인 — 주씨

명대 홍치弘治 연간에 송강松江 백사촌白沙村 지금의 소주의 백사비파로 유명한 백사촌에 대학자 송후宋詡라는 사람이 살고 있었는데, 그의 모친 주태안朱太安은 요리의 달인이었다. 그녀는 어려서 부친을 따라 북경에 살았다가 송익의 부친을 따라 외지에서 살았는데 남북의 여러 지방 음식에 정통했다. 그녀는 자신의 경험을 살려서 구전으로 송익이 정리하였는데 모자가 함께 음식의 명저인 《송씨양생부宋氏養生部》를 편찬했다.

16. 왜구를 물리친 요리사 — 조항

강소 남통南通 낭산狼山 북쪽 기슭에 조공사曹公司가 있는데, 왜에 대항한 영웅 조항曹項을 모신 사당이다. 조항의 행적과 관련된 문헌의 기록을 보면, 명대 가정嘉靖 연간에 조항이 군에 입대하여 왜의 침략을 물리친 공을 세웠고 후에 장렬하게 순직하였다. 조항이 입대하기 전에 부잣집에 고용된 적이 있었다는 기록 외에는 별다른 것이 없다. 남통 사람들은 이구동성으로 조항은 원래 국수를 삶던 요리사였다고 한다.

17. 떡 요리사 — 동소완

명말 모벽강冒辟疆은 뛰어난 인물로 '동해수영東海秀影'이라 불렸다. 진회秦淮 지역의 명기 동소완董小宛은 모양冒襄과 결혼하였다. 동소완은 다재다능한 여자로 요리에 조예가 깊었는데, 당과糖菓나 떡 요리에 정통했다. 오늘날 항주의 '관향동당灌香董糖'과 '권소동당卷酥董糖' 일명 '지마소당芝麻酥糖'은 동소완이 만든 요리라고 한다. 청나라 군대의 포로가 되어 27세의 젊은 나이에 세상을 떠났다.

18. 천주성 요리사 — 동도미

청나라 건륭 연간에 조능시曹能始는 요리에 정통했는데, 그의 집안에 솜씨 좋은 요리사 동도미董桃楣가 있었기 때문이다. 조능시가 손님을 초대하여 연회를 베풀 때는 반드시 그녀를 불러 요리를 맡겼다. 사천의 독학督學 겸 주고主考 직책을 맡은 사람이 임지로 가는데 강남의 요리사를 데리고 가고자 했다. 그래서 조능시는 동도미를 보내려고 했는데, 동도미가 "그는 보통 사람인지라 천주성天廚星의 복을 받을 수 없다"라고 하며 동행하길 거절했다. 조능시가 화를 내며 동도미를 내쫓아 버렸다. 이때부터 사람들은 동도미를 '천주성'이라고 불렀다고 한다.

19. 금값보다 비싼 음식을 만든 요리사 — 소미인

원매의 《수원식단隨園食單》에 기록하길 "의정儀征 남문 밖에 소미인蕭美人이라는 여자가 간식을 잘 만들었다. 찐빵, 만두와 떡 종류는 정교하고 아름답게 만들었고 백설처럼 희었다"라고 하였다.[355] 이 여자는 당시에 유명한 요리사였다. 건륭 7년에 태어나 젊어서 아름다웠다. 백수청白守淸이라는 사람이 가경嘉慶 18년에 시를 지어 읊기를 소미인은 "옛날엔 아름다웠다"라고 하면서 살결이 연꽃과 같고 눈은 가을 강물처럼 맑아 다른 여자들이 질투를 할 정도였다고 하였다. 또한 그녀의 요리 솜씨도 뛰어났다. 원매의 친구 조익曹翼이 시를 지어 읊기를 그녀는 음식 솜씨가 뛰어나 그 명성이 천년을 풍미할 것이고 '동파육東坡肉'과 '미공병眉公餠'을 특히 잘 만들었다고 하면서 그녀가 만든 음식은 가치가 높아 금값만큼이나 귀했다고 하였다.

건륭 52년(1792년) 중구절重九節에 칠순을 넘긴 원매가 특별히 강을 건너 의정의 소미인 집에 가서 3천 개의 떡을 주문했다. 8종류였는데 그 가운데 천 개는 여천麗川의 중승中丞 감시추위監試秋闈 기풍액奇豐額에게 보냈다. 기풍액은 시를 지어 답례하였으며, 원매도 이에 답하는 시를 지었고, 화가 공부貢夫가 〈수원궤절도隨園饋節圖〉를 그렸다. 같은 해 10월에 사계곤謝啓昆이 이 그림에 제화시題畫詩를 지었다. 20년 후에 가경 연간의 오훤吳煊과 백수청이 시를 지어 소미인의 요리 솜씨를 극찬하였다. 오훤이 읊기를 "뛰어난 솜씨의 섬섬옥수 향기롭고, 쌀가루 반죽하니 진귀한 음식이 만들어지네. 향기가 강남 도처에 퍼져, 소미인의 명성이 자자하다"[356]라고 하였다.

---

355 袁枚 著, 王英志 校點, 袁美勤 譯注, 《隨園食單》〈點心單〉, 175쪽. 의정은 강소 의정儀征이다.
356 "妙手纖纖和粉勻, 搓酥糝拌擅奇珍. 自從香到江南日, 市上名傳蕭美人."

20. 자서전을 남긴 요리사 — 왕소여

청대 건륭 때 원매 집에는 왕소여王小餘라는 요리사가 있었는데, 그는 풍부한 요리 경험을 가지고 있었다. 그가 만든 요리는 그 향기가 멀리까지 퍼져 군침을 흘리지 않는 사람이 없었다고 한다. 왕소여는 자신이 만들 요리의 재료를 직접 구했고, 불의 사용도 중요시했다. 원매의 《수원식단》은 왕소여의 경험과 견해의 영향을 받아 편찬된 것이다. 왕소여는 원매 집에 10년 동안 살았는데, 그가 죽은 후에 원매는 그를 기념하기 위해 〈주자왕소여전廚者王小餘傳〉이라는 글을 지었다. 왕소여는 죽은 후에 자신의 요리에 관한 전기傳記를 남겼다.

제9장

중국의 역대 유명 음식

고대 중국의 유명 음식은 많은데, 각 시대마다 그 시대를 대표하는 음식이 창조되어 후세에 전해졌다. 이러한 수많은 유명 음식들 가운데 지금까지도 전해져서 유행하는 음식도 있다.

1. 선진 시대 요리

선진 시대 요리는 여섯 가지 요리가 주였다. 어떤 요리는 전대의 음식을 계승했거나 발전시킨 것들이고, 주나라 때 새로 만들어진 것도 있다. 어떤 요리는 후대에 계속 이어지다가 지금에는 없어진 것도 있다. 이 여섯 가지 요리는 주나라 때의 요리들로 특히 춘추전국 시대의 요리의 특색을 보여 준다.

(1) 구운 요리

'자炙'란 본래 육류 식품을 조리하는 방법으로 고기를 불 위에 놓고 익히는 것이다. 옛날 중국인이 날짐승·들짐승·물고기·자라와 같은 동물을 익히는 구체적인 방법에 세 종류가 있었다. 첫째는 불 속에 집어넣어 굽는 방법으로 '번燔'이라고 한다. 둘째는 고기 가운데를 꼬치와 같은 것으로 뚫어서 불 위에 굽는 방법으로 '자炙'라고 한다. 셋째는 고기를 진흙으로 감싸서 통째로 불 속에 집어넣어 구운 후에 진흙을 떼어내고 먹는 방법으로 '포炰'라고 한다. 넓은 의미로 이 세 가지 방법을 모두 '자炙'라고 한다. 구석기 시대에 불을 사용하면서 굽는 요리 방법이 생겨났고, 그것이 고기를 익혀 먹는 유일한 방법이었다. 도기가 만들어진 후에 고기를 익혀 먹는 다른 방법을 알게 되면서 '자'는 차차 사라지기 시작했다.

《시경詩經》〈소아小雅〉"표주박 잎"(瓠葉)에 "머리 하얀 토끼를 굽고 지지네"[357]라고 하였고, 또 "유월六月"에서는 "여러 벗들에게 음식을 권하는데, 자라구이와 잉어회도 있네"[358]라고 하였다. 《시경》 속에 고기 굽는 것을 노래한 시들이 많다. 《의례儀禮》〈공식대부례公食大夫禮〉에 열거한 하대부下大夫의 음식 예절 가운데 구운 소고기, 양고기와 돼지고기가 반드시 있었고, 상대부上大夫의 상에는 이에 보태어서 구운 꿩고기, 토끼고기, 비둘기와 메추라기가 있었다. 군주의 연회 석상에는 구운 요리가 아주 많았다. 특히 조미료를 사용한 구운 고기가 많았고 요리사는 고기를 양념에 버무린 뒤에 다시 구웠다. 고기를 구우면서 양념을 발라 익혀 양념 맛이 골고루 배게 했다.

굽는 방법은 시대가 갈수록 점차 사라지기 시작했지만, 일부 요리사는 굽는 방법을 개선하여 유명 요리를 만들어 냈다. 예를 들면 '고압烤鴨'이라는 통오리구이, '고유저烤乳猪'라는 새끼돼지고기구이, '고전양烤全羊'이라는 통양고기구이, '고양육천烤羊肉串'이란 양고기 꼬치 요리 등은 옛날 굽는 방법을 계승하여 만든 유명 요리로 중국인들이 모두 좋아하는 음식이다.

---

357 "有兎斯首, 炰之燔之." 金學主 譯著, 《詩經》, 515쪽.

358 "飮御諸友, 炰鱉膾鯉." 金學主 譯著, 《詩經》, 368쪽.

(2) 국

'갱학羹臛'은 고기와 채소로 만든 국이다. 갱과 학은 구별이 있다. 학은 육류를 삶은 고깃국이고, 갱은 고기와 채소를 삶은 국이다. 순수하게 채소만을 삶은 것도 갱이라고 한다.

갱학의 역사는 구운 고기보다 늦다. 도기가 만들어진 후에야 비로소 등장했다.《의례》에 춘추전국 시대에 제사에 사용되는 국에는 두 가지가 있다고 했다. 하나는 '대갱大羹'인데 조미료를 쓰지 않았고 주로 옛 제왕들을 제사지낼 때 바쳤다. 오제五帝의 국은 도기로 만든 '등登'이라는 식기에 넣었다. 다른 하나는 '형갱鉶羹'이라고 한다. 이런 국은 각종 채소에다가 조미료를 가미하여 향이 좋았는데, 제사에 참여한 사람들이 먹었다. 청동으로 만든 형鉶이란 식기로 삶았기 때문에 '형갱'이라고 한다. 오제 때 이미 국이 있었고 동시에 춘추전국 시대에 국은 전대보다 더욱 발전되었다.

갱학은 선진 시대 보편적인 식용 음식이었다.《예기禮記》〈내측內則〉에 "국과 밥은 주식이었다. 제후로부터 일반 서민에 이르기까지 차등 없이 먹었다"[359]라고 하였다. 다른 점은 일반 서민들이 먹는 국은 대부분 채소 콩잎 곽藿으로만 만든 국이었다.《전국책》〈한책韓策〉에 "일반 백성들이 먹는 국은 대부분 콩밥과 콩잎으로 삶은 국이다"[360]라고 하였다. 당시 서민의 식생활을 엿볼 수 있는데, 귀족층이 먹던 국은 이보다 고급이었다. 국에 사용되는 고기의 선택도 엄격했고 고기에 따른 조미료의 선택도 달랐다.《의례儀禮》에 의하면 소고기로 국을 만들 때는 콩잎 '곽藿'을 넣었고, 양고기일 경우는 씀바귀 '고苦'를 넣었으며, 돼지고기 국인 경우는 고비 '미薇'를 넣어 끓였다.[361] 그러나 고기로 국을 끓일 때는 일종의 '활滑'인 푸성귀 '규葵'나 제비꽃 '근菫' 혹은 원추리 '훤채萱菜'를 넣었다.

---

359 "羹食, 食之主也. 自諸侯以下至庶人無等."池載熙 解譯,《禮記》(中), 147쪽.

360 "民之所食, 大抵豆飯藿羹."何建章 注釋,《戰國策注釋》(下), 974쪽.

361 鄭玄·賈公彦 注疏, 吳江原 譯註,《儀禮》3, 1004쪽.

《의례》〈공식대부례公食大夫禮〉에 보면, 하대부의 연회 식단 중에 쇠고기 국 '향膷', 양고기 국 '훈臐', 돼지고기 국 '효膮'가 있었다.[362] 규정에 의하면 제후들이 보리밥을 먹을 때는 말린 고기로 끓인 국과 닭국을 먹었고, 쌀밥을 먹을 때는 개고기 국과 토끼고기 국을 먹었으며, 고미菰米 밥을 먹을 때는 꿩국을 먹었다. 당시 귀족의 연회에는 규정에 의하면 '갱정羹定' 이후에야 손님들이 자리에 앉을 수 있었다. '정定'이란 익을 '숙熟'의 뜻이다. 당시의 연회와 국은 밀접한 관계가 있었음을 알 수 있다.

국이 음식 가운데 차지하는 위치는 점차 낮아졌지만, 당송 시대에 이르러서도 국은 보편적이었다. 왕건王建의 〈신가낭사新嫁娘詞〉에 "하루에 세 번 부엌에 들어가, 손을 씻고 국을 만드네. 시어미 식성을 잘 몰라, 시누이에게 맛을 보게 하네"[363]라고 읊었다. 당대의 일반 서민들은 여전히 국 끓이는 솜씨로 음식 수준을 가늠하였음을 알 수 있다.

(3) 회

'회膾'는 선진 시대에 얇고 가늘게 저미어 조리 재료로 넣거나 날로 먹던 고기를 말한다. 회의 원료는 대부분 물고기였으므로 옛날에는 '회鱠'라고도 했다. 소·양·사슴 등의 부드럽고 신선한 고기도 회로 먹었다.

회의 역사는 국보다 늦다. 회의 등장은 예리한 주방의 칼과 관계가 깊다. 청동기가 보편적이지 않을 때 돌이나 대나무로 만든 칼로는 고기를 얇고 가늘게 저미기가 어려웠다. 은나라 이후로 청동의 주조 기술이 발달하여 춘추 시대 말경에 철기가 등장하기 시작하면서 주방용 칼은 예리하고 정교해졌다. 당대 두보杜甫의 〈여인행麗人行〉이라는 시에 "방울 달린 칼로 고기를 저민다"[364]라는 시구가 있다. 방울이 달린 고급 주방용 칼을 요리사가 사용하였음을 알 수 있

362 鄭玄·賈公彦 注疏, 吳江原 譯註,《儀禮》3, 980쪽.
363 "三日入廚下, 洗手作羹湯. 未諳姑食性, 先遣小姑嘗."《全唐詩》, 第9册, 3423쪽.
364 "鸞刀縷切空紛綸." 仇兆鰲 注,《杜詩詳注》一, 158쪽.

다. 사실 이런 종류의 칼은 춘추 시대에 이미 등장했었다.《시경》〈소아〉“신남산信南山”에 “조상들께 바치려고 방울 달린 칼 들고, 털은 볏겨 내고 피와 기름 받아 낸다”[365]라고 읊었다. 이런 정교하고 예리하게 만들어진 칼이 있었기 때문에 회 음식이 등장할 수 있었다. 최초의 회는 서주 초기나 상나라 때 등장했을 것으로 추정된다.《예기》와《의례》가운데 회 재료의 선택, 조미, 식용 등에 관한 기록이 많이 보인다. 생선회는 겨자 간장으로 맛을 내는데, 봄철에는 파를, 가을철에는 겨자를 먹었다. 사士와 대부大夫의 식단에는 생선회, 소고기 육회, 양고기 회 등이 있었다. 앞서 인용한《시경》〈소아〉“유월”은 주나라 선왕宣王이 북쪽으로 험윤獫狁을 정벌하고 개선하는 윤길보尹吉甫를 환영하기 위해 베푼 연회를 노래한 시인데, 여기에서 읊은 잉어회는 주나라 선왕이 그를 위해 특별히 준비한 요리이다.[366]

《논어》〈향당鄕黨〉편에 보면, 공자도 “회는 가늘게 썬 것을 싫어하지 않았다”라고 하였다.《맹자》〈진심盡心〉편에 공손추公孫丑가 맹자에게 묻기길 “회자膾炙와 양조羊棗는 어느 것이 더 맛있습니까?”[367]라고 하자, 맹자가 주저 없이 회자라고 대답했다. 양조는 크기가 작고 색깔이 검으며 둥근 열매를 말한다. 회자는 회와 구운 고기로 사람들 모두가 좋아하는 음식이었다. 인구에 회자된다는 ‘회자인구膾炙人口’라는 성어는 뛰어난 시나 문장을 찬미할 때 쓰는 말이지만, 옛날 사람들에게 그만큼 회가 맛이 있는 음식이었던 것이다.

한나라에서부터 당송 때까지 회 요리는 생식에서부터 익힌 음식으로 점차 바뀌었다. 명·청 때 이후로는 회 요리는 극히 드물게 되었다. 최근 북경 등 대도시에서 한국이나 일본에서처럼 연어나 바다가재 같은 회 요리가 다시 성행하기 시작했다.

---

365 “享于祖考, 執其鸞刀. 以啓其毛, 取其血膋.” 金學主 譯著,《詩經》, 471쪽.
366 “여러 벗들에게 음식을 권하는데 자라구이와 잉어회도 있네(飮御諸友, 炰鱉膾鯉).” 金學主 譯著,《詩經》, 369쪽.
367 “膾炙與羊棗孰美.” 成百曉 譯註,《孟子集註》, 439쪽.

(4) 육포

육포는 옛날 소금에 절여 말린 고기를 말하는데, 이를 '포납脯臘'이라고 한다. 이것은 다 먹을 수 없는 고기를 잠시 보존하는 방식으로 가공한 음식이다. 《주례》〈내옹內饔〉에서 육포를 '육수肉脩'라고 했다.[368] 육포에는 세 가지가 있었다. 큰 덩어리의 고기를 소금에 절여 말린 것이 '납臘'이다. 만약 토끼·닭·꿩 등의 작은 동물은 잘게 자를 수 없어 바람에 통째로 말렸는데 이것을 가리킨다. '포脯'는 비교적 얇게 잘라서 바람에 말린 고기를 말한다. 소금 이외에 생강이나 계피 가루 등의 조미료를 첨가한 것을 '단수腶脩'라고 했다. 이러한 고기들은 국을 끓이는 데 사용되거나 잘게 쪼개어서 조미료로 사용되었는데, 선진 시대 제사나 연회 때의 필수품이었다. 〈변인籩人〉에 임금에게 올리는 식사 궤사饋食 가운데 과일과 포脯를 담았다.[369] 주나라 제도에 의하면, 천관天官 총재冢宰 관할하에 이런 요리를 담당하는 전문 관리 '납인臘人'을 두었다. 그의 직무는 왕실의 제사와 연회에 필요한 육포를 담당하는 것이었다. 《예기》〈곡례曲禮〉에 육포만을 담는 '두豆'라는 식기를 술 좌측에 놓는다고 하였다. 육포는 당시에 연회에 중요한 음식이었음을 알 수 있다.

육포는 구운 고기나 회와는 달리 후대에 계속 계승 발전하였다. 전국 시대에는 과일과 박과 채소에까지 확대되어 꿀이나 엿 제품으로 가공되었다. 당대에 이르러 설탕과 같은 '자당蔗糖'이 점차 보급되어 말린 과일을 설탕에 절인 음식이 등장하게 되었다. 납 제품은 날로 증가했고 납을 만드는 기술도 향상되었다. 오늘날 수백 가지 육포 제품이 출시되고 있다. 예를 들면 소시지와 같은 '향장香腸', 베이컨을 닮은 '화퇴火腿'는 대포적인 육포 제품이고 이 밖에 말린 생선 '납어臘魚', 말린 도라지 '길포桔脯', 말린 복숭아 '도포桃脯'와 생강을 얇게 저미어 말린 뒤에 설탕에 버무린 '당강편糖姜片' 등은 선진 시대 육포를 만드는 기술을 바탕으로 발전된 음식이다.

---

368 十三經注疏本, 《周禮》, 67쪽.

369 池載熙·李俊寧 解譯, 《周禮》, 77쪽.

(5) 절인 채소

절인 채소의 종류에는 '저菹'와 '엄腌'이 있었다. '저菹'는 절인 채소를 말하고, '엄腌'은 잘게 부순 채소를 절인 것이다. 선진 시대 사람들이 채소를 요리하는 방법은 오늘날에 비해 아주 간단했다. 인공으로 재배한 채소든 야생에서 채집한 야채든 삶아 먹거나 국으로 끓여 먹거나 혹은 절여서 먹었다. 이런 절인 채소는 일반 서민들의 주요 음식이었고 귀족층의 연회 석상에서 필수불가결한 음식이었다. 부추는 '구저韭菹, 창포 뿌리는 '창본昌本', 만청蔓菁은 '청저菁菹', 순채 '부규凫葵'는 '묘저茆菹', 미나리는 '근저芹菹', 죽순은 '순저筍菹'라고 하는데, 이 음식들은 모두 왕실 연회에 진상되는 절임 채소 요리들이다. 각 채소마다 서로 다른 조미료로 배합하여야 하는 규정도 있었다. 주나라 제도에 천관 총재 가운데 〈염인鹽人〉이 있었는데, 이 관리는 왕실 연회 때 소위 '오제칠저五齊七菹'를 담당하였다. 일부 연회 석상에는 반드시 '제齏'라고 하는 채소를 잘게 다져 양면으로 버무린 음식을 '두豆'라고 하는 식기에 담아 식탁에 올렸다.

(6) 젓갈

'해醢'는 육장肉醬을 말한다. 젓갈은 늦어도 하와 상나라 시대에 등장했지만 주나라, 특히 춘추전국 시대에 발전하였다. 정현의 주석에 의하면 주나라의 젓갈 제조 방법은 다음과 같다. 먼저 고기를 햇빛에 말리고 난 뒤에 잘게 다져서 양곡에 넣고 반죽을 한 다음에 소금을 넣고 술을 부어 항아리 속에 넣어 두면 발효되어 백 일 후에는 익는다. 선진 시대 젓갈 제조에 사용된 고기는, 문헌의 기록에 의하면, 소·양·개·돼지·닭·사슴·기러기·비둘기·달팽이 고기 등 수십 종류나 되었다.

《의례》에 대부大夫에게 식례食禮를 행하는 예禮인 〈공식대부례公食大夫禮〉에서 규정하길, 고깃국 서쪽에 "쇠고기 덩이, 젓, 쇠고기젓을 놓는다. 그 남변에는 양고기구이를 놓고, 그 동쪽을 가면서 양고기 덩이와 젓을 놓는다"라고 하였다.[370] 《예기》〈내칙〉에는 "단수腶脩를 먹을 때는 왕개미 알의 젓인 지해蚳醢

를 찍어 먹고, 육포로 끓인 국을 먹을 때는 토끼고기로 담근 젓갈을 곁들이고, 사슴고기 미부糜膚를 먹을 때는 물고기 젓갈을 곁들인다"라고 하였다.[371] 주대 관제에 젓갈을 만드는 사람이 따로 있었는데 그를 '해인醢人'이라고 하였고 왕실에만 공급하였다. 이런 젓갈은 상층부 사람들만 향유할 수 있었고 일반 서민들은 먹기가 어려웠다. 그런데 굴원의 《이소離騷》에 보면, "신임금은 인육을 소금에 절였기에, 은왕조는 오래 가지 못했어라", "진정 옛 현인이 소금에 절여졌어라, 거듭 흐느껴 내 가슴이 메네"[372]라고 읊어 당시 형벌에도 사람을 소금에 절이는 것도 있었고, 또한 사람을 절이는 것도 '저해菹醢'라고 일컬었음을 알 수 있다.

이상 여섯 가지 음식 이외에 어자魚鮓도 유명한 요리인데, 자鮓는 소금에 절인 어물을 말한다.[373] 청대 굴대균屈大均의 《광동신어廣東新語》에 "광동의 서부 지역은 소금에 절인 음식을, 광동 동부 지역은 생선회 음식을 잘 만들었다"[374]라고 하였다.

2. 주나라의 팔진 요리

《사해辭海》〈팔진八珍〉에 대한 설명에 세 가지 예를 들고 있다. 첫 번째 예로《주례周禮》〈천관天官〉"선부膳夫"의 정현의 주석에 여덟 종류의 진수성찬을 열거하였다. 두 번째 예는 원말 명초 때 도종의陶宗儀의 《철경록輟耕錄》에서 말한 '이북팔

370 鄭玄·賈公彦 注疏, 吳江原 譯註,《儀禮》3, 980쪽.

371 池載熙 解譯,《禮記》(中), 142쪽.

372 "后辛之菹醢兮, 殷宗用而不長", "固前修以菹醢, 曾歔欷余鬱邑兮." 河正玉 編著,《屈原》, 67–68쪽.

373 《釋名》〈釋飮食〉에 "자는 젓갈이다. 소금과 쌀가루를 생선에 뒤섞어 젓갈을 만들고 나중에 익혀서 먹었다"(鮓, 菹也, 以鹽米釀魚以爲菹, 熟而食之也)라고 하였다. 王先謙 撰集,《釋名疏證補》, 210쪽.

374 "粤西善爲魚鮓, 粤東善爲魚膾."《廣東新語》卷14,〈食語〉,〈鮓膾〉, 394쪽.

진漁北八珍'에 버터와 같은 '제호醍醐', 말의 젖으로 만든 술 조향, 낙타발고기 '야타제野駝蹄', 사슴 입술고기 '녹순鹿脣', 낙타 젖 '타유미駝乳糜', 기러기 회 '천아자天鵝炙', '자옥장紫玉漿', 말 젖 '현옥장玄玉漿'이 있다고 했다. 셋째는 용의 간 '용간龍肝', 봉황의 골수 '봉수鳳髓', 표범의 태 '표태豹胎', 잉어의 꼬리 '이미鯉尾', 올빼미구이 '효자鴞炙', 성성이의 입술 '성순猩脣', 곰발바닥 '웅장熊掌', 매미 튀김 '소낙선酥酪蟬'이다. 아주 진귀한 음식을 '용간표태龍肝豹胎'라고 하는데 요리 이름에서 봉황이 닭을 가리키는 것과 마찬가지로 귀한 음식에 이런 기이하고 전설상의 동물 이름을 붙였다. 이 밖에 일부 왕조의 '상팔진上八珍', '중팔진中八珍', '하팔진下八珍'과 문학작품 중의 '팔진탕八珍湯', 심지어는 어떤 사람은 '팔보희반八寶稀飯'을 '팔진죽八珍粥'이라고도 불렀다.《주례》에 언급한 팔진은 선진 시대 중국 음식 문화를 대표한다. 주나라의 팔진과 후세의 팔진은 다르다. 여기에서는 주나라의 팔진에 대해 알아보기로 한다.

주나라의 팔진은《주례》〈천관〉"선부膳夫"에 "왕에게 올리는 음식에는 여섯 가지 곡식을 사용하고 희생은 여덟 가지 동물을 사용한다. 진수성찬에는 여덟 가지 동물을 사용한다"[375]라고 하였다. 정현의 주를 보면, 이 여덟 가지 물건은 '순오淳熬', '순모淳母, '포돈炮豚', '포장炮牂', '도진擣珍', '지漬', '오熬'와 '간요肝膋'로 구별하였다. 그러나 재료와 조리법에 대한 설명이 없다.《예기》〈내측〉중에 이 여덟 종류의 식품의 원료, 조미료와 조리법 그리고 취사도구와 주의사항까지도 상세하게 기술되어 있다.[376] 이 문헌 기록은 선진 시대 유명 음식에 관한 귀중한 자료이다. 이 문헌에 기록된 팔진의 여덟 가지 음식은 다음과 같다.

(1) 순오

'순오淳熬'는 고기로 끓여서 국물을 만들고 이것을 쌀밥에 부은 다음 다시 동물의 기름으로 버무린 요리이다. 이런 음식은 밥, 고기국물과 기름의 맛이 밥 속

---

375 "凡王之饋, 食用六穀膳用六牲, 〔…〕 珍用八珍." 池載熙 · 李俊寧 解譯,《周禮》, 53쪽.
376 池載熙 解譯,《禮記》(中), 153-155쪽.

에 뒤섞어 여러 가지 맛을 낼 수 있고 반찬이 따로 필요하지 않다. 이런 음식은 오늘날 남방 사람들이 좋아하는, 흰 쌀밥 위에 고기국물을 부어 먹는 '개요반蓋澆飯'과 유사하다.

'순淳'이란 "기름지다"라는 '옥沃'의 뜻으로, 동물 기름을 부어 뒤섞는 것을 말한다. '오熬'는 "달이다" "졸이다"라는 '전煎'의 뜻으로 고기간장으로 졸이는 것을 말한다. 그래서 '순오'라고 명명한 것이다.

(2) 순모

'순모淳母'의 조리 방법은 '순오'와 완전히 같다. 다른 점은 '순오'가 쌀밥인 반면에 '순모'는 기장밥을 사용한다. '모母'는 "본뜨다"라는 '모模'로 읽어서 "닮다"는 '상像'의 뜻으로 '순오'와 비슷하다.

(3) 포돈

'포돈炮豚'의 조리 방법은 아주 복잡하다. 새끼돼지를 잡아 내장을 꺼내고 대추로 배를 채운다. 갈대로 돼지를 묶고 풀이 섞인 진흙을 발라 통째로 불속에 집어넣어 굽는다. 이런 방법을 옛날에는 '포炮'라고 불렀다. 익은 후에 겉에 바른 진흙을 떼어내고 깨끗하게 씻은 손으로 주름진 돼지 껍질을 부드럽게 문질러서 편 다음에 쌀가루 풀과 같은 반죽으로 돼지 전신을 두루 바르고 동물 기름이 가득한 작은 솥에 넣는데, 돼지 전신이 완전히 동물 기름 속에 매몰되어야 한다. 이 작은 솥을 물이 가득한 큰 솥 안에 안치하는데, 이때 큰 솥 안의 물이 작은 솥 안으로 들어가지 않도록 해야 한다. 3일 동안 불로 익힌 후에 새끼돼지를 꺼내어 고기국물이나 식초 등의 조미료를 가미하여 먹는다.

(4) 포장

'포장炮牂'의 조리 방법은 포돈과 완전히 같다. 다른 점은 포돈은 새끼돼지를 쓰지만 포장은 새끼 암양을 사용한다는 점이다.

(5) 도진

'도진擣珍'은 소·양·사슴·노루 등의 등심을 사용한다. 반복하여 두드려서 고기 중의 질긴 힘줄을 없앤 뒤에 익혀서 고기 국물과 섞어 먹는 요리이다. '도擣'란 "두드리다" "다듬이질하다"의 뜻이다. 부드러운 등심고기만을 사용하여야 한다.

(6) 지

'지漬'는 신선한 소고기를 얇게 썰고 술에 잰 다음 하룻밤이 지난 후에 고기와 매실 국물을 가미하여 먹는 요리이다. 고기는 횡으로 난 무늬를 따라 썰어야 한다. '지漬'는 "담그다"라는 뜻으로 고기를 술에 담갔다가 하루가 지난 후에 요리를 한다는 의미에서 붙여진 명칭이다.

(7) 오

'오熬'는 소·사슴·노루 고기를 두드려서 피막을 제거한 후에 생강·계피가루와 소금을 뿌린 다음 약한 불에 천천히 익혀서 먹는 음식이다. 후에 등장한 육포와 유사하다.

(8) 간요

'간요肝膋'의 조리 방법은 개의 간을 꺼낸 다음 창자의 지방으로 묶고 적당한 즙을 발라 가며 불 위에서 굽는데, 지방이 간 속에 침투되게 하여야 한다. 따로 이리 가슴뼈 사이의 지방을 썰어서 쌀과 함께 쑨 죽을 간요와 같이 먹는다.

팔진 요리 특히 '포돈'과 '포장'과 같은 음식 조리 방법은 복잡하면서도 이미 상당 수준에 이르렀음을 알 수 있다.

3. 한대 국수와 전병 요리

선진 시대 문헌 가운데 술과 꿀 이외에 인절미 '자餈'가 있었다. 《주례》〈천관天官〉 "변인籩人"에 "시동에게 주는 변은 말린 밥, 경단, 콩가루 무친 인절미로 채운다"[377]라고 했다. 당시에는 병餠이라고 부르지는 않았다. 《예기》〈내측〉에도 병이라는 식품에 대한 언급은 없다. 《초사楚辭》〈초혼招魂〉 가운데 유밀과油蜜科에 속하는 중배끼라는 '거녀粔籹'는 일종의 전병에 속하는 꽈배기인데 그러나 일부 지역의 음식이다.

한대 이래로 대부분의 음식, 국수, 간식, 떡, 전병 등은 전병에 속했다. 물론 끓이거나 기름에 튀긴 면식麵食, 혼돈餛飩, 수교水餃, 원소元宵, 유고油糕 등을 '탕병湯餠'이라고 불렀고, 찜통에 찌는 화모花饃, 포자包子, 고점糕點, 증교蒸餃 등은 '증병蒸餠'이라고 불렀으며, 화로에 굽는 병간餠幹, 소병燒餠, 각종 고점糕點은 '노병爐餠'이라고 불렀다.

중국의 '면麵', '점點', '고糕', '병餠' 식품은 대략 서한 때부터 점차적으로 발달되었다. 이들 음식은 밀가루 가공 공구들의 발달과 밀접한 관계가 있다. 고대 문헌 가운데 흔히 보이는, 곡물을 가루로 가는 방법에 찧을 '도擣', 때릴 '추捶', 빻을 '용舂'이 있다. 돌절구 '석구石臼'를 사용한 것으로 추정되지만 석마石磨는 없었다.

고대 문헌 가운데 전병을 먹었다는 기록도 한대에 보이기 시작한다. 《한서漢書》〈백관공경표百官公卿表〉에 "소부少府 소속의 관리 가운데 탕관湯官이 있다"[378]고 했고, 안사고顔師古의 주에 "탕관은 전병을 맡았다"라고 하였다.[379] 《후한서後漢書》〈번화전樊曄傳〉에 광무제光武帝 유수劉秀가 가난했을 때 신야新野에 구금된 적이 있었는데 번화가 당시에 신야의 시장을 관리하는 관리로 있어 유수에게

---

377 "羞籩之實, 糗餌粉餈." 池載熙·李俊寧 解譯, 《周禮》, 77-78쪽.

378 班固 撰, 《漢書》, 731쪽.

379 "湯官主餠餌." 班固 撰, 《漢書》, 732쪽.

한 광주리 가득 전병을 주었다. 유수는 은혜에 보답하기 위해 등극한 후에 궁정 음식과 수레를 하사하고 그를 도위都尉에 봉했다고 하였다.[380] 한나라 때는 궁정과 일반 시장에 전병이 있었음을 알 수 있다. 또한 한나라 때는 '호병胡餠'이라는 식품이 크게 유행했다. '호胡'라는 글자는 이 식품이 서역 지방에서 전래된 것이기 때문에 붙여진 것이라는 주장과 전병 겉에 '호마胡麻', 즉 지마芝麻는 참깨를 붙였기 때문이라는 주장이 있다.《예문유취藝文類聚》 권72에《삼보결록三輔決錄》을 인용하면서 "조기趙岐는 난을 피하여 북해北海에 이르러 시장에서 호병을 팔았다"라고 했고,《태평어람》 권160에《속한서續漢書》를 인용하면서 "한 영제漢靈帝는 호병을 아주 좋아하니, 도성 사람들이 모두 호병을 먹었다"라고 했다.[381] 이런 호병은 한대부터 당대에 이르기까지 각계각층에 크게 환영을 받았던 음식이었다. 동진 때 후조後趙의 석륵石勒은 '호胡'자를 피하여 호병을 '마병麻餠'이라고 고쳤다. 그러나 사회에서는 여전히 '호병'이라고 불렀다.

수당과 오대에 이르러 국수, 간식, 식품의 분류도 세분되었고 종류도 많아졌다. 당시에 '탕병'은 또 '탕중뇌환湯中牢丸'이라고도 불렀다. '혼돈餛飩', 기름에 튀긴 '한구寒具' 등이 출현했다. 유명한 음식 가운데 국수로는 '한궁기漢宮棋', '괴엽냉도槐葉冷淘', '장명면長命麵'이 있고, 혼돈으로는 '이십사기혼논二十四氣餛飩', '생진압화탕병生進鴨花湯餠'이 있었으며, 기름에 튀긴 '한구'로는 '견풍소見風消', '거승노巨勝奴', '팔방한식병八方寒食餠', '과문향過門香' 등이 있었다. 이 가운데 위거원韋巨源의 '소미연燒尾宴' 가운데 '이십사기혼돈'은 한 그릇의 혼돈탕 속에 24종류의 서로 다른 만두소를 사용한다. 당대 문헌 속에 드물게 보이는 '교자餃子'라는 글자는 드물게 보이지만, 1972년 신강新疆의 당나라 묘에서 출토된 식품은 오늘날의 교자와 닮았다. 당시의 교자라는 식품이 이미 있었고 아마도 혼돈으로 통칭되었을 것이다. '장명면'은 당시 당나라 사람들이 생일을 맞이하면 먹던 음식이었다. 면발이 길고 가늘어서 장수를 상징했기 때문이었는데 그래

380 范曄 撰, 李賢 等注,《後漢書》, 2491쪽.
381 王先謙 撰集,《釋名疏證補》第四卷,〈釋飮食〉, 204쪽.

서 '장수면長壽麵'이라고도 불렀다. 당현종唐玄宗의 황후 왕씨王氏는 아들을 낳지 못해 황제의 총애를 잃어 마음을 불안해지자, 현종에게 울면서 호소하길, "폐하는 나의 부친이 팔뚝 반만 가리는 옷을 팔아 밀가루를 사다가 폐하의 생일을 축수하기 위해 탕병을 만들었던 일을 잊으셨습니까?"라고 했다.[382] 여기에서 탕병은 '장수면'을 가리킨다.[383]

화로에 굽는 전병인 호병 이외에 민간에서는 '석찬병石鏊餅'이 있었다. 이 전병은 '석자모石子餭'로 부드럽고 향기로우며 바삭바삭하고 오래 두어도 부패하지 않았다. '오鏊'는 세 발 달린 평평한 냄비를 말한다. 궁정에는 '홍릉병담紅綾餅餤'이 있었으며, 관청의 주방에는 또한 '만타양협병曼陀樣夾餅'이 있었다. 증병은 또 '롱중뇌환籠中牢丸'이라고도 불렀는데, 유명한 것으로는 지금의 '채망菜蟒'과 유사한 '동아병同阿餅', '단롱금유소單籠金乳酥', '화염잔구퇴火餤盞口槌' '쌍반방파병雙拌方破餅' 등이 있었다. 장안의 음식점에서 파는, 소가 들어 있는 만두는 특히 고관과 귀족들이 군침을 흘리는 음식이었다.

《청이록淸異錄》에 오대 때 개봉에 떡을 팔아 부자가 된 사람이 있었는데, 큰돈을 주고 원외랑員外郎이라는 관직을 얻었다는 기록이 나온다. 당시 사람들은 그를 '화고원외花糕員外'라고 불렀다. 그가 당시에 판 떡으로는 금미金米를 넣은 '만천성滿天星', 콩과 대추를 넣은 '삼반糝拌', 꽃이 들어 있는 '화절두花截肚', 안에 꽃을 넣은 '금고원외삼金糕員外糝', 조사자棗獅子 '목밀금모면木密金毛麵', 훈자暈子 '대소홍교大小虹橋' 등이 있었다.[384]

382 歐陽修·宋祁 撰,《新唐書》〈后妃傳〉, 3491쪽.

383 〈飮食類〉〈長壽麵〉에 "생일잔치와 탕병연湯餠筵에서 손님은 반드시 국수를 먹었는데, 남북이 다 그랬다. 남방 사람은 국수가 주식이었고 그 국수를 장수면이라고 불렀다. 본래 이 국수는 송나라 때 마영경馬永卿의《나진자懶眞子》의 기록에 '탕병은 지금의 장수면이다'라고 했다"라고 하였다. 徐珂 撰,《淸稗類鈔》第十三册, 6392쪽.

384 陶穀 撰, 孔一 校點,《淸異錄》,《宋元筆記大觀》, 131쪽.

4. 조호반

'조호반雕胡飯'은 주周와 진秦나라에서부터 당송 시대에 이르기까지, 항상 먹는 음식은 아니지만 특색이 있는 밥이었다.

'조호雕胡'은 향초 '고菰'이고 '고苽'라고도 쓴다. 화본과禾本科에 속하는 다년생 수생 초본草本이다. 부드러운 줄기는 두터워서 '교순茭筍', '교백茭白'이라고 하는데, 일종의 맛있는 채소이다. 여름과 가을철에 꽃이 피고 열매는 '고미菰米' 또는 '조호미雕胡米'라고도 부른다. 한대 유흠劉歆의 《서경잡기西京雜記》 권1에 "고菰 중에서 쌀알 같은 열매가 달린 것을 장안 사람들은 '조호'라고 하였다"[385]라고 하였고, 명대 이시진李時珍의 《본초강목本草綱目》〈곡穀〉에 "가을에 열매가 열리는데 그것을 조호미라고 한다. 옛날 사람들은 이것으로 맛있는 음식을 만들어 먹었다"[386]라고 하였다. '고미'[387]는 검은 색으로, 두보의 연작시 〈추흥秋興〉 가운데 일곱 번째 시에 "물결에 새까만 고미 떠가니 잠긴 검은 구름인양 넘실대고, 찬 이슬에 여문 연꽃 연분홍 그 꽃은 졌겠지"[388]라고 하였다. '고미'로 지은 밥을 '고미반菰米飯'이라고 한다. 사마상여司馬相如의 〈자허부子虛賦〉에서 말한 '동장조호東薔雕胡'[389]와 매승枚乘의 〈칠발七發〉의 '안호지반안호之飯'[390] 모두 '조호반'을 가리킨다. 《서경잡기》 권5에 '고미'와 관련된 고사가 있다. "회계會稽 사람 고고顧翱는 어려서 어버이를 여의고 지극한 효성으로 어머니를 모셨다. 어머니가 조호로 지은 밥을 좋아했으므로, 항상 자녀들을 데리고 가서 직

385 "菰之有米者, 長安人爲雕胡."劉歆 지음, 葛洪 엮음, 김장환 옮김, 《서경잡기》, 62쪽.

386 "至秋結實, 乃雕胡米也, 古人以爲美饌."

387 고미는 줄밥雲子飯인데, 우리나라에서는 흉년이 들면 먹는 낟알이라고 한다. 이병주의 《두보—시와 삶》, 231쪽.

388 "波漂菰米沈雲黑. 露冷蓮房墜粉紅."仇兆鰲 注, 《杜詩詳注》 二, 1494쪽.

389 金國永 校注, 《司馬相如集校注》, 5쪽. 또한 이 구절에 대한 이 책의 校注에는 "조호는 고미菰米이다. 《說文解字》에 '고苽는 조호이고, 일명 장蔣이라고 한다' 주注에 《廣雅》에는 '고菰는 장蔣이고, 그것을 조호라고 일컫는다"라고 하였다.

390 四川師範大學中文系, 《中國歷代文選》(上), 185쪽. 주注에 "안호安胡는 조호雕胡이고, 고미菰米이다"라고 하였다.

접 캐 왔다. 집으로 돌아와 물을 끌어들이고 도랑을 파서 직접 심어 가지고 어머니를 봉양했는데, 매번 남아서 저장하곤 했다. 집이 태호太湖의 근처에 있었는데, 나중에 태호에서 조호가 저절로 자라났다. 벌레와 새들도 감히 태호에 날아오지 못했다. 그래서 마침내 그것을 얻어 어머니를 봉양했다. 군과 현에서 그의 집에 정려문旌閭門을 세워 표창했다"[391]는 것이다.

'조호반'은 향기롭고 달며 윤기가 흘러 종종 당송 시대 시인들의 소재가 되곤 했다. 왕유王維의 시 〈유감화사游感化寺〉에 "향기로운 밥은 푸른 고미로 지었다"[392]라고 하였고, 또 〈송우인남귀시送友人南歸詩〉에 "초나라 사람은 고미를 먹고 살이 쪘다"[393]라고 읊었다. '청고青菰'는 속칭 '교백茭白'으로 불렸고, 물가에 자라며 채소로 사람들이 먹었고, 그 열매는 쌀알과 같아 밥을 지어 먹었는데 당시에는 육곡六穀 중의 하나였다고 한다. 당시 사람들이 이것으로 밥을 지어 먹어 살이 찔 정도였으니 상당히 보편적인 주식에 가까운 곡식이었음을 알 수 있다. 저광희儲光羲는 〈전가잡흥田家雜興〉에서 "여름엔 고미로 찐 밥이요, 가을엔 국화주라"[394]라고 하여 고미로 지은 밥이 별미인 것을 알 수 있다. 이백은 〈오송산 아래 순온의 집에 머물며〉(宿五松山下荀媼家)에서 "무릎을 꿇고 조호로 찐 밥을 바치니, 달빛이 밝아 밥이 하얗구나"[395]라고 읊었으며, 두보는 〈강가 누각에 병들어 누워 최씨와 노씨 두 시어에게 시를 지어 보내며〉(江閣臥病走筆寄呈崔盧兩侍御)에서 "맛있고 부드러운 조호반이 기억나, 코를 찌르는 순채 국 맛있고 향기롭다"[396] 라고 하였는데, 이런 시들 모두 '조호반'을 찬미하였다.

대략 송대 이후로는 고미로 지은 밥은 점차 사라지기 시작했다. 고미의 곡식이 익는 시기가 서로 달랐고, 쉽게 땅에 떨어졌기 때문에 수확하기 쉽지 않았고

---

391 김장환 옮김, 《서경잡기》, 265쪽.
392 "香飯青菰米."喩岳衡 點校, 《王右丞集》, 104쪽.
393 "楚人菰米肥."喩岳衡 點校, 《王右丞集》, 67쪽.
394 "夏來菰米飯, 秋至菊花酒."《全唐詩》 第四册, 1387쪽.
395 "跪進雕胡飯, 月光明素盤."瞿蛻園 · 朱金城 校注, 《李白集校注》 三, 1283쪽.
396 "滑憶雕胡飯, 香聞錦帶羹."仇兆鰲 注, 《杜詩詳注》 三, 1995쪽.

생산량도 적었다. 오늘날에는 더 이상 고미를 볼 수 없고, 다만 시문을 통해서만 대략적인 것을 알 수 있게 되었다.

5. 오후정

'오후정五侯鯖'은 한대에 유명한 음식이었다. 한대의 오후五侯와 누호樓護와 직접적으로 관계가 있었기 때문에 유명했다. '오후五侯'는 한나라 성제成帝의 외삼촌 왕담王譚, 왕근王根, 왕립王立, 왕상王商과 왕봉王逢 다섯 사람을 말한다. 이들이 모두 동시에 후작에 봉해졌기 때문에 오후라고 불렸다. '청鯖'은 본래 청어鯖魚인데, '오후정五侯鯖'의 뜻과도 같다. 《서경잡기》 권2에 한성제漢成帝 때, 왕씨王氏 성을 가진 "오후五侯가 서로 사이가 좋지 않아서 빈객들이 왕래할 수 없었지만, 누호婁護는 언변이 뛰어나 오후의 사이를 다니며 취식取食했는데, 그들의 환심을 얻었기에 오후가 다투어 진기한 음식을 보내 주었다. 그래서 누호는 오후가 보내 준 음식을 섞어서 '섞어찌개'를 만들었는데, 세간에서 그 요리를 '오후정'이라 불렀으며 기묘한 맛이라고 여겼다"라고 하였다.[397] 《제민요술》에 오후정을 요리하는 방법에 대해 기록하였는데, 생선과 고기를 함께 끓인 국과 같다고 했다.[398] 후에 오후정은 맛있는 요리, 진수성찬을 가리키게 되었는데, 소식蘇軾의 〈차운공의보집구견증次韻孔毅甫集句見贈〉에 "군주 앞에 차려진 오후정은 성순과 웅백이다"[399]라고 한 것과 같다. '성순猩脣'은 성성이 입술이고, '웅백雄白'은 곰발바닥 요리이므로 팔진八珍에 속하는 최고급의 진수성찬을 말한다. 오후정의 재료는 청어이고, 요리할 때는 식초를 사용하는데, 청어, 준치, 잉어 등의 생선은 본래 비린내가 나서 반드시 식초를 사용하였다.

---

397 김장환 옮김, 《서경잡기》, 112쪽.

398 安石峰 責任編輯, 《齊民要術》 卷8, 355쪽.

399 "今君坐致五侯鯖, 盡是猩脣與熊白." 傅成 · 穆儔 標點, 《蘇軾全集》(上), 271-271쪽.

6. 만두

삼국 시대 제갈량이 운남雲南과 귀주貴州를 차지하고 있던 맹획孟獲을 사로잡고 회군하다가 노수에 이르러 갑자기 광풍이 불고 물살이 거세고 파도가 높아 강을 건너기가 어려웠다. 당시 사람들이 제갈량에게 말하길, 창신猖神이 바람과 파도를 일으켰으니 49개의 사람의 머리와 검은 소, 흰 양으로 제사를 지내면 잠잠해질 것이라고 하자, 제갈량이 사람의 머리 대신 소·양·돼지고기로 사람의 머리 모양을 만들어 귀신에게 제사를 지내도록 하였다고 한다. 그래서 만두의 본래 이름은 '만두饅頭'였다.[400]

삼국 시대의 만두는 북방 사람들이 즐겨 먹는 오늘날의 소가 없는 만두饅頭와는 달랐다. 당시의 만두는 고기로 소를 만들었을 뿐만 아니라 크기도 사람 머리만큼이나 컸다. 제갈량 이후의 위·진 시대 사람들이 만든 만두는 모두 소가 있었고 삼촌三春 때 만들었다고 한다. 경칩과 춘분은 겨울이 지나고 봄이 도래함을 상징하고, 겨울은 음이고, 여름은 양이어서 봄은 음과 양이 서로 교차하는 시기이다. 만두를 만들어 연회를 베풀고 제사를 지내어 한 해가 순조롭게 지나가길 기원했다. 제갈량이 남만 정벌을 완수하고 회군할 때가 삼촌이었다.

'혼돈餛飩'과 만두는 다르다. 혼돈의 속에는 거의 고기를 넣지만, 만두는 고기 외에 채소도 넣는다. 만두가 혼돈보다 크고, 혼돈은 동전 모양이고, 만두는 조개나 초승달 모양이다. 껍질의 모양도 혼돈은 네모 혹은 삼각형 등 다양하지만, 만두는 대부분 원형이다. 혼돈은 고기 국물에 삶지만, 만두는 맹물을 끓여 삶는다. 혼돈은 국 속에 넣고 삶은 다음 고수, 후추, 화학조미료와 소금을 넣지만, 만두는 끓는 물 속에서 익힌 다음 꺼내어 식초와 참기름 혹은 으깬 마늘이나 고추 가루를 넣은 간장에 찍어 먹는다. 혼돈이라는 단어의 최초의 기록은

400 《淸稗類鈔》第十三册, 6400쪽.

삼국 시대 위나라 때 장읍張揖의《광아廣雅》로, 혼돈을 병餠이라고 했다. 이보다 이른 시기 동한 때 양웅揚雄의《방언方言》에 병餠은 돈飩 혹은 장혼餦餛이라고 했지만 동한과 남북조 시대 이후 문헌의 기록에서는 혼돈의 명칭이 서로 달랐다. '곤돈混沌', '혼돈餛飩', '혼돈渾沌' 등 시대에 따라 문헌의 기록이 다른데, 혼돈餛飩의 음과 유사하다.

만두를 중국에선 '교자餃子'라고 한다. 최초의 만두에 대한 기록은 명대 장자열張自烈의《정자통正字通》인데, 만두를 '분각粉角'이라고 했다. 명대 이전의 만두를 '분각', '각아角兒', '각자角子'라고 했다. 북송 때 편찬된《동경몽화록》에 수도 변경, 지금의 개봉의 궁중 연회 때 술안주로 '쌍하타봉각자雙下駝峰角子'가 나온다고 했는데[401] 이 요리는《거가필용사류전집》에 기록된 '타봉각아駝峰角兒'와 같다. 그 조리법은 "밀가루 두 근 반에 물에 녹인 타락죽 열 냥을 넣는다. 혹은 돼지나 양의 기름을 다섯 냥씩 넣어도 좋다. 소금을 조금 넣은 냉수로 이것을 반죽한다. 방망이로 다시 반죽하여 얇게 민다. 여기에 볶은 소를 넣고 양끝을 맞물려, 소가 빠져나오지 않게 한다. 그것을 화로에 구워서 먹는다. 고기 대신 야채를 넣어도 좋다"라고 했다.[402] 만두의 모양이 낙타의 등 모양과 같다고 해서 붙여진 명칭일 것이다. 남송 때 편찬된《무림구사》에 시장에서는 각양각색의 '포자包子', '각아角兒'를 판다고 했다.[403]

1959년, 신강 투르판 아스타나 당대 초기 묘에서 만두가 출토되었다. 만두는 초승달 모양이고 길이가 5센티미터, 중간 폭이 1.5센티미터이고 밀가루로 만들어졌다. 1986년, 2차 발굴에서 또 여덟 개의 교자가 출토되었는데 길이가 5.센티미터, 중간 폭이 2.4센티미터였다.[404] 오늘날과 거의 똑같은 만두가 출

---

401 孟元老 撰, 伊永文 箋注,《東京夢華錄箋注》卷9,〈宰執親王宗室百官入內上壽〉, 833쪽.《夢粱錄》에도 술안주 '雙下駝峰角子'를 수록하였다. 吳自牧 著, 符均·張社國 校注,《夢粱錄》권3,〈宰執親王宗室百官入內上壽賜宴〉, 33쪽.

402 趙炳彩 편역,《食經》, 207쪽.

403 周密 撰, 李小龍·趙銳 評注,《武林舊事》卷6,〈市食〉, 171쪽.

404 趙榮光,《中國飮食文化史》, 250쪽.

토되어 당대에 만두가 크게 유행하였음을 증명한다.

당대에는 찜통을 이용하여 찌거나 물에 삶는 두 가지 방식으로 만두를 먹었다. 당대 편찬된《유양잡조》에 기록한 '농상뇌환籠上牢丸'은 찐 만두를, '탕중뇌환湯中牢丸'은 삶은 만두를 가리킨다.[405] '뇌牢'는 갑골문으로 분석해 보면 집 지붕 밑에 있는 소의 형태로 원래 뜻은 소나 양을 기르는 축사를 말한다. 후에 제사용 희생을 뜻하게 되었으며, '환丸'은 고기로 만든 소로 삶은 후에 탄환 같은 모양이 된다.

청대의 북경에서는 고관이나 귀족과 일반 서민들도 만두를 중시했다. 청대에 편찬된《청패유초》에는 만두를 '발발餑餑'라고 했다.[406] 이 명칭은 만주족 등 북방 유목 민족이 한족의 음식 문화의 영향을 받은 증거이다.

7. 어초

'어초魚酢'는 특수한 맛이 나는 중국 전통 음식이다. 위·진 시기부터 수·당 때까지 유행했다. 동진의 명장 사현謝玄이 군무가 한가로울 때 낚시로 물고기를 잡아 직접 요리를 하고 그의 부인에게 보냈다고 한다. 수나라 대업大業 연간에 오군吳郡의 관리가 수양제隋煬帝에게 잉어 작炸을 바쳤더니 수양제가 기뻐했다고 한다. 오월吳越 지역에 '영롱모단초玲瓏牡丹酢'라는 요리가 있었다고 하는데, 어초로 만든 음식이다. 이 요리의 색깔이 선홍빛이어서 마치 막 핀 모란꽃과 같아 붙여진 이름이라고 한다.

어초 조리 방법은 7, 8가지가 있다고 하는데,《제민요술》에 기록된 방법을 보면, 어초의 정통 재료는 잉어이다. 물고기가 크고 마를수록 좋다. 먼저 비늘

---

405 段成式 撰,《酉陽雜俎》卷7,〈酒食〉, 70쪽.

406《清稗類鈔》第十三册, 6400쪽. 북방 사람은 파파波波라고 부르는데 소가 들어 있는 만두로 마마饝饝라고도 한다고 하였다.

을 제거한 후에 껍질을 떼어내지 않고 살을 토막 내고 소금을 뿌린다. 쌀가루를 읽혀 죽을 만들고 수유·도라지·술을 섞는다. 항아리에 생선을 한 층 깔고 그 위에 죽을 한 층 깔고 이렇게 한 층씩 담고 맨 위에는 댓잎·향초 고菰·갈대로 밀봉한다. 며칠이 지나면 발효되는데, 꺼내 먹을 때는 생선은 직접 손으로 찢어야지 칼로 자르면 비린내가 난다.[407] 어초는 일종의 생식 요리이지만 보통은 날 생선을 쓰지는 않는다. 불로 삶고 볶고 지지지는 않고 다른 특별한 방법으로 익힌다.

이 요리는 우리나라의 홍어회와 유사한데, 홍어회도 먼저 홍어를 토막 낸 뒤에 볏짚이 들어 있는 항아리 속에 넣고 석 달 정도 삭힌 뒤에 김치·막걸리와 함께 먹는 것과 비슷하다.

8. 청정반

'청정반青精飯'은 영양가와 치료의 효과가 높은 밥이다. 재료와 조리 방법은 다음과 같다. 남촉수南燭樹 잎을 갈아서 그 즙을 내고 쌀을 이 즙 속에 넣은 후에 쪄서 말린다. 먹을 때는 삶는데, 색깔이 파랗다고 해서 청정반이라고 한다. 옛날에는 '청정간석신반青靜幹石餸飯'이라고 했다.

《본초강목》〈곡부穀部〉"석명釋名"에 "신餸은 신信과 같다. 뜻은 향饗과 같다. 즉 음식을 익히고 밥을 말린다"[408]라고 하였다. 양동楊桐은 잎이 가늘고 푸르며 물가에 무성하게 자라는 식용식물이다. 한식날이 되면 그 잎을 따서 밥을 짓는데 색이 푸르고 윤이 나서 이것이 양기를 북돋아주는데 이를 '양동반楊桐飯'이라고 한다. 도가道家에서는 '청신반青食迅飯'이라고 한다. '청신반'은 '청정반'을 가리킨다. '청정반'은 입하立夏 때 먹는 '오미반烏米飯'을 말하는데, 전설에 도가

407 繆桂愉·繆桂龍 撰,《齊民要術譯注》, 577-578쪽.

408 "食迅同信. 義同饗. 則熟食幹飯."

승려 태극진인太極眞人이 만들었고 이 밥을 지어 먹고 장수했다고 한다. 후에 불교에서도 음력 4월 8일에 이 밥을 만들어 공양한다. 남촉수는 속칭 오반수烏飯樹라고 한다. 남촉수는 두견화과에 속하고 상록관목수로 가을에 꽃이 피며 열매는 자주색이고 맛이 달아 먹을 수 있다.

《본초강목》에 약용으로 "설사를 멈추게 하고 풍을 제거하며 근육을 강화시켜 주고 기력을 보강해 주어 장기 복용하면 몸이 가벼워지고 장수하며 허기지지 않으며 머리가 희어지는 노쇠를 방지해 준다"[409]라고 했다. 도가에서는 '벽곡辟穀'의 수련 방법으로 '청정반'을 만들었다고 한다. 당대 시인 육구몽陸龜蒙의 시 〈사월 십오일에 도실에서 습미에게 편지를 쓰며〉(四月十五日道室書事寄襲美)에 "새로 지은 오반과 고깃국은 향기롭고, 도가에서 제사 때 항상 준비했다"[410]라고 하였다. '청정반'을 먹으면 장수한다는 전설이 있어 후세에 절개가 굳은 선비가 심산유곡에 은거하며 '청정반'을 먹기 시작했다고 한다. 남송 때 은사 임홍林洪도 일찍이 '청정반'에 대해 그의 저서 《산가청공山家淸供》에서 언급했다.[411] 두보는 〈이백에게 부치며〉(贈李白)에서 "어찌 없으랴 도사의 청정반이, 내 안색을 좋게 해 주련만. 귀한 약재 살 돈도 없고, 산 속 내왕할 길마저 없구나"[412]라고 하였다.

409 "止瀉, 除風, 强筋, 益氣力, 久服輕身長年, 令人不飢, 變白, 祛老."

410 "烏飯新炊芼臛香, 道家齋日以爲常.《全唐詩》第十八册, 7182쪽.

411 《食之語》(下), 163쪽. 임홍은 두보의 시 〈贈李白〉을 언급하면서 재주가 뛰어나고 유명한 두보와 이백은 우국애민의 마음을 지녔는데, 하늘이 이 두 시인이 젊었을 때 그들의 정치적 포부를 실현할 수 없게 하고 산 속에 은거하며 청정반이나 요초瑤草를 먹게 하여 참으로 애석한 일이라고 탄식하였다.

412 "豈無青精飯, 令我顔色好. 苦乏大藥資, 山林迹如掃."仇兆鰲 注,《杜詩詳注》三, 33쪽. 仇兆鰲는 두보의 이 시의 注에서《三洞珠囊》을 인용하면서 "왕포王褒는 청정신반을 먹고 높은 산을 오르는데 마치 날아가는 새와 같았다"라고 하였다.

9. 순채국과 농어회

장한張翰의 '순채와 농어회에 대한 그리움'은 위진 시대 오 땅 사람의 음식 풍속을 반영한 것이다. 이 고사는 남조南朝 송宋나라 때 유의경劉義慶의《세설신어世說新語》〈식감識鑑〉편에도 있다. "장한이 제왕齊王 사마경司馬冏의 동조연東曹掾 관직에 초빙되어 낙양에 있을 때, 가을바람이 부는 것을 보고는 고향 오吳의 고채국과 농어회 생각이 간절하여 말하길 '인생에서 가장 귀한 것은 자신의 뜻에 만족함을 얻는 것인데, 어찌하여 수천 리 떨어진 곳에서 벼슬하면서 명예와 직위를 구할 수 있단 말인가!'라고 하고는, 마침내 수레를 채비하라 명하여 곧장 고향으로 돌아갔다. 얼마 후에 제왕이 거사했다가 실패하자, 당시 사람들은 모두 장한이 조짐을 예견했기 때문이라고 말했다"[413]라고 하였다. '고채菰菜'는 앞서 논술한 바 있는 '고菰' 채소 무침과 '순蒓' 채소를 넣어 삶은 국을 각각 말한다. 제왕 사마경이 전횡을 일삼고 주색에 빠져 장한이 생각하길 문병 후에 크게 낭패를 볼 것으로 예상하고 고향의 고채, 순채국과 농어회 생각이 나서 용퇴하여 낙향하였던 것이다. 오래지 않아 장사왕長沙王이 군대를 일으켜 사마경을 공격하여 제왕 사마경을 여합문閭闔門 밖에서 참수하고 장한은 그 화를 면할 수 있었다고 한다. 사람들은 장한이 선견지명이 있다고 여겼다. 고향의 고채, 순채국과 노어회가 생각났기 때문에 관직을 그만둔 것이 아니라 그것이 화를 피하기 위한 핑계였고 생각했다. 후세 사람들은 '순채국과 농어회에 대한 그리움'을 세상을 등지고 은거하는 행위의 대명사로 사용하였다. 이런 의미를 당대 시인 왕유王維는〈송종제번유회남送從弟蕃游淮南〉에서 "돌아와 천자를 뵈니, 관직과 황금을 하사하시네. 갑자기 농어회가 생각나, 다시 은거할 마음 생기네"[414]라고 표현하였고, 이백은〈추하형문秋下荊門〉에서 "이번 유랑은 농어회 때문이 아니라, 산을 좋아하여 섬중에 은거하려는 것이다"라고 하였다.[415]

---

413 金長煥 譯注,《世說新語》(中), 167-168쪽.

414 "歸來見天子, 拜爵賜黃金. 忽思鱸魚膾, 復有滄洲心."《全唐詩》第四冊, 1234쪽.

농어회의 재료인 농어鱸魚는 양 아가미에 두 줄의 황색 줄무늬가 있어 옛날 사람들은 아가미를 네 개로 알고 '사새어四鰓魚'라고도 불렀다. 강남의 송강松江 지방의 농어를 최고로 친다.《본초강목》〈린鱗〉편에 "농어는 오중 땅에서 잡히는데, 송강에서 특히 많이 잡힌다. 사오월 달에 출시된다. 길이는 크지 않지만 모양은 쏘가리와 비슷하고 색이 희며 검은 반점이 잇고 입이 크며 비늘이 가늘며 네 개의 아가미를 가지고 있다"[416]라고 하였다. 그래서 송대 소식이〈후적벽부後赤壁賦〉에서 "오늘 해질 무렵 그물을 드리워 고기 한 마리를 잡아 두었소. 커다란 입에 작은 비늘이 마치 송강에서 잡히는 농어 같았소. 그런데 어디서 술을 구하지요"[417]라고 하였는데, 손님이 오면 내놓는 귀한 음식이었음을 알 수 있다. 이런 귀한 농어는 또한 '화고어花姑魚', '식부어媳婦魚', '화화낭자花花娘子'라고도 부르는데, 강남의 귀한 생선으로 육질이 연하고 맛이 좋기로 유명했다. 옛날 사람들은 대부분 이 생선을 회를 쳐서 먹었기 때문에 '농어회'라고 불렀다. 농어회가 삼국 시대에도 진수성찬의 요리였다는 기록은《후한서》〈방술전方術傳〉"좌자左慈"에 보인다. 좌자는 자가 원방元放이고 여강廬江 사람이다. 어려서부터 신선술을 익혔다.[418] 일찍이 사공司公 조조曹操의 연회에 초대를 받았다. 조조가 연회에 참석한 손님들에게 말하길 "대부분의 진수성찬은 다 준비가 되었는데, 다만 송강松江의 농어만이 빠졌소"라고 했다. 좌자가 말하길 "농어는 얻기가 그리 어렵지 않습니다"라고 하였다. 그래서 좌자가 동이에 물을 가득 담고 낚시로 몇 마리의 농어를 낚았다. 조조가 즉시 농어회 요리를 만들도록 하여 다함께 농어회를 먹었다고 한다. 신선술을 배운 좌자가 마술을 부린 것은 허구이지만, 농어회는 당시에 아주 귀한 음식이었음은 분명하다.[419]

415 "此行不爲鱸魚膾, 自愛名山入剡中." 瞿蛻園·朱金城 校注,《李白集校注》三, 1282쪽.
416 "鱸出吳中, 淞江尤盛. 四五月方出, 長僅數寸, 狀微似鱖而色白, 有黑點, 巨口細鱗, 有四鰓."
417 "今者薄暮, 擧網得魚, 巨口細鱗, 狀似淞江之鱸." 吳楚材 編, 이제원 옮김,《古文觀止》, 530쪽.
418 좌자는 도道를 배워 그중에서도 육갑六甲에 정통하고 귀신을 잘 부려 맘대로 음식을 운반할 수 있었다고 한다. 葛洪 著, 李民樹 譯,《神仙傳》, 139쪽.
419 范曄 撰,《後漢書》, 794쪽.

순채국은 '순갱蓴羹'이라고 하는데, '순蓴'은 수련과睡蓮科 여러해살이풀로 '수규水葵'라고도 하며 옛날에는 '순蓴'이라고도 썼다. 순채국은 《진서晉書》〈육기전陸機傳〉에도 보인다. 육기가 낙양에 도착하여 시중侍中 왕제王濟를 방문하였는데, 왕제는 양락羊酪을 가리키며 육기에게 묻기길 "너의 오 땅에 이런 양락과 같은 음식이 있느냐?"라고 무시하였다. 육기가 대답하길, "천리 밖의 순채국은 염시를 아직 넣지도 않았습니다"라고 하였다.[420] '염시鹽豉'의 '시豉'는 메주이고, '염시'라는 된장과 유사한 양념장이다. 양념을 넣지 않아도 순채국은 맛있는 음식이라는 말이다. 그래서 순채국이 양락보다 좋은 요리라는 것이 통설로 굳어졌다. 남송 때 시인 육유陸游도 순채국을 노래했는데,〈식사하며〉(對食) "손님을 갑자기 만나 솥에 맛좋은 순채국을 끓였더니, 산속 은거할 때 보리밥 향기가 생각나네"[421]라고 하였다.

10. 새끼돼지고기구이

'자돈炙豚'은 남북조 시대 황하 유역의 유명한 음식이다. 이 '자돈'의 조리법이 《제민요술》 권9에 기록되어 있다.[422] 새끼돼지를 잡아 창자 속에 짚을 채워 다시 복부에 넣고 약한 불로 굽는데, 청주를 몸통에 골고루 발라 색깔을 내고 돼지기름을 바르면서 타지 않도록 꼬치에 꿰어 돌려 가며 불에 익힌다. 또한 "색이 호박 빛이고 진짜 황금색과 같으며 입에 넣으면 살살 녹아 마치 눈이 녹는 듯하다"[423]라고 할 정도로 유명한 음식이다. 주나라 때 이미 새끼돼지구이 '고유저烤乳猪'는 있었다. 당시에는 '포돈炮豚'이라고 했다. 이런 기술이 더욱 발전하여

420 房玄齡 撰,《晉書》, 1472-1473쪽.

421 "忽逢客釜蓴羹美, 遙憶山廚麥飯香."王雲 編著,《食苑詩賦》, 252쪽.

422 卷9,〈炙法〉. 繆桂愉·繆桂龍 撰,《齊民要術譯注》, 620쪽.

423 "色同琥珀, 又類眞金, 入口則消, 狀若凌雪."《齊民要術》卷9,〈炙法〉360쪽.

청대에 '고소저烤小猪'와 오늘날의 '고유저'가 탄생했다.

11. 초근

'초근醋芹'은 당나라 때 술안주와 밥반찬이었다. 이 음식은 보통의 미나리를 발효시킨 후에 조미료를 넣고 요리한 탕이다. 이 음식은 본래 그렇게 진귀한 음식은 아니었다. 그러나 맛이 뛰어나 당태종唐太宗 이세민李世民이 간언으로 유명한 위징魏徵에게 하사한 후에 역사책에 실리면서 유명해졌다.

채소 가운데 미나리 '근芹'은 특이하고 강한 향 때문에 요리를 한 후에도 본래의 향과 맛이 그대로여서 사람들이 특별히 좋아하는 채소이다. 미나리와 비슷한 고수 '원유芫荽', 겨자 '형개荊芥'와 더불어 '채중삼괴菜中三怪'라고 병칭된다.

고대 중국의 근채芹菜는 '수근水芹', '한채旱菜'와 '자근紫芹'이 있었다. 주로 식용한 미나리는 '수근'이었다. '한채'는 속칭 '호근胡芹'이라고 하는데 당대에 서역에서 수입되었다. 이 '호근'이 오늘날의 미나리의 전신이다.

'초근'은 위징이 특별히 좋아했다. 위징은 당태종에게 비판적인 의견을 자주 건의하고 태도도 엄숙하며 말도 신랄하여 어떤 때는 황제의 체면도 고려하지 않고 강하게 직간을 하여 황제를 난감하게 하곤 했다. 성격이 강한 위징이 채소 가운데 개성이 강한 미나리에 흥미를 느껴 요리사에게 자주 '초근'을 요리하여 밥상에 올리도록 했다고 한다.

당태종은 항상 위징이 엄숙한 표정으로 직언을 하고 담소를 할 때도 화기애애한 분위기가 전혀 없어 늘 기분이 좋지 않아 보여 신하들에게 묻기를 "무슨 맛있는 음식이 있으면 위징에게 동정을 살 수 있겠소?"라고 하였다. 신하들이 답하길 "소문에 위징은 '초근'을 아주 좋아한다고 합니다"라고 하였다. 어느 날 당태종이 위징을 불러 함께 식사를 하였다. 당태종은 특별히 위징에게 '초근'을 하사했다. 위징이 아주 좋아하며 밥은 다 먹지도 않았다. '초근'은 이미 깨끗이 비웠고 안색이 훤해졌다. 당태종은 그가 기분이 좋아진 것을 보고 농담으로 "그대가 자신은 좋아하는 것이 없다고 하였는데 오늘 짐이 직접 보니 그대는 '초근'을 아주 좋아하는 것 같소이다"라고 하였다. 위징은 급히 당태종에게 감사의 절을 하였다고 한다.

12. 기러기구이와 오리구이

고대 중국 요리 가운데 구이 요리가 차지하는 비율이 높다. 기러기구이 '자아炙鵝'와 오리구이 '자압炙鴨'의 역사는 오래되었다. 진晉나라의 유의劉毅의 집은 경구京口에 있는데 몹시 가난했다. 일찍이 친구들과 함께 사마우장사司馬右長史, 강주자사江州刺史 겸 도독都督인 유열庾悅에게 동당東堂을 빌려 활쏘기를 하려고 하였으나 유열이 허가하지 않았다. 모두들 떠났지만 오직 유의만 남아 활을 쏘게 하며 친구처럼 대했다. 유열은 기러기 고기를 좋아하여 유의 집안의 기러기를 잡아먹으려 하였는데, 유의가 말하길 "저는 금년에 아직 기러기 새끼도 얻지 못했는데 어찌 잔학하게 기러기를 잡아먹고 은덕을 보려고 하십니까?" 라고 하였다. 유열이 대답을 하지 못하자, 유의는 항상 그것이 마음에 걸렸다. 유의가 표表를 올려 도독 직에서 해임시키고 예장豫章의 자사로 옮기게 했다. 얼마 후 유열이 분하고 두려하였는데 등창이 생겨 죽었다고 한다.[424]

'자아압炙鵝鴨'은 당나라 때 장역지張易之가 고안한 요리이다. 장작張鷟이 편찬한《조야첨재朝野僉載》의 기록을 보면, 무측천武則天이 대주大周정권을 건립한 후(690년)에 장역지는 무측천의 총애를 받아 공학감控鶴監에 임명되었고 그의 동생 장창종張昌宗은 비서감이 되었다. 두 형제 모두 사치한 생활을 하였다. 장역지가 특별히 철로 만든 새장 속에 기러기와 오리를 넣었다. 새장 가운데에는

424 李延壽 撰,《南史》卷35,〈庾悅傳〉, 910-911쪽과 방현령 찬,《진서晉書》卷85,〈劉毅傳〉, 2211쪽.

목탄 화로를, 새장 바깥쪽 사방에는 간장과 식초 등 각종 조미료를 넣은 청동 접시를 놓아두었다. 불을 지피면 기러기와 오리는 바닥이 뜨거워 끊임없이 새장 안을 돌아다니게 되는데 나중에 목이 마르면 청동 그릇의 즙을 마시게 되고 기러기와 오리는 불에 털이 다 떨어지고 죽게 되는데 살은 붉은 색으로 변한다.[425] 기러기와 오리가 산 채로 구워져 특별한 맛의 요리가 된 것이다. 오늘날의 그 유명한 북경 통오리구이 '북경고압北京烤鴨'은 이런 방법이 발전된 요리이다.

13. 곰 등심 요리

'웅백담熊白啖'은 당나라 때 색·맛·향을 모두 갖춘 요리이다. 당나라 헌종憲宗 때의 급사중給事中 목질穆質이 직접 고안했다. 주재료는 곰 등심과 마른 사슴 고기 말린 것이다. 이 음식은 목녕穆寧 집안과 관계가 깊다.

당대 사대부 집안 가운데 집안의 법이 엄하기로 유명한 두 사람이 있었다. 하나는 당현종 개원 연간의 재상 한림韓林이고, 다른 하나는 목녕이다. 목녕은 재주가 뛰어나고 성격이 강한 대신이다. 안사의 난 때 안진경顔眞卿과 함께 군대를 일으키어 반란군에 대항했다. 사사명史思明은 그에게 높은 관직을 보장하겠다며 투항하길 유혹했지만 그는 거절했다. 후에 관직을 얻으려고 고관들에게 아부하지 않아 여러 차례 폄적되어도 절개를 잃지 않았다. 그에게 네 아들이 있었는데 장자 목찬穆贊은 관직이 어사중승에까지 이르렀고 차남 목질은 급사중이 되었으며 셋째 목원穆員과 넷째 목상穆賞은 모두 재주와 덕을 갖추었다. 목녕은 이 네 아들들을 어려서부터 엄하게 가르쳤다. 대력大曆 7년에 목녕이 화주和州자사에 임명되었을 때 네 아들에게 부친을 모시게 했다. 목녕은 순번

---

425 張鷟 撰, 袁憲 校注,《朝野僉載》卷2, 58쪽.

대로 주방에서 자신을 위해 요리를 하게 했는데 이를 '치찬値饌'이라고 한다. 밥상 위에 올린 음식이 입에 맞지 않으면 질책을 당했다. 네 아들은 백방으로 시장에 어떤 좋은 재료가 나왔는지 알아보고 조심스럽게 정성을 다해 요리를 했다. 어느 날 급사중 목질의 치찬 차례가 되었다. 그는 주방에서 흰 곰 등심고기와 붉은 사슴 고기 말린 것을 발견하고 영감이 떠올라 이 두 재료를 가지고 요리를 했다. 흰색과 붉은 색이 서로 조화를 이루었고 맛도 좋았다. 결국은 여러 차례 시험을 통해 '웅백담'이 완성되었다. 목녕이 맛을 보고 좋은 음식이라 여겨 깨끗이 이 음식을 다 먹었다. 그러나 뜻밖에도 목녕은 목질에게 곤장을 치며 "왜 이런 맛있는 음식을 일찍 만들지 못했느냐?"라고 질책했다. 목질은 자신이 왜 곤장을 맞게 되었는지를 깨닫고 부친을 원망하거나 자신을 변호할 생각을 하지 않았다. 오히려 부친으로부터 교훈을 얻었다고 고마워했다.

목녕의 네 아들은 부친의 엄한 교육으로 서로 화목하였는데, 당시 사람들은 이들 형제들에게 음식의 이름으로 아호를 지어주었다. 이것은 일종의 상인셈인데, 목찬은 '낙酪', 목질은 '소酥', 목원은 '제호醍醐', 목상은 '유부乳腐'라고 했다.[426] 이런 아호는 중국 역사상 드문 일이다.

14. 호마병

백거이는 강주사마江州司馬에서 승진하여 충주忠州 지금의 사천 충현忠縣의 자사가 되었다. 그는 매우 기뻐서 손수 '호마병胡麻餅'을 만들어 만주萬州, 지금의 사천 만현萬縣 의 자사 양경지楊敬之에게 7언 절구의 시까지 함께 보냈다.

호마병을 서울에서 배웠는데

426 《舊唐書》卷155, 〈穆寧傳〉, 4113-4117쪽.

바삭하고 향기로운 빵을 방금 화로에서 꺼냈네.
식도락가 양대사에게 보내려고 하였지만
장안의 보흥방 음식점 것만 못하오.[427]

백거이는 '호마병' 만드는 법을 서울 장안에서 배웠는데, 자신이 직접 만들어 양경지에게 맛보게 하려 했지만 장안 궁성 서쪽 안복문安福門 밖 보흥방輔興坊의 음식점에서 파는 호마병만 못하다고 하였다.

'호마병'은 서역의 음식으로 한나라 때 중국에 전래되었다. 한영제漢靈帝가 이 호병胡餠을 아주 좋아하여 장안 사람들이 모두 이 호병을 먹었다고 한다.[428] '호마병'이 한왕조 수도 장안에 유행하였음을 알 수 있다.

'호병'은 당대에 이르러 크게 유행했다.《석명釋名》권4,〈석음식釋飮食〉에 "호병은 '만호漫沍'와 모습이 같고 또 깨를 그 위에 붙였다"라고 하였는데, 필원畢沅과 정현鄭玄의 주注 그리고《옥편玉篇》등의 기록을 종합하면 '만호'는 거북이나 자라 종류에 속한다.[429] '호마병'의 형태가 거북이나 자라의 형상이고 전병 겉에 깨를 묻혔다는 것이다.《석명》은 동한 때의 저작으로 '호병'이 전래된 시기와 가까워 그 해석이 사실과 접근하고 있다. 백거이의 시에 묘사된 것처럼 "화로에서 방금 꺼냈다"와 "빵이 바삭바삭하다"는 특징으로 볼 때 화로에 구운 것임을 알 수 있다. 그리고 백거이는 16세 때 장안에 있었고, 장안에서 여러 해 관리로 있었으며, 장안에서 늘 '호마병'을 먹었고 만들 줄도 알았을 것이므로 그가 시에서 말한 호마병은 사실과 같다. 또한 "'호마병' 속에 소를 넣었다"는 말도 맞는다.《당어림唐語林》에 "당시의 부자들은 음식을 먹을 때 순서가 있었다. 먼저 양고기 한 근을 거대한 '호병'으로 겹겹이 싸고 그사이에 산초를

427 "胡麻餠樣學京都, 麵脆油香新出爐. 寄與饑饞楊大使, 嘗看得似輔興無."〈寄胡餠與楊萬州〉, 朱金城 箋注,《白居易集箋注》, 1164쪽.

428《太平御覽》卷860에〈續漢書〉의 이 기록을 인용하였다. 王先謙 撰集,《釋名疏證補》, 204쪽 인용.

429 "胡餠, 作之大漫沍也, 亦言以胡麻著其上也." 王先謙 撰集,《釋名疏證補》, 203-204쪽.

뿌린 다음 화로 속에 넣고 고기가 반쯤 익으면 꺼내먹는데, 이것을 '고루자古樓子'라고 불렀다"[430]라고 하였다. 이 '고루자'가 후에 발전하여 일종의 '소병燒餠'이 되었다.

'호마병'은 외국과의 음식 문화 교류의 산 증거로 한대부터 당대까지 사람들에게 환영을 받았고, 오늘날에도 '소병'이라는 음식으로 남아 있다. 보통 중국인은 아침식사로 소 없는 만두나 국수 또는 속에 계란 부침이나 기름에 튀긴 '유조油條'를 넣은 소병을 콩국이나 우유와 함께 먹는다.

15. 코끼리코구이

'상비자象鼻子'는 코끼리의 코를 구운 요리이다. 당나라 때 영남嶺南 지방의 음식이다. 옛날 코끼리의 몸체 중의 서로 다른 부위의 고기를 열두 띠에 맞춰 자서子鼠, 축우丑牛, 인호寅虎, 묘토卯兎 등으로 나누었다. 다만 코끼리의 코 고기만 코끼리 고기를 대표하였다. 또한 코끼리의 담낭은 간 위에 붙어 있는 것이 아니라 월령月令에 따라 옮겨 다니는데, 예를 들면 정월은 인월寅月로 호랑이 고기 위에, 2월은 묘월卯月로 토끼 고기 위로 옮겨 간다. 그러나 코끼리의 고기가 가장 좋아 일찍이《여씨춘추》〈본미本味〉편에 "털이 긴 코끼리의 허리 고기"(旄象之約)[431]라고 하였다. '약約'은 코끼리의 코를 말한다. 고대 중국에는 중원 지방에 코끼리가 서식했는데 당대 이후로 북방에는 더 이상 보이지 않는다. 그러나 영남 지방에는 야생 코끼리가 많았고, 운남雲南 지방의 호족들은 코끼리를 사육했으며 주로 물건을 운반하고 사역하는 데 사용했다.《영외대답嶺外代答》에 광동의 흠

---

430 "時豪家食次, 起羊肉一斤, 層布于巨胡餠, 隔中以椒潤以酥, 入爐迫之, 候肉半熟食之, 呼爲古樓子. 王讜 撰,《唐語林》, 卷6〈補遺〉, 207쪽.

431 "고기 중에서 맛있는 것에는 성성이의 입술과 이리의 발바닥과 살찐 제비의 꼬리 고깃살과 술탕述蕩의 족발과 털이 긴 코끼리의 허리 고기 등이 있습니다." 김근 역주,《여씨춘추》 제2권 八覽, 107쪽.

주欽州에 코끼리가 있다고 하면서 사람들이 코끼리를 죽여 그 살코기를 배불리 먹었는데 특히 코 고기가 가장 맛있다고 하였다.[432] 이 책은 송대에 편찬된 것이므로, 송대에 이미 광동 지방에선 코끼리의 코 고기를 최상의 음식으로 식용하였음을 알 수 있다.

---

432 周去非 著, 楊武泉 校注,《嶺外代答校注》卷9,〈禽獸門〉, 346쪽.

제10장

중국의 명주

중국술의 역사는 오래되었다. 중국술은 크게 도수가 대략 40도 이상 되는 백주白酒와 황갈색의 도수가 낮은 황주黃酒로 나누지만, 한대에 서역으로부터 전해진 포도주와 같은 과실주도 생산되며 최근에는 포도주의 소비가 증가하고 있다. 대체적으로, 중국인은 보통 회식 자리에서는 맥주를 많이 마신다. 중국의 명주名酒에 대해 살펴본다.

1. 술의 창조

술 발명자와 시기에 대한 학설은 여러 가지가 있다. 하나라 때 의적儀狄, 하나라 6대 황제 두강杜康, 즉 소강少康이라는 학설이 일반적이다.

《초학기初學記》 권26에 《세본世本》을 인용하면서 "의적이 처음으로 술을 만들어 다섯 가지 맛을 변화시켰다"라고 했다. 위나라 왕찬王粲의 〈주부酒賦〉에 "군주의 딸 의적이 술을 빚어 바쳤다"[433]라고 하였다. 의적이 술을 만든 고사에 관한 기록은 《전국책戰國策》〈위책魏策〉에 양왕梁王 위영魏嬰이 연회에 제후를 불러 모군魯君에게 술잔을 올리라고 하자, 노군이 말하길, "옛적에 제녀帝女가 의적儀狄에게 술을 빚게 했더니 맛이 좋았습니다. 그래서 우禹에게 바친즉 우는 마셔 보고 맛이 좋았으므로 의적을 멀리하여 미주美酒를 끊고, '후세에 반드시 술로써 그 나라를 망치는 자가 있을 것이다'라고 말했습니다"[434]라고 하였다. 의적이 비록 술을 만들어 바쳤지만 우임금이 술이 망국亡國의 원인이라고 여겼다.

두강이 술을 만들었다는 기록은 많다. 조조曹操의 〈단가행短歌行〉이라는 악부시樂府詩에 "무엇으로 이 슬픔을 없앨까? 오로지 두강주뿐이네"라고 읊었다.[435] 서진西晉 때 장화張華는《박물지》에서 "두강이 술을 잘 만들었다"라고 하였다.[436] 진晉나라 강통江統의 〈주고酒誥〉에 "술이 흥성하게 된 것은 군주에게 바친 사람이 의적이거나 두강이었기 때문이다"[437]라고 나타나 있다. 이런 기록들을 바탕으로 사람들은 술의 발명자를 두강이라고 여기게 되었다. 중국 사람들은 두강을 술의 대명사로 여긴다. 중국 여러 곳에서 두강을 기념하는 두강사杜康祠를 건립하고 두강신杜康神에게 제사를 지낸다.[438]

조정趙整은 그의 시 〈주덕가酒德歌〉에서 "두강이 술 제조 방법에 대한 오묘한

---

433 "帝女儀狄, 旨酒是獻" 이 외에《世本》,《呂氏春秋》, 蜀의 譙周가 편찬한《古史考》에도 의적이 술을 발명했다는 기록이 보인다. 萬偉成,《中華酒傳》, 26–27, 68–69쪽.

434 李相玉 譯,《戰國策》, 545쪽.

435 "何以解憂, 唯有杜康." 蔡毅·胡有清 編著,《中國歷代飮酒詩賞析》, 8쪽.

436 范寧 校證,《博物志校證》〈佚文〉, 121쪽. 范寧의 校證에 "魏武帝의 〈短歌行〉, 枚乘의 〈七發〉,《類說》23에 "儀狄이 술을 발명했다"라고 하였다.

437 "酒之所興, 自上皇, 或曰儀狄, 一曰杜康."《古今圖書集成》〈食貨典〉第276卷, 698冊. 그러나 강통은 술이 기이한 방법으로 만들어진 것이 아니라고 하였는데 이는 어떤 한 사람에 의해 술이 발명된 것이 아니라는 주장이다. 萬國光 編著,《中國的酒》, 23쪽.

438 섬서陝西 백수白水에 강가위康家衛가 두강의 출생지라고 한다. 건륭황제 때 편찬된《백수현지白水縣志》에 이곳에 두강묘杜康墓가 있다고 하였으나 진위를 가릴 수 없다. 백수현에는 이밖에 두강이 양조한 유적지가 있고, 두강천杜康泉, 두강구杜康溝, 두강하杜康河가 있다. 하남河南 여양汝陽에도 두강이 양조한 유적지가 있고, 여양 맞은편의 이천伊川의 황득지촌皇得地村은, 전설에 의하면, 두강이 술을 양조한 곳이라고 한다. 백수와 여양 사람들은 두강을 기리기 위해 두강묘杜康廟를 세웠고, 매년 정월 21일에 두강에게 제사를 지내며 두강 양조장을 세워 두강주를 생산하고 있다. 萬國光 編著,《中國的酒》, 21–22쪽.

지식을 가지고 있었고, 의적은 술을 만드는 기법을 제일 먼저 알고 있었다"라고 했다.[439] 두강과 의적 모두를 술의 발명자로 여겼다. 술의 발명자가 의적인지 아니면 두강인지 의견이 분분한 것은 언제 술이 만들어졌는지에 대한 문제 때문이다. 신석기 시대 유물 가운데 각양각색의 도기로 만들어진 술잔이 발굴되어 일찍이 황제 시대 이미 사람들이 조상에 제사를 지내거나 음식으로 마셨을 것으로 추정한다. 음식이 발효되어 자연적으로 만들어진 술을 우연한 기회에 발견하였을 것으로 추측한다. 인공적으로 술을 빚기 시작한 때는 도기가 만들어진 이후 용산龍山 문화 시기 이전으로 보인다. 하나라에 이르러 특히 은상殷商 시기에 술을 빚는 기술이 날로 성숙해지면서 각종 곡물로 발효한 술들이 만들어졌다. 기장으로 빚은 술을 '주酒'라고 하고, 쌀로 빚은 술을 '예醴'라고 불렀다. 동시에 은대 갑골문 가운데 울鬱은 일종의 향주香酒로 울금향鬱金香과 기장으로 빚은 술이다. 제사나 연회 때 이런 술을 올렸고 조미료로도 사용하였다.

2. 황주

황주黃酒는 곡물을 원료로 만든 양조주인데 '즉묵노주卽墨老酒'는 즉묵에선 대황미大黃米라고 부르는 기장으로 빚은 술이고, '소흥주紹興酒'와 '복건노주福建老酒'는 찹쌀로 빚은 술인데 대부분 술 색깔이 황색이므로 황주라고 부른다. 도수가 비교적 낮아 15도에서 30도 정도이다. 약재가 들어가는데 황주는 또한 조미의 효과가 있어 저명한 복건의 유명한 요리 불도장에는 복건노주를 넣는다. 황주에는 원료의 이름으로 명명한 대미황주大米黃酒와 소미황주小米黃酒, 술 색깔로 명명한 장원홍狀元紅과 죽엽청竹葉靑, 생산지의 이름을 빌린 소흥주와 즉묵

439 "杜康妙識, 儀狄先知." 蔡毅·胡有淸,《中國歷代飮酒詩賞析》, 24쪽.

주, 단맛으로 명명한 첨황주甛黃酒와 밀침침蜜沉沉, 양조 방법으로 명명한 가반주加飯酒와 침항주沉缸酒가 있다.

(1) 소흥주

'소흥주'는 회계산에서 발원하는 감호鑒湖의 물을 사용한 황주로 임반법淋飯法과 탄반법攤飯法으로 만든다. 임반법은 야조할 때 찐 찹쌀을 찬물에 식힌 다음 여기에 누룩을 넣어 발효시키는데 이 술을 '임반주淋飯酒'라고 하고 대부분 술 누룩으로 사용한다. 탄반법은 찐 찹쌀을 대나무 위에 말린 다음 누룩을 넣고 발효시키고 단지에 넣어 연잎으로 밀폐하여 햇빛은 차단시키고 공기는 통하게 하는 양조 방법이다. 소흥주는 그 종류가 많다. '원홍주元紅酒'는 장원홍壯元紅이라고도 하는데 도수가 15, 6도 정도이고 색깔이 호박색 혹은 짙은 황색으로 독특한 향이 나며 데워서 마시거나 매실을 넣은 술잔에 부어 마시기도 한다. 닭고기와 오리고기를 먹을 때 함께 마시면 적합하다. '가반주'는 탄반법으로 주조한 소흥주이다. 향이 짙고 부드러우며 맛이 독특하여 소흥주 가운데 상품에 속한다. 도수는 16, 7도 정도이고 데워서 마시면 더욱 맛이 좋다. 소흥주 앞에 진년陳年이 붙으면 오래된 술로 값도 비싸고 보통 소흥주보다 좋은 술이다. 가반주는 찬 요리를 먹을 때 적합하다. 선양주善釀酒는 1년에서 3년 저장한 원홍주를 물 대신 사용하여 주조한 술이다. 맛이 더욱 순한데 진년선양주는 소흥주 가운데 최고의 술이다.

(2) 침향주

'침항주'는 대해 복건 서부 용암龍岩 사람들이 "한 근의 침항주를 마시면 다섯 마리의 닭은 먹은 것과 같다"(斤酒當九鷄)라고 할 만큼 영양가가 높은 황주이다. 청대 가경嘉慶 연간(1796~1820년)에 오노관五老官이라는 양조 기술자가 용암의 샘물이 맑고 달며 부근에 찹쌀이 생산되어 술을 만들기에 적합하다고 여겨 양조장을 세웠다. 찹쌀로 빚고 항아리에 담아 3년을 묵히는 방식의 술 동주冬酒는 맛이 달고 도수는 낮아 후에는 20도 이상인 미소주米燒酒를 섞어 노주老酒를 만들었다. 이를 바탕으로 침향주의 전신인 삼간三干을 만들었다. 쌀을 원료로 미소주를 양조하고 찹쌀을 섞어 발효시킨 술이다. 쌀을 발효시켜 세 번 증류하는 방식으로 50도 이상의 술을 만든다. 1965년 나반정羅盤井 옆에 용암 양조장을 세웠고 양조 기술이 계속 발전하였다. 오늘날의 '침항주'는 찹쌀을 주원료로 하여 홍국紅麯, 산국散麯, 당화국糖化麯과 특수 제조된 약국藥麯을 섞어 발효시키는 과정에서 두 번 미소주를 첨가하여 양조한다. 특별히 제조된 약국에는 동충하초, 당귀, 정향, 회향, 목향, 침향 등 귀한 약재를 사용한다. 항아리 바닥에 가라앉힌다는 뜻의 '침항주'인데 '진항주陳缸酒'라고도 하며, 도수는 14.5도이다. 색깔이 짙은 붉은색이고 향이 짙어 색, 향, 맛을 고루 갖춘 술인데 단맛, 술맛, 신맛, 쓴맛이 조화를 이루었다는 평을 듣는다.

(3) 복건노주

'복건노주'는 홍국紅麯으로 주조한 짙은 붉은색의 향도 짙은 황주이다. 복건의 유명한 요리 '불노장佛跳牆'은 이 복건노주를 가미하여 약한 불에 오랫동안 익힌 것이다. 수선화표 고기 통조림도 복건노주로 조미를 한 것이다. 복건노주는 찹쌀을 원료로 고전홍국古田紅麯과 백국白麯으로 발효시킨다. 매년 동지 때 양조하기 시작하여 120일 동안 저온에 발효시켜 항아리에 담아 밀봉하고 1년에서 3년 동안 저장한다. 도수는 15도이다.

(4) 즉묵노주

'즉묵노주'는 산동의 즉묵에서 생산되는 즉묵 사람들이 대황미大黃米라고 부르는 기장으로 빚은 황주이다. 즉묵의 태지장太祉莊에서 수확한 기장이 품질이 좋아 기장 1근으로 다른 지역에서는 1근의 술을 생산하지만 이곳에서 1근 반을 빚을 수 있다고 한다. 청도青島 부근의 도교 명산 노산嶗山의 물과 보리를 발효시킨 누룩을 사용한다. 흑갈색의 약간 단맛이 나는 도수가 12도인 '즉묵노주'는 산동에선 혈액순환과 비위를 튼튼하게 해 주며 부인병 치료에 효과가 있다고 한다.

3. 백주

백주는 증류주로 품종도 많다. 원료의 이름을 빌린 '오량액五粮液'·'고량주高粱酒'·'서간주薯干酒', 생산지의 이름을 빌린 '모태주茅台酒'·'보풍주寶豐酒', 누룩으로 명명한 '대국주大麯酒'·'소국주小麯酒'·'부국주麸麯酒', 주조 기술로 명명한 '이과두주二鍋頭酒'·'노교주老窖酒', 샘물의 이름으로 명명한 '백사액주白沙液酒'·'와룡천주臥龍泉酒', 술 색깔로 명명한 '백간주白干酒', 고인의 이름을 빌린 '두강주杜康酒'·'태백주太白酒'·'문군주文君酒', 고인의 시구詩句를 빌린 '취류하醉流霞'·'백운변白雲邊', 복합적으로 명명한 '쌍구대국주雙溝大麯酒'·'계림삼화주桂林三花酒' 등이 있다. 백주는 황주가 변해서 된 술이다. 황주보다 역사가 짧지만 명대 이후부터 양조하기 시작하였으므로 천 년의 역사를 지녔다. 도수는 40도 이상으로 무색투명하고 독특한 향이 있다.

백주는 향에 따라 다섯 가지로 분류한다. '장향형醬香型'은 귀주의 '모태주'가 대표적이다. '모향형茅香型'이라고도 부르는데, 향이 짙지만 퇴폐적이지 않고 감칠맛이 오래 간다. 술을 마신 후에 향이 목젖을 내려갔다가 다시 입 안으로 올라와 입 안 전체로 퍼져나간 뒤 귀밑을 자극한다. '청향형清香型'은 산서 '분주汾酒'가 대표적이다. '분향형汾香型'이라고도 부르는데, 맑고 순수한 향이 두터우면서도 달다. '농향형濃香型'은 사천 '노주특국瀘州特麯'과 '오량액'이 대표적이다. '노향형瀘香型' 또는 '교향형窖香型'이라고도 부른다. 향이 아주 짙다. '미향형米香型'은 '계림삼화주'가 대표적이다. 쌀을 찔 때 나는 맑고 부드러운 단맛의 향이다. 깨끗하고 우아하며 달고 상쾌한 맛이다. 이 밖에 귀주의 '동주董酒'에서는 단순히 대국大麯과 소국小麯 둘을 합친 향이 아니라 달고 상큼한 독특한 향이 난다. '백운변주'와 '능천백주凌川白酒'가 여기에 속한다. '분주'와 '보풍주'는 '청향형', '오량액'과 '노주노교특곡瀘州老窖特麯'과 '전흥대국全興大麯'은 '농향형'에 속한다. 백주에 약재를 넣은 술이 출시되었는데 광동에서 생산되는 '옥빙소주玉冰燒酒'는 쌀을 원료로 주조한 술을 돼지고기에 여과시켜 만든 술이다. '옥별대보주玉鱉大補酒'는 '쌍구대곡주'에 회하淮河와 홍택호洪澤湖가 합치는 지역에서 나는 '자라risk'라는 약재를 섞어 주조한 술이다.

(1) 모태주

'모태주茅台酒'는 중국어로 '마오타이지우'라고 흔히 부르는 백주 가운데 대표적이며 가장 유명한 술이다. 마오타이는 국주國酒로 존중을 받는다. 제조 기술과 독특한 향과 맛으로 세상 사람들의 칭송을 받아 천하의 으뜸 술로 대접을 받는다. 1915년 파나마 국제 술 박람회에서 프랑스 브랜디와 영국의 스카치위스키와 더불어 세계 3대 명주로 인정을 받았다. 귀주貴州성 인회仁懷현 적수赤水강변의 모태진茅台鎭에서 생산된다. 북송 때 이곳에 대국주大麯酒가 생산되었다고 하고, 명대 가정嘉靖 연간(1522~1566년)에 소주방燒酒坊이 출현했다고도 하며, 청대 강희 황제 후기, 즉 18세기 초에 처음 생산되었다고 한다. 산서의 갑부가 모태진에 와서 장사를 하였는데 산이 높고 물이 맑으며 경치가 아름다워 고향으로 돌아가지 않고 그곳에 눌러앉았다. 평소에 그는 술을 좋아하여 특별히 고향의 양조 기술자를 데리고 왔었다. 이 기술자가 모태진의 재료를 사용하여 술을 만들었는데 술맛이 아주 좋아 사람들의 환영을 받았다. 후에 모태진의 명성은 전국적으로 유명했지만 생산량이 수요를 따라가지 못했다. 1949년, 중화인민공화국 성립 이후에 모태진에는 겨우 세 곳의 술 공장만이 남아 있었다. 1863년, 화씨華氏 성을 가진 사람이 출자한 '성의주방成義酒坊'은 '화모華茅', 1873년 왕씨王氏 성을 가진 사람이 출자한 '영화주방榮和酒坊'은 '왕모王茅', 1929년 뢰씨賴氏 성을 가진 사람이 설립한 '항흥주방恒興酒坊'은 '뢰모賴茅'라고 불렸다. 이 모든 양조장은 국영 양조장으로 통합되었고 점차 확장, 확대되어 중국 내

최고의 양조회사가 되었다. 마오타이는 독특한 향과 맛으로 다른 술과 구별되고 향이 짙기로 유명하다. 모태주의 양조 방법은 독특하다. 누룩을 원료인 수수보다 많이 사용하는데, 두 차례 원료를 투입하고 일주일마다 여덟 차례 고온에서 발효시키며 매달 여섯 차례 술독을 땅에 묻고 일곱 차례 증류하여 술을 얻는다. 매번 추출한 술의 양과 향, 맛이 달라 마지막에는 서로 섞어 오랫동안 저장하여 최고의 맛을 생산한다. 이런 과정을 구주勾酒 혹은 구태勾兌라고 한다. 도수는 53도이다.

(2) 분주

당대 시인 두목杜牧의 유명한 시 〈청명清明〉에 "청명절에 비가 부슬부슬 내리는데, 방황하는 나그네 혼이 끊어질 듯하네. 술집이 어디 있나 물으니, 목동이 멀리 행화촌을 가리키네"[440]라는 구절이 있다. 여기의 '행화촌杏花村'은 산서 분양汾陽의 행화촌이다. 어떤 사람은 지주池州라고 하고, 이 시는 두목의 작품이 아니라고 주장한다. 산서 분양에 맛있는 술이 생산되는 것만은 확실하다. 전설에 의하면 행화촌에 취선거醉仙居라는 술집이 있는데 겨울에 어떤 도사가 이 술집에서 술을 마셨는데 주량이 아주 세었고 돈도 내지 않고 그냥 가 버렸다. 며칠을 똑같이 술을 마시다가 어느 날 술에 취해 마신 술을 술집 앞의 우물에 토해 버렸는데 이 우물의 물이 술로 변했다고 한다. 어떤 사람이 우물 옆에 비석을 세우고 우물의 물이 술과 같다고 칭송하였다. 이 우물을 신정神井이라고 칭했다. 현재 행화촌 양조장에 아직도 옛 우물이 남아 있는데 이 우물이 바로 신정이라고 한다. 명말 청초 때의 시인 겸 의학자 부산傅山이 친필로 이 우물 옆 석각에 '득조화향得造花香'이라고 썼다. 우물의 물이 술로 변해 향기가 꽃과 같다는 뜻이다. 분주의 원료는 진중晉中 평원에서 생산되는 '일파조一把抓'라는 수수로 밀과 완두로 누룩을 만든다. 양조할 때는 수수를 찌고 누룩을 섞어 지하에 매장

---

440 林庚·馮沅君 主編,《中國歷代詩歌選》, 上編二, 512쪽.

하고 21일 동안 발효시킨다. 두 차례 증류하여 얻은 술을 한데 섞는다. 도수는 60도에 달한다. 1915년, 파나마 국제박람회에서 금상을 획득했다. 1980년에는 국가 금상을 수상했다.

(3) 보풍주

'보풍주'는 하남 보풍에서 생산되고, 맑은 사과향이 독특한 역사가 오래된 술로 도수가 63도나 된다. 수·당 때 이미 유명했고, 송·금 때의 양조장이 100여 군데나 있었다고 한다. 송대 신종神宗 때 송명 이학가인 정명도程明道가 일찍이 이곳에서 주세酒稅를 감독하는 관리였고 성리학을 강의하기도 했다. 이 술을 '연화주蓮花酒'라고도 하는데, 이 술에 불을 지피면 마치 연꽃과도 같고, 맑은 향이 먼 곳에까지 퍼져 마치 연꽃의 향기와도 같다고 한다. 보풍 사람들은 '남불과여南不過汝', '북불과사北不過沙'라고 말한다. '여汝'와 '사沙'는 보풍의 남북의 두 강의 이름이다. 보풍에서는 보풍주의 향기를 맡을 수 없지만, 여강과 사강을 한 번 건너면 보풍에서 날아오는 술 향기를 느낄 수 있어 다시 돌아가 보풍주를 마실 수는 없으므로 절대 여강과 사강을 넘어 멀리 가길 원치 않는다는 뜻이다.

(4) 노주노교주

'노주노교주'에 얽힌 전설이 있다. 나무꾼이 산속에 들어가 땔감을 구하는데, 갑자기 백사와 흑사가 서로 싸우는 장면을 목격했다. 백사는 작고 흑사는 컸다. 백사를 불쌍히 여겨 도끼로 흑사를 찍어 죽였다. 집으로 돌아가려고 하는데 이미 날은 어두워져 앞이 캄캄했다. 갑자기 눈앞에 밝은 빛이 보여 자세히 보니 궁전이 나타났다. 흰 수염에 흰 도포를 입은 사람이 자신은 용군龍君이라고 하면서 궁전으로 안내하더니 술상이 차려져 있고 떠날 때 술 한 병을 주었다. 나무꾼이 술을 맡아 보니 아주 맛있는 향이 코에 진동하였다. 술을 마셨더니 정신이 몽롱해지더니 머리가 어지럽고 발에 힘이 없어지자 그만 우물가에 쓰러져 안고 있던 술병을 우물 안으로 떨어뜨리고 말았다. 나무꾼이 정신을 차리고 보니 우물 안에서 짙은 술 향기가 났다. 나무꾼은 이 우물의 물로 술을 만들어 팔아 생계를 꾸리면 땔나무를 패는 고생은 면할 수 있다고 생각했다. 그가 만든 술은 향기롭고 달아 온 세상에 유명해졌다. 이 술이 바로 '노주노교주'이고, 그 우물은 용천정龍泉井이다. 그러나 이 밖에 이 술에 관련된 전설은 많다. 제갈량이 갖가지 약재로 만든 누룩을 발효시켜 주조한 술을 군사들에게 마시게 하여 군사들이 전염병에 걸리지 않았다고 한다. 남송 때의 여동빈呂洞賓, 청대 시인 장선산張船山, 장헌충張獻忠 등은 모두 이 술과 관계가 있다. '노주노교주'의 원료는 찹쌀수수이고 누룩은 보리로 만든다. 원료를 찐 다음 누룩을 섞어 발효시킨 뒤 두 달 동안 지하에 매장한다. 매번 증류할 때마다 새로운 원료를 가미하여 누룩을 넣고 발효시킨다. 사천의 기후가 온화하고 토양의 습도도 높아 양조에 필요한 미생물이 성장하기 적합하여 독특한 향이 발생한다고 한다. 이런 움에서 발효된 술이기 때문에 '노교老窖'라는 명칭이 생겼고 '노주노교주'라는 이름은 여기에서 유래했다. 명말 때 주조되기 시작했고 노주의 서씨舒氏가 섬서에서 관리를 지냈는데 술을 아주 좋아했다. 관직에서 물러나 귀향할 때 양조 기술자를 데리고 갔다. 노주에 서취원舒聚源이라는 양조장을 세우고 용천정의 물로 술을 만들었는데 이로 큰 명성을 얻었다. 후에 온씨溫氏에게 넘겨져 온영승溫永勝으로 바뀌었다. 1915년 온영승이라는 브랜드로 '노주노교주'는 파나마 국제 박람회에서 금상을 수상했다. 1980년과 1984년 영예의 국가우수품질 금상을 수상하여 전국적으로 유명해졌다. 도수는 55도와 60도 두 종류가 있는데, 수정처럼 맑고 투명하며 향이 아주 짙은 특징이 있다.

(5) 오량액

'오량액'은 다섯 가지 곡식으로 만든 술이다. 대국주大曲酒 중에서 가장 술맛이 좋다는 평가를 받는다. 사천성 의빈宜賓에서 생산된다. 의빈은 옛날에는 서주叙州 혹은 융주戎州라고도 불렸는데 양조의 역사가 아주 오래된 도시이다. 당대 대시인 두보가 영태永泰 원년(765년)에 배를 타고 민강岷江의 융주에 와서 융주의 자사 양씨楊氏의 접대를 받고 동루의 성대한 연회에 대해 지은 시 〈융주의 양자사가 동루에 베푼 연회에서〉(宴戎州楊使君東樓)에서 "연회의 젊은이는 기생을 가까이하고, 기생들은 주인의 비위를 맞추었네. 기생들이 중벽춘주를 권하고, 고운 손으로 여지 껍질을 까고 있네. 높은 누각에 오르니 시름에 겨워, 피리소리는 끊임없이 들려오네"라고 읊었다.[441] 여기에서의 '중벽춘주重碧春酒'는 융주 특산주이다. 송대 시인 황정견黃庭堅이 원부元符 원년(1098년)에 융주에 3년 동안 살았을 때 적지 않은 시와 문장을 지었는데, 지역의 술을 맛보고 '여지녹주荔枝綠酒'를 칭찬하면서 "술은 왕공권 집의 여지녹주가 최고이고, 여지는 요치평 집 푸른 여지가 최고이네. 한 잔의 중벽춘주를 기울이고, 급히 수없이 여지의 껍질을 까서 먹었네"라고 했다.[442] 명대에는 이시진이《본초강목》에서 "진秦과 촉蜀에는 '잡마주咂嘛酒'가 있는데, 쌀·보리·기장·수수·약재로 주조하였다"라고 하였다. 지금은 고량, 찹쌀, 옥수수, 멥쌀, 메밀의 다섯 가지 곡물로 빚은 백주白酒로 '잡량주雜粮酒'라고 부르는데, 이 '여지녹주'와 '잡량주'가 바로 오량액의 전신이다. 1926년, 의빈 출신의 청조의 유신 양혜천楊惠泉은 '잡량주'를 잘 마셨는데 이름이 우아하지 않다고 '경장옥액瓊漿玉液'이라는 네 글자와 잡량주의 원료가 되는 다섯 가지 곡물의 뜻을 종합하여 이 술을 '오량액'이라고 명명했다. '오량액'은 도수가 60도로 높고 자극성이 아주 강한 고급술로 '국주國酒' 중의 하나이다.

(6) 쌍곡대국주

'쌍구대국주'는 산동 사주泗州의 명주이다. 사주는 역대로 남북 교통의 요충지였다. 쌍구에서 생산된 술의 역사는 오래되었는데, 소식이 유배를 갈 때 이곳을

441 仇兆鰲 注,《杜詩詳注》二, 1221쪽. 注에《杜臆》에서《藝海洄酌》의 기록을 인용하면서 "敍州의 관가에서 빚은 술은 重碧이었다. 戎州는 敍州이다"라고 하였다.

442 〈廖致平送綠荔枝爲戎州第一, 王公權荔枝綠酒亦爲戎州第一〉. 任淵·史容·史溫 注,《黃山谷詩集注》, 143쪽.

지나며 사주의 술을 마셨다고 한다. 청대 옹정건륭 연간에 선서 태곡太谷사람 하씨賀氏가 이곳의 회하淮河로 흘러드는 강물이 양조에 적합하고 부근에 수수가 재배되고 있어 하전덕賀全德 양조장을 건립했다. 그는 산서의 양조 기술을 접목시켜 독특한 향과 맛이 나는 술을 주조하여 큰 명성을 얻었다. 그러나 이 '쌍구대국주'는 39도로 백주 강운데 비교적 도수가 낮은 술이다.

(7) 계림삼화주

'계림삼화주'는 쌀을 주원료로 소곡을 누룩으로 발효시키고 계림 특산의 약초를 첨가하여 증류한 뒤 상비산象鼻山 동굴 속에 3년 정도 저장한 술이다. 계림은 아열대 지역으로 여름철엔 기후가 무덥다. 상비산 동굴은 겨울엔 따뜻하고 여름엔 시원하고 습하여 술 저장엔 최적의 장소이다. 술병을 흔들어 기포 다과, 지속 시간의 장단으로 술의 도수와 품질을 판단하고, 기포가 많고 가늘며 지속이 길면 도수가 높고 품질도 좋다. 기포가 대大, 중中, 소小 세 가지가 다르게 쌓이므로 퇴화삼층堆花三層이라고 불러 '삼화주三花酒'라고 명명했다. 도수는 56도이다.

(8) 동주

'동주董酒'는 귀주성 준의遵義 북쪽 근교 동공사董公寺에서 생산된다. 준의는 중국의 저명한 술의 고향이다. 한대에 '잡주咂酒'가 있었고, 송대에는 '장가주牂牁酒'도 유명했다. 명·청 이후에 '소곡주'가 발전되어 오늘날의 '모태주'와 '동주'가 이 지역에서 생산되었다. 동공사는 원래는 용산사龍山寺였는데 명대 만력 연간에 불사가 건립되었고 청대 강희 황제 때 동현충董顯忠이 개수하여 동공사로 개칭하였다. 술의 색깔이 맑고 투명하며 짙은 향이 코를 찌르고 단맛이 나고 상쾌하며 부드럽고 순하며 마신 후에 감칠맛이 난다. 전국 8대 명주 중의 하나이다. 1930년대 초 동공사에 양조장이 몇 군데 있었는데 유일하게 성이 정씨程氏인 사람의 양조장만이 술맛이 가장 좋았다. 그러나 정씨는 여전히 술맛에 만족하지 못해 모태진의 양조 기술자를 초빙하여 술을 만들고 이 술을 동주라고 명명했다. 동주는 대국大麯과 소국小麯 두 가지 종류를 사용한다. 대곡은 밀을 원료로 사프란, 계피, 동충하초, 당귀 등 40여 가지의 약재를 넣는데 양조 중에 수수를 가미한다. 소곡은 쌀을 주원료로 90여 가지의 약재를 넣고 주조 중에 수수를 약간만 넣는다. 소곡과 대곡 두 종류의 누룩을 '천증串蒸'하여 술을 얻는다. 대곡의 짙은 향과 소곡의 부드러운 맛이 잘 배합된 양질의 술을 얻는다. 문화대혁명 때 양조장이 파괴되어 끊겼다가 1957년부터 동주를 다시 생산하기 시작했다.

(9) 서봉주

'서봉주西鳳酒'는 섬서 봉상鳳翔의 전통주이다. 봉산에 동호류東湖柳, 부인수婦人手와 유림주柳林酒의 세 가지 미美가 있다고 한다. 동호류는 소동파가 20세쯤에 봉상에 부임했을 때 판 인공호수 동호東湖 호숫가의 버드나무를 말한다. 부인수는 봉상 부녀자들의 솜씨 좋은 자수刺繡와 전지剪紙를 말한다. 유림주는 서봉주가 생산되는 유림柳林의 술을 말한다. 당대 고종高宗 때 이부시랑 배행검裴行儉이 페르시아 왕자의 귀국을 전송하러 옹현雍縣, 지금의 봉상 남쪽에 도작하였는데 갑자기 벌과 나비 떼들이 땅에 떨어지고 궁중에는 술 향기가 날아왔다. 사람을 시켜 원인을 알아보게 하니 유림에 양조장을 지으려고 지하에서 300년 넘은 술 단지를 꺼냈더니 술 색깔이 맑은 청색이고 향이 아주 짙어 양조 기술자와 일꾼들이 이 술을 마시고 취했는데 술 향기가 바람에 사방으로 퍼져 나가 벌과 나비도 취해 버렸다는 것이다. 배행검이 이 말을 듣고 즉시 시를 지어 "손님을 정자에서 전송하는데, 벌과 나비가 술에 취해 춤을 추지 않네. 개국한 후 태평성세이니, 맛있구나! 유림주여"라고 읊었다. 송대 가우嘉祐 연간에 소식이 봉상에 부임하였을 때, 〈봉상의 보문사를 유람하며〉(游鳳翔普門寺)라는 시를 지어 "꽃이 피었으니 맛좋은 술 마시고 어찌 아니 취하랴"(花開美酒曷不醉)라고 노래했다. 봉상의 술의 역사는 오래되었는데, 봉상은 춘추전국 시대 진秦나라의 도성이었다. 춘추오패 가운데 하나인 진목공秦穆公에게 술과 관련된 고사가 있다.《사기》〈진본기秦本紀〉에 진秦나라가 기근이 들어 진晉나라에 식량 원조를 요청하였다. 당시에 진목공이 기른 말을 기산 아래 300명의 사람들이 잡아먹었다. 관리들이 이들을 체포하여 처벌하려고 하자, 진목공이 "군자는 짐승 때문에 사람을 상하게 해서는 안 되오, 좋은 말고기를 먹고 술을 마시지 않으면 사람이 상한다고 들었소"라고 하면서 모두에게 술을 주고 그들을 사면해 주었다. 그런데 진왕晉王은 이 기회를 틈타 진나라를 공격하였는데, 진목공이 포위를 당했다는 소식을 들은 이 기산 사람들이 무기를 들고 필사적으로 싸워 말을 잡아먹고도 사면된 은덕에 보답하였다고 했다.[443] 봉상의 서대가西大街 옛 거리에 창순진昌順振이라는 술집은 당대에 세워졌다고 하는데 지금은 없다. 청대 함풍과 동치 연간에 봉상에는 모두 33개의 양조장이 있었다고 하는데, 민국 26년(1937년)의 통계에 의하면 88개가 남아 있다고 한다. 그 가운데 27군데 양조장이 유림진柳林鎭에 있다고 한다. 유림진은 주문왕周文王의 조부 주태왕周太王이 살던 기岐 땅과 가까워 고대 역사와 봉황의 서식지라는 전설적 색채가 강한 지역이다.《열선列仙傳》의 기록에 의하면 진목공의 딸 농옥弄玉과 그의 남편 소사蕭史는 모두 피리를 잘 불어 봉황이 춤을 추었다고 하는데, 후에 부부 두 사람이 피리를 불어 용과 봉황을 불러내니 용과 봉황을 타고 승천하였다고 한다.[444] 오래된 술 저장고를 부수고 새로운 지하 저장고를 만들어 다른 백주와 차별되는 맑고 우아한 '서봉주'만의 독특한 향을 만들 수 있었다. 분주와는 또 다른 맛의 시지만 떫지 않고 달지만 느끼하지 않은 맛을 내었다. 도수는 55도와 65 두 종류가 있다. '서봉주'의 원료로는 수수로 밀, 완두로 만든 누룩을 사용하고, 14, 5일 정도 발효시킨 뒤 증류하여 얻은 술은 등급에 따라 특별히 싸리나무 가지로 엮은 광주리 안쪽에 종이를 붙이고 돼지 피와 석회를 바른 '주해酒海'라

443 丁範鎭 外 옮김,《史記本紀》, 120~121쪽. 北朝의 시인 庾信도 이 사실을 칭송하면서 〈진목공이 말을 훔친 도덕들에게 술을 준 것을 찬미하며〉(秦穆公飮盜駿馬贊)라는 시를 지었다.
444 유향 지음, 김장환 옮김,《열선전》, 151쪽.

는 용기에 저장하여 술의 향기와 순수한 맛을 촉진시킨다. 3년 묵힌 다음 출시한다.

(10) 검남춘

'검남춘劍南春'은 사천의 명주로 향이 짙고 맑으며 달아 감칠맛이 오래 남는다. 원래 이름은 '검남춘주劍南春酒'였는데 사천 면죽綿竹에서 생산된다. 당대에 면죽은 검남도劍南道가 관할한 현 중의 하나였다. 당대 사람들에게 '춘春'은 술을 뜻했다. 이백이 술을 잘 만든 기수紀叟의 죽음을 애도하며 지은 말년의 시 〈선성의 양조 기술자 기수를 애도하며〉(哭宣城善釀紀叟)에서 "기수는 황천으로 갔지만, 또한 노춘을 만들 줄 알았네. 저승에는 이백이 없으니, 그대는 누구에게 술을 팔랴?"라고 했다.[445] 여기에서 '노춘老春'은 '노춘주老春酒'를 말하는데, 왕기王琦의 주注에 "당나라 사람은 술 이름에 '춘春'자를 많이 붙였다"라고 했다. '검남춘'의 전신은 청조 강희 초(1662년)에 생산된 '면죽대국주綿竹大麴酒'이다. 섬서성 삼원三原의 주욱朱煜이라는 사람이 면죽의 물이 좋은 것을 알고 그곳에 대곡주를 주조하는 주천익초방朱天益酢坊 양조장을 설립했다. 양씨楊氏, 백씨白氏와 조씨趙氏 성을 가진 세 사람이 대곡주 양조장을 설립했다. 청조 말경에는 17군데 양조장이 생겨났고 민국 시절에는 31개 양조장이 생겨났다. 면죽의 좋은 물은 제갈정諸葛井의 샘물을 가리킨다. 면죽의 일선천一線泉이 제갈정이다. 1949년에 술 생산이 중단되었다가 1951년 정부가 면죽 양조장을 국영으로 바꾸면서 1958년에 새로운 술 '검남춘'이 탄생되었다.

(11) 양고미주

양고기를 삶아 즙을 내고 여기에 찹쌀밥을 섞어 발효시킨 술이 '양고주羊羔酒'이고, 숫양고기를 삶아 즙을 내고 여기에 쌀을 넣고 쪄서 발효시킨 술이 '백양

445 瞿蛻園·朱金城 校注,《李白集校注》三, 1057쪽.

주白羊酒'인데, 모두 양고기로 주조한 술을 '양고미주羊羔美酒'라고 한다. 이런 역사가 오래된 술은 아주 달고 부드러운 특징이 있다고 한다. 오늘날에는 이러한 방법을 모방하여 양고기 대신 돼지고기를 원료로 만든 술이 바로 광동 특산인 '옥빙소주玉冰燒酒'이다. 이 술은 쌀을 원료로 쌀과 콩으로 만든 누룩을 사용하여 주조하는데 광동 지방에선 '대주병大酒餅'이라고 부른다. 주병은 누룩을 말한다. 주조 방법은 쌀을 쪄서 쌀밥을 만들고 식힌 다음 '대주병'을 섞어 반고체로 발효시키는데 도수는 12, 4도 정도 된다. 이를 다시 증류하여 '정埕'이라고 하는 고기를 오래 묵힌 항아리 속에 넣어 한 달에서 한 달 반 동안 저장하면 도수가 30도 정도 된다. 술이 아주 맑고 투명하며 옥처럼 희고 술 향기와 오래 묵힌 고기 향이 적절히 뒤섞여 독특한 향이 나는데 이를 '시향豉香'이라고 한다. '옥빙소주'는 원산지가 광동 주강珠江 삼각지인데 역사가 오래 되었다. 이 가운데 불산佛山의 석만石灣의 진태길陳太吉 양조장과 남해南海 구강진九江鎭의 융흥隆興 양조장이 가장 유명하다. 진태길은 청조 도광 연간에 창립되었고 1968년에 석만 양조장으로 개명한 후에 크게 발전을 거듭하였다. 1980년대 광동과 홍콩 지역에서 미주米酒의 왕이라는 호칭까지 받기도 했다. 구강진 양조장에서 생산된 '옥빙소주'도 도광 연간에 광동, 홍콩과 동남아시아 화교들 사이에 호평을 받았다.

4. 노주와 약주

노주露酒는 향료를 가미한 술을 말한다. 예를 들면 산서 분양 행화촌에서 생산되는 '죽엽청주竹葉青酒'는 죽엽竹葉, 치자열매, 정향, 목향, 단향, 사인 등 10여 가지의 약재를 분주에 가미시켜 제조한 술로 독특한 향과 맛을 느낄 수 있다. 도수는 45도 정도이다. 보혈, 강화降火, 소염, 해독, 이뇨 등에 효과가 있다고 한다. 죽엽청주는 역사가 오래된 술로 '소흥주' 중에 죽엽청주가 있는데 이 술은 황주를 죽엽에 침투시킨 술이다. 복건과 운남에도 죽엽청주가 있는데 그 역사가 오래되었다.

이시진의《본초강목》에 차라리 오가五加를 얻을 수 있다면 금과 옥으로 가득한 수레는 필요 없다고 했다. 오가란 다섯 가지 식물을 가리키는데 그 가운데 오가피五加皮라고 하는 식물은 습한 것을 제거하고 근육과 뼈를 튼튼하게 해주며 피를 맑게 하고 풍과 마비 증세를 치료해 준다고 한다. 광주廣州 영리위永利威 양조장에서 생산되는 '오가피주五加皮酒'는 오가피 이외에 당귀, 정향, 육두구, 사인, 당삼黨參, 홍화紅花 등 30여 가지의 약재를 사용하여 만든 술이다. 영리위 양조장에서 1914년부터 오가피주를 생산하기 시작했다. 도수는 40도 정도이다.

(1) 홍모주

'홍모주鴻茅酒'는 내몽골 자치구 양성凉城 홍모 양조장에서 생산되는 명주이다. 홍모주의 최초의 제조 기술자는 산서 유차楡次의 왕가보王家堡 상인 왕천길王天吉이다. 건륭 초에 왕천길은 찰합이영察哈爾營, 지금의 한영漢營에서 장사를 했다. 이곳이 목초지가 넓고 소와 양 떼들이 많아 사람을 고용하여 곡식을 재배하였고, 제분소와 양조장을 건립하고 '융성영隆盛永'이라는 회사를 차렸다. 지역이 기후가 춥고 초지가 습윤하여 사람들이 찬바람에 풍이 들어 근육통과 사지가 마비되는 병에 자주 걸렸다. 의학에 밝은 왕천길이 열로 풍을 제거하고 혈액순환을 북돋아 주며 비장과 위장을 건강하게 해 주는 약초로 만든 약술을 개발하여 환자들에게 복용하도록 했더니 효과가 있어 융성영의 명성이 사방으로 퍼져나갔다. 이 술과 관련된 전설이 있는데, 건륭황제가 양성의 대해岱海를 순시할 때 온천에서 목욕을 하는데 기러기 한 쌍이 울며 날아가고 있어 마치 황제를 환영하는 듯했다. 후세 사람이 이 현을 홍소鴻召현으로 개명하였고 대해를 홍소해鴻召海로 바꿨다. 융성영은 대해 남쪽에 있었기 때문에 홍모주는 처음에는 '선홍패약주旋鴻牌藥酒'였다. 후에 다른 술과 구분을 짓고 약효가 뛰어난 점을 부각시키기 위해 '홍모거풍주鴻茅祛風酒'로 개칭했다. 이 술에 들어가는 약재로는 인삼, 사향, 표범의 뼈, 홍화紅花, 사인砂仁, 산우山芋와 숙지熟地 등 60여 가지나 된다고 한다.

(2) 사성사주

'사성자주沙城煮酒'는 하북성 사성沙城에서 생산된다. 청대 중엽에 사성 일대는 양조장이 30여 군데나 되었다. 이 가운데 옥성명玉誠明 양조장이 가장 규모가 컸다. 이 양조장은 관가의 지지를 받아 흥성하였다. 옥성명 양조장의 기술자가 병을 얻어 평소 한약이 너무 써서 마시지 못했는데 이 술에 한약과 설탕을 넣어 마셨더니 병이 호전되었다고 한다. 그래서 사주에 설탕과 한약을 섞어 증류하였더니 붉은색의 술이 만들어져 '홍자주紅煮酒'라고 불렀다. 이 술이 출시되자마자 환영을 받고 큰 명성을 얻었다. 몇 년 후에 옥성명은 또 '청매자주青梅煮酒'를 제조하여 '홍자주'와 함께 어깨를 나란히 하는 명주가 되었다.

5. 포도주

산동 연대의 지부之罘는 본래 반도였는데 지금은 작은 섬으로,《사기》의 기록에 진시황제가 기원전 218년과 219년에 두 차례 이곳을 순시하고 비석을 세우고 진秦나라의 공덕을 칭송했다고 하였다. 기원전 210년에는 낭야琅琊에서 서불徐市에게 명하여 바다를 건너 불로초를 구해 오도록 했는데, 봉래蓬萊에 불로초가 있다고 여긴 방사方士 서불이 선약을 구하려고 바다로 나아갔으나 얻지 못하자, 문책을 받을 것이 두려워서 거짓으로 바다에 커다란 상어 때문에 어려움을 당하여 봉래산에 도달할 수 없었다고 말하니 진시황이 지부에서 커다란 물고기가 나타나자 화살을 쏘아 한 마리를 죽였다고 한다.[446] 이런 지역에 중국 포도주가 탄생하였다.

'연태홍포도주烟台紅葡萄酒'는 원명이 '매괴향홍포도주玫瑰香紅葡萄酒'이다. 붉은 보석과 같은 색깔로 투명하고 향기가 짙어 달고 쓴맛이 적절하게 배합되어 국내외에서 호평을 받았다. 연태홍포도주는 장유張裕포도주제조회사의 전통명주로 100여 년의 역사를 지녔다. 백 년 전 인도네시아 수마트라섬의 화교 실업가인 장필사張弼士가 친척을 방문하기 위해 귀국했다. 연태는 발해만의 해안 지역에 접하고 있어 기후가 온화하고 토양이 비옥하여 포도 재배에 최적지라고 생각하고 포도원을 개간하고 포도주공장을 세웠다. 동산東山과 서산西山의 황무지를 구입하고 개간하였고 120여 그루의 홍포도와 백포도 묘목을 구입하여 심었다. 동시에 포도주 제조 기구들을 구입하는 등 총 백은白銀 350만 냥을 투자했다. 중국에선 장유회사에서 생산된 포도주 가운데 적포도주와 초약草藥 혹은 향신료로 만든, 육두구 등의 약제를 넣은 베르무트vermouth 고급 백포도주와 브랜디가 좋은 평가를 받고 있다. 무술정변의 주동자 강유위康有爲는 장유별장에서 연태의 포도주를 마셨고, 1912년 손문이 연태의 포도주 공장을 참관하고 포도주를 마셔 보고는 방명록에 '품중예천品重醴泉'이라고 썼다. 이후에 원세개元世凱, 여원홍黎元洪, 공상희孔祥熙, 송자문宋子文, 장학량張學良과 같은 거물급 인사들 연태홍포도주 공장을 참관하고 극찬을 하였다고 한다. 1915년 파나마운하 완공을 경축하기 위한 국제상품박람회에서 연태홍포도주를 출품하여 금상을 차지했다. 장유회사는 1948년에 파산한 적이 있었지만 인민정부의 지원으로 회복하여 발전을 거듭하다가 1952년 제1회 중국 전국주류품평회에서 중국 8대 명주의 하나로 선정되었다. 1954년 제네바회의에서 주은래 총리가 각국 대표들에게 선사했으며, 1978년 벨기에의 브뤼셀에서 거행된 제25회 세계우수상품품평회에서는 이 회사에서 주조한 브랜디가 은상을 수상하였다.

산동 연태 이외에 하남의 민권民權에도 포도주가 생산된다. 1956년에 민권

446 丁範鎭 外 옮김, 《史記本紀》, 164-166, 178쪽.

에 포도를 재배하기 시작했고, 1958년에 포도주 생산 공장을 세웠으며 1979년 포도주 가운데 국가 지정 명주의 칭호를 얻었다.

만리장성을 중국에서는 간단히 '창청(長城)'이라고 부른다. 이 명칭을 빌린 장성포도주회사에서 생산된 간백干白포도주가 1983년 런던에서 개최된 제14차 국제주류품평회에서 은상을 수상했다. 1984년 스페인의 마드리드에서 개최된 국제 포도주시음품평회에서 금상을 수상했다. 장성포도주회사는 북경과 장가구張可口 사이의 하북 사성沙城에 있다. 낮밤의 일교차가 크고 일조량도 풍부하고 토양이 비옥하고 모래여서 포도 성장에 적합한 지역이다. 이 회사에서 생산되는 간백포도주는 과일향이 강하고 부드러우며 감칠맛이 돌아 품질이 우수하다.

중국인은 백두산을 장백산長白山이라고 부른다. 장백산은 오염이 전혀 없는 청정 지역으로 산포도山葡萄라고 불리는 야생포도가 자란다. 자줏빛이 감도는 검은색 열매는 맑은 향이 나는 특징이 있고 이 열매로 만든 포도주는 선홍빛이나 자줏빛의 고운 색깔을 띠고 특유의 맛과 향으로 포도주로 손색이 없다. 산포도로 주조한 포도주로는 길림장백산吉林長白山과 통화通化 포도주가 대표적이다. 장백산포도주 공장은 길림성 길림과 통화에 있고, 원료로 장백산 포도를 사용한다.

제11장

중국 음식과 문학, 예술

중국 음식은 중국 문학 창작에 풍부한 소재를 제공했다. 중국 문학 역시 음식 발전을 촉진시키는 결과를 가져왔다. 중국 역대 문학작품 가운데 일부 명작들 중에 묘사된 음식은 중국 음식 문화사를 연구하는 데 중요한 자료가 된다. 음식 생활은 작가의 창작 활동의 원천인 동시에 특히 중국의 술은 창작의 촉매 역할을 하여 무수한 명작들이 창작되었다.《시경》중에 40여 편이 술을 직접 묘사하였고, 이후의 중국 문학 작품《초사》에서부터《금병매金瓶梅》와《홍루몽紅樓夢》에 이르는 역대 문학명저 중에 술과 음식과 관련된 묘사를 많이 찾아볼 수 있다. 이 장에서는 술을 제외하고 음식만을 논술 대상으로 삼아 살펴보기로 한다.

1.《시경》·《초사》와 선진 시대 음식

《시경詩經》에 수록된 305편의 시 가운데 국풍國風은 민간가요로 직접적으로 백성들의 생활 방식을 표현하였는데, 곡식의 파종, 채집, 수렵, 요리에 관한 일상사를 반영하였다. 대부분은 당시 사람들의 음식 재료를 언급하였고, 귀족들의 생활상을 묘사한 아雅와 송頌의 시들에서 연회와 제사 중의 악가도 대부분 음식 생활과 관련이 깊다.

요리 방면에서는《주례》와《예기》등의 고전 속에 주대의 궁정과 음식에 관한 규정과 민간 요리의 조리 방법 등이 기록되어 있는데, 이는《시경》중에도 기록되어 있다.〈진풍陳風〉"오막살이"(衡門)에 "어찌 고기를 먹는데 꼭 황하의 방어라야만 할까?", "어찌 고기를 먹는데 황하의 잉어라야만 할까?"[447]라고 하였다. 주나라 시대 지금의 하남 회양淮陽 일대였던 진나라의 음식풍속을 살펴보면 방어와 잉어를 먹기를 좋아하였음을 알 수 있다. 황하의 잉어는 생선 요리 가운데 상등품이다.《회풍檜風》〈비풍匪風〉에 "누가 물고기를 삶을 때 가마솥에 물을 부을 것인가?"[448]라고 하였는데, 지금의 하남 형양滎陽 일대의 회국檜國은 주나라 때 상용한 취사도구가 큰 가마솥 '심鬵'이었음을 알 수 있고, 이것은 솥 '부釜' 종류의 식기이다. 당시에 '팽烹'과 '자煮'는 같은 조리법이었다.《좌전左傳》〈소공昭公〉20년 12월의 기록에 의하면, "군주는 '마음을 맞춘다는 것(和)과 맞장구친다는 것(同)은 다른가?'라고 묻는 것이었다. 그래서 안자는 다음과 같이 대답했다. '그거야 다르옵니다. 마음을 맞추는 화和는 마치 국을 만드는 일과 같은 것입니다. 국은 물·불·초장·소금·매실梅實의 신맛을 넣어 물고기나 고기를 삶음에, 나무를 때어 삶아 요리사가 맛을 맞춤에, 조미료로 맞추어 맛의 부족함을 채우고 지나친 점을 덜게 하옵니다'"라고 하였다.[449] 춘추 시대 팽자烹煮의 조리법이 일치했다. 생선을 먹는 풍습은 주나라 때 아주 성행했다.〈소아小雅〉"유월六月"에 "자라를 굽고 잉어회를 쳤다"(炰鼈膾鯉)고 하였다.[450] '포炰'는 팽자의 조리법이다. 정현鄭玄의 주注에 "포별炰鼈은 불로 자라를 익히는 것이다"라고 하였다. '회리膾鯉'는 주나라 때의 유명 요리이다. 잉어회는

---

447 "豈其食魚, 必河之魴", "豈其食魚, 必河之鯉." 金學主 譯著,《詩經》, 284쪽.
448 "誰能亨魚, 漑之釜鬵." 金學主 譯著,《詩經》, 298쪽.
449 文璇奎 譯著,《春秋左傳》(下), 210쪽.
450 金學主 譯著,《詩經》, 368쪽.

궁정과 귀족들이 중시하였다. 특히 황하에서 잡히는 잉어를 최고로 쳤다.

조리법의 기본은 포炮·자炙·번燔 등인데, 《시경》에도 소개되었다. 〈소아〉 "표주박 잎"(瓠葉)에 "머리 하얀 토끼, 굽고 지지네"(有兎斯首, 炮之燔之)라고 하였다.[451] 한대 모형毛亨의 주에 "짐승의 털을 태우는 것을 포炮, 불로 가열하는 것을 번燔, 불에 굽는 것을 자炙라고 한다"라고 하였다.[452] 진흙으로 짐승의 털을 감싸고 불에 굽는 것을 '포', 불 위에 놓고 굽는 것을 '번', 불 위에 걸어놓고 굽는 것을 '자'라고 한다는 말이다. '포炰'는 〈노송魯頌〉 "비궁閟宮"편에도 "통째로 굽기도 하고 고기 썰어 국도 끓이며, 여러 가지 제기를 갖추었네"라고 하였다.[453] 《주례》 〈지관地官〉 "봉인封人"에 "춤을 추고 노래를 부르며 희생으로 돼지를 통째로 구웠다"(歌舞牲, 及毛炮之豚)라는 구절의 정현의 주에는 "돼지를 통째로 구웠다는 것은 그 돼지의 털을 제거하고 구웠다는 것으로 팔진 요리를 준비한 것이다"[454]라고 하였다. '자炙'는 '고烤'이다. 토끼와 같은 다른 야생 고기도 먹었다. 상대 갑골문 연구 덕분으로 요리에서 '연燃'과 '녹熝'이라는 두 글자는 쓰임새를 알게 되었다. 전자는 개를 꼬치에 꽂아 불 위에 걸어놓고 불 위에서 굽는 형상이고, 후자는 사슴을 불 위에 굽는 형상이다. 상과 주나라 이래로 개와 사슴 고기를 식용하는 풍습이 유행했다.

〈대아大雅〉 "생민生民"에 '증蒸'의 조리법이 소개되고 있다. "제사를 어떻게 지내셨나? 찧고 빻고 해서, 불리고 비비고 난 뒤, 설설 그것을 일어, 푹 그것을 쪄 놓고, 좋은 날을 가린다."[455] 옛날에는 겨울철 제사를 '증蒸'이라고 하였는데, 제사 음식을 익혀서 먹었기 때문이다. 《설문해자說文解字》 〈화부火部〉에 "증이란 불의 기운이 위로 상승하는 것을 말한다"[456]라고 하였다. 당시의 증과 오늘

451 金學主 譯著, 《詩經》, 515쪽.
452 "毛曰炮, 加火曰燔." 鄭玄 箋, 《毛詩鄭箋》, 102쪽.
453 "毛炰胾羹, 籩豆大房." 金學主 譯著, 《詩經》, 695쪽.
454 "毛炮豚者, 焰去其毛而炮之, 以備八珍." 鄭玄 注, 《周禮鄭注》, 68쪽.
455 "誕我祀如何, 或舂或揄. 或簸或蹂, 釋之叟叟. 烝之浮浮, 載謀載惟." 金學主 譯著, 《詩經》, 559–560쪽.
456 "蒸, 火氣上行也." 許愼 撰, 段玉裁 注, 《說文解字注》, 485쪽.

날의 증은 다르다. 오늘날의 증은 센 불로 가열하는 것이 아니라 수증기의 도움으로 음식을 데워 찌는 것이고, 옛날의 증은 물을 사용하지 않는 간자幹炙의 조리법이었다.《시경》〈대아〉"생민生民"에 "증지부부烝之浮浮"에 대한《모전毛箋》에 "부부浮浮는 기氣이다"[457]라고 하였다. "뜨거운 김으로 익히다"라는 의미의 '부부烰浮'와 같은 글자로 센 불로 음식을 찔 때 불의 기운이 위로 상승하는 모양을 가리킨다.[458] 이런 조리법은 소燒와 고烤 조리법보다 진일보한 것이다.

《시경》에는 연회에 대한 묘사가 상세하다.〈소아〉"벌목伐木"에 "둥둥 북치고, 덩실덩실 춤춘다"라고 하여[459] 연회 때 춤과 노래로 여흥을 돋우었다. 또 "손님 잔치"(賓之初筵)에 "손님 모여 잔치 시작하니 좌우 모두 질서 있네. 음식 그릇 많기도 하고 고기 갈비 벌여 있네. 술은 맛있게 빚어져 즐겁게 마시며, 풍악 벌여 놓고 술잔 들어 서로 권하네"[460]라고 하였다. 노래와 춤으로 음식과 술을 권하는 풍습이 생겨났다.

〈소아〉"사슴이 울면서"(녹명鹿鳴)에 "음메에 사슴이 울며 들판의 다북쑥 뜯고 있네. 내게 좋은 손님 오시어 거문고 뜯고 생황 불며 즐기네"[461]라고 하였다. 주인과 손님의 사이좋은 관계를 음악과의 조화를 통해 화기애애한 연회를 분위기를 조성하였다. 이것은《회남자》〈태족훈泰族訓〉의 "'녹명'은 짐승에게 흥을 일으켜 군자가 이를 위대하다고 하는 것은 먹이를 보고 서로 부르는 짓을 하기 때문이다"[462]의 의미와 같다. 후에 이 '녹명'은 군신간의 화해를 상징하게 되었는데,《신당서新唐書》〈선거지選擧志〉에 보면 주현州縣의 관리가 향공鄕貢을 위해 '향음주鄕飮酒'연회를 베풀 때 동료들을 불러 모아 잔치를 베풀고 음식과

457《毛詩鄭箋》, 114쪽. '부부浮浮'의 또 다른 의미를 나타낸〈大雅〉의〈江漢〉과〈小雅〉의〈角弓〉에서처럼 물이나 비 또는 눈이 많거나 많이 내린 모습을 나타내기도 한다.

458《說文解字》의 段玉裁注에서 '烰'는 '烝'이라고 하였다, 許愼 撰, 段玉裁 注,《說文解字注》, 485쪽.

459 "坎坎鼓我, 蹲蹲舞我." 金學主 譯著,《詩經》, 340쪽.

460 "賓之初筵, 左右秩秩. 籩豆有楚, 殽核維旅. 酒旣和旨, 飮酒孔偕. 鐘鼓旣設, 擧醻逸逸." 金學主 譯著,《詩經》, 491쪽.

461 "呦呦鹿鳴, 食野之苹. 我有嘉賓, 鼓瑟吹笙." 金學主 譯著,《詩經》, 331쪽.

462 李錫浩 譯,《淮南子》, 510쪽.

관현악의 연주를 하며 "녹명"시를 읊도록 하였다고 한다.[463]

《시경》 속의 시들은 대부분 중국 북방 지역 사람들이 읊은 것들로, 음식과 관련된 시들에 나타난 음식 또한 북방 음식이다. 반면 《초사楚辭》 특히 송옥宋玉의 작품으로 알려져 있는 〈초혼招魂〉은 남방 음식의 특색을 잘 나타내는 표현과 관련된 부분이 많이 있다. "돌아오면 일가들이 그대를 우러러, 갖은 솜씨 부려서 음식을 차린다. 찰벼 기장에 익은 보리 먼저 거둬, 조와 함께 섞어 구수하게 밥 짓는다. 장국에는 산초 생강, 짜고 싱거운 건 엿과 꿀로, 다섯 맛을 한데 섞어 맵고 단 맛 고루 낸다. 살찐 소 맛좋은 심줄 살 끓고, 보글보글 끓이는 향기로운 냄새. 신맛 쓴맛 주물러 정말 맛있고, 솜씨 좋은 오나라 기묘한 국일세. 자라는 지지고 염소새끼 통째로 삶아, 사탕수수 즙내어 마시는 걸로 두네. 초장으로 고니랑 물오리 국 끓이고, 기러기 왜가리는 기름으로 튀기고, 큰 자라 들 닭으로 고국을 만드니, 칼칼한 맛 감칠 맛 입에 슬슬 녹네. 동그란 중배끼 달콤한 꿀떡에, 말린 기장 엿에 없는 것이 없구나. 옥색 맑은 술에 술 뜨는 국자 들어서, 새 깃 모양 술잔을 가득 채운다. 찌꺼기는 버리고 맛좋은 청주 떠서, 얼음 위에 채워 둔 서늘한 맑은 술. 찰랑찰랑 넘치는 술통을 벌려 놓고, 옥색 맑은 술을 마음대로 마셔라. 어서 빨리 돌아오라 옛날 살던 집으로, 모두가 공경해서 영원히 재앙이 없으리라."[464] 이것은 연회 자리의 전체 식단을 나타낸 것으로 초나라 왕의 음식 중에 주식, 간식, 음료, 찬 음료, 요리, 국, 등 아주 다양하였음을 알 수 있다.

〈대초大招〉는 굴원의 작품으로 주희는 경차景差의 작품으로 단정했다. 후세 사람들은 굴원의 저작이 아니라고 하였지만 초나라 사람의 작품임에는 틀림없다. 이국땅에서 떠도는 혼을 달래며 고국으로 돌아갈 수만 있다면 갖은 음식을 향유하며 오래도록 즐거이 살 수 있으리라고 하면서 갖가지 음식을 노래하였다. "오곡은 높이 쌓여 산더미 같고, 구수한 교미를 베풀어 놓았네. 가마솥에 부글부글 끓는 국을 보니, 갖은 양념 한데 섞어 향기 그윽하네. 살찐 왜가리

---

463 《新唐書》, 1161쪽.

464 宋貞姬 譯, 《楚辭》(II), 366-367쪽.

집비둘기 고기에, 승냥이 고기 넣어 국 맛이 좋구나", "큰 거북 살찐 닭고기, 젓갈에 한데 섞어 칼칼한 맛을 내고, 새끼돼지 육장에 개 쓸개 한데 섞고, 생강을 날로 썰어 향긋한 맛을 내고, 오나라 솜씨로 달콤한 물쑥국. 알맞은 국물 맛이 입에 감미롭네", "고라니는 구워 내고 물오리는 김 올리며, 삶은 메추라기 골고루 갖춰 놓았네. 지져 낸 붕어 끓인 꾀꼬리, 상쾌한 온갖 맛이 다 있구나".[465]

2. 고대 시인의 요리

한대 사천 성도成都 사람으로 사마상여司馬相如와 더불어 부賦의 대가인 양웅揚雄의 〈촉도부蜀都賦〉는 촉 땅 각처의 산물, 조리법, 요리에 관해 자세히 묘사하였다. 양웅의 이 작품을 통해 한대 사천의 요리 재료, 요리 기술, 연회의 모습과 요리 등을 알 수 있다. 좌사左思는 서진西晉 때의 문학가로 그의 〈촉도부蜀都賦〉, 〈위도부魏都賦〉와 〈오도부吳都賦〉를 '삼도부三都賦'라고 칭했는데 여기에서 그는 파촉巴蜀의 물산, 산천과 풍속을 읊었고, 또한 호화로운 연회도 묘사했다. 장화張華는 시로 연회의 음식을 묘사했는데, 〈상사편上巳篇〉, 〈유엽편遊獵篇〉과 〈경박편輕薄篇〉에서 연회의 예의와 법도, 사치한 호화 연회와 방탕한 행위를 비판하여 당시의 음식 생활을 엿볼 수 있는 좋은 예가 된다. 진晉나라 때 속석束晳의 〈병부餠賦〉는 사료 가치가 높은 작품이다. 여기에서 그는 돈이豚耳, 구설狗舌, 검대劍帶, 안성案成, 부주餢飳, 수촉髓燭과 같은 전병 등 수많은 중라면重羅麵과 국수나 빵과 같은 밀가루 음식을 소개했고 계절에 따른 음식을 나열하였는데, 예를 들면 겨울철엔 탕병湯餠 최고라고 했다.[466]

당대 대시인 두보는 말년에 성도에서 친구 엄무嚴武의 도움으로 초당草堂을 짓고 안정된 생활을 영위할 수 있었는데, 이때 성도 근교의 여러 곳을 유람하였고 각처의 요리를 맛볼 수 있었으며 이를 시로 찬양했다. 그는 〈관타어가觀打魚

465 宋貞姬 譯, 《楚辭》(II), 383-384쪽.
466 王雲 編著, 《食苑詩賦》, 392쪽.

歌〉에서 면주綿州에서 방어魴魚를 잡는 어부의 모습을 그리면서 방어의 생선 맛이 최고인 것을 알게 되었다고 읊었다. 또〈증별하란섬贈別賀蘭銛〉에서 민산岷山의 토란 국 우갱芋羹을 좋아한다고 하면서 아안雅安의 아어雅魚, 즉 병혈어丙穴魚를 찬미했고,〈장부성도초당도중지작선기엄정공將赴成都草堂途中之作先寄嚴鄭公〉에서 사천의 술을 좋아한다고 했다.〈광가행증사형狂歌行贈四兄〉에서 사천의 술과 요리를 좋아한다고 했고,〈희제기상강중왕戲題奇上江中王〉에서 사천의 술이 천하에 으뜸이고 강의 민물고기 또한 맛있다고 하였다.

잠삼岑參은 천보天寶 8년(749년) 고선지高仙芝를 수행하고 안서安西, 무위武威에 가서 서기 일을 맡았고, 후에는 북정北庭, 윤대輪臺를 왕래했다. 이때 지은〈주천태수석상취후작酒泉太守席上醉後作〉에 언급한 '혼자이우渾炙犂牛'는 '고전우烤全牛'이고, '팽낙타烹駱駝'는 삶은 낙타고기, '교하주交河酒'는 교하에서 만든 술로 전형적인 서북 변방 군중의 연회 음식이다. 한유韓愈는 진사에 급제하고 감찰어사를 맡았는데, 상서를 올린 문장 때문에 양산陽山, 지금의 광동 양산으로 유배를 갔고, 헌종憲宗 때 불골佛骨에 대한 간언으로 다시 조주潮州의 자사로 폄적되어 두 번이나 광동에 간 경험이 있다. 처음 영남에 갔을 때 지은 시〈초남식이원십팔협률初南食貽元十八協律〉에서 광동 지방의 기이한 음식에 대한 자신의 반응을 피력했다. 광동의 참게, 굴, 개구리, 두꺼비, 조개, 문어, 전어가 북방 음식 재료와는 너무나 달라 놀랐고 먹어 보았더니 얼굴이 붉어지면서 등에 땀까지 나서 뱉어 버렸다고 하면서 뱀 고기를 먹는 사람이 있다고 들어본 적은 있었지만 먹고 싶은 마음이 전혀 없고 보기에도 징그러워 도저히 먹을 수가 없다고 했다. 후에 한유는 광동 음식에 적응하여 개구리와 두꺼비 고기는 먹을 수 있게 되었다. 광동의 유주柳州에 유배를 간 유종원柳宗元에게 시〈답유유주식하막答柳柳州食蝦蟆〉을 보냈는데, 개구리와 두꺼비를 가리키는 '하마蝦蟆'는 '와합蛙蛤'이라고 부른다고 하면서, 시에서 한유는 처음에는 먹지 못했지만 차츰 목으로 넘길 수 있게 되었다고 하였다.

송대 왕우칭王禹偁이 점주蘄州, 지금의 호북 점춘蘄春에 폄적 갔을 때 지역에 유행하는 음식 '감국냉도甘菊冷淘'에 흥미를 느껴 이 요리를 이해한 후에 〈감국냉도〉라는 시를 지었다. 이 시에서 이 요리의 조리법을 상세하게 설명했는데, 신선한 감국甘菊을 따서 즙을 내고 밀가루 반죽과 함께 섞은 다음 칼로 가늘게 썰어 삶은 뒤 찬 물에 식히고 감국즙을 넣으면 향기로운 냉면이 된다고 했다. 이 요리는 당송 시대 사람들이 좋아하던 음식이다. 《당육전唐六典》〈광록시光祿寺〉에 광록경光祿卿의 직무는 국가의 술과 감주 등의 음요 주례酒醴와 희생 고기와 맛있는 음식 선수膳羞의 일을 관장하는 것이라,[467] 왕부王溥의 《당회요唐會要》〈광록시光祿寺〉에 "여름에는 냉도와 분죽粉粥을 만들었다"라고 하였다.[468] 그리고 구조오仇兆鰲가 두보의 시 〈괴엽냉도槐葉冷淘〉의 주학령朱鶴齡의 주注를 인용하면서 "홰나무 열매의 씨를 삶아 낸 즙과 면을 섞은 것을 냉도라고 한다"라고 했다.[469]

대시인 소식과 육유는 직접 요리도 하였고 요리에 관한 적지 않은 수의 시를 창작하였다. 소식은 대문호인 동시에 중국 음식 방면에도 큰 공헌을 한 인물이다. 소식 자신이 미식가여서 〈주경酒經〉, 〈황주한식시첩黃州寒食試帖〉, 〈노도부老饕賦〉, 〈채갱부菜羹賦〉 등의 음식에 관한 문장을 저술하였다.

'동파육東坡肉'은 소식이 북송 원풍元豐 2년(1079년)에 황주黃州에 유배를 갔을 때 직접 돼지고기를 약한 불어 오래 익혀서 만든 음식이다. 소식은 돼지고기를 좋아하여 황강黃岡에 있을 때, 일찍이 〈저육송猪肉頌〉을 짓고 "황주에는 좋은 돼지고기가 있어, 인분 값 정도로 쌌다. 부자들은 먹지 않고, 가난한 사람들은 요리할 줄 몰랐다. 매일 아침에 일어나 두 그릇을 먹으면, 배불러서 그대가 날 보살펴주지 않아도 되네"[470]라고 하였다. 소식이 친구들을 불러 직접 이 요리를 대접하였다. 이 요리는 약한 불로 물을 적게 넣고 오래도록 익히는, 조리가 비교적 간단한 음식이다. 광동과 절강 일대에 크게 유행하여 사람들이

467 李林甫 等 撰, 陳仲夫 校點,《唐六典》〈光祿寺〉, 443쪽. 김택민 主編,《譯註 唐六典》(中), 430-431쪽.
468 "夏月冷淘粉粥." 王溥 撰,《唐會要》(下), 1344쪽.
469 仇兆鰲 注,《杜詩詳注》三, 1645쪽.
470 "黃州好猪肉, 價賤如泥土. 貴者不肯吃, 貧者不解煮. 早晨起來打兩碗, 飽得自家君莫管." 王雲 編著,《食苑詩賦》, 322쪽.

'동파육東坡肉'이라고 불렀다.

소식은 황주 유배 시절 황강黃岡 적벽赤壁 수선정睡仙亭에 살았다. 이 정자 북쪽에 안국사安國寺 참료參寥 스님이 소식과 시를 주고받는 등 막역하게 지냈다. 소식이 유소油酥 식품을 좋아하는 것을 알고 참료는 겹겹이 층이 진 유소병油酥餠을 만들어 소식에게 선사했다. 이 유소병이 변해서 '동파병東坡餠'이 되었고, 이 전병이 황강의 적벽에서 만들어져서 '적벽동파병赤壁東坡餠'이라고 불렀다.[471]

소식은 또 '동파갱東坡羹'이라는 국을 만들었다. 〈동파갱송東坡羹頌〉의 설명을 보면 조리법을 알 수 있다. 이 국은 소동파가 생선이나 고기를 전혀 사용하지 않고 자연의 맛을 살린 요리로, 순무·무·냉이·배추 등을 주물러서 깨끗하게 씻어서 쓴맛을 없애고 약간의 기름을 두른 솥에 국을 끓인 다음 생쌀을 넣고 생강은 넣지 않는다.[472] 또 소식은 〈적소주자만청로복갱狄韶州煮蔓菁蘆菔羹〉에서 순무와 무를 넣고 끓인 동파갱을 읊었다.[473] 육유도 소식의 이 국을 먹어보고 〈식제삼심미개촉인소위동파갱야食薺糝甚美蓋蜀人所謂東坡羹也〉라는 시를 지었다.

한대 회남왕淮南王 유안劉安이 두부를 제조했다고 하는데,[474] 소식이 두부를 아주 좋아하였다.[475] 그가 만든 '동파두부東坡豆腐'도 유명한 요리이다. 《산가청공山家淸供》에 의하면 이 요리의 조리법은 두 가지가 있다고 한다. 누부에 파와 기름으로 넣고 지진 다음 곱게 간 비자榧子나무 열매와 간장을 넣고 삶거나 순수하게 술을 넣고 삶으면 더욱 좋다고 하였다.[476]

소식과 더불어 송대의 유명한 미식가로 육유陸游를 들 수 있다. 두 사람의

---

471 李春祥 編著, 《名人名饌》, 102쪽.

472 《蘇軾全集》(中), 1046쪽.

473 《蘇軾全集》(上), 550쪽.

474 李時珍 撰, 《本草綱目》, 〈穀〉〈豆腐〉.

475 陸游의 《老學庵筆記》 卷7에 백부 육언원陸彦遠의 말을 인용하면서 "하루는 여러 명의 손님과 함께 음식을 먹었는데 음식이 모두 맛있었다. 두부, 밀기울, 우유 등 꿀에 절인 음식이었다. 손님이 다들 젓가락을 놓질 못했는데 유독 소식이 꿀과 같은 단것을 좋아하여 음식을 배불리 먹었다"라고 하였다. 陸游 著, 柴舟 校注, 《入蜀記·老學庵筆記》, 268쪽.

476 林洪, 《山家淸供》〈東坡豆腐〉. 《食之語》(下), 199-200쪽.

시가 다르듯이 음식 취향도 다르다. 소식은 생선, 고기, 소식素食 모두를 좋아하지만, 돼지고기 요리에 일가견이 있어 '동파육' 이외에 '홍소저육紅燒豬肉'으로도 유명하다. 육유는 고기 요리보다는 채소 요리에 치중한 편이다. 그는 말년에 직접 채소를 키우며 육식과 인연을 끊은 채식주의자가 되었다. 육유는 〈식죽食粥〉이라는 시에서 "세상 사람들이 모두 오래 살려고 하나, 장수의 비결이 눈앞에 있는 줄 모른다네. 나는 완구에서 쉬운 방법을 알았는데, 죽을 먹으면 신선이 된다네"라고 했다.[477] 또 〈생선을 사며〉(買魚)에서 "도성에선 봄 냉이 근으로 팔고, 민물 농어는 값이 비싸네. 회를 썰고 나물 찧으니 향이 집 가득하고, 비가 오니 창을 열고 술에 취해 잠드네"라고 했다.[478] 생선회를 즐기기도 했다.

범성대范成大는 금나라에 사신으로 가는 도중에 수많은 음식을 먹어 본 후에 〈서과국西瓜國〉, 〈내구이국內丘梨國〉, 〈연빈관燕賓館〉 등의 시를 지었다. 후에 사천에 부임하여 또 〈입자귀계入秭歸界〉, 〈기주죽지가夔州竹枝歌〉 등을 지어 음식 생활과 사천의 음식과 음식풍속을 묘사하기도 했다. 말년에 소주의 석호石湖에 은거하면서 〈사시전원잡흥四時田園雜興〉 60수를 지었다. 이 중 지역의 음식 생활을 묘사한 것도 있다. 절강의 친구 집에서 '황암어자黃岩魚鮓'를 맛보고 맛이 좋아 며칠 후 〈종성집걸황암어자從聖集乞黃岩魚鮓〉를 지어 보냈다. "옥같이 흰 살 밴 곳엔 기름이 자르르, 점점이 우유 묻힌 붉은 밤 살짝 띄우고. 천 리 밖 어디에서나 맛보랴? 배 바라보니 돛엔 부는 바람 파도가 치네"[479]라고 읊자, 친구가 즉시 어자를 그에게 보내 주었다고 한다.

'두아채豆芽菜'는 일반적으로 누런 콩과 녹두의 싹을 말한다.[480] 명대의 진억

---

477 "世人個個學長年, 不悟長年在目前. 我得宛丘平易法, 只將食粥致神仙." 王雲 編著, 《食苑詩賦》, 399쪽.

478 "兩京春薺論斤賣, 江上鱸魚不直錢. 斫膾搗齏香滿屋, 雨窗喚起醉中眠." 王雲 編著, 《食苑詩賦》, 348쪽.

479 "截玉凝膏膩白, 點酥粘栗輕紅. 千里來從何處, 想看船浪帆風."

480 명대 徐光啓의 《農政全書》 卷26에 녹두와 누런 콩의 싹을 틔우는 방법에 대해 기록되어 있다. 徐光啓 著, 陳煥良 · 羅文華 校注, 《農政全書》(上), 398쪽.

陳嶷이 과거시험을 볼 때 시제가 〈두아채부豆芽菜賦〉였다. 과거시험 응시자 모두들 의아해했다. 진의는 "저것은 살결이 희고 깨끗하고 기름진 진흙에 들어가지 않으며 뿌리를 내리게 해 주지 않아도 된다. 황금빛 싹이 한 치 정도 자라면 진주 같은 쌍떡잎이 늘어지는데 푸르지도 붉지도 않다. 놀랍게도 흰 용의 수염과도 같아 마치 봄누에가 잠을 자는 듯하다. 광풍이 불고 비바람이 친다 해도 그 향기를 잃지 않고 엄동설한이 닥쳐도 열매가 시들지 않는다. 맛은 좋은데 값은 싸고, 사람들이 다 알고 있어 쉽게 식별한다. 산초나 계피 등의 조미료를 치거나 고기즙을 넣을 필요가 없다"라고 답했다. 시험관이 진억을 장원으로 선발했고, 그는 절강도浙江道 어사御史를 제수받았다.[481]

장대張岱는 산음山陰, 금의 절강 소흥紹興 사람으로 그가 편찬한 《도암몽억陶庵夢憶》에 자신의 음식 생활과 음식 재료, 예를 들면, 게 회 해회蟹膾, 품산당어탕品山堂魚宕 등과 토산품, 우유 등의 남방 음식을 기록하였다. 〈해회蟹膾〉에서 게를 먹는 방법, 맛의 특색과 연회의 모습에 대해 상세하게 서술하였다. "식품 중에서 식초와 소금을 첨가하지 않아도 다섯 가지 맛을 전부 낼 수 있는 것은 꼬막과 민물 게이다. 민물 게는 10월 벼와 수수가 익을 때 함께 살이 찌는데 껍질도 커지고 무덤처럼 튀어나온다"라고 하면서 "껍질을 까 보면 기름진 살이 겹겹이 쌓여 있고 흰 살이 기름이나 호박 조각 같으며 단단하여 흩어지지 않는다. 맛은 팔진八珍에 이르지는 못하지만 1월에서 10월까지 나는 친구, 형제들과 함께 게를 먹는 모임을 갖고 오후에 약속을 하고 게를 삶아 먹고 한 사람마다 여섯 마리씩 먹는데 식어서 비린내가 나면 번갈아 삶는다"라고 했다.[482] 〈유락乳酪〉에서는 밤에 소에서 우유를 짜서 새벽에 끓이면 아교처럼 뭉치고 눈처럼 흰 기름덩이가 생기며 향기가 난초향기보다 짙다고 하였다. 먹는 방법에도 여러 가지가 있다. 예를 들면, 우유에 콩가루를 섞어 여과시키면 유부乳腐가 되는데 이를 차게 먹으면 독특한 맛이 있다고 했다.[483]

---

481 談遷 著, 羅仲輝·胡明校 點校, 《棗林雜俎》〈御史試豆芽菜賦〉, 233-234쪽.
482 張岱 撰, 淮茗 評注, 《陶庵夢憶》, 卷8 〈蟹膾〉, 156쪽.

청대 문학가 포송령蒲松齡은 산동 치천淄川, 지금의 치박淄博 사람으로 여러 차례 과거에 낙방했는데 그의 나이 71세에 비로소 공생貢生이 되었다. 평소에 전병을 좋아하여 〈전병부煎餠賦〉를 지었다. 여기에서 전병의 유래와 제조법을 상술하였다. 콩을 갈아서 풀처럼 만든 후에 솥에 굽는데, 그 모양이 달과 같고 크기는 징만 하며 얇기는 섬계剡溪의 종이와 같고 색깔은 황학의 날개와 같다고 하면서 형주의 해바라기 기름과 촉 땅의 기장을 넣으면 그 모양과 색깔이 더욱 좋다고 했다. 또한 전병을 먹는 방법에 대해서도 설명했다. 첫째는 닭고기를 속에 넣고 닭고기 국물에 찍어 먹는다. 둘째는 전병을 만든 후에 다음날 전병에 거위 기름, 돼지기름을 바른 뒤 다시 구워 먹는다. 셋째는 추운 겨울철에 전병을 겹겹이 말아 가늘게 썬 다음 소금, 된장, 산초 등의 조미료를 첨가하고 솥에 약간 삶아 먹는다. 넷째는 기근이 닥쳤을 때 콩이 없으면 산초와 느릅나무 잎을 짜낸 즙과 쌀가루를 섞어 전병을 만든 후에 간장과 파를 섞어 먹는다.[484]

3. 소설, 희곡과 중국 음식

《세설신어》·《삼국연의》·《수호전》·《금병매》·《홍루몽》·《유림외사》와 《서상기》 같은 중국 소설과 희곡에도 음식과 관련된 작품이 많이 있고, 서예와 회화에서도 음식은 중요한 제재 중의 하나였다. 《금병매》는 명대 사회생활을 사실적으로 묘사한 소설로 서문경 일가의 사치스러운 연회에서 당시의 음식 풍속을 알 수 있다. 22회에서는 서문경 일가의 일상 음식 생활의 면모를 살필 수 있고, 43회 등에서는 죽엽청주竹葉清酒, 국화주菊花酒 등 다양한 술이 소개되고 있으며, 55회에서 서문경이 채경의 관저로 초대받아 제비집 요리 연와燕窩와 상어지느러미 요리 어시魚翅를 먹는 장면이 있다. 또한 요리의 조리 방법도 열거하고 있는데 '방해선螃蟹鮮'(61회)과 '계첨탕鷄尖湯'(94회) 등이 기록되어 있다.

483 張岱 撰, 淮茗 評注, 《陶庵夢憶》, 卷4 〈乳酪〉, 73쪽.
484 王雲 編著, 《食苑詩賦》, 396–397쪽.

《홍루몽》에서 음식을 먹는 장면은 제7회, 제11회, 제40회, 41회, 53회, 63회 등에 있다. 줄거리가 진행되는 가운데 삽입되어 술을 마시고, 차를 마시며, 음식을 먹는 등의 장면은 셀 수 없을 정도로 많은데 영국부榮國府와 영부寧府의 사치스러운 생활을 보여 준다. 예를 들면 제41회에서 왕희봉이 심혈을 쏟아 만드는 가지 요리 방법과 밀가루를 반죽해서 여러 가지 모양으로 만들어 기름에 튀긴 과자에 정신이 팔린 유 노파가 가위로 종이를 오려서 아름다운 모양을 만드는 전지剪紙라는 공예 기술로도 이토록 묘하게는 만들지 못할 것이라고 너스레를 떠는 모습이 묘사되어 있다. 젊은 여승 묘옥妙玉이 노군미老君眉 차를 끓여서 대부인에게 올리는 장면이 있다. "지난해에 받아 두었던 천수天水 빗물이에요"라는 기록을 보면 차를 끓이는 데 일 년 전의 빗물을 사용했음을 알 수 있다. 또한 묘옥이 임대옥에게 끓여 준 차에 사용된 물에 대해서는 "5년 전에 현묘산玄墓山의 번향사蟠香寺에 있을 때에 매화꽃에 내려앉은 눈을 모아서 청자 꽃무늬항아리에 담아 두었던 것이며 늘 아까워 먹지 않고 땅에다 묻어 두었던 것인데 올 여름에 처음 꺼내서 한번 먹어 보았고 오늘이 두 번째"라고 하였다. 차 마시는 데 엄청난 공을 들였음을 알 수 있다.

원대 왕실보王實甫의 《서상기》의 제4본은 장군서와 최앵앵 두 사람이 부부관계를 맺게 되고 난 후에 장생張生이 과거에 응시하러 서울로 떠나가는 내용이다. 그 가운데 송별 잔치의 장면을 묘사한 제3절 〈장정송별長亭送別〉을 보면, 성대한 전별연餞別宴에서 이별의 슬픔을 음식과 관련 지어 노래하며 서로를 그리워하는 마음으로 가슴에 사무치는 이별의 심정을 애끓게 묘사하였다. 음식을 통해 이별의 슬픔을 효과적으로 나타내었다.

> 홍낭 : 아가씨, 아침도 드시지 않았으니, 국물이라도 한 모금 마시세요.
> 앵앵 : 홍낭아, 무슨 국물인들 넘어가겠느냐?
> "쾌활삼快活三"
> 내미는 술과 음식,

흙과 진흙 맛이라.
설사 흙과 진흙인들,
흙 맛있고 진흙 맛있건만.
"조천자朝天子"
따끈따끈 진한 술,
싸늘한 맹물이 되었으니,
거개가 이별의 눈물이라.
눈앞의 음식 먹자고 하여도,
뱃속에 한이 가득 못 먹을 일이라.
달팽이 뿔만 한 헛된 명성,
파리 머리만 한 하찮은 이익이,
원앙 부부를 두 곳으로 갈라놓는구나.
한 사람은 이쪽,
한 사람은 저쪽에서,
번갈아 짓나니 장탄식이라.[485]

4. 중국술과 중국 문학 창작과의 관계

중국의 음식 문화와 중국 문학과의 밀접한 관계가 있는데 그 가운데 술과 문학은 다른 차나 음식과의 관계보다 더 밀접하여 이 둘의 상호 관련은 중국 주 문화酒文化의 중요한 특징을 이룬다. 술을 주제로 삼은 시문詩文은 셀 수 없이 많다. 유명 문인의 명작과 주요 문학 체제에 국한하고 전문적으로 술에 대해 언급한 대표작만을 선정한다면 술에 관한 문부文賦로는 서한 때 양웅, 건안 시대 왕찬과 조조의 〈주부酒賦〉, 유령의 〈주덕송酒德頌〉, 남조 양나라 때 강총江總의 〈노주가

485 왕실보 지음, 양회석 옮김, 《서상기》, 206-207쪽.

勞酒歌〉, 당나라 때는 왕적의 〈취향기醉鄕記〉와 〈취부醉賦〉, 백거이의 〈주공찬酒功贊〉과 〈취음선생전醉吟先生傳〉, 육구몽의 〈중주부中酒賦〉, 피일휴의 〈주잠酒箴〉, 송나라 때는 소식의 〈탁류유묘이부濁醪有妙理賦〉와 〈주자부酒子賦〉, 〈동정춘색부洞庭春色賦〉 등이 있다. 시사로는 한악부漢樂府 가운데 〈취음곡사醉吟曲辭〉의 〈장진주將進酒〉, 〈서상악가西廂樂歌〉의 〈상수주가上壽酒歌〉, 〈횡취곡사橫吹曲辭〉의 〈고양악인가高陽樂人歌〉, 〈청상곡사淸商曲辭〉의 〈연주편宴酒篇〉, 〈잡곡가사雜曲歌辭〉의 〈음주악飮酒樂〉과 〈전유일존주행前有一樽酒行〉이 있고, 위진 때 혜강의 〈주회시酒會詩〉 7장章, 도연명의 〈음주飮酒〉시 20수·〈지주止酒〉·〈술주述酒〉, 남조 양나라 때 범운范雲의 〈당대주當對酒〉와 〈대주對酒〉, 유신庾信의 〈대주가對酒歌〉 등의 음주와 관련된 시 14수가 있다. 당대에는 '음주시飮酒詩'는 무수히 많다. 왕적, 이교, 저광희, 고적, 위응물, 이백, 두보, 가지, 대숙륜, 한유, 유종원, 맹교, 원진, 백거이, 이하, 육구몽, 피일휴 등 20여 시인이 있다. 송대에는 술을 주제로 소순음, 소식, 소철, 황정견 등이 시를 지었고 술을 읊은 사詞로는 구양수의 〈채상자采桑子〉·〈화선재주서호호畵船載酒西湖好〉 등 13수 가운데 8수와 〈정풍파定風波〉·〈파주화전욕문타把酒花前欲問他〉·〈완계사浣溪沙〉·〈십재상봉주일치十載相逢酒一巵〉 등 다수가 있으며 소식의 〈연연화蝶戀花〉·〈별주권군일취別酒勸君一醉〉 10여 수, 황정견의 〈강서월江西月〉·〈취낙백醉落魄〉 등 4수가 있다.

술과 중국 문학 창작과의 관계는 크게 둘로 나눌 수 있는데, 하나는 술에 대한 예찬이고, 다른 하나는 술이 문학가의 상상력을 불러일으키는 촉매 역할을 하였다는 점이다.

조조가 금주령禁酒令을 반포했을 때 공융孔融은 술이 덕德이 된 지 오래되었고 신과 인간의 관계를 정립하고 나라를 구제하였다고 하면서 역사적 사실로 논증하였으며 나라를 안정시키는 데 술이 결정적인 역할을 하였다고 하였다. 이것은 술에 대한 칭송이다. 유령劉伶은 〈주덕송酒德頌〉에서 술은 사람의 화를 진정시키고 세상의 시비를 초월할 수 있도록 도와주는 명약으로 칭송을 하였다.

"이백은 한 말의 술로 100수의 시를 지었고, 술이 좋아 천자가 불러도 가지 않았다"라고 읊은 두보杜甫의 시구는 술과 문학 창작과의 상관관계를 잘 보여 주는 유명한 말이다. 동시에 술을 좋아하는 이백의 성격을 나타냈을 뿐만 아니라 당시 정치적 포부를 실현하려다 실패를 겪은 이백에서 술은 정신적 좌절감으로부터의 탈출구였음을 보여 준 것이다. 간접적으로는 당시 조정의 정치에 대한 비판적 태도를 표명한 것이라고도 말할 수 있다.

술이 문학예술의 창작에 촉매 역할을 하였다는 기록은 소식의 시 〈화도연명음주和陶淵明飮酒〉에 보인다. "만물의 모습을 바라보며 느끼다가, 술을 마시면 시는 저절로 창작된다"[486]라는 시구는 외적 사물과 시인 내면의 정서가 조응하는 가운데 여러 생각에 잠기다가 술을 마시면 그 생각이 바로 시가 된다는 뜻이다. 시인은 술을 '조시구釣詩鉤'[487]라고 불렀다. 시인이 시 속에서 술을 마신다는 상투적인 표현을 쓰는 것은 대부분 개인적인 출사出仕의 순탄치 못한 역정에서의 좌절이나 인생무상의 깨달음의 결과이든 또는 우국적憂國的 발상에서이든 술이 이러한 시인 자신의 근심 걱정을 잊게 해 줄 뿐만 아니라 동시에 시 창작을 촉발하는 작용을 한다는 의미를 나타낸다.

음식은 중국 문학 창작에 풍부한 소재를 제공하였고 중국 문학은 음식 발전을 촉진하였다. 중국의 역대 문학작품 속에 기록된 음식은 중국 음식 문화사를 연구하는 데 귀중한 자료가 된다. 문인들은 술을 좋아하였을 뿐만 아니라 술을 매개로 수많은 문학 작품을 창작하였다. 이백은 '취성醉聖', 하지장, 왕진 등은 '주중팔선酒中八仙', 백거이는 '취윤醉尹', 피일휴는 '취사醉士', 왕적은 '두주학사斗酒學士'라고 불렸다. 이들의 작품들은 음주 후에 창작된 것들이다. 왕희지·회소懷素·부산傅山·미불米芾 등의 서예와 회화 작품 또한 음주 후에 창작된 것이다. 음주가 영감과 풍부한 상상력을 불러일으키는 작용을 하였다는 사실은 문학

---

486 〈도연명의 '음주飮酒' 시에 화답하여〉(和陶飮酒) 20수 가운데 세 번째 시의 "俯仰各有態, 得酒詩自成."

487 소식은 그의 시 〈洞庭春色〉에서 "마땅히 시를 낚는 낚시 바늘이고, 또 시름을 없애 주는 비이네"(應呼釣詩鉤, 亦號掃愁帚)라고 하였다. '조시구'는 술의 별칭이고, 술이 시 창작의 영감을 일으킨다는 뜻이다.

사와 예술사가 증명한다.

역대 음주와 관련된 시들을 내용별로 나누어 보면 다음과 같다.

첫째, 경축. 유우석의 〈장사행壯士行〉에서는 주처周處가 호랑이를 죽여 호랑이의 폐해를 소멸한 공적을 술로 축하하였다. 두보의 〈문관군수복하남하북〉(聞官軍收復河南河北)에서는 안록산의 난이 평정된 후의 장안 수복을 술로 경축하였다.

둘째, 초대. 조비의 〈추호행秋胡行〉에서 손님을 초대하여 연회를 베푸는 술자리를 표현하였다.

셋째, 이별. 왕유의 〈송원이사안서送元二使安西〉는 친구와의 이별의 슬픔을 술로 나타내었다. 이백의 〈금릉주사유별金陵酒肆留別〉에서는 석별의 정을 음주로 표현하였다.

넷째, 상봉. 잠삼의 〈양주관중여제판관야집涼州館中與諸判官夜集〉은 하서절도사 고선지를 따라 안서에 갔다가 양주로 되돌아와 다시 판관들을 만난 기쁨을 음주의 즐거움으로 표현하였다. 두보의 〈증위팔처사贈衛八處士〉는 두보가 낙양에서 화주로 돌아오는 도중에 위팔처사 집을 방문하여 술을 마시는 장면을 묘사하였다.

다섯째, 방랑. 두목의 〈염석유念昔游〉에서는 강남에서 자작하는 나그네의 자유를 노래하였으며 이백은 〈객중작客中作〉에서 잠시 호탕하게 술에 취해 고향 생각을 망각하였다.

여섯째, 그리움. 이상은은 〈구월이십구일숭양택연작七月二十九日崇讓宅宴作〉에서 가을이 되어 술을 마시고 부인을 그리워하였고, 이백은 누각에 올라 술을 마시며 〈추등선성사조북루秋登宣城謝脁北樓〉를 지어 자신이 숭상하던 남조의 시인 사조謝脁를 그리워하였다.

일곱째, 슬픔. 조조의 〈단가행短歌行〉에서 인생은 아침 이슬과 같아 세월의 빠름을 한탄하며 슬픔을 잊기 위해 술을 마신다고 읊었다. 육유의 〈대주對酒〉 역시 술로 슬픔을 잊으려는 심정을 노래하였다.

여덟째, 환락. 이백은 〈월하독작月下獨酌〉에서 음주로 자연과 합일되는 즐거움을 노래하였다. 도연명도 〈추거秋居〉에서 명절날 사람들과 함께 음주의 즐거움을 읊었다.

5. 중국 음식과 회화

중국의 음식 문화는 예술성이 풍부하고 회화 또한 음식 문화를 표현하였다.

신석기 시대 음식 문화와 관련된 회화로는, 강소 연운항連雲港 금병산錦屛山 장군애將軍崖의 벽화를 들 수 있다. 새의 깃털 장식과 곡물을 그렸다. 이 국물 그림은 비록 선이 단순하지만 당시 사람들이 곡물을 숭배하는 일종의 토템사상을 지녔음을 알 수 있는 유물이다.

신석기 시대에는 음식 도구 표면에도 식물食物을 그렸다. 앙소仰韶 문화 시기 채도어문분彩陶魚紋盆 겉면에 물고기 도안을 그렸는데, 이 그림에서 물고기는 입을 벌리고 이빨을 밖으로 드러내며 물속에서 유유히 헤엄치고 있다.

당나라 때 한황韓愰은 소 그림으로 유명한 화가이다. 《당조명화록唐朝名畵錄》과 《역대명화기歷代名畵記》의 기록에 의하면, 한황은 농가의 농부와 물소를 잘 그렸고, 그 가운데 소와 양 그림이 가장 우수하며 특히 소 그림에 뛰어났다고 하였다. 〈집사두우도集社頭牛圖〉, 〈귀목도歸牧圖〉, 〈유우도乳牛圖〉, 〈고안명우도古岸鳴牛圖〉 등의 소 그림이 있는데 모두 유실되었다. 고궁박물원에 소장되어 있는 〈오우도五牛圖〉에는 다섯 마리의 소가 그려져 있다. 느릿느릿 걷고, 풀을 뜯으려 하며, 무릎을 꿇고 울고 있고, 혀를 핥으며 머리를 들고 달리는 소들의 모습과 습성을 생동감 있게 묘사하였다. 소는 농업 생산 과정에서 아주 중요한 역할을 담당하였고, 음식 문화 발전에도 간접적으로 큰 영향을 끼쳤다. 소 그림은 이러한 중국인의 농경 생활과 음식 문화와 밀접한 관계가 있는 것이다.

음식 행위를 제재로 삼은 화가로는 오대의 고굉중顧閎中을 들 수 있다. 그는 초상화와 역사 고사를 소재로 한 그림에 뛰어났다. 남당南唐 중서시랑 한희재의 생활을 그린 〈한희재야연도韓熙載夜宴圖〉는 명작이다. 가야금을 뜯고, 춤을 구경하며, 휴식을 취하고, 감상하며, 환락을 즐기는 다섯 장면의 모습으로 구성되어 있는데, 이 가운데 한희재가 빈객들과 연회에서 잠시 술잔을 내려놓고 교방사教坊司 이가명李嘉明의 여동생이 연주하는 비파를 듣는 장면이 주목을 끈다. 머리에 관을 쓴 한희재 옆에는 식탁이 놓여 있고 두 눈은 연주하는 여인에게 집중되어 있는데, 식탁 위에 차려진 각종 요리와 식기, 술 등은 연회의 모습을 살필 수 있는 귀한 자료가 된다.

남송 때 화가 양해梁楷는 독특한 감필화減筆畵로 유명했다. 〈이백행음도李白行吟圖〉는 그가 그린 중국 감필화 가운데 최초의 그림이다. 필획이 단순하고 가벼워 날아갈 듯하다. 특히 이백의 옷은 간단히 네 획으로 그렸다. 그림 가운데 비록 연회 장면이나 술잔은 없지만 두보가 읊은 것처럼 "한 말 술에 시 100수를 지을 수 있는" 이백이 "꽃 가운데 술 한 병이 있으나, 같이 마실 친구가 없"어 "달빛 아래 홀로 술을 마신"[488] 후 시를 노래하는 모습을 담고 있다. 술을 마시는 장면을 그리지 않았지만 음주 후의 행위와 절묘한 필체를 통해 그림 밖의 또 다른 그림으로서 음주행위를 느낄 수 있도록 묘사하였다.

〈청명상하도清明上河圖〉는 북송 화가 장택단張擇端이 청명절 시정을 묘사한 그림이다. 길이 25미터, 폭이 5미터나 되는 두루마리 그림이다. 그림은 교외, 변하와 시가지 세 부분으로 구성되어 있다. 부분마다 음식과 관련된 묘사가 있다. 예를 들면, 첫 부분은 성긴 숲과 옅은 안개가 낀 농가와 술집을, 중간 부분은 나그네들이 강가 술집과 찻집에 앉아 한담을 즐기는 모습을, 마지막 부분 중간에 번화한 음식 시장을 그렸다. 전체적으로는 북송 말기에 상공업이 발달한 모습과 연회를 묘사하였다. 북송 시기 일반 서민들의 생활 모습을 엿볼 수 있고, 특히 음식 문화를 연구하는 데 귀한 자료가 된다.

명나라 때 구영仇英은 일찍이 이백의 문장 〈춘야연도리원서春夜宴桃李園序〉를 소재로 이백과 그의 네 사촌동생들과 함께 봄날 복숭아꽃과 배꽃이 만발한 정

---

488 〈月下獨酌〉, "花間一壺酒, 獨酌無相親." 이해원 지음, 《황하에 흐르는 명시》, 200쪽.

원에서 밤에 연회를 즐기는 장면을 그림으로 묘사하여 〈춘야연도리원도春夜宴桃李園圖〉를 완성했다. 그림은 정원 가운데 긴 식탁을 놓고 그 위에는 술잔과 진수성찬이 놓여 있으며 식탁 옆에는 촛불을 밝혔고 시가 있는 그림을 몇 폭 세워 놓았다. 네 명의 시인이 식탁을 둘러 앉아 봄, 시와 술에 취한 정경을 묘사하였다.

청대에는 식물食物을 주제로 한 회화작품이 다른 왕조에 비해 많다. '양주팔괴揚州八怪' 가운데 정섭鄭燮·변수민邊壽民·김농金農·이선李鱓 등의 화가가 대나무·죽순·배추·오리·기러기·게·물고기 등을 묘사한 식품도食品圖를 많이 그렸다. 그림의 한 부분을 구성하는 제화시題畵詩 또한 음식과 관련된 내용이었다. 정섭의 죽도竹圖의 제화시 가운데 "강남의 신선한 죽순과 준치 철이 되니, 오래 삶는데 봄바람이 처음 불어와, 주방에 급히 요리하지 말라 분부하여, 맑은 햇빛이 책을 비추도록 하였다"[489]라고 하였다. 시서화詩書畵가 일체가 되는 절묘한 그림으로 평가받고 있다.

동물이 음식을 먹는 모습을 그린 그림도 있다. 《개자원화전芥子園畵傳》 제3집에 역대 유명 화가들의 그림을 모방한 것 가운데, 〈자위교과도刺猬嚙瓜圖〉는 고슴도치가 호박을 갉아먹는 광경을 그린 것이다. 원숭이와 비슷한 미후獼猴가 복숭아를 먹는 모습을 그린 것도 있고 〈송서식과도松鼠食瓜圖〉는 다람쥐가 땅에 엎드려서 여지荔枝를 먹는 모습을 그린 것이다.

현대 회화 가운데 식품을 소재로 한 그림은 보편적이다. 예술 대가들은 각종 과일·채소·물고기·새우·게 등 일용 음식물을 예술작품으로 형상화하였다. 제백석齊白石은 현대 회화의 대가로 새우·게·무·배추·감·옥수수·닭 등을 잘 그렸다. 이 가운데 가장 뛰어난 작품은 새우 그림이다. 새우가 헤엄치고 물장난 치며 도약하는 모습을 순간적으로 포착하여 단숨에 그렸다. 새우의 생동적인 움직임을 오랜 관찰과 천부적인 예술 감각으로 정확하게 묘사하였다.

---

489 "江南鮮筍趁鰣魚, 爛煮春風三月初. 分付廚人休斫盡, 淸光留此照攤書." 《鄭板橋集》, 164쪽, 〈筍竹〉.

제12장

중국 음식과 언어

우리나라에서 인간의 삶의 필수조건을 의식주衣食住라고 습관적으로 말하는 것과는 달리 중국인은 의식주행衣食住行이라고 말한다. 두 나라에서 공히 옷이 가장 먼저 언급되는 것은 사회생활과 연관 지어 볼 때 예의를 갖추는 것을 무엇보다도 중요하게 여기기 때문이다. 그러나 중국인은 의衣보다는 식食을 더 중요시한다는 특징이 있다. 중국인은 먹는 것을 하늘처럼 여긴다. 이것은 음식이 생존의 근본 요소라고 생각하기 때문이다. 중국에서 '음식남녀飮食男女'라는 말은 식욕과 성욕을 뜻하며, 음식과 성욕 모두 인간의 본성이라는 말이다.

1. 식食과 관련된 말

식구食口라는 말에서 알 수 있듯이 가족의 구성원에게 먹는 것만큼 중요한 것은 없다. 집게손가락이라는 뜻의 식지食指는 식구의 수를 가리키는 말이기도 하다. 집안의 가장에게는 '식포의난食飽衣暖'의 책임이 있다. 유방을 도와 항우를 무찌르고 천하를 얻는 데 일등공신이 된 한신韓信은 한때 끼니조차 잇기 어려웠다. 이런 형편을 '식불충기食不充饑'라고 하며 먹어도 허기를 채우지 못한다는 말이다. '식불충구食不充口' 또는 '식불과복食不果腹'이라고도 한다. 사마천의《사기》〈회음후열전淮陰侯列傳〉기록을 보자. 한신이 평민이었을 때 "장사로 생계를 꾸릴 수 없어 늘 남에게 빌붙어 먹고 다녀 사람들이 그를 싫어했다".[490] 할 수 없이 한신은 낚시를 하였는데, 빨래하는 여인들 중 한 사람이 한신이 굶주린 것을 보고 수십 일 동안 밥을 주었다. '기식寄食'으로 연명한 기억이 있던 한신은 초왕楚王이 되어 초 땅에 가서 빨래하던 그 여인을 불러 천금을 내렸다고 한다.

자신의 뜻을 알아주는 사람을 찾아 천하를 돌아다니는 사람을 식객食客이라 한다. 밥을 구걸하며 자신의 뜻을 실현하기 위해 남에게 빌붙어 사는 행위를 일컫는 말이다. 이런 식객 가운데 친구를 마음속으로 깊이 이해하고, 적이 된 친구를 군주의 인재로 등용시켜 천하의 패자가 되게 한 사람이 있었다. 관중管仲과 포숙아鮑叔牙이다.《사기》〈관안열전管晏列傳〉의 기록에, 관중은 젊은 시절 항상 포숙아와 어울려 지냈는데, 포숙은 관중의 재덕才德을 잘 알아주었다. 가난한 관중은 언제나 포숙을 속였지만, 포숙은 늘 잘 대해 주며 이를 따지지 않았다. 포숙은 관중을 천거하여 제나라의 국정을 맡게 하였다. 관중이 말하길, "내가 예전에 곤궁할 때 포숙과 함께 장사를 한 적이 있는데, 이익을 나눌 때 내가 더 많이 차지하곤 했다. 그런데 포숙이 나를 탐욕스럽다고 여기지 않았던 것은 내가 가난한 것을 알고 있었기 때문이다"라고 하였다. 그리고 관중은 "나를 낳아 준 것은 부모이지만 나를 알아 준 것은 포숙이다"라고 하였다고 한다. 이득을 위해서 언약한 것을 이행하지 않는 경우를 '식언이비食言而肥'라고 한다. 장사를 하여 똑같이 이익을 나누기로 두 사람이 언약했지만 너무 가난했던 관중이 포숙아 몰래 더 많은 이득을 취했고, 그런 관중을 포숙아는 넓은 마음으로 이해했던 것이다. 그런데 포숙은 관중을 천거한 후에, 자신은 아랫자리에 있으면서 관중을 받들었다. 포숙의 자손들은 대대로 제나라의 녹祿을 받으며 봉읍封邑을 10여 세대 동안 소유하면서, 명대부名大夫의 집안으로서 세상에 알려

490 "不能治生商賈, 常從人寄食飮, 人多厭之者."丁範鎭 外 옮김,《史記列傳》(中), 495쪽.

졌다. 세상 사람들은 관중의 재덕을 칭찬하기보다는 사람을 잘 알아보는 포숙을 더욱 칭찬했다.[491] 관리가 되면 조정에서 땅을 하사하여 그 땅에서 거두는 세금이 곧 관직을 맡은 사람의 몫이 되므로 이 봉읍을 '식읍食邑'이라고도 부른다.

《논어》〈학이〉편에, 공자가 말하길, 군자는 '식무구포食無求飽'라고 하였다. 먹음에 배부름을 구하지 않는다는 뜻으로 뜻을 세운 사람은 먹는 것 따위에 괘념치 않는다는 말이다. 반대말은 먹는 것이 사치하다는 뜻의 '식전방장食前方丈'인데, 자의적인 의미는 한길 사방에 요리를 차리는 것을 말한다. 배불리 먹는 것과 관련이 있는 말 가운데 '식대다반食大茶飯'이라는 말이 있다. 큰일을 범하거나 큰 범죄를 저질렀음을 일컫는 말이다. 사리사욕에 어둡고 부당한 이득을 좋아하는 경우는 '식친재흑食親財黑'이라고 하고, 음식이 사치스럽기가 그지없다는 것은 '식일만전食日萬錢'이라고 한다. 먹었지만 소화를 하지 못하는 경우는 '식이불화食而不化'라고 하는데 배운 것을 자기 것으로 완전히 소화하지 못할 때 사용된다. 이와 유사한 '식고불화食古不化'라는 말은 옛것을 배우되 완전히 소화시키지 못하다는 뜻으로 현실에 적응을 못하고 고지식하여 융통성이 없을 때 쓰인다. 외국 것을 무조건 답습하는 것을 '식양불화食洋不化'라고 하는데, 구체적인 분석 없이 서양의 것이면 모두 좋다고 추종하는 경우에 쓴다.

《삼국연의》103, 104회를 보면, 제갈량이 위나라의 사마의와 대치하고 있을 때 부녀자들이 쓴 머릿수건과 흰 옷을 큰 함 속에 넣고 글 한 통을 써서 위나라 군사가 주둔하고 있는 영채로 보낸 적이 있었다. 사마의가 촉나라 사신에게 묻기를, "공명은 침식을 어떻게 하고 계신가? 집무는 바쁘시지 않은가?"라고 하자, 사신이 대답하길, "승상께서는 아침에 일찍 일어나시고 밤에는 늦게 주무십니다. 벌로 20대를 칠 정도의 가벼운 죄를 지은 사람조차 친히 집행하시며, 잡수시는 양도 적습니다"라고 하였다. 제갈량은 직접 모든 일을 도맡아 처리했고, 어떤 일도 손에서 놓지를 않았으며 하루 종일 땀을 흘리

491 丁範鎭 外 옮김, 《史記列傳》(上), 1-165쪽.

며 아주 사소한 일에까지 신경을 썼다고 한다. 이를 '식소사번食少事煩'이라고 한다. 먹는 양은 적은데 일은 많다는 뜻이다. 그러므로 몸이 약하고 일은 힘들기 마련이다. 그래서 사마의가 이를 두고 "공명은 적게 먹고 하는 일은 많은데 그것이 어찌 오래 지속될 수 있겠는가?"라고 하였고, 사마의 주부 양옹楊顒도 "어찌 피곤하지 않겠습니까?"라고 말했다. 결국 제갈량은 다섯 번 기산岐山을 정벌했지만 한 치의 땅도 빼앗지 못하고 세상을 떠났다.

이 외에 '식뇌食腦'는 머리를 쓰다는 뜻이고, '식력食力'은 자신의 힘으로 생활한다는 '자식기력自食其力'에서 유래한 말이다. '식가食家'는 미식가, '식두로食頭路'는 남방 방언으로 취직하다는 뜻으로 쓰인다. '식죽식반食粥食飯'은 좋고 나쁨을, '식옥취계食玉炊桂'는 옥을 먹고 계수나무를 땐다는 뜻으로 물가가 아주 비쌀 때 사용하는 말이다. 축구에서 골키퍼는 '식호수食糊手'라고 칭하고, 마음의 양식은 '정신식량精神食粮'이라고 한다.

2. 음飮과 관련된 말

'음주飮酒'는 술을 마신다, '음호飮豪'는 과음을 하여 술에 중독된 상태, 즉 술고래라는 뜻이다. 술에 중독되어 질병에 걸리면 약으로 치료하기보다 식이요법을 통해 치료하는 것이 낫다. 이런 식이요법을 '식료食療'라고 한다. 차를 마실 때는 '음다飮茶'라고 하지만 '음한飮恨'이라고 하면 원한을 품는다는 뜻이 된다. 원한을 꾹 참고 견디는 것을 '음한탐성飮恨呑聲'이라고 한다. 눈물을 삼키는 것을 '음읍飮泣' 혹은 '음혈飮血'이라고도 한다. 제갈량이 자신의 명령을 듣지 않아 적에게 패한 마속馬謖의 목을 베어 버렸던 고사를 '읍참마속泣斬馬謖'이라 한다.[492]

사마천의 《사기》〈위공자열전魏公子列傳〉은 주색에 빠져 술병이 들어 죽은

492 《三國志》〈蜀志〉"馬良傳"의 마속이 말하는 것은 자신이 가지고 있는 재주보다 과장되게 장담을 하고, 말과 행동이 서로 부합되지 않는 '言過其實'에서, 규율을 엄하게 지키기 위해 유능한 인재를 할 수 없이 희생하는 '읍참마속'이라는 성어가 나왔다.

위공자에 관한 기록이다. 위나라 공자公子 무기無忌는 소왕昭王의 막내아들로 신릉군信陵君에 봉해졌다. 공자의 사람됨이 어질어 선비를 존중하고 겸손하게 예를 갖추어 그들과 사귀면서 조금도 교만하지 않았다. 때문에 선비들이 사방에서 앞을 다투어 그에게로 모여드니 식객이 3천 명이나 되었다. 당시 제후들은 공자가 어질고 식객이 많아 감히 침범하려는 생각조차 못한 것이 10여 년이나 되었다. 후에 진秦나라가 조나라의 한단을 포위하자, 공자의 누이가 조나라 왕의 아우 평원군平原君의 부인인지라 위나라에 구원을 요청했다. 위나라 왕이 장군 진비晉鄙를 시켜 10만 군사를 이끌고 가서 조나라를 구하게 했다. 이에 진왕이 위왕과 위공자를 책망하자 위왕이 이를 두려워하여 진격을 하였다. 위공자가 재차 구원병을 요청하였으나 위왕이 이를 거절했다. 할 수 없이 위공자는 조나라를 자신이 직접 구하려고 문지기 후영侯嬴의 책략과 힘이 장사인 도살장의 백정 주해朱亥의 도움으로 병부를 훔쳐 군사를 이끌고 가서 진나라의 포위를 뚫고 한단을 구하여 조나라를 위기에서 구출하였다. 위왕은 마침내 공자를 상장군에 임명했다. 공자는 다섯 나라의 군사를 이끌고 진나라를 공격하여 결국 진나라는 함곡관을 감히 나오지 못했다. 이때 공자의 위세는 천하를 진동시켰다. 진왕이 진비의 식객들을 찾아 위왕에게 공자를 비방하게 하였다. 제후들은 위공자만을 알 뿐 위왕은 알지 못하며 공자도 왕이 되려고 하고 제후들도 공자를 두려워하여 공자를 왕으로 세우려고 한다고 거짓말로 위왕을 속였다. 위왕도 날마다 비방을 듣게 되자 이를 믿지 않을 수 없었다. 후에 위왕은 다른 사람을 공자 대신 장군으로 삼았다. 비방 때문에 쫓겨나자, 공자는 병을 핑계로 사영하며 조정에 나가지 않았다. 빈객들과 밤새도록 술자리를 벌여 독한 술을 마시며 많은 여자들을 가까이 하였다. 밤낮으로 즐기고 마시기를 4년, 마침내 공자는 술병을 얻어 죽었다. 위왕도 이 해에 죽었다. 진나라는 공자가 죽었다는 소식을 듣고 즉시 위나라를 공격하였다. 조금씩 위나라를 '잠식蠶食'하여 18년 만에 위왕을 사로잡고 위의 수도 대량大梁을 파괴했다.[493]

모함을 받았더라도 식객들의 조언을 경청하고 지혜를 모아 위기를 극복하고 자신의 명예를 회복할 수 있는 때를 기다려야 옳았다. 더욱이 상장군과 같은 국가 방위를 책임지고 있는 사람은 홧김에 '주색酒色'에 빠져 나라를 잃게 하여서는 아니 된다. 위정자는 권력이 손아귀에 있다고 혼자 행동하기보다 자신보다 재주가 뛰어난 인재나 인격이 훌륭한 신하의 조언을 듣고 참고하여야 한다.

성미가 급하고 성과만을 추구하려는 사람은 후환을 생각하지 않고 눈앞의 위급만을 면하기 위해 임시방편을 쓰기도 하는데, 이를 '음짐지갈飲鴆止渴'이라고 한다. 짐鴆은 짐새를 말하는데, 전설상의 독조毒鳥이다. 그것을 담근 술을 마시면 죽는다고 한다. 짐새로 담근 술을 짐주鴆酒라고 하고 짐주의 독을 짐독鴆毒이라 하는데, 날마다 연회를 벌여 놓고 진수성찬과 음주를 탐하며 안일에 빠지는 것은 독주를 마시는 것에 비유해 '연안짐독宴安鴆毒'이라고 한다. 그래서 이런 행동을 경계하기 위해 남의 훌륭한 말을 듣고 감동한다는 뜻의 '음순자취飲醇自醉'가 출현했다. 좋은 술을 마시고 스스로 취해 버리듯이 고상한 인물의 인격이나 문장에 깊은 감명을 받아 스스로 깨달음을 얻으면 새 사람이 될 수 있다. 그래서 '음회세위飲灰洗胃'라는 말이 생겼다. 재를 마시고 위를 씻어 낸다는 뜻인데 방향을 완전히 바꾼다는 의미로 전환되었다. 그렇게 개과천선하여 성공한다면 남으로부터 호평을 받는데 이것을 '음예飲譽'라고 한다.

3. 흘吃과 관련된 말

'흘吃'은 '끽喫'과 같은 단어이다. 흘 자가 다른 글자와 합쳐져서 새로운 의미를 갖게 된 단어가 중국어에 많다. 흘 자의 뜻은 대략 네 가지로 나눌 수 있다. 첫째, 먹는다. '츠판(吃飯)'은 일상생활에서의 '식사하다',[494] '츠바오(吃飽)'는 '배불리

---

493 丁範鎭 外 옮김, 《史記列傳》(上), 243-252쪽.

494 최근 《조선일보》 〈분수대〉에 이철호 논설위원이 쓴 〈짬뽕〉에서, 일본 나가사키에 1899년에 설립된 중국집 '시카이로(四海樓)'를 소개하면서 푸젠성 출신 설립자 친헤이준(陳平順)의 4대 종손 친마사즈쿠(陳優繼)의 말을 인용하였다. 짬뽕은 중국어로 밥 먹었느냐(吃飯)의 푸젠

먹다'는 뜻이다. 둘째, 의지하여 생활하다. '카오산 츠산, 카오수이 츠수이(靠山吃山, 靠水吃水)'라는 말은 '산이 있는 곳에서는 산을 의지하여 생활하고, 물이 있는 곳에서는 물을 의지하여 생활한다'라는 뜻이다. 셋째, 힘이 들다. '츠리(吃力)'는 '힘들다'라는 뜻이다. 넷째, 당하다. '츠징(吃驚)'은 '놀라다', '츠창(吃槍)'은 '총알에 맞다', '츠관쓰(吃官司)'는 '소송을 당하다'라는 뜻이다. 넷째, 견디다, 참다. '츠쿠(吃苦)'는 '고생하다', '츠부주(吃不住)'는 '지탱할 수 없다'라는 뜻이다.

이 밖에 '츠바이판(吃白飯)'은 '밥값을 내지 않다', '츠바이옌(吃白眼)'은 '멸시받다', '츠비먼껑(吃閉門羹)'은 '문전박대를 당하다', '츠부카이(吃不開)'는 '환영받지 못하다', '츠부랴오 더우저저우(吃不了兜着走)'는 '다 먹을 수 없어서 싸가다'의 뜻으로 '끝까지 책임을 지다', '츠부샤오(吃不消)'는 '참을 수 없다', '츠추(吃醋)'는 '질투하다', '츠다궈판(吃大鍋飯)'은 '한솥밥을 먹는다'는 뜻으로 능력이나 경력에 상관없이 '똑같이 대우하다', '츠더우푸(吃豆腐)'는 사람을 놀리거나 여자를 '희롱하다', '츠판부바오 허지우부쭈이(吃飯不飽, 喝酒不醉)'는 '돈이 몇 푼 되지 않다'라는 의미이다. '츠펀비후이(吃粉筆灰)'는 분필 가루를 먹고 사는 사람이라는 뜻으로 선생을 경멸할 때 사용하고, '츠허부펀(吃喝不分)'은 혈육처럼 '친하게 지내다', '츠라싸수이(吃喝拉撒睡)'는 하루 종일 '아무것도 하지 않다', '츠이짜오얼(吃黑棗兒)'은 '총살당하다', '츠후쯔(吃虎子)'는 '대식가', '츠후이터우차오(吃回頭草)'는 일단 일을 그만두었다가 '다시 시작하다', '츠쟈오쯔 라오후(吃角子老虎)'는 '슬롯머신', '츠진(吃緊)'은 '중요하다', '츠쿵쯔(吃空子)'는 '허를 찌르다', '츠쿠이(吃虧)'는 '손해 보다', '츠라오쯔(吃老子)'는 '부모에게 얹혀살다', '츠리파와이(吃裏爬外)'는 길러준 은혜를 배반하고 '외부와 내통하다', '츠먼쯔(吃門子)'는 '부잣집을 등쳐먹다', '츠미(吃蜜)'는 지위를 남용하여 '이득을 얻다', '츠푸타오(吃葡萄)'는 '하나씩 해결하다', '츠런더쭈이루안 나런더서우두안(吃人的嘴軟, 拿人的手短)'은 '남에게 뇌물을 받아 신세를 지면 말을 하거나 일을 할 때 원칙을 고수하기가 어렵다',

---

성 사투리인 차폰chapon에서 유래됐다고 한다.

‘츠런칭(吃人情)’은 ‘뇌물을 먹다’, ‘츠루안판(吃軟飯)’은 ‘기둥서방 짓을 하다’, ‘츠산텐바오지우왕아이어(吃三天飽就忘挨餓)’는 ‘조금만 여유가 생기면 전에 어려웠던 시절의 일들을 잊어버리다’, ‘츠샤오빙페이투오모(吃燒餅賠唾沫)’는 무엇을 하더라도 ‘거저 되는 일은 없다’, ‘츠성후오(吃生活)’은 ‘꾸지람을 듣다’, ‘츠성미(吃生米)’는 남방 방언으로 ‘무모한 사람’, ‘츠스(吃事)’는 ‘사기를 치다’, ‘츠세이판푸세이관(吃誰飯服誰管)’은 ‘남의 신세를 지면 그 사람 말을 듣게 된다’, ‘츠세이헌세이(吃誰恨誰)’는 양심이 없고 배은망덕하여 ‘은혜를 원수로 갚다’라는 의미이다. 이와는 반대로 ‘츠세이시앙세이(吃誰向誰)’는 ‘은혜를 잊지 않다’, ‘츠탕(吃糖)’은 약혼 또는 결혼할 때 친구에게 사탕을 선물하는 풍습에서 나온 말로 ‘약혼’ 또는 ‘결혼하다’, ‘츠티에쓰어자오리(吃鐵絲屙笊籬)’는 말을 이리저리 엮어 내다는 뜻이고, 뒤에다가 ‘뚜쯔리비엔(肚子裏編)’을 붙이면 ‘근거 없는 말을 날조하다’, ‘츠티에투후오(吃鐵吐火)’는 무엇이든지 두려움 없이 ‘용감히 하다’, ‘츠터우쯔(吃頭子)’는 ‘고통을 받다’, ‘츠위이얼(吃味兒)’는 ‘걱정하다’, ‘츠우투펑(吃兀突碰)’은 ‘거절당하다’, ‘츠시더나간더(吃稀的拿幹的)’은 ‘밥도 얻어먹고 돈까지 받다’, ‘츠시지우(吃喜酒)’는 ‘결혼식에 참석하다’, ‘츠시엔판(吃閑飯)’은 ‘빈둥빈둥 놀고 먹다’, ‘츠시엔청판(吃現成飯)’은 ‘불로소득하다’, ‘츠상(吃香)’은 ‘인기가 있다’, ‘츠사오쿠이잔다피엔이(吃小虧占大便宜)’는 ‘작은 손해를 보고 큰 이득을 보다’, ‘츠사오짜오(吃小灶)’는 ‘특혜를 받다’, ‘츠신(吃心)’은 ‘걱정하다’ 또는 ‘의심을 품다’, ‘츠야단(吃鴨蛋)’은 시험에서 ‘영점을 받다’, ‘츠야바쿠이(吃啞吧虧)’는 뻔히 알면서 ‘눈뜨고 손해를 보다’, ‘츠양쯔(吃秧子)’는 ‘얻어먹다’, ‘츠예차오(吃夜草)’는 ‘부수입을 올리다’, ‘츠이칸얼옌관산(吃一看二眼觀三)’은 ‘욕심이 많다’ 혹은 ‘허영을 부리다’, ‘츠이치엔장이즈(吃一塹 長一智)’는 ‘한 번 실패하면 그만큼 현명해진다’, ‘츠잉부츠루안(吃硬不吃軟)’은 ‘강하게 나오면 말을 듣지만, 부드럽게 나오면 말을 듣지 않는다’, ‘츠위안왕더(吃寃枉的)’나 ‘츠주(吃主)’는 ‘밥벌레’, ‘츠저뚜이먼시에거비(吃着對門謝隔壁)’는 ‘엉뚱한 짓을 하다’는 뜻이다.

제13장

역대 중국 음식 서적

중국 음식 문화 보고 가운데 음식 서적은 원료, 조미료, 식단 주식, 부식, 국수, 차, 술 등을 포함, 연회석, 조리법, 영양과 위생, 음식 병 치료, 섭생, 음식풍속, 음식 이론, 음식에 관한 시문 등 그 종류가 많고 다양하다.

《한서漢書》〈예문지藝文志〉에 기록된《신농황제식금神農黃帝食禁》은 선진 시기 음식에 관한 전문서이지만 유실되어 지금은 그 내용을 알 수가 없다.《주역》,《서경》,《시경》,《주례》,《예기》,《의례》,《좌전》등에, 비록 전문 저서는 아니지만, 음식에 관한 내용을 적지 않게 담고 있다. 진한위진남북조 시대의 음식 서적은,《수서隋書》〈경적지經籍志〉의 기록에 의하면, 음식 전문 서적이 30여 권이 된다고 하였지만 대부분 유실되었다. 이 시기에는 단독 전문서는 없고 사서인〈예문지〉와〈경적지〉중에 "농학자"와 "의학자" 중에 음식 관련 내용이 나타난다. 당·송에서부터 명·청까지의 시기에는 음식 서적이 많아 음식 명저만 50여 권이나 되었다. 1976년 사인방 축출 이후로 음식 전문서는 질적, 양적인 면에서 큰 발전을 이루어 수많은 음식 서적이 출판되었다.

1.《사민월령》

작자 최식崔寔은 탁군涿郡 안평安平, 지금의 하북 사람이다. 동한 때 정치가이자 명문 집안 출신으로 중년 이후에 출사하여 랑郎을 지냈고 오원五原 태수와 의랑議郎 등을 역임했다.

《사민월령四民月令》은 원래 한 권으로 월령체 농가農家 저작이다. 1년을 12개월로 순서에 따라 사민四民 즉 사농공상士農工商의 경제 활동을 열거하고, 파종·양잠·방직·염직·봉제·주조·제약·제사·향연 등을 논했다.

음식에 관한 부분은 대략 세 가지로 나눌 수 있다. 첫째, 간장과 술의 제조. 정월에 어장魚醬·육장肉醬·청장清醬, 2월과 4, 5월에 해장醢醬·식초 등을 만든다고 하였다. 이 밖에 정월에 초주椒酒, 겨울철에 술을 제조한다고 하였다. 둘째, 식품. 5월에 자병煮餅·수수병水溲餅, 10월에 육포 포납脯臘을 만든다고 하였다. 셋째, 제사와 향연. 정월에 제사를 지내는데 술을 바치고 신이 강림하기를 빌며, 가장에게 초주椒酒를 바치고 장수를 빌었다고 하였다.

콩으로 장을 만들고, 술로 전병을 발효시켜 만든 '주수병酒溲餅'은 중국 음식 역사에 중요한 의미를 갖는다.

《사민월령》은 북송 때 유실되었다. 청대에 세 종류의 집본輯本이 있다. 석성한石聲漢의 《사민월령교주四民月令校注》(중화서국, 1965년)과 무계유繆啓愉의 《사민월령집석四民月令輯釋》(농업출판사, 1981년)이 출판되었다.

2.《남방본초장》

작자 혜함嵇含은 진晉나라 사람으로 영흥永興 연간에 양성襄城의 태수를 지냈다가 후에 광주廣州의 자사로 부임 가기 전에 살해당했다. 후세 사람들은 이 책의 저자는 혜함이 아니고, 남송 때 사람이 편찬한 것으로 여기기도 한다.

《남방본초장南方本草狀》은 총 3권인데, 광동광서와 월남의 식물 80종을 기록하였다. 그 가운데 상권에는 초草 29종, 중권에는 목木 28종, 하권에는 과果 17종과 죽竹 6종을 논했다.

원래 농가의 저작이지만 생물학 저작이라고 말할 수 있다. 이 책 가운데 적지 않은 식물은 음식의 재료이기 때문에 고대 중국 음식을 연구하는 데 참고할 가치가 높다.

첫째, 사탕수수, 여지荔枝, 야자, 양매楊梅, 귤, 용안龍眼 등의 과일의 품종과 그 특성에 대해 설명했다. 예를 들면 용안은 여지와 비슷하지만 가지와 잎이 작고, 육질이 희고 수분이 많으며 꿀처럼 달다고 하였다.

둘째, 감저甘儲, 광야면桄榔麵, 해조海棗, 오검자五歛子, 인면자人面子, 석율石栗 등 특수 식물 원료를 기록하였다. 예를 들면, 광양수의 경우 그 껍질은 국수와 같은 부스러기가 있어 먹을 때 국수와 같은 느낌을 준다고 하였다.

셋째, 조미료를 만드는 작물을 기록하였다. 예를 들면, 구장蒟醬 · 제자諸蔗 · 균계菌桂 등이다. 구장은 필발蓽撥인데, 조미료의 일종이어서 장醬이라 말할 수 있다고 하였다. 또 제자의 설명을 통해 남방 사람들이 사탕수수를 즙으로 짜서 마셨고, 햇볕에 며칠을 쪼이면 엿이 되었는데, 북방 사람은 석밀石蜜이라고 불렀다. 사탕砂糖 혹은 빙탕氷糖을 말한다고 하였다.

판본은 여러 가지가 있는데, 주요 판본으로는《백천학해百川學海》,《광한위총서廣漢魏叢書》,《설부說郛》,《총서집성초편叢書集成初編》등이 있다.

3.《식경》

최호崔浩는 북위北魏 하동河東 무성武城, 지금의 산동 무성 사람이다. 북위 태무제 때 박사제주博士祭酒를 제수받았고, 후에 광록대부光祿大夫와 사도司徒에 이르렀지만 주살되었다.

《수서》의 의방가醫方家 기록에 의하면, 《최씨식경崔氏食經》(4권), 《구당서舊唐書》, 《신당서新唐書》, 《식경食經》(9권)에 최호 편찬이라고 되어 있다. 실제로는 이 책들 모두가 최호의 저서는 아니다. 《위서魏書》〈최호전〉에 의하면, 최호의 모친 노씨盧氏와 노씨의 딸들이 음식을 만들어 조석으로 집안 어른들을 봉양했고 제사 때마다 노복들에게 제사 음식을 맡기지 않고 직접 음식을 조리하였다. 후에 노씨가 자신의 조리법이 전해지지 않을까 걱정되어 글로 남겨 전수하기로 하였고, 최호도 후세에 모친의 요리를 후세에 전하고자 하였다는 점으로 미루어 보아 최호가 그녀의 구술을 받아 책으로 편찬한 것임을 알 수 있다. 지금은 원본이 유실되었고, 《제민요술》, 《북당서초北堂書鈔》, 《태평어람太平御覽》과 왕정王禎의 《농서農書》 등에 작자 이름이 없는 《식경》이 기록되어 있고, 그 내용도 40여 줄밖에 없다. 이 책은 노씨의 조리법 이외에 음식물의 저장에 관한 내용도 포함되어 있다. 예를 들면 장매법醬梅法, 장시법醬柿法, 작시법作豉法, 순갱蒓羹, 증웅법蒸熊法, 작병효법作餅酵法 등 상당히 내용이 풍부하다.

4. 《식차》

작자미상이고, 대략 남북조 혹은 그 이전의 저작으로 추정된다.

《식차食次》는 원본이 존재하지 않고 다만 그 일부만이 문헌 속에 인용되고 있다. 예를 들면, 《제민요술》에서 이 책을 인용하면서 웅증熊蒸, 찬粲, 일米壹, 자명煮米冥, 절미반折米飯, 총구갱蔥韭羹 등의 음식을 논하고 있다. 곰발바닥 요리인 웅증 요리 설명에는 부록으로 돼지고기 요리 돈웅豚蒸과 기러기 요리 아증鵝蒸 두 가지 요리의 조리법이 나와 있다. 이렇듯 《제민요술》의 요리 부분은 이 《식차》 자료에서 15가지의 요리를 인용한 것이다.

정망鄭望의 《선부록膳夫錄》 중에 《식차》를 인용하며 읍포법月邑脯法, 갱학법羹臛法, 강자법羌煮法 등을 수록했다. 《제민요술》과 《선부록》에 인용된 자료를 종합하면,《식차》의 내용은 20여 항목은 된다.《수서隋書》〈경적지經籍志〉에 기록되어 있는《식찬차제법食饌次第法》(1권)이라고 한다.《식차》는 중요한 음식 저서이다.

5.《제민요술》

가사협賈思勰은 산동 익도益都 지금의 수광壽光 사람이다. 북위北魏 고양高陽, 지금의 산동 임치臨淄의 태수를 지냈다.《제민요술齊民要術》은 농학 전문서로, 이 책의 핵심은 농경은 수단이고 농산물로 식품을 만들어야 농민이 재산을 얻을 수 있다는 사상이다. 첫째, 이 책은 총 92편인데, 그 가운데 요리에 관한 것이 25편이나 된다. 술, 소금, 간장, 식초, 메주, 젓갈, 육포 제조와 요리 간식 등 300여 종이 기재되어 있다. 한위진남북조 시대의 음식 문헌이 대부분 유실된 상황에서《제민요술》의 기록은 귀한 자료가 된다. 둘째, 인용 음식은 제조 과정 등에서 수준이 높은 음식이다. 이 책에는 조조曹操의 구온주법九醞酒法의 양조 기술이 기록되어 있는데 독균毒菌의 배양을 이용하여 도수를 높여 중국 주조 역사에 큰 의미를 갖는다. 조리법은 20여 가지를 나열했다. 특히 센 불로 익히는 초炒는 조리법에서 응용되는 아주 중요한 방법이라고 하였다. 셋째, 황하 유역의 일부 이민족 음식풍속을 소개했다. 황하 유역 사람들은 잉어를, 해안 지방 사람들은 익은 굴을, 비한족 사람들은 호포육胡炮肉, 사슴 머리고기 강자羌煮, 관탕灌湯을, 오나라 사람들은 오리알을, 사천 사람은 미나리를 좋아한다고 했다. 특히 소식素食에 대해서도 전문적으로 소개했다. 또한 부추처럼 가는 국수를 만드는 수인水引 제조법도 기록하였는데 이것은 오늘날의 국수의 원조가 되었다.

《제민요술》은 중국 고대 요리의 백과사전이다. 저명한 판본으로는 북송 천성天聖 연간(1023-1031년) 황실도서관 숭문관崇文館 초각본初刻本이 있었는데 일찍이 유실되었고, 이 판본을 판각한 일본의 금택문고초본金澤文庫抄本, 이후의《비책회함秘冊匯函》,《총서체비서叢書逮秘書》,《급고각汲古閣》,《사고전서四庫全書》,《사부총간四部叢刊》,《총서집성초편》본이 있다. 석성한石聲漢의《제민요술금역齊民要術今譯》(4권, 과학출판사, 1957년과 1958년), 일본 니시야마 부이치(西山武一)·쿠마시로 유키오(熊代幸雄)의《교정역주제민요술校訂譯注齊民要術》(일본농림성농업종합연구소, 1957년과 1959년), 무계유繆桂愉의《제민요술교본齊民要術校本》(농업출판사, 1982년)과 무계유繆桂愉·무계룡繆桂龍의《제민요술역주》(상해고적출판사, 2006년) 등이 있다.

6.《예문유취》〈식물부〉

저자는 구양순歐陽詢과 배구裴矩·진숙달陳叔達 등이다.《예문유취藝文類聚》는 당나라 무덕武德 7년(624년)에 당고조의 명을 받들어 편찬된 책이다. 모두 100권으로 74부部로 나뉘어져 있고, 각 부는 또 세부 조목으로 나뉘어져 모두 740여 조목이나 된다. 이 가운데〈식물부食物部〉는 이 책 72권에 실렸고, 식食·병餠·육肉·포脯·장醬·자鮓·낙소酪蘇·미米·주酒 등으로 나뉜다. 먼저 명칭에 대한 설명을 한 뒤에 고서에 인용된 서명을 기재하고 관련 시와 문장을 수록하였다. 당나라 이전의 음식 자료를 수집 정리한 참고서에 해당된다.

〈식물부〉 가운데 '병餠'은《한서漢書》,《삼보구사三輔舊事》,《삼보결록三輔決錄》그리고〈병부餠賦〉·〈병설餠說〉의 전병에 대한 기록을 인용한 뒤에 전병의 기원, 발전 상황을 논했다. 또 '낙소'의 경우는 먼저《석명釋名》의 기록을 인용하며 낙酪을 해석한 뒤에《한무내전漢武內傳》제5부에 낙소와 관련된 고사를 인용하였다. 이어서 남조 양나라 심약沈約의〈사사도사북소계謝司徒賜北蘇啓〉를 인용하여 낙소를 설명했다.

《예문유취》에는〈식물부〉이외에〈잡기물부雜器物部〉,〈약향초부藥香草部〉,〈백곡부百穀部〉,〈소부巢部〉,〈조부鳥部〉,〈수부獸部〉와〈인개부鱗介部〉중에 음식 도구, 그릇, 원료, 조미료도 기재하였다.

판본은 많은데, 왕소영汪紹楹교본(상해고적출판사, 1965년)이 있다.

7.《소미연식단》

위거원韋巨源은 당나라 장안 두릉杜陵 사람이다.《소미연식단燒尾宴食單》은《위거원식보韋巨源食譜》라고도 한다.《봉씨문견록封氏聞見錄》과《변물소지辨物小志》의 기록에 의하면, '소미연燒尾宴'은 당나라 때의 제도로 대신이 처음 관직을 받으면 천자에게 음식을 대접하고 은덕에 감사의 표시로 차린 연회를 말한다. 위거원은 중종中宗 경용景龍 2년(708년)에 상서좌복야尙書左僕射를 제수받았을 때 존경의 표시로 중종에게 이 연회를 베풀었다.

'소미燒尾'라는 명칭의 유래에는 두 가지가 있다. 첫 번째 유래는, 양들이 무리에 새로 들어온 양을 업신여기고 골탕 먹여 할 수 없이 새 양의 꼬리를 태워서 무리 속에서 안심하고 살아갈 수 있게 하였다는 것이다. 다른 하나는 호랑이가 사람으로 변했어도 여전히 꼬리가 남아 있어 꼬리를 불에 태워 버리자 비로소 사람이 되었다는 전설에서 비롯되었다고 한다. 이 밖에 잉어가 용문을 뛰어오르다가 그만 번갯불에 타 버렸다는 민간 전설에서 유래했다고도 한다. 후에 이 명칭은 관계官界의 원만한 조화를 이루는 인간관계를 지칭하는 말로 변했다.

소미연에는 밥, 숙, 간식, 육포, 젓갈, 간장, 채소, 국 등이 포함된다. 밀가루로 만든 간식에는 단롱금유소單籠金乳酥, 만타양협병曼陀樣夾餠, 거승노巨勝奴, 귀비홍貴妃紅, 파라문경고면婆羅門輕高麵 등이 있고, 요리로는 백룡학白龍臛, 유양어乳釀魚, 총초계蔥醋鷄, 자두춘炙頭春, 선인자仙人臠 등이 있다. 이로써 당나라의 발달된 음식 문화와 사치스러운 최고급 연회의 음식을 알 수 있는 귀한 자료이다.

판본으로는《당인설회唐人說薈》,《설부》,《오조소설五朝小說》본과 이익명李益明·왕명덕王明德·왕자휘王子輝의《청이록淸異錄〉음식 부분 주석본이 있다.

8. 《초학기》

저자는 서견徐堅, 장열張說 등이다. 당나라 개원開元 연간에 현종의 명을 받아 황실 자제들이 문장을 짓는 데 필요한 자료들을 참조용으로 만든 책이다. 30권으로 구성되어 있고 23부, 313종류로 나누었다. 조목마다 먼저 〈서사敍事〉를 달고 그 다음에 〈사대事對〉, 끝에는 관련 〈시문詩文〉을 실었다.

《초학기初學記》에서 음식 요리와 관련된 내용은 주로 제26권에 실려 있다. 술, 밥, 죽, 고기, 국, 육포, 전병 등으로 나누었다. 예를 들면, 〈병餠〉에 보면, "《석명》에 '병은 병幷이다. 밀가루를 반죽하여 두 조각을 합친 것이다. 호병胡餠은 깨를 겉에 붙인 것이다', 《설문해자》에 '병은 밀가루로 만든 떡이다', 양웅의 〈방언方言〉에 '병은 탁飥, 장餦, 혼餛이라고도 한다', 최식의 《사민월령》에 '입추 때 먹을 것이 없으면 전병을 구웠고 물로 밀가루 반죽을 하여 전병을 만들어 먹었다'"라고 하고 〈서사〉에서는병의 기원 · 별칭 · 품종을 나열하였다.

이 밖에 〈사대〉와 〈시문〉 부분에 병과 관련된 자료가 많다. 예를 들면, 서진西晉 때 속석束晳의 〈병부餠賦〉는 참고할 가치가 있다.

《초학기》 〈세시부歲時部〉에 명절 음식에 관한 자료가 적지 않다. 예를 들면, 인일人日에 일곱 가지 채소를 넣고 끓인 국을 만들고, 5월 5일에는 찹쌀로 집오리 고기를 싸서 찌고 죽통에 찐 쫑쯔(粽子)를 바쳤다고 한다. 음식 풍속 연구에 참고가 된다.

판본으로는 중화서국 표점標點 판본(1962년)과 한방韓放 교점校點 판본(경화출판사, 2000년)이 있다.

9. 《비급천금요방》 〈식치〉

저자 손사막孫思邈은 당나라 때 의학가로 장안 화원華原, 지금의 섬서 요현耀縣

사람이다. 다년간 민간에서 약재를 채집하고 의학을 연구하며 사람들의 병을 치료했다. 당나라 이전의 임상치료 경험과 의학이론을 총정리하여《비급천금요방備急千金要方》(속칭《천금요방千金要方》과《천금익방千金翼方》)을 저술하였다.

《비급천금요방》은 7세기 중엽에 편찬되었고, 30권으로 제26권이〈식치食治〉편이다. 과실, 채소, 곡식, 조수鳥獸와 곤충·물고기 등 9개 부분으로 구성되어 있다. 이 가운데 주로 요리 이론을 기록하였고, 100여 종의 식물 음식물 원료의 특성과 효능에 대해 논하여 고대 중국의 요리 이론과 음식으로 병을 치료하는 방법을 연구하는 데 좋은 자료가 된다.

서론 부분에서 그는 의사는 먼저 병의 원인을 철저히 규명하고 음식으로 병을 치료하여야 하며 음식으로 병이 낫지 않으면 그때서 약으로 치료하여야 한다고 하였다. 음식이 병을 치료하는 보조 역할을 할 수 있다고 주장한 것이다. 또한 서론에서 다섯 가지 맛과 질병과의 관계를 분석하고 인간의 오장과 음식광의 관계도 설명했다.

병을 치료하는 음식 가운데 '우실藕實'은 맛이 쓰고 달며 차고 독이 없어 사람의 마음을 기쁘게 하고 갈증을 해소하며 열을 제거하고 기력을 회복시켜 준다고 하였다. 갖가지 병을 없애 주고 오래 복용하면 몸이 가벼워지고 배고픔을 느끼지 않으며 오래 살 수 있다고 하였다.

판본으로는《도장道藏》과《사고전서》본이 있다. 영인본은 인민위생출판사에서 1955년에 출판되었다.

10.《태평어람》〈음식부〉

저자는 이방李昉, 호몽扈夢 등이다. 이방은 심주深州 요양饒陽, 지금의 하북 사람이다. 북송 때 문학가이다. 호몽의 생애는 잘 알려져 있지 않다. 태평흥국太平興國 2년(977년)에 송태종이 이방 등 14명의 신하에게 명하여 이 책을 편찬하게 했다.

《태평어람太平御覽》은 천 권으로 55부이며 4,558종류로 구성되어 있다. 〈음식부飮食部〉는 권843부터 867까지이다. 주酒, 반飯, 식食, 종粽, 산饊, 곡벽曲蘖, 시豉, 저菹, 팔진八珍, 병餠, 염鹽, 장醬, 해醢, 등 70여 종류로 나누었다. 모두 사료에 근거하여 시대별로 배열하여 설명했다.

권852 〈음식부〉 가운데 '상餳'을 《예기》·《방언》·《설문해자》·《석명》·《후한서》·《동한관기東漢觀記》·《유명록幽明錄》·《회남자》·《염철론》·《세설신어》·《초사》·《칠변七辨》·《사민월령》·《제법祭法》 등 문헌의 '이飴', '성餳', '감교고역甘膠高食易', '당이糖飴', '장황張皇', '사이석밀沙飴石蜜', '폭이暴飴', '형성荊餳' 등 자료와 관련 지어 분석하였다.

중화서국에서 1960년에 영인본이 출간되었다.

11. 《산가청공》

저자는 임홍林洪으로 남송 때 사람으로 은거 생활을 오래하였다. 100가지의 음식 전고와 고사를 기록하였다. 유독 돼지고기만 기록하고 있지 않다. 《산가청공山家清供》의 특징은 첫째, 적지 않은 화분花粉과 화훼花卉 식품을 기재하였다는 점이다. 예를 들면, 송황병松黃餠은 늦봄에 송홧가루와 꿀을 섞어 전병으로 만든 것으로 맑고 단 향내가 나며 먹으면 얼굴이 젊어지고 장수할 수 있다고 하였다. 또 연꽃과 두부를 섞어 찐 설하갱雪霞羹은 붉은색과 흰색이 뒤섞여 눈이 내리는 저녁, 황혼이 지는 정경과 같다고 하였다. 또한 국화와 쌀가루를 반죽하여 만든 금반金飯, 계화桂花와 쌀가루를 섞어 찐 광한고廣寒羔 등을 나열하였다. 맛·색·향 모두를 갖춘 별미 음식들이다. 둘째, 제조법이 독특한 음식을 기록하였다는 점이다. 속이 빈 등자橙子 속에 게살을 넣어 찐 해양등蟹釀橙,[495] 쏘가리

495 최근 과거 남송의 수도였던 항주杭州에서는 송나라 때 음식을 모방하여 만든 방송채仿宋菜

살을 구멍 속이 빈 연밥에 넣어 찐 연방어포蓮房魚包 등은 아이디어가 기발하고 맛이 독특한 음식들이다. 발하공撥霞供은 야생 토끼의 고기를 얇게 썰어 물이 끓는 솥에 넣어 먹는 요리이다. 노을처럼 붉은 토끼고기가 끓는 물 속에서 흰 파도를 일으키며 굴러다닌다고 하여 붙여진 이름이다. 오늘날에 북경과 같은 북방 지방 사람들이 겨울철에 즐겨 먹는 수안양러우(涮羊肉)[496]의 쇄涮의 조리법의 원조가 된다.

판본으로는《이문광독夷門廣牘》,《설부》,《총서집성초편》본이 있고, 오극烏克의 주석본(중국상업출판사)이 있으며, 최근 여러 음식에 관한 문헌을 편집한《식지어食之語》에 수록되었다.

12.《사림광기》〈음식류〉

저자는 진원청陳元靚으로, 그의 생애는 잘 알려져 있지 않고, 당시 사람들은 그를 은군자隱君子라고 불렀다.

《사림광기事林廣記》중의 요리 내용은 주로 제13권〈계집癸集〉에 집중되어 있다.〈계집〉1권부터 5권까지 100여 종류의 누룩, 술, 차, 포脯, 젓갈, 채소, 국수와 간식 등의 음식에 관한 자료와 냉장 과일 식품과 차의 채집과 품종, 주령酒令 등을 기재하였다.

이 책의 특징은, 첫째, 송대의 명주를 소개하였다. 송대의 일부 술과 관련된 저술과 필기筆記 작품들에는 명주의 제조법에 대한 설명이 없는데, 이 책에는 남교풍월南橋風月, 취향기주醉鄉奇酒, 사춘당주思春堂酒, 경액주瓊液酒, 양고주羊羔酒,

---

를 재현하는 음식 문화 활동을 벌이고 있는데, 바로 이 '해양등' 요리가 재현되어 사람들의 큰 관심을 불러일으켰다고 한다.

496 얇게 썬 양고기를 끓는 물 속에 넣어 익혔다가 양념장에 찍어 먹는 요리이다. 요즘 중국에서는 훠궈(火鍋)라고 하여 갖은 고기와 채소 등을 이런 식으로 먹는다. 우리나라의 샤브샤브와 유사하다.

죽엽청주竹葉淸酒 등 12종류의 명주 제조법이 상세히 나와 있다. 송대 명주를 연구하는 데 귀한 문헌이다. 둘째, 송대의 포脯와 젓갈 연구 자료가 포함되어 있다. 송대의 포자脯鮓는 그 종류가 많다. 농자비弄子羓는 돼지와 양고기를 갈아서 조미료와 콩가루를 섞어 반죽한 다음 국숫발처럼 가는 가닥으로 만들어 둘둘 말아 바나나 잎으로 싸서 쪄서 말린 것을 말한다. 파羓는 돼지고기를 말린 포를 말한다. 또 물고기를 말린 동파포東坡脯, 양고기로 만든 선자鮮鮓, 돼지고기와 양고기를 넣어 만든 불도장佛跳墻 등은 모두 특색을 갖춘 요리이다. 또 정교하게 만든 요리도 있는데, 예를 들면, 가양안갱假羊眼羹은 쪄서 익힌 우렁이 속살을 녹두가루로 반죽하여 양 창자 속에 넣고 양쪽 끝을 묶어 다시 솥에서 찐 다음 식혀서 얇게 썰어 만든 국이다. 이 음식의 명칭은, 양 창자는 희고 우렁이 속살은 검어 정말로 양의 눈과 구분이 가지 않아 붙여진 이름이다.

13.《음선정요》

홀사혜忽思慧는 회족 혹은 몽골족 사람이다. 원대 인종仁宗 때 궁중의 음선태의飮膳太醫를 지냈다. 그는 본초, 의술, 민간 음식 등을 참조하여《음선정요飮膳正要》를 편찬했다.

그는 음식에서 섭생과 양생을 중시했고, 250여 가지의 국, 간식, 요리의 식료食療를 담고 있다. 예를 들면, 사슴의 허리고기와 메주를 넣어 만든 '녹신갱鹿腎羹'은 허한 신장腎臟과 소리가 잘 들리지 않는 귀 치료에, 양의 심장을 구운 '자양심炙羊心'은 가슴이 두근거리는 병과 우울증 치료에 효능이 있다고 하였다. 한족, 몽골족 아랍족 등의 음식 교류를 엿볼 수 있는 자료가 풍부하다. 춘반春盤은 원래 중국인이 입춘 때 먹던 전병과 채소를 넣은 음식이다. 이 책의 춘반면春盤麵은 국수, 양고기, 양의 창자와 허파, 계란 전병, 생강, 버섯 등 10여 가지 재료로 만든 요리로 춘반에 이민족 음식이 뒤섞여 발전된 요리이다. 특히 '아자길주阿

刺吉酒'는 증류주로, 소주의 일종에 관한 최초의 기록이다.

현존하는 주요 판본으로는 명경창간대자본明經廠刊大字本, 《명경태간明景泰刊》본, 즉 《사부총간四部叢刊》본(상해 함분루涵芬樓 영인, 1924년)과 호화록胡和祿 몽골어 번역본(내몽골인민출판사, 1982년), 유옥서劉玉書 교점본(인민위생출판사, 1986년), 이춘방李春方 점주본點注本(중국상업출판사, 1988년) 등이 있다. 번역본은 조병채 편역 《식경食經》(자유문고, 1987년)에 수록되었다.

14. 《거가필용사류전집》 〈음식류〉

저자는 미상이고, 10권으로 일용백과사전 형식의 책이다. 그 가운데 〈을집乙集〉과 〈경집庚集〉에 음식에 관한 내용이 수록돼 있다. 식품이 400여 종이다.

《거가필용사류전집居家必用事類全集》의 특징은 첫째, 송대 식품에 대한 고증을 들 수 있다. 《동경몽화록東京夢華錄》·《무림구사武林舊事》·《몽양록夢粱錄》 등의 문헌에 근거하면 북송의 도성 변량汴梁과 남송의 도성 임안臨安은 모두 도시가 번영하여 음식산업도 발달했고 요리의 종류도 다양하고 그 수도 많았다. 오늘날 당시의 음식 명칭이나 제조 방법에 대해 아는 바가 없으나 다행히 이 책에 송대 유명 요리의 조리법이 기록되어 있다. 예를 들면, 양열어兩熱魚, 두자兜子, 금산두시金山豆豉, 수정회水晶膾, 주해酒蟹, 자모구子母龜 등을 소개하였다. 이 가운데 양열어는 생선에 산약山藥·유락乳酪과 각종 조미료를 섞어 반죽하여 소를 만들고 밀가루를 묻힌 것이다. 양열兩熱은 먼저 기름에 튀긴 다음에 끓인 버섯즙에 삶은 조리 과정에서 얻어진 명칭이다. 둘째, 원대 이민족 음식도 설명했다. 회회족回回族, 여진족女眞族 등의 음식을 소개했다. 회족의 음식 가운데 권전병卷煎餠·고미糕糜·산탕酸湯·하얼미哈爾尾·고자적古刺赤, 여진족 음식으로는 시자규채냉갱厮刺葵菜冷羹·증양미돌蒸羊眉突·고려율고高麗栗糕, 몽골족 음식 생폐生肺·소유폐酥油肺·간두생肝肚生 등이 바로 그것이다. 이런 음식은 중국과 이민족과의 음식 교류를 보여 주는 귀한 사료가 된다. 셋째, 원대 중국과 외국광의 음식 교류를 연구하는 데 좋은 자료이다. 갈수渴水는 아랍어에서 음역한 명칭으로 갈증을 해소시켜 주는 과일주스이다. 책에는 목과木瓜·양매楊梅·포도葡萄 주스 등 8종의 갈수를 소개하였다. 남번소주南番燒酒는 소주의 일종으로 증류 제조 과정을 상세하게 소개하였다. 이런 기록 덕분에 중국에 소주 제조법이 원대로부터 전래되었음을 알 수 있게 되었다. 소주 역사 연구에 중요한 자료가 된다.

이 밖에 부추로 만든 채상菜羹, 무즙·생강·고수·겨자·고추·식초 등의 조미료로 버무린 생어회生魚膾, 닭고기·검은 양 머리고기·오리알 등으로 만든 가별갱假鱉羹 등과 낙봉각아駝峰角兒·잔낙초유盞酪焦油 등의 특수한 간식 등도 기록하였다.

명대 가정본嘉靖本이 있고, 일본과 조선본도 있다. 구총동邱龐同 주석본(중국상업출판사, 1986년)이 있다. 번역본은 조병채 편역《식경食經》(자유문고, 1987년)에 수록되었다.

15.《음식수지》

저자는 고명賈銘으로 절강 해녕海寧 사람이다. 원대 때 만호萬戶의 관직을 했고, 명대 때 이미 나이가 100세였다. 명태조가 그를 불러 접견하고 양생법에 대해 묻자, 고명은 음식을 조심하여야 한다고 답했다고 한다. 그래서 그가 특별히 《음식수지飮食須知》를 편찬하였다.

8권으로, 제1권은 물과 불, 제2권은 곡식, 제3권은 채소, 제4권은 과일, 제5권은 조미료, 제6권은 물고기, 제7권은 짐승에 대해 설명했다. 360여 종류의 음식의 맛과 특징, 그리고 상극과 금기사항을 언급했다.

이전의 본초 연구 업적을 바탕으로 편찬되어 새로운 내용은 많지 않지만 참고할 가치는 있다. 판본으로는《학해유편學海類編》,《총서집성초편》본과 도

문태陶文台 주석본(중국상업출판사, 1985년)이 있다.

16.《역아유의》

저자는 한혁韓奕으로 원말 명초 때 평강平江, 지금의 소주 사람이다. 명나라가 건립되자, 은거하여 출사하지 않았다.

《역아유의易牙遺意》는 총 2권으로 상권에는 양조釀造·포납脯臘·소채蔬菜류, 하권에는 롱조籠造·노조爐造·고이糕餌·탕병湯餠·재식齋食·과실果實·제탕諸湯·제다諸茶·식약食藥류가 실려 있다. 모두 150여 종류의 조미료·음료·간식·떡·요리·밀전·약재의 제조법을 설명했다.

이 책의 특징은 첫째, 요리 제작 과정이 정교하고 특히 요리의 색깔을 중시했다. 예를 들면, 대동강초어帶凍姜醋魚는 신선한 잉어를 잘게 썰고 소금에 살짝 절인 뒤에 간장을 넣고 졸인 것이다. 잉어의 비늘을 완전히 제거해야 하고 국물이 바짝 끓을 때까지 기다려야 하는 등 조리 과정이 6, 7차례나 된다. 잔증아盞蒸鵝는 기러기 고기를 긴 실처럼 잘게 찢어 소금술파산초로 버무리고 흰 접시에 올려놓고 쪄서 익힌 뒤에 참기름으로 버무린 것이다. 요리의 색깔도 중시하였다. 홍곡紅曲은 멥쌀을 쪄서 누룩을 섞어 발효시킨 것으로 양념이나 약재로 쓰이는데, 색이 붉어서 대록육大燠肉을 만드는 데 사용되었다. 행화아杏花鵝를 만들 때는 붉은 살구 즙을 기러기고기 위에 뿌려 요리를 아름답게 보이도록 했다. 둘째, 사료 가치가 높은 요리를 소개했다. 화육火肉은 실은 중국식 햄 화퇴火腿인데, 그 제조법을 소개하였다. 권전병卷煎餠은 서양 사람들이 스프링 롤이라고 부르는 춘권春卷으로 이 요리에 대해서 설명하여 사료적 가치가 있다. 이 밖에 술, 차, 국, 밀전, 식양 등 중시할 가치가 있는 요리에 대해서도 소개하였다.

판본으로는 명대《이문광독夷門廣牘》본과 구총동 주석본(중국상업출판사, 1984년)이 있다.

17.《본초강목》

저자는 이시진李時珍으로 기주蘄州, 지금의 호북 기춘蘄春사람이다. 명대 저명한 의학자인 동시에 약학자이다.

《본초강목本草綱目》은 52권으로, 만력 6년(1578년)에 완성되었고 만력 18년(1590년)에 출간되었다. 저자는 명대 본초학 성과를 기초로 본인 스스로가 약학 채집의 경험과 농민·어민·나무꾼에게서 배운 의약과 관련된 지식과 역대 의약서와 관련 서적 800종을 참조하여 10여 년 동안 집필한 끝에 이를 완성하였다. 수록한 약물만 1892종이나 된다.

비록 이 책은 약물학 저서이긴 하지만 음식, 특히 식료食療와 밀접한 관계가 있다. 곡穀, 과果, 인鱗, 개介, 금禽, 수獸 부部에 수록된 수많은 약물은 본래 음식의 재료이다. 예를 들면, 제22권〈곡부穀部〉중에 수록된 호마胡麻, 아마亞麻, 대마大麻, 소맥小麥, 대맥大麥, 광맥穬麥, 교맥蕎麥, 고교맥苦蕎麥, 도稻, 갱粳, 선籼 등의 품종은 모두 식료와 밀접한 관계가 있다. 교맥을 예로 든다면, 그 특성에 대해 "달고 평온하며 차며 독이 없다"라고 하였고, 치려에 대해서는 "위와 장을 실하게 해 주고 기력을 북돋아 주며 정신을 보충해 주고 오장의 찌꺼기를 멀끔히 제거해 준다. 밥으로 지어 먹으면, 단약丹藥의 독을 억누르는 데 좋다. 식초를 넣고 밀가루 반죽을 만들어 단독丹毒 병에 걸린 어린아이의 붉은 독창에 바른다. 설탕물을 볶은 국수에 타서 복용하면 병이 낫고 뜨거운 물에 넣어 복용하면 복통을 낫게 한다"라고 하여 교맥蕎麥을 가공한 음식으로 병을 치료한 경험을 수록하였다.

각종 동식물 원료 이외에《본초강목》에는 수많은 식품이 병을 치료하는 약물의 역할을 한다고 하였다. 예를 들면, 제25권〈곡부穀部〉에 메주, 죽, 식초, 간장, 포도주, 두부, 떡 전병, 술 등이 기록되어 있는데, 이 가운데 죽은 소맥죽, 한식죽 등 9종의 식품이 있고 이외에 죽으로 병을 치료하는 비방이 53종이나 기록되어 있다. 일종의 약죽보藥粥譜라고 말할 수 있다. 술에는 소미주紹米酒, 노주老酒, 춘주春酒, 동양주東陽酒 이외에 70여 종의 저명한 술로 병을 치료하는 처방과 술의 효능에 대해 설명하였다.

이시진의 논증은 수많은 문헌의 기록을 바탕으로 하였기 때문에 식품 사료도 풍부하다. 예를 들면, 회남왕 유안이 만든 두부에 대한 기록, 쫑쯔의 기원, 소주의 역사 등은 화학사가와 식품사가들이 중시하는 사료들이다.

판본은 상당히 많고, 유형여劉衡如의 교점본(인민위생풀판사, 1975년)이 있다.

18.《음찬복식전》

저자는 고렴高濂으로 전당, 지금의 절강 항주 사람이다. 명대 희곡작가로 일찍이 많은 희곡과 시를 지었다.

《음찬복식전飮饌服食箋》은《준생팔전遵生八箋》의 권4로 모두 3권이다. 상권은 다천茶泉·탕품湯品·열수熱水·죽미粥糜·과실분면果實粉面·포자脯鮓류와 음식으로 병을 치료하는 방법, 중권은 가소家蔬·야속野蔌·양조釀造류, 하권은 첨식甛食·법제약품法制藥品·신비복식神秘服食류에 대해 논했다.

복식의 처방 이외에 음료·간식·요리 400여 종을 수록하였다. 예를 들면, 야속류에 91종의 야생채소와 화훼 먹는 방법, 첨식류에는 58종의 단 음식과 간식 제조법, 죽미류에는 38종의 죽 음식 제조법, 가소류에는 55종의 인공 재배한 채소 먹는 방법, 포자류에는 50종의 어포와 육포 젓갈을 만드는 방법을 기록하였다.

음식 조리법은 비교적 간단하게 설명하였는데, 이미 유실된 음식을 예로 들면 송자해라간松子海羅干·백규白闔·일와사一窩絲·박하절薄荷切·교맥화蕎麥花 등도 기재되어 있어 사료 가치가 높은 편이다. 송자해라간의 경우, 설탕 소스를 작은 솥에 넣고 밥을 지을 때 휘저어서 식힌다. 잣을 으깨어 넣고 골고루 섞는다. 도마에 기름을 바르고 반죽을 밀어 펴고 작은 덩어리로 자른다고 하였다. 죽의 제조법도 상세하고 식료 효능에 대한 설명도 덧붙였다. 포자류의 경우, 수작육水炸肉·청증육清蒸肉·초양두아炒羊肚兒·호광자湖廣鮓 또한 특색이 있는 음식이다. 초양두아의 경우는 양의 창자를 뜨거운 물에 끓인 다음 다시 뜨거운 기름에 볶고 여기에 파·마늘·후추·간장·술·식초·팔각八角 등의 조미료를 넣어야 향기로운 맛이 나고 너무 약한 불에 천천히 조리하면 양의 창자가 질겨서 가죽과 같아 먹기 힘들다고 하였다.

이 책은 비교적 복식방服食方이 많은데, 고대 도가 음식을 연구하는데 좋은 자료가 된다. 저자가 고증과 시험 경험, 그리고 도사들에게서 배워서 얻은 결과이다. 고대 도가는 복식을 통해 장생불로와 신선을 추구하였다. 일면 허황되고 미신적인 부분이 없지 않지만 일부 복식 음식이 영양가 면에서 보신의 효능이 높아 일방적으로 부정할 것만은 아니다.

명대 만력 연간의 아상재雅尙齋 초각본初刻本이 있고, 도문태陶文台 주석본(중국상업출판사, 1985년), 표점연인본標點鉛印本(파촉서사, 1985년)이 출간되었다.

19.《농정전서》

저자는 서광계徐光啓이다. 그의 자는 자선子先이고, 호는 현호玄扈로 상해 서가회徐家匯 사람이다. 명대 과학자로 만력 연간에 진사가 되어 숭정崇禎 때 예부상서 겸 동각대학사東閣大學士에 임명되었다. 서방의 선진과학을 배워 수학·천문역법·군사학 방면에 탁월한 업적을 남겼고, 저서와 역서도 많다. 유클리드 기하학을 번역한《기하원본幾何原本》,《측량법의測量法義》,《숭정역서崇禎曆書》,《서씨포언徐氏庖言》등이 있다. 그는 농업 수리 연구에도 힘을 쏟아 그와 관련된 저서도 많다. 그 가운데 가장 영향력이 큰 저서가 바로《농정전서農政全書》이다.

이 책은 60권이고 농본農本·전제田制·농사農事·수리水利·농기農器·수예樹藝·잠상蠶桑·잠상광류蠶桑廣類·종식種植·목양牧養·제조制造·황정荒政 등 12부문으로 구성되어 있다. 그 가운데 음식 요리와 관련된 내용은 농기·수예·종식·목양·제조·황정 부문이다.

수예 부문에 곡식·박蓏·채소·과일 품종 100여 종을 수록하였는데 명칭의 해설과 종식의 방법을 위주로 식용 방법을, 종식 부문의 〈잡종雜種〉 중에 홍화紅花·지황地黃·구기拘杞·수유茱萸·황정黃精·백합百合·훤萱·순蒓 등의 약재와 작물의 재배법 그리고 식용 방법을, 목양 부문에는 육축六畜과 기러기·오리·물고기의 양식법과 꿀벌 키우기에 대해 설명했다. 제조 부문의 〈식물食物〉에는 곡식·술·소금·간장·젓갈·메주 등의 제조법과 토란 찜蒸藕·가지 찜蒸茄子 등의 조리법을 기록했다.

사료 가치가 높은 작물을 기록하고 있는데, 예를 들면 고구마의 역사에 관한 산서山薯와 번서番薯의 고증은 산우山芋의 내역과 식용 역사 문제를 해결하는 데 도움을 준다. 아욱葵에 대해 "아욱은 그 뿌리가 땅속에 있고 봄이 되면 부드러운 잎이 나오는데 먹을 수 있다. 과거 금나라 사람들은 부추(韭)와 여뀌(蓼)의 즙으로 닭고기와 함께 먹었는데 그것을 냉갱冷羹이라고 불렀으며 귀한 음식이었나"라고 하였다. 금나라 사람들의 음식풍속을 알 수 있다. 홍화에 대해서는 "싹이 나와 잎이 부드러울 때 먹을 수 있다. 그 열매는 찧어서 즙을 내고 식초를 넣고 다른 채소와 함께 먹으면 맛있다"라고 하였다. 홍화자유紅花子油는 고급 식용유이다.

판본은 많은데, 명대 숭정을묘본崇禎乙卯本 즉 평노당본平露堂本, 청대 도광정유본道光丁酉本 즉 귀주본貴州本 혹은 검본黔本이 있고, 석성한石聲漢 교주본(상해고적출판사, 1979년)이 출간되었고, 진환양陳煥良·나문화羅文華 교주본(악록서사, 2002년)도 있다.

20.《고금도서집성》

원편자는 진몽뇌陳夢雷이고 중편자는 장정석蔣廷錫이다. 진몽뇌는 자가 측진則震으로 복건 민후閩侯 사람이다. 청대 강희 연간에 진사가 되었다. 장정석은 자가 양손揚孫이고 호는 서곡西谷으로 강소 상숙常熟 사람이다. 강희 연간에 거인이 되었고 문화전대학사文華殿大學士를 지냈다.

강희康熙 45년(1706년)에 완성된《고금도서집성古今圖書集成》은 옹정雍正 4년(1726년)에 간행되었다. 총 1만 권이고 목록은 40권이며 역상曆象·방여方輿·명론明論·박물博物·경제經濟 6편編으로 분류하였다. 매 편마다 약간의 전典, 예를 들면 건상乾象·역법曆法·직방職方·인사人事·초목草木·문학文學·식화食貨 등으로 나눴는데, 모두 32전이다. 매 전은 또 약간의 부部로 나누어 모두 6,109부이다. 매 부에서 먼저 관련 문헌을 수집한 회고匯考, 다음에 총론總論을 열거했으며, 도표圖表·열전列傳·예문藝文·선구選句·기사紀事·잡록雜錄·외편外篇 등의 항목이 있다. 내용이 다양하고 풍부하여 중국에서 현존하는 백과전서 가운데 최대 규모이다.

《고금도서집성》 가운데 금충전禽蟲典·초목전草木典·식화전食貨典과 음식 요리와의 관계는 밀접하다. 그 가운데 식화전의 내용이 가장 많다. 식화전 가운데 음식飮食·미米·강糠·반飯·죽粥·고糕·병餠에서부터 자鮓·해醢·저菹·시豉 부까지 모두 32부가 있다. 음식의 역사를 연구하는 데 귀중한 자료가 된다. 예를 들면, 음식부飮食部는 시간의 순서에 따라 역대 음식 관련 문헌들을 다량으로 수집했다. 〈회고〉는 세 부분으로 나뉜다. 제1부분에서는《예기禮記》·《사기史記》중의 관련 자료를, 제2부분에서는《주례周禮》·《이아爾雅》·《소대예기小戴禮記》·《소문素問》·《춘추번로春秋繁露》·《방언方言》·《석명釋名》·《설문해자說文解字》·《제민요술齊民要術》중의 관련 자료를, 제3부분에서는《위거원식보韋巨源食譜》·《사풍식경謝諷食經》·《유양잡조酉陽雜俎》·《식진록食珍錄》·《선부록膳夫錄》·《옥식비玉食批》,《식시오관食時五觀》,《중궤록中饋錄》,《소식보蔬食譜》,《산가청공山家淸供》,《시사기市肆記》,《운림유사雲林遺事》,《준생팔전遵生八箋》 등의 저작 중에 전부 혹은 일부 자료를 수록하였다. 예문에서는 중요 시문을 수록하였고, 기사에는 회고에서 언급하지 못한 음식의 고사와 인물의 얘기를 수록했다. 잡록에서는 음식에 관한 다른 자료들을 실었고, 외편에서는 신화와 전설 중의 음식에 대한 언급과 사적 등을 기재하였다.

이 책은 수록 자료가 아주 많고 음식 자료를 검색하기가 비교적 쉬워 실용 가치가 높은 편이다.

판본으로는 청대 옹정 연간의 동활자본銅活字本, 이 동활자 본을 다시 판각한 광서光緖 연간의 상해 동문서국同文書局본과 옹정본을 1934년에 상해 중화서국에서 영인하였다.

21.《양소록》

저자는 고중顧仲이다. 그의 자는 함산咸山이고 호는 송학松壑으로 절강 가흥嘉興 사람이다. 어려서 총명하여 다재다능했고 가정교사 일을 했다. 장자학설에 뛰어나 사람들이 그를 고장자顧莊子라 불렀다. 일찍이《호접절구蝴蝶絶句》100여 수를 남겨 고호접顧蝴蝶이라고도 불렀다.《양소록養小錄》은《식헌食憲》을 보고 이를 수정 보충한 책이다.

《양소록》은 맹자가 "음식을 밝히는 사람을 사람들이 천하게 여기니, 작은 것을 기르고 큰 것을 잃기 때문이다"[497]라고 한 말에서 유래했다. 음식에 탐닉하면 포만감 때문에 수양과 학문을 등한시하기 쉽다는 말이다. 고중이 생각하기에 먹고 마시는 것 자체가 나쁜 것은 아니지만 음식에도 도道가 있어 마치 생명과도 같다고 여겨야 한다고 말했다.

이 책에서 고중은 음식의 위생과 청결을 중시했다. 음식의 내용도 풍부해서

497《孟子》〈告子〉(上). "飮食之人, 則人賤之矣, 爲其養小以失大也."

음료, 조미료, 채소, 고기, 떡과 간식, 화훼 요리, 죽, 과일 등 200여 종을 소개했다. 주로 절강 요리를 중심으로 중원과 북방 요리를 거론했다. 예를 들면 절강 요리로는 죽순·수산물·햄 요리, 중원과 북방 요리로는 곰발바닥·행락杏酪·유제품乳制品을 논했다. 조리법은 간단하게 설명하여 배우기 쉽게 하였다. 예를 들면 향면근嚮麵筋은 "면발을 만들어 말린 다음 돼지기름에 튀기고 다시 참기름에 튀겨 산초·식초·술을 섞는다. 먹을 때 소리가 나고 맛이 쫄깃하며 맛이 있다"라고 하였다. 또 즉어갱鯽魚羹에 대해서는 "신선한 붕어를 깨끗이 씻고 끓는 탕 속에 익힌 다음 손으로 살을 발라내고 뼈와 가시를 제거한 뒤에 포고버섯香蕈·죽순을 실처럼 가늘게 썰어 넣고 산초와 술을 넣으면 된다"라고 하였다. 누구나 책의 설명대로 따라한다면 쉽게 요리를 만들 수 있도록 설명했다. 또한 정성을 들여 만든 요리도 소개하였는데, 대각순大殼笋이 그렇다. 돼지고기로 소를 만들어 연뿌리 구멍 속을 채운 뒤에 댓잎으로 싸서 포장하여 뜨거운 불속에 넣어 익힌다. 먹을 때는 댓잎을 벗겨 낸다.

판본으로는《학해유편學海類編》·《총서집성초편》본, 구방동邱龐同의 주석본(중국상업출판사, 1984년)이 있고 악록서사에서 소책자로 출간되었다.

22.《수원식단》

청대 원매袁枚는 자가 자재子才이고 호는 간재簡齋이며 전당錢塘, 지금의 절강 항주 사람으로 청대 저명한 문인이자 시인이다. 건륭 황제 때 진사 급제하였고, 강녕江寧의 지현知縣을 역임했으며, 40세 때 관직을 그만두고 지금의 남경인 강녕의 소창산小倉山의 화원을 구매하여 수원隨園이라 했다.

《수원식단隨園食單》은 〈수지단須知單〉, 〈계단戒單〉, 〈해선단海鮮單〉, 〈강선단江鮮單〉, 〈특생단特牲單〉, 〈잡생단雜牲單〉, 〈우족단羽族單〉, 〈수족유린단水族有鱗單〉, 〈수족무린단水族無鱗單〉, 〈잡소채단雜蔬菜單〉, 〈소채단蔬菜單〉, 〈점심단點心單〉, 〈반죽

단飯粥單〉, 〈다주단茶酒單〉 등으로 구성되어 있다.

원매가 40여 년 동안에 걸쳐 편찬한 책으로, 이전의 요리를 총결산하는 음식 전문서이다. 먼저 이론을 세우고 그 이론을 바탕으로 실천하는 것을 중시했다. 요리 이론은 〈수지단須知單〉과 〈계단戒單〉 중에 기록되어 있다. 〈수지단〉에서는 12가지 반드시 알아야 하는 것을 제시하고 재료의 선택, 가공, 요리의 배치, 불, 조미료, 그릇, 상 차리기 등의 코스를 논했다. 〈계단〉에서는 요리에서 피해야 할 병폐에 대해 설명했다. 이 부문에서 원매만의 독특한 견해를 밝혔다. 예를 들면, "계이찬戒耳餐"에서 음식물의 명성만을 추구하는 것에 반대하였고, "계목식戒目食"에서는 어지럽게 요리를 벌려 놓는 것을 피해야 한다고 하였다. "계강행戒强行"에서 손님에게 억지로 음식을 강요해서는 아니 된다고 하였다.

이 책에 300여 종류의 요리를 수록하였고, 조리법도 정교하다. 수록된 요리는 각지의 유명 요리들이다. 광동·절강·강소·안휘·산동·강서·동북 등의 요리를 소개했지만 이 중 절강 요리가 가장 많다. 예를 들면 소소저燒小猪 조리법의 경우, 새끼돼지를 불에 굽는데, 사면을 골고루 익히고 황색이 될 때까지 여러 차례 기름을 발라 먹을 때 바삭바삭한 맛이 나도록 한다고 하였다. 증압蒸鴨은 먼저 오리의 뼈를 제거하고 찹쌀과 술·햄·갓(大頭菜)·표고버섯·죽순·참기름·파 등을 뱃속에 넣은 다음 찌는 것인데 오늘날의 팔보계八寶鷄와 비슷하다.

만한석滿漢席, 전양법全羊法, 술, 차 등의 자료도 있어 사람들의 중시를 받는 중요한 음식 전문 저서이다.

청대 건륭 57년(1792년) 처음 출간되었고, 후의 판본도 아주 많다. 교정본이 1922년에 상해 소엽산방掃葉山房에서 출판되었고, 관석림關錫霖 주석본(광동과기출판사, 1983년)과 주삼금周三金 주석본(중국상업출판사, 1984년)이 출판되었으며, 초지영初志英의 편역본(운남출판사, 2004년)도 출간되었다. 일본에서는 청목정아青木正兒와 중산시자中山時子의 번역본이 나왔다.

23.《조정집》

편자는 미상이고, 서문에 근거하면 모두 10권이며 저자명이 기재되어 있지 않은데, 여러 사람의 손을 거쳐 청대 건륭 연간 때 출간된 것으로 추정된다.

제1권은 된장·간장·기름·식초·지게미·소금·생강·마늘·고수·산초·파 등의 신선한 채소와 조미료 등을 설명했다. 제2권은 연회석과 일부 요리에 대해, 제3권은 특별한 성질이나 여러 특성을 가진 요리를 설명했다. 제4권은 닭·오리·기러기·비둘기·메추라기·참새 등의 우족류羽族類 재료로 만든 요리를, 제5권은 수산물 계통의 요리를, 제6권은 산해진미를, 제7권은 채소류 요리를, 8권은 차·술·밥·죽을, 9권은 간식을, 10권은 신선한 과일과 밀전을 소개했다.

《조정집調鼎集》에 수록된 요리는 2천여 종이나 된다. 첫째, 지역 요리로는 강소와 절강의 양주, 남경, 소주, 항주, 금화金華 등지와 안휘, 광동, 하남, 섬서, 동북 지방의 요리를 소개했다. 예를 들면, 양주의 문사두부文師豆腐, 남경의 외삼압煨三鴨, 소주의 훈어자熏魚籽, 진강鎭江의 공심육원空心肉圓, 안휘의 휘주육원徽州肉圓, 항주의 초루어醋摟魚, 금화의 중국식 햄(火腿), 서북 지방의 소삭피양육燒剝皮羊肉, 하남의 소황하리어燒黃河鯉魚, 동북의 관동자계關東煮鷄, 광동의 어자병魚子餅 등이다. 둘째, 검색이 쉽다. 예를 들면, 오리(鴨)의 특징을 소개한 후에 오리고기(鴨肉), 오리혓바닥(鴨舌), 오리발바닥(鴨掌), 오리의 위(鴨肫), 오리의 알(鴨蛋) 등 100여 종의 요리를 소개했다. 셋째, 꾸밈이 다양한 요리가 많다. 뼈를 제거한 오리, 앵두 크기로 자른 돼지고기 요리 앵도육櫻桃肉, 생선의 살을 넣은 소로 만든 어육피혼돈魚肉皮餛飩, 가시를 제거한 쏘가리 살로 만든 타단황拖蛋黃 등 오늘날의 소주의 유명 요리인 삼투압三套鴨, 송서계어松鼠桂魚와 관련이 깊다.

이 책의 필사본은 북경도서관에 수장되어 있고, 형발도邢潑濤의 주석본(중국상업출판사, 1986년)으로 출판되었다.

이 밖에 수나라 때 사풍謝諷의《식경食經》, 당나라 때 맹선孟詵의《식료본초食療

本草》, 양엽楊曄의《선부경수록膳夫經手錄》, 잠은昝殷의《식의심감食醫心鑒》, 송나라 때 우종虞悰의《식진록食珍錄》, 진달수陳達叟의《본심재소식보本心齋疏食譜》, 이방李昉 등의《태평광기太平廣記》〈식食〉, 찬녕贊寧의《순보笋譜》, 진직陳直의《수친양노신서壽親養老新書》, 정망鄭望의《선부록膳夫錄》, 왕작王灼의《탕상보糖霜譜》, 부굉傅肱의《해보蟹譜》, 고사손高似孫의《해략蟹略》, 진인옥陳仁玉의《균보菌譜》, 오씨吳氏의《오씨중궤록吳氏中饋錄》,《옥식비玉食批》, 원나라 때 왕정王禎의《농서農書》, 노명선魯明善의《농상의식촬요農桑衣食撮要》,《찬사饌史》, 유명한 화가 예찬倪瓚의《운림당 음식 제도집雲林堂飮食制度集》, 명나라 때 주숙朱橚의《구황본초救荒本草》, 주권朱權의《구선신은서臞仙神隱書》, 유기劉基의《다능비사多能鄙事》, 광번鄺璠의《편민도찬便民圖纂》, 송후宋詡의《송씨양생부宋氏養生部》, 왕반王磐의《야채보野菜譜》, 송공망宋公望의《송씨존생부宋氏尊生部》, 오록吳祿의《식품집食品集》, 도본준屠本畯의《해미색은海味索隱》과《민중해착소閩中海錯疏》, 둔원거사遯園居士의《어품魚品》, 요가성姚可成의《식물본초食物本草》, 오자주인吾炙主人의《가식양방叚食良方》, 심자남沈自南의《예림회고藝林匯考》〈음식편飮食篇〉, 청나라 때 장영張英의《반유십이합飯有十二合》, 유명한 문인 주이존朱彜尊의《식헌홍비食憲鴻秘》, 정의증丁宜曾의《농포편람農圃便覽》, 조정동曹庭棟의《죽보粥譜》, 이화남李化楠의《성원록醒園錄》, 사용謝墉의《식미잡영食味雜詠》, 유명한 경학자 학의행郝懿行의《기해착記海錯》, 장목章穆의《조질 음식변調疾飮食辯》, 증의曾懿의《중궤록中饋錄》, 황운곡黃雲鵠의《죽보粥譜》, 비백웅費伯雄의《식감본초食鑒本草》,《전양여의본全羊如意本》,《여의전저건如意全猪件》, 학운씨鶴雲氏의《식품가미비람食品佳味備覽》등도 모두 음식과 관련된 중요 문헌들이고, 유실된 음식 서적도 상당히 많다.

참고문헌

葛洪, 昔原台 譯註,《포박자》, 서림 문화사, 1995.
E.N.Anderson 著, 馬女嬰 · 劉東 譯,《中國食物*The Food of China*》, 江蘇人民出版社, 2003.
K. C. Changed., *Food in Chinese Culture*, New York: The Vail-Ballou Press, 1977.
《長沙馬王堆一號漢墓發掘簡報》, 文物出版社, 1972.
《全唐詩》, 中華書局, 1992.
《曹操集譯注》, 中華書局, 1979.
賈銘 撰,《飮食須知》,《食之語》上, 雲南人民出版社, 2004.
賈思勰, 安石峰 責任編輯,《齊民要術》, 延邊人民出版社, 2006.
干寶 撰, 全秉九 飜譯,《搜神記》, 자유문고, 1997.
葛洪 著, 李民樹 譯,《神仙傳》, 明文堂, 1994.
葛洪 撰,《燕丹子 · 西京雜記》, 中華書局, 1985.
江繼甚,《漢畵像石選》, 上海書店出版社, 2000.
顧觀光 輯, 楊鵬擧 校注,《神農本草經》, 學苑出版社, 2003.
高文,《四川漢代畵像磚》, 上海人民美術出版社, 1987.
高誘 注,《淮南子注》, 世界書局, 1969.
顧仲 撰,《養小錄》,《食之語》上, 雲南人民出版社, 2004.
顧仲 撰,《養小錄》, 岳麓書社, 2005.
郭光 校注,《阮籍集校注》, 中州古籍出版社, 1991.
郭茂倩 編撰,《樂府詩集》, 上海古籍出版社, 1998.
郭伯南 主編,《食爲天》, 岳麓書社, 2007.
邱龐同,《中華菜肴史》, 青島出版社, 2001.
瞿蛻園 · 朱金城 校注,《李白集校注》, 上海古籍出版社, 1980.
歐陽修, 宋祁 撰,《新唐書》, 中華書局, 1985.
仇兆鰲 注,《杜詩詳注》, 漢京文化事業公司, 1984.
屈大均 撰,《廣東新語》, 中華書局, 2006.
金敬琢 著,《周易》, 明文堂, 1972.
金國永 校注,《司馬相如集校注》, 上海古籍出版社, 1993.
金學主 譯著,《書經》, 明文堂, 2002.

金學主 譯著,《詩經》, 明文堂, 2002.
김광억,〈상상이 경쟁하는 공간 — 한국에서의 중국 음식〉,《한국인류학의 성과와 전망》, 집문당, 1998.
羅貫中,《三國演義》, 文化圖書公司, 1975.
魯迅,〈魏晉風度及文章與藥及酒之關係〉,《魯迅文集IV》, 竹內好 譯註, 한무희 옮김, 일월서각, 1986.
段成式 著, 杜聰 校點,《酉陽雜俎》, 齊魯書社, 2007.
段成式 撰,《酉陽雜俎》, 源流出版社, 1983.
段成式 撰, 許逸民 注評,《酉陽雜俎》, 學苑出版社, 2001.
談遷 著, 羅仲輝 · 胡明校 點校,《棗林雜俎》, 中華書局, 2006.
唐圭璋 編,《全宋詞》, 中華書局, 1980.
唐廷猷,《中國藥業史》, 中國醫藥科技出版社, 2003.
戴德, 朴良淑 解譯,《大戴禮》, 자유문고, 1996.
戴吾三 編著,《考工記圖說》, 山東畵報出版社, 2005
陶穀 撰, 孔一 校點,《淸異錄》,《宋元筆記大觀》(1), 上海古籍出版社, 2001.
陶文臺,《中國烹飪史略》, 江蘇科學技術出版社, 1984.
馬宏偉,《中國飮食文化》, 內蒙古人民出版社, 1993.
馬大品 選注,《歷代贈別詩選》, 書目文獻出版社, 1991.
萬偉成,《中華酒傳》, 南方日報社, 2001.
孟詵 原著, 張鼎 增補, 鄭金生 · 張同君 譯注,《食療本草譯注》, 上海古籍出版社, 2007.
孟元老 撰, 鄧之誠 注,《東京夢華錄注》, 漢京文化事業有限公司, 1984.
孟元老 撰, 伊永文 箋注,《東京夢華錄箋注》, 中華書局, 2007.
繆桂愉 · 繆桂龍 撰,《齊民要術譯注》, 上海古籍出版社, 2006.
文璇奎 譯著,《春秋左氏傳》, 明文堂, 1985.
박은경,〈중국 음식의 역사적 의미〉, 한국 문화인류학회 편,《한국 문화인류학》, 제24집, 1994.
潘江東,《中國餐飮業祖師爺》, 南方日報出版社, 2002.
房玄齡 等,《晉書》, 中華書局, 1974.
傅成 · 穆儔 標點,《蘇軾全集》, 上海古籍出版社, 2000.
北京大學 選注,《魏晉南北朝文學史參考資料》, 中華書局, 1978.
司馬遷 撰,《史記》, 新陸書局, 1968.
司馬遷 撰, 裴駰 集解, 司馬貞 索隱, 張守節 正義,《史記》, 中華書局, 1993.
四川師範大學中文系,《中國歷代文選》, 人民文學出版社, 1980.
常璩 原著, 汪啓明 · 趙靜 譯注,《華陽國志譯注》, 四川大學出版社, 2007.
徐珂 編撰,《淸稗類鈔》第十三册, 中華書局, 2003.

徐光啓 著, 陳煥良·羅文華 校注,《農政全書》, 岳麓書社, 2002.
徐文苑 編著,《中國飮食文化概論》, 淸華大學出版社·北京交通大學出版社, 2005.
徐震堮,《世說新語校箋》, 中華書局, 1987.
邵萬寬·章國超,《金甁梅飮食譜》, 山東畵譜出版社, 2007.
笑笑生 原著, 趙誠出 譯,《金甁梅》, 三星出版社, 1994.
笑笑生 著,《金甁梅詞話》, 大元文化事業公司, 1985.
蘇衍麗,《紅樓美食》, 時報出版社, 2004.
蕭統 選, 李善 注,《文選》, 商務印書館, 1974.
宋貞姬 譯,《楚辭》, 明知大學出版部, 1979.
荀子 지음, 金學主 옮김,《荀子》, 乙酉文化史, 2001.
시노다 오사무,《中國食物史》, 동경, 紫田書店, 1974;《중국 음식 문화사》, 민음사, 1995.
안지추 지음, 유동환 옮김,《안씨가훈》, 홍익출판사, 1999.
楊萬年,《隋唐兩京考》, 武漢大學出版社, 2005.
楊英杰,《淸代滿族風俗史》, 遼寧人民出版社, 1991.
楊勇,《陶淵明集校箋》, 成偉出版社, 1975.
양현지 지음, 서윤희 옮김,《낙양가람기》, 눌와, 2001.
余冠英 選註,《漢魏六朝詩選》, 人民文學出版社, 1959.
易中天,《閑話中國人》, 上海文藝出版社, 2000.
吳氏 撰,《中饋錄》,《食之語》下, 雲南人民出版社, 2004.
吳自牧 著, 符均·張社國 校注,《夢粱錄》, 三秦出版社, 2004.
吳楚材 編, 이제원 옮김,《古文觀止》, 知永社, 1998.
王念孫 撰,《廣雅疏證》, 江蘇古籍出版社, 2000.
王讜 撰,《唐語林》, 上海古籍出版社, 1985.
王明德·王子輝,《中國古代飮食》, 陝西人民出版社, 1988.
王明德·王子輝,《中國古代飮食》, 陝西人民出版社, 1988.
王賽時,《唐代飮食》, 齊魯書社, 2003.
王先謙 撰集,《釋名疏證補》, 上海古籍出版社, 2000.
왕실보 지음, 양회석 옮김,《서상기》, 三聯書店·진원출판사, 1996.
王實甫,《西廂記》董王合刊本, 里仁書局, 1981.
王瑤,《中古文學史論》, 臺北 : 長安出版社, 1975.
王雲 編著,《食苑詩賦》, 海洋出版社, 2007.
王定保 撰, 姜漢椿 校注,《唐摭言校注》, 上海社會科學院出版社, 2003.
王俊年,《吳敬梓和儒林外事》, 上海古籍出版社, 1982.
王仲聞 校證,《李淸照集校證》, 人民文學出版社, 1997.
王學泰,《中國飮食文化史》, 廣西師範大學出版社, 2006.

熊夢祥 著,《析津志輯佚》, 北京古籍出版社, 1983.
袁枚 著, 王英志 校點, 袁美勤 譯注,《隨園食單》, 農村讀物出版社, 2001.
袁枚 著, 初志英 編譯,《隨園食單》, 雲南人民出版社, 2001.
喩岳衡 點校,《王右丞集》, 岳麓書社, 1990.
劉義慶 撰, 楊勇 校箋,《世說新語校箋》, 唯一書業中心, 1975.
劉義慶 撰, 劉孝標 注, 金長換 譯注,《世說新語》(下), 2001.
劉向 지음, 김장환 옮김,《열선전》, 예문서원, 1996.
劉煦 撰,《舊唐書》, 中華書局, 1985.
劉餗·李肇 撰, 盛鍾健·黃紹筠·張嵩岳 選譯,《隋唐嘉話·唐國史補》, 浙江古籍出版社, 1999.
陸游 著, 柴舟 校注,《入蜀記·老學庵筆記》, 上海遠東出版社, 1996.
尹瑞石,《韓國食品史研究》, 新光出版社, 1993.
應劭 撰, 吳樹平 校釋,《風俗通義校釋》, 天津古籍出版社, 1988.
李斗 撰, 王軍 評注,《揚州畵舫錄》, 學苑出版社, 2001.
李相玉 譯,《戰國策》, 明文堂, 2000.
李相玉 譯解,《管子》, 明文堂, 2002.
李錫浩 譯,《莊子》, 三星出版社, 1979.
李錫浩 譯,《淮南子》, 세계사, 1994.
李約瑟,《中國科學技術史》, 第六卷 〈生物學及相關技術〉, 第一分册 〈植物學〉, 科學出版社·上海古籍出版社, 2006.
李漁 著, 江巨榮·盧壽榮 校注,《閑情偶寄》, 上海古籍出版社, 2000.
伊永文,《宋代市民生活》, 中國社會出版社, 1999.
李志慧,《飮食篇》, 三秦出版社, 1999.
李春祥 編著,《古典名饌》, 知識產權出版社, 2006.
李春祥 編著,《名人名饌》, 知識產權出版社, 2006.
이해원,《이백의 삶과 문학》, 고려대학교출판부, 2002.
이해원,《황하에 흐르는 명시》, 현학사, 2004.
林庚·馮沅君 主編,《中國歷代詩歌選》, 人民文學出版社, 1981.
林乃燊,《中國古代飮食文化》, 商務印書館, 1997.
任百尊 主編,《中國食經》, 上海文化出版社, 2001.
任淵·史容·史溫 注,《黃山谷詩集注》, 世界書局, 1975.
林貞愛 校注,《揚雄集校注》, 四川大學出版社, 2001.
林洪 撰,《山家淸供》,《食之語》下, 雲南人民出版社, 2004.
張基槿 譯,《老子》, 三星出版社, 1979.
張岱 撰, 淮茗 評注,《陶庵夢憶》, 中華書局, 2008.
張亮采 編,《中國風俗史》, 商務印書館, 1984.

臧勵龢 選註,《漢魏六朝文》, 商務印書館, 1961.
蔣榮榮·朱邦華·朱家鎭 編著,《紅樓夢美食大觀》, 廣西科學技術出版社, 1989.
莊綽 撰, 蕭魯陽 點校,《鷄肋編》, 中華書局, 1997.
張華 撰, 范寧 校證,《博物志校證》, 明文書局, 1984.
張鷟·劉餗 撰, 袁憲 校注,《朝野僉載·隋唐嘉話》, 三秦出版社, 2004.
田汝成 集撰,《西湖遊覽志餘》, 木鐸出版社, 1982.
田汝成 撰, 趙炳彩 편역,《居家必用事類全集》,《食經》, 자유문고, 1987.
田曉娜 主編,《食典》, 中國戲劇出版社, 2000.
丁範鎭 外 옮김,《史記本紀》, 까치, 2001.
丁範鎭 外 옮김,《史記世家》, 까치, 1996.
丁範鎭 外 옮김,《史記列傳》, 까치, 2001.
鄭錫元 譯,《中國의 古代神話》, 文藝出版社, 1992.
鄭在書 譯註,《山海經》, 민음사, 1993.
鄭玄·賈公彦 注疏, 吳江原 譯註,《儀禮》, 청계, 2000.
鄭玄 箋,《毛詩鄭箋》, 新興書局, 1961.
鄭玄 注,《周禮鄭注》, 新興書局, 1976.
趙劍敏,《竹林七賢》, 學林出版社, 2000.
曹道衡 編選,《漢魏六朝文精選》, 江蘇古籍出版社, 1995.
曹雪芹·高鶚 原著, 安義運·金光烈 譯,《紅樓夢》, 三星出版社, 1994.
曹雪芹 撰, 饒彬 校訂,《紅樓夢》, 三民書局, 1982.
趙榮光,《中國飮食文化概論》, 高等教育出版社, 2003.
趙榮光,《中國飮食文化史》, 上海人民出版社, 2006.
趙榮光,《中國飮食史論》, 黑龍江科學技術出版社, 1990.
宗懍 撰,《荊楚世時記》, 劉坤·趙宗乙 主編,《夢梁錄外四種》, 黑龍江人民出版社, 2003.
周去非 著, 楊武泉 校注,《嶺外代答校注》, 中華書局, 2006.
周密 著, 李小龍·趙銳 評注,《武林舊事》, 中華書局, 2007.
周密 撰, 裴效維 選注,《武林舊事》, 學苑出版社, 2001.
周寶珠,《淸明上河圖與淸明上下學》, 河南大學出版社, 1997.
周新華,《調鼎集》, 杭州出版社, 2005.
주영하,《중국, 중국인, 중국 음식》, 책세상, 2000.
朱熹 集註, 成百曉 譯註,《論語集註》, 傳統文化硏究院, 1982.
朱熹 集註, 成百曉 譯註,《孟子集註》, 傳統文化硏究院, 1994.
朱熹 集註, 韓相甲 譯,《孟子集註》, 三星出版社, 1978.
池載熙·李俊寧 解譯,《周禮》, 자유문고, 2002.
池載熙 解譯,《禮記》, 자유문고, 2000.

陳白夜,《良渚文化史話》, 寧波出版社, 1999.
陳松長,《長沙馬王堆西漢墓》, 上海古籍出版社, 1998.
陳彦堂,《炊食具》, 上海文藝出版社, 2002.
秦永洲,《中國社會風俗史》, 山東人民出版社, 2001.
陳偉明,《唐宋飮食文化初探》, 中國商業出版社, 1993.
秦一民,《紅樓夢飮食譜》, 大地出版社, 2002.
陳詔,《中國饌食文化》, 上海古籍出版社, 2000.2001.
蔡毅·胡有淸,《中國歷代飮酒詩賞析》, 江蘇文藝出版社, 1991.
湯顯祖 撰, 李娜·童曉峰·陸曉春 注,《牡丹亭》, 華夏出版社, 2001.
夏家餕,《中國人與酒》, 中國商業出版社, 1988.
何建章 注釋,《戰國策注釋》, 中華書局, 1990.
何建章 注釋,《戰國策注釋》, 中華書局, 1990.
何錡章 編, 王逸 注,《楚詞》, 黎明文化事業公司, 1973.
何滿子,《中古文人風采》, 上海古籍出版社, 1997.
河正玉 編著,《屈原》, 太宗出版社, 1980.
何薳 撰,《春渚紀聞》,《宋元筆記大觀》(3), 上海古籍出版社, 2001.
한비 지음, 김원중 옮김,《한비자》, 홍익출판사, 1996.
許愼 撰, 段玉裁 注,《說文解字注》, 黎明文化事業公司. 1982.
胡德榮·張仁慶·錢鋒·戚雲龍 編,《金瓶梅飮食譜》, 經濟日報出版社, 1995.
胡文彬,《紅樓夢與中國文化論稿》, 中國書店, 2005.
忽思慧 著,《飮膳正要》, 上海書局, 1989.
忽思慧 著, 趙炳彩 편역,《飮膳正要》,《食經》, 자유문고, 1987.
洪泰植 譯,《孫文全集》, 三星出版社, 1974.
洪興祖,《楚辭補注》, 長安出版社, 1984.
황안국 편저,《한방식품학》, 상진토피아, 1996.
侯會,《食貨金甁梅》, 廣西師範大學出版社, 2007.
逯耀東,《肚大能容 : 中國飮食文化散記》, 三聯書店, 2002.

학술연구총서·73

중국의 음식 문화

초판 발행 2010년 7월 15일
초판 3쇄 2018년 3월 9일
지은이 이해원
펴낸곳 고려대학교출판문화원
www.kupress.com
kupress@korea.ac.kr
02841 서울특별시 성북구 안암로145
02-3290-4230, 4232
Fax 923-6311
찍은곳 한국컴퓨터인쇄정보

ISBN 978-89-7641-721-3 94380
ISBN 978-89-7641-352-9 (세트)

값 15,000원

* 잘못 만들어진 책은 바꿔드립니다.